KB071776

운의 탄생

신의 선물인가 뇌의 습관인가

운의 탄생

칼라 스타 지음
장석훈 옮김

청림출판

불운은 나를 그냥 두지 않고
행운은 지나가기만 한다

2003년 1월, 나와 내 친구 조던은 알래스카 호머에 사는 3,500명에 속해 있었다. 그곳에 이주할 무렵만 해도 우리는 눈 말고는 아무것도 없는 순백의 아름다움에 둘러싸여 밤마다 펼쳐지는 북구의 빛을 감상할 꿈에 젖어 있었다. 그러나 기온이 영하 두 자릿수를 기록할 때마다 우리 몸은 추위에 움츠러들었다. 그런 상태로 몇 개월을 지내고 나니 추위에서 잠시라도 벗어날 수만 있다면 살인도 불사할 지경이었다. 나에 비해 조던은 운이 좋았다. 돈 많은 어머니한테 전화해서 잠시 따뜻한 곳으로 갈 여비를 보내달라고 하면 그만이었다.

조던이 떠날 무렵, 나는 다른 네 명의 동거인들과 함께 살던 커다란 농장 가옥에서 나와 2주간 그의 산장에서 지내며 그의 집과 트럭과 갓 태어난 강아지를 봐주기로 했다. 이렇게 운이 좋을 수가!

호머에서 앵커리지 공항까지 네 시간을 운전한 조던은 공항 승하
차장에 차를 세우고 내렸다. 그는 엔진도 끄지 않은 채 픽업 짐칸에서
검은색 더플백과 카메라 장비를 집어 들더니 나보고 운전석으로 옮겨
앉으라는 손짓을 했다.

그는 몸을 기울이며 말했다. "냉장고에 치즈가 있어. 체더치즈 큰
덩어리야. 아직 먹을 만해. 강아지 사료도 충분하고. 샐러드와 맥주도
있어."

"2주 치 먹을 식량은 두고 간다고 했잖아. 그리고 트럭 기름값도 줘
야지. 바닥이야." 나는 내 지갑을 꺼내 그에게 보여주었다. 신용카드는
없고 달랑 5달러짜리 지폐 한 장뿐이었다.

"아, 그건 말이지." 그는 대기실 쪽을 바라보며 말했다. "비행기 출
발 시각이 다 됐는데." 그는 기름값으로 20달러짜리 지폐 두 장을 주었
다. 나는 코를 벌름거렸다. 이렇게 운이 나쁠 수가!

나는 알래스카에서만 볼 수 있는 주유소를 함께 운영하는 타코벨
에 들렀다가 다시 길을 떠났다. 얼마 지나지 않아 어지럽게 널린 체인
점 간판은 사라지고 눈 덮인 산과 무스 출현 경고 표지판이 나타났다.
수레국화 빛을 띤 하늘은 구름 한 점 없이 청명했다. 길도 탁 트였다. 조
던의 산장에서 2주 동안 그의 강아지를 돌보면서 그 전 주에 초고를 마
친 소설을 퇴고할 작정이었다. 모든 것이 순조로워 보였다. 이렇게 운이
좋을 수가!

그러나 인생은 예기치 않은 일의 연속이다.

내리막 커브를 크게 돌아 내려가니 지겹도록 많은 나무에 가려 햇
볕조차 들지 않는 도로로 접어들었다. 앞에 펼쳐진 아스팔트 도로는 쫙

얼어붙어 있었다.

운전을 고향 버펄로(미국에서 눈이 가장 많이 오는 도시 가운데 하나 – 옮긴이)에서 배운 데다 빙판길을 주행한 경험이 많긴 했지만, 이 빙판 도로는 달랐다. 내가 할 수 있는 것이 없었다. 문제가 심각했다.

시간이 멈춘 듯했으나 트럭은 멈추지 않았다. 좌우로 흔들리더니 급기야 트럭은 도로에서 직각으로 들린 뒤 구르기 시작했다. 하늘과 땅이 같이 빙빙 돌았다. 도로가 내 왼쪽에 있었고, 창문은 온데간데없었다. 문짝은 여기저기 찌그러졌고, 앞 유리는 부르지도 않았는데 내 앞으로 밀고 들어왔다. 산산조각 난 유리가 나와 함께 차 안을 굴렀다. 나는 손으로 머리를 감싸쥐었는데, 손목뼈가 살갗 밖으로 삐져나왔다.

트럭은 다섯 바퀴 정도 구르다 반대편 차선 갓길에서 멈췄다. 응급 헬기가 올 때까지 약 반시간 동안 나는 드러난 뼈와 흐르는 피를 바라보고만 있었다. 응급 헬기는 나를 앵커리지로 실어 날랐고, 그곳의 정형외과 의사는 서둘러 내 손목을 치료하기 시작했다. 손목뼈가 열세 군데나 골절상을 입었다고 했는데, 그는 손목에 뼈 판을 대고 여섯 개의 나사를 박기 전에 지나가는 소리로 '박살났다'는 말을 내뱉었다.

"그나마 왼손이네요." 사람들은 그렇게 위로의 말을 건넸다. 이렇게 운이 좋을 수가!

"전 왼손잡이예요." 내가 대꾸했다. 이렇게 운이 나쁠 수가!

그리고 두개골 골절로 인한 뇌출혈 때문에 경막하혈종 진단이 나왔다. 고인 혈전이 뇌압을 높였기 때문에 그로부터 며칠 뒤에는 혈종 제거 수술까지 받았다.

그 후 몇 달 동안 나는 바이코딘 진통제에 의지한 채, 캘리포니아에 있는 어머니 집 소파에 앉아 코난 오브라이언의 토크쇼를 보며 지냈다. 의료보험이 없었기에(그 무렵 나는 가난뱅이에다 어리고 어리석어서 이런 상태가 어떤 결과를 초래할지 몰랐다) 의료비는 눈 깜짝할 사이에 20만 달러를 넘어섰다. 그동안 늘 피곤하고 어리둥절한 상태였는데, 갑자기 모든 것이 생생하고 명확해졌다. 그리고 내 친구 조던은 자동차보험의 본인부담금을 내라는 전화를 계속 걸어왔다.

이듬해, 나는 의료 부채를 감당하지 못해 개인 파산을 선언했다.

왜 이런 일이 내게 벌어졌을까? 의문이 가시지 않았다. 보험회사 스테이트팜의 마음씨 고운 직원들이 내 사고는 신의 뜻이라고 한마디로 정리해주었지만, 그래도 내 의문은 풀리지 않았다. 설사 신의 뜻이었다 한들 그저 "매사에 감사하라!"라는 글귀나 한 줄 써줘도 되었을 일 아닌가. 그런데 당시 나로서는 훗날 이 책의 실마리가 될, 다른 설명거리를 찾을 필요가 있었던 모양이다.

법률 용어를 빌리면, 신의 뜻이란 '불가항력에 의한 손해'다. 즉 피할 수 없는 비인격적 존재, 다른 말로 운명이라고 하는 것에 의한 손해다. 보험사들은 보험 처리를 할 수 없을 때, 신을 들먹이곤 한다. 여기서 우리는 두 가지 결론을 끌어낼 수 있다.

첫째, 보험사는 보험금 지급을 회피하기 위해 성경을 아주 오랫동안 이용해왔다는 점, 둘째, 지옥의 카니발 놀이기구를 탔던 것은 내 잘못도 아니요 그 누구의 잘못도 아니며, 단지 '초월적 혹은 초인적 요소'에 의한 불가항력적 일이라고 진심으로 확신한다는 점이다. 한마디로 어쩌다 생긴 일이라는 것이다.[1]

어쩌다 생긴 일. 짐작하겠지만, 이런 얘기가 위안이 될 리 없다.

이 책에서 나는 삶의 이면에 숨겨진 패턴을 살펴보고자 한다. 상황에 영향을 미치는 모든 변수를 고려할 길은 없지만, 그렇다고 세상이 전혀 예기치 못한 곳만은 아니다. 대략이나마 발생한 일의 원인을 추정하고, 예견할 수 없는 일일지라도 최대한 잘 대처할 수 있을 만큼의 충분한 규칙성이 존재한다. 우리는 우연으로 벌어진 일에서도 무언가를 배울 수 있다.

진화론에서는 우리 인간의 뇌가 행동 지향적인 효율적 예측 기관으로 형성되면서 규칙성을 찾을 수 있게 되었다고 설명한다.[2] 생명체는 세계를 이해할 수 있고 제어할 수 있어야 한다. 즉 내가 사는 곳에서 발생하는 일에는 어떤 의미와 연속성이 있고, 그것을 통제할 수 있어야 안심이 된다.[3] 정확한 예측을 한다는 것은 주변 상황을 살펴 어떤 행동을 취하면 좋을지 궁리할 수 있다는 말이다. 그렇기에 앞으로 일을 통제할 수 없다는 기분이 들면 우리는 몹시 불안해진다.[4]

통제할 수 없는 사태에 잘 대처할 수 있는 생물은 존재하지 않는다. 펜실베이니아 대학교의 리처드 솔로몬Richard Solomon은 유명한 실험을 통해 두려움이 학습에 미치는 영향을 연구하기 시작했다. 개들을 그물 망으로 꼼짝하지 못하게 만든 다음 어떤 신호음을 들려주고 뒷발에 전기 충격을 가했다. 그리고 나서 이 개들과 함께 새로운 개들을 데려다 다른 조건에서 실험을 했다. 아까와 같은 신호음을 들려준 다음 10초 안에 장애물을 뛰어넘어가 전기 충격을 피할 수 있는지 보았다. 연구자들은 앞서 몸이 묶인 채 전기 충격을 받았던 개들이 다른 개들보다 훨씬 더 빨리 피하는 법을 학습했을 것이라 예상했다.

그러나 그런 일은 일어나지 않았다. 놀라움을 금치 못한 연구자들은 이렇게 기록했다. "몇 차례 실험을 했건만, 그들은 전기 충격을 '받아들일 뿐' 피하려는 움직임을 보이지 않았다."[5] 그물망에 묶여 첫 번째 실험의 대상이 되었던 개들을 통해 알 수 있었던 교훈은 새로운 실험 조건을 주었을 때 개들은 거기서 벗어날 수 없었고, 이는 개들이 실험 배후에 깔린 규칙을 학습하지 못했다는 것이다. 연구자들은 통제할 수 없는 고약한 상황이 긴 시간을 두고 이어질 때 어찌할 줄 모르는 상태를 두고 '학습된 무기력'이라고 정의했다.

나는 사고를 겪고 나서 계속 이런 생각을 하지 않을 수 없었다. 두 개골이 골절된 채로 눈 덮인 배수로에 처박히지 않았다면. 내가 알래스카로 여행을 가지 않았다면. 눈에 대한 로망이 없었다면. 빙판길을 매끄럽게 벗어날 수 있었다면. 눈발이 날리고 기온이 영하로 떨어질 수 있는 곳에 아예 발을 들여놓지 않았다면. 내 인생에서 운전이라는 것 자체가 아예 존재하지 않았다면. 하지만 엎질러진 물이고, 주위 담을 수도 없었다. 사람들은 정말 황당한 사고라고 했는데, 그럴 만도 했다. 내가 대비를 하지 않았거나 통제력을 완전히 상실했다면, 이보다 더 심각한 상황이 벌어질 수도 있었다.

열심히 사는 것만으로는
부족하다

우리가 삶을 좌우할 수 있다는 믿음은 문화에서 비롯하기 마련이다. 600만 년 전 인간과 침팬지가 같은 조상으로부터 갈라진 이래, 호모

사피엔스의 유전형질은 진화 과정에서 대략 잡아 1,500만 번에서 2,000만 번쯤 바뀌었다.[6] 인류의 조상은 협동할 때만 자신들보다 신체적으로 우위에 있는 대상을 사냥할 수 있었다. 이로써 인류의 뇌는 의도를 공유하고 목표를 향해 힘을 합치는 법을 제대로 익히게 된다. 현실에 대해 이렇게 공유하고 있는 감각을 우리는 '문화'라고 부른다. 문화는 행위와 믿음을 좌우하는 사회적 규범을 정하고 집단이 서로 잘 어울려 살 수 있도록 한다.[7] 이를 통해 우리는 세상이 어떻게 돌아갈 것인지 예측할 수 있다.

우리가 직접적으로 통제할 수 없는 것에 영향을 미치는 보이지 않는 힘이 있는데, 우리에게는 이 힘을 어찌 해볼 수 있다는 확고한 믿음이 있다. 더불어 신의 개입이 우리가 어찌할 수 없는 틈새를 메운다는 믿음 또한 갖고 있다. 아마도 이런 믿음 때문에 주변 상황을 어느 정도는 통제할 수 있다는, 상상하기 어려울 만큼 낙관적인 문화가 만들어진 것이 아닌가 싶다. 나는 오래전부터 내려오는 집안의 신념이기도 한 이런 문화에서 성장했다.[8]

1620년, 배짱 두둑했던 12대조 할아버지 에드워드 도티는 100여 명에 이르는 선원과 승객 무리에 섞여 메이플라워호에서 내렸다. 이들은 북아메리카에서 두 번째로 오래된 영국인 정착촌을 일궈냈다. 다른 청교도 정착민들과 함께, 도티 할아버지는 자수성가한 사람으로서 미합중국의 문화 규범을 만드는 데 일조했다. 그의 바람은 신에게 선택받은 사람들로 구성된 구원 집단, 즉 기독교 유토피아를 만드는 것이었다. 현대사회의 타락에 물들지 않고, 특유의 종교적 자유―그들만의 성경 독해 방식을 고수하는 것과 정부의 간섭에서 벗어나 근검, 절제, 근면의

가치를 지켜나가는 것 ─ 를 구가하는 집단을 꿈꿨다.[9]

"이런 성공 공식을 뒷받침하는 것은 바로 이성과 법칙의 우주를 주재하는 자애로운 신이 우리가 선한 일을 하면 성공으로 보답한다는 믿음이다."[10] 그들은 유럽의 강고한 계급의식을 거부하고 하늘은 스스로 돕는 자를 돕는다는 평등한 기회를 믿었다.

1648년, 신교도의 노동 윤리가 매사추세츠의 법으로 자리했다. 그 법에 따르면 "대리법원이나 지방법원이 노동 윤리에 맞지 않다고 여길 경우 어떤 사람도 처벌할 수 있으므로 게으름을 피우거나 생산적이지 않은 일을 해서는 안 된다."[11] 최대한 몸을 움직이게 하는 이런 행동 규범은 매사추세츠 지역 경제가 발전하는 데 큰 역할을 했다.[12] '우리의 운은 우리가 만든다'라는 믿음, 결국 우리의 모든 행동과 믿음이 영향을 미치지 않는 곳은 없다는 믿음은 거칠 것 없이 발전하기 시작했다. 그리고 유럽에서 오랫동안 지켜온 설명과 그 궤를 달리하기 시작했다.[13] '인격윤리 character ethic'에 대한 강조는 "열린 사회의 구성원이라면 그가 도덕적으로 합당할 경우 누구든 사회적·경제적으로 성공을 거둘 수 있다는 믿음"에서 비롯한다.[14] 교회, 가정, 공동체에 소속된 소농과 장인들이 국가 경제의 근간을 이루며, 사방에서 근면·성실이 성공의 지름길이라고 말하는 환경에서는 자기 의지와 인성을 가장 중요하게 여길 수밖에 없었다.[15]

세월이 흘러 철도가 깔리고 산업화와 도시화가 이루어지고 이민자가 많이 늘어나면서, 미국인들은 도시로 몰리고 경제가 중앙에 집중되기 시작했다. 꾸준한 자기계발을 통해 성공에 이른다는 벤저민 프랭클린식의 모델은 사회진화론에 입각한 경쟁 게임으로 바뀌었다. 전혀 다른 규칙에 따라 돌아가는 승자 독식 사회가 되었다.[16] 하룻밤 새 억만장자가 되는 사람들이 나타나면서 근면, 절약, 인내와 같은 덕목은 뒷전으로 밀렸다.[17] 벼락부자가 생겨나고 불평등이 가시화되면서 성공은 오직 가치와 근면과 신앙심에서 온다는 집단적 믿음은 빛이 바래고 말았다.[18] 그러면서 운이라는 요소가 미국인들의 삶에 스며들기 시작했다.[19] 이제 미국에서는 사람 좋고 근면하며 신앙심이 독실하다는 것만으로는 충분치 않게 되었다. 운이 따라야 했다.[20]

2001년, 아르헨티나의 경제는 붕괴했다. 수백억 달러에 이르는 외채를 상환하지 못하면서 아르헨티나의 화폐가치는 바닥으로 떨어졌다. 하룻밤 사이에 한때 프랑스 파리보다 더 화려했던 부에노스아이레스는 고도의 실업률과 현금 부족으로 아수라장이 되었다. 달러로 벌고 페소로 지출할 수 있는 나 같은 외국인은 불황 덕에 오히려 생활비가 적게 들었다. 그래서 나는 교통사고가 일어나고 몇 년이 지나 부에노스아이레스로 가서 외국 생활을 하게 되었다. 삶은 언제든 종언을 고할 수 있었기에 나는 최대한 삶을 누릴 작정이었다.

2007년 말, 남미에 거주하고 있던 나는 미국이 경제 위기에 봉착하는 것을 지켜보았다. 식당 텔레비전에서는 지금 이곳이 어떤 상황인지 단박에 알 수 있는 영상이 흘러나왔다. 은행 직원들이 직장을 떠나고, 실업자들이 길게 줄지어 선 모습이었다. 웨이터가 한숨을 쉬더니 "운이 나쁘네!"라고 말했다. 일의 원인이 자신이 어찌할 바를 넘어섰다고 여기는 사람들은 그 통제 소재locus of control를 바깥에서 찾는다. 무엇이든 할 수 있다고 믿는 순례자(메이플라워호를 타고 미국의 뉴잉글랜드에 처음 이주한 청교도 – 옮긴이)들과는 대척점에 있는 것이다. 아르헨티나 사람들과 얘기해보면 문화에 따라 세상을 보는 시각이 얼마나 다른지 알 수 있다. 특히 운이란 것이 과연 존재하는지, 그리고 우리가 인생을 얼마나 뜻대로 살 수 있는지에 대해서 말이다.[21] 내 삶에 임의성이라는 반갑지 않은 손님이 종종 찾아오긴 했지만, 나는 머리를 설레설레 저으며 "그게 인생이야"라고 말하기보다는 무언가 행동을 취하는 편이 더 낫다는 생각이 들었다.

사람들은 세상을 만드는 주체가 무엇이며, 미래를 이끌어나가기 위해 우리가 할 수 있는 것이 무엇인지에 대해 공통된 믿음을 가지고 서로 힘을 합쳐 일을 한다. 행위와 결과의 관계가 모호해 보이면, 보이지 않는 위대한 힘이 작용한다고 추정한다. 그렇게 되면 우리는 앞으로 펼쳐질 일을 이해할 수 있고, 불안한 마음을 누그러뜨릴 수 있다. 앞으로 펼쳐질 일을 제어하는 어떤 신적인 힘이 있다고 할 때, 우리가 어떻게 그리고 얼마만큼 거기에 영향을 미칠 수 있는지는 그 문화가 가진 종교적 믿음 혹은 개인의 영성에 달려 있다.

부에노스아이레스에서 몇 해를 보낸 뒤, 나는 금융 위기가 한창인 미국으로 돌아왔다. 가까이에서 보니 아등바등과 흥청망청이 공존했는데, 나로서는 이해하기가 어려웠다. 나라 전체가 교통사고를 당했는데, 오직 일부만 두개골 골절이라는 중상을 입은 듯 보였던 것이다. 삶이란 아주 노골적으로 불평등한 것이며, 그 불평등은 개인의 장점과는 별개의 요소에 의해 좌우되는 것이었다. 성공은 전적으로 스스로 돕는 자의 것이라는 나의 낙관적 믿음은 완전히 사라졌다. 성공하려면 열심히 일해야 하고, 성격도 좋아야 하며, 미래에 대한 확신이 있어야 하는데, 이에 더하여 우리로서는 어찌할 수 없는 그 무엇이 더 필요해졌다. 그것은 바로 운이었다.

위기에서 빠져나갈 문은
언제든 열 수 있다

교통사고를 당하고 나서, 그 날벼락의 후유증을 감당할 길은 그저 진통제를 먹고 TV를 보는 것뿐이었다. 슬프게도 추리닝을 걸친 채 세상에 대한 저주를 헛되이 퍼붓고 나면 돌아오는 건 살짝 불어난 뱃살뿐이었다. 그러나 아르헨티나에 다녀오고 나서 나는 한번 인생의 바닥을 찍고 혼란스러워하다 운에 대해 골몰히 생각하게 되면서 어느 정도 안정을 찾아가기 시작했다. 이 불확실성에 대해 어떤 확실한 의미를 알고 싶었던 것이다.

그때는 자각하지 못했지만, 어떤 행동을 취했다는 것 자체가 문제 해결을 위한 첫 수순이자 제대로 된 수순이었다. 비록 내가 완전히 통제할 수는 없어도 내가 원하는 성공적인 결과를 가져오려면, 예를 들어 직장을 얻고, 출판 계약을 하고, 새집을 장만하고, 인맥을 넓히고, 돈을 벌고, 삶의 의미를 찾아나가고, 어머니 집에서 독립하려면 내 쪽에서 어떤 행동을 취해야 했다. 아무것도 하지 않는 것은 '학습된 무기력'과 비슷하다. 무언가를 한다는 것, 때로는 그렇게 하는 것이 무의미한 미신처럼 보이기도 하고 독선적 무관심처럼 늘 재미있는 것도 아니지만, 그래도 무언가를 한다는 것은 추리닝을 걸치고 세상 원망이나 하는 것보다 훨씬 나은 결과를 낳을 수 있다.

　나는 우연의 결과물로 보이는 것 가운데 많은 것이 그 원인을 추정할 수 있을 뿐 아니라 대비만 잘하면 그것을 자신에게 유리한 방향으로 조금씩 움직일 수 있다는 사실을 발견했다. 그리고 예기치 못한 사고에서도 운이 좋으려면 내가 능동적으로 임해야 한다는 사실도 발견했다. 다시 사람들과 어울리기 시작하면서 나는 세상이 참으로 좁다는 것을 깨달았다. 나는 친구들에게 다시 미국으로 돌아오고 싶다고 속내를 털어놓았고, 한 친구가 오리건주의 포도밭 저택을 봐주는 일을 소개해주었다. 나는 같이 작업할 작가를 찾는 사람을 만났고, 집필 집단에 같이하게 되었다. 이런 것을 두고 제임스 오스틴James Austin이라는 과학자는 발명왕의 이름을 따서 '케터링 원리Kettering Principle'라고 불렀다. "마냥 손을 놓고만 있지 않는다면, 기대를 거의 접은 상황에서조차 무언가 얻어걸릴 가능성이 생깁니다. 넋 놓고 있다 무언가 얻어걸린 게 있다는 사람 얘기를 나는 들어본 적이 없어요."²²

　살다 보면 두개골이 골절되는 일이 생길 수도 있다. 살다 보면 빈털터리가 될 수도 있다. 살다 보면 사기가 꺾일 수도 있다. 살다 보면 이력서가 제아무리 화려해도 취미가 결격사유가 될 수도 있다. 살다 보면 다른 이가 나보다 더 우수한 평가를 받을 수도 있다. 살다 보면 신출내기 시절에 우리가 감당할 수 있는 것보다 더 큰 시련을 겪을 수도 있다. 이럴 수가 있는 것이다. 벌어지는 일들을 통제할 수 없다거나 운은 우리 역량 밖이라는 사실을 받아들이는 것은 현실적인 태도다. 하지만 우리가 결과물에 영향을 미칠 도리가 전혀 없다고 믿는 것은 부적응자의 태도일 수밖에 없다. 자기 역량 안의 일인지 밖의 일인지를 아는 것만으로도 성공 가능성을 높일 수 있다. 왜냐하면 스스로 바꿀 수 있는 것에 더 집중할 수 있기 때문이다.

개에게 전기 충격을 가하는 초기 실험 이래 수십 년간 연구를 진행하면서 처음의 모델은 크게 수정되었다. 처음의 모델에서는, 현재 상태를 수동적으로 받아들이는 것은 지속되는 힘든 상황에 대한 디폴트 반응이라고 보았다. 안 좋은 일이 계속 일어나면 이른바 학습된 무기력이라고 하는, 아무것도 하지 않는 게으른 상태가 된다. 어떤 문제에 직면하면, 그 문제가 어떤 것이든 그것을 무시하거나 합리화하는 것이 그것을 바꾸려는 것보다 쉬울 수밖에 없다. 다행스러운 것은 우리 삶이 심리학 실험실은 아니라는 점이다. 상황을 지배하는 규칙은 끊임없이 변한다. 빠져나갈 문은 언제든 열 수 있고, 우리는 삶에 대해 긍정적이고 유연한 태도를 배울 수 있다.

이제 우리는 이 책에서 그 방법을 살펴보고자 한다.

차례

9장. 운명의 주사위를 훔치는 완벽한 방법   230

- 당신의 뇌에 믿음을 불어넣어라

10장. 인생의 질문에 '예스'라고 답하라   254

- 호기심, 유연성, 열린 마음, 그리고 행운의 표면적을 넓히는 법칙

1 장

오늘의 우승자는
어떻게 탄생하는가

–

삶의 수많은 심사를 통과하는
순서를 바꾸는 법

디트로이트 시내 GM 르네상스 센터에서 열린 제19회 모터시티 타투 엑스포의 셋째 날, 나는 타투에 72시간째 빠져들고 있었다. 잉크 색, 바늘, 제거법 등 최신 제품과 기술에 대해 많은 것을 배웠다. 그리고 타투를 보고 무슨 의미로 새긴 이름인지 물어서는 안 된다는 것도 배웠다. 그런 질문으로 대화를 나누다 보면 얘기는 세상을 떠난 이들, 혹은 세상을 떠난 아이들에게로 넘어갔기 때문이다. 또한 타투를 몇 개 했느냐는 질문도 해서는 안 된다는 것을 알았다. 왜냐하면 내가 자투리 그림을 그리다 곁가지로 이어지는 그림으로 한 페이지를 가득 채울 때, 누군가 "종이에 몇 가지 그림을 그렸나요?"라고 물으면 그에 대한 정답은 둘 중 하나다. '오만 가지'거나 '한 가지.' 그날, 텅 빈 캔버스나 다름없는 내 팔과 목에 그림을 그려주겠다고 다가온 타투 예술가들이 몇 명인지도 다 헤아릴 수가 없었다.

유럽의 어느 해안가에 놀러 온 뚱뚱한 남자들처럼 타투를 한 사람들은 다른 사람의 시선으로부터 자유로운 환경에 들어서자마자 제 살갗을 드러내기 바빴다. 불꽃 타투, 요정 타투, 깃발 타투, 그리고 너무도 흔한 해골 타투.

내 평생 이토록 많은 신체 예술을 본 적이 없었다. 대부분의 부스를 타투 예술가들이 차지하고 있었는데, 몸에 지워지지 않을 흔적을 남길 슈슉, 윙윙, 지잉지잉 하는 바늘 소리만이 부스를 가득 메웠다. 빈 서판 같은 엉덩이와 팔이 화려한 색을 입고 부스 밖으로 나왔다. 색을 갓 칠한 생물들이 사방에서 돌아다녔다. 지혈을 위해 음식 포장용 랩을 몸에 두르고 돌아다니는 이들도 있었지만, 대부분 페이퍼 타월이나 천을 감고 있어서 흡사 전쟁터에서 후송된 부상병 몰골이었다.

그러나 나는 여기에 타투를 하러 온 것이 아니다. 경연을 어떻게 치르는지 보기 위해 왔다. 셋째 날은 우승자를 가리는 가장 큰 경연이 벌어지는 날이었고, 그 심사를 어떻게 하는지 살펴볼 필요가 있었다. 심사위원은 남자 둘, 여자 하나, 이렇게 모두 세 명이었다. 여자 심사위원 셰리에게 나이를 묻자 그녀는 미소를 지었다. "이팔청춘이에요." 그녀는 텍사스주 스위트워터 출신답게 느릿느릿한 말투로 애교를 섞어 말했다. "타투를 30년째 하고 있답니다." 붉은빛이 감도는 긴 금발의 그녀는 다른 세계에서는 일을 똑 부러지게 잘하는 학교 사서일지 모르겠으나, 이 세계에서는 분홍색 단추가 달린 민소매 셔츠에 두 팔을 다 드러내고 다니는 사람이었다.

심사위원 모두 수십 년 경력의 베테랑이라 패턴을 읽고, 다른 사람들은 파악하지 못하는 디테일을 가려내는 데 탁월했다. 소시지 만드는 법을 아는 사람이라면 꼼수를 써서 소금에 절인 저품질의 고기를 잘 집어내지만, 그걸 모르는 사람들은 활짝 웃으며 "맛있네!"라고 할 뿐이다.[1]

나는 심사를 어떻게 하는지 궁금했다. 심사석에서 타투의 색상·색조·배치 등 세세한 부분에서 어떤 기준으로 평가를 내리고 있는지 알고자 했다. 심사와 관련해서 이야기를 나누던 중 심사석에 올라가 참관해도 좋다는 허락을 얻었다. 코앞에서 타투의 피를 닦는 데 사용된, 피로 얼룩진 물티슈를 얼마나 많이 보았는지 빨리 돌아가서 간염 예방주사를 맞아야겠다는 생각만 드는 걸 가까스로 참았다. 마지막 참가자가 돌아간 뒤 심사위원들은 논의를 시작했고, 결선에 올라갈 세 후보작을 호명했다.

먼저, 넓적다리에 파란색과 초록색으로 얼굴 타투를 새긴 제이라는 이름의 중년 남자였다. 한 부분, 한 부분, 오! 아! 하는 감탄을 금할 수 없게 만든 작품이었다. 다음은 팔뚝에 자기보다 더 매력적인 파란색 어치 새를 새긴 귀엽게 생긴 청년이었다. 마지막으로, 왼쪽 팔뚝에 화려한 색상의 도마뱀을 새긴, 타나라는 이름의 상냥하게 생긴 젊은 여자였다. 심사위원들은 다시 한번 잉크를 머금은 피부를 자세히 들여다보면서 경탄을 내뱉었다. 이제 결선 진출자들은 제자리로 돌아갔다.

심사위원들은 우승자를 가리기 위해 머리를 맞댔다. 먼저 얼굴 타투에 대한 신랄한 심사평으로 시작했다. "왜 색감이 저런지 잘 모르겠군요." 심사위원 모두 선이 뛰어나긴 하나 색감은 밋밋하다고 보았다. 아마 타투 예술가와 넓적다리를 내준 모델 둘 다 그렇게 하고 싶어서 한 것이겠지만, 심사위원들은 전문가였고 그것을 밋밋하다고 판정했다. 이로써 얼굴 타투는 탈락이었다. 제이는 낙심이 컸을 텐데, 그에게 건넬 거라곤 피 묻은 티슈밖에 없었다.

파란 어치 새에 대한 심사평을 들어보자. "가지와 깃털 묘사가 훌륭합니다. 그런데 어치 새 아랫배 쪽의 세부 묘사가 좀 약하고, 하다 만 것 같아요." 세 작품 가운데 내 마음에 들었던 건 파란 어치 새였다. 캔버스 역할을 해준 모델 덕분에 타투에 대한 내 생각이 바뀌었을 정도다.

마지막으로, 도마뱀 타투에 대한 심사평은 이러했다. "도마뱀 타투는 디테일이 상당해요." 셰리가 고개를 끄덕이며 말했다. "색상 톤을 조금 더 높였으면 어땠을까 싶네요. 그랬다면 느낌이 더 강렬했을 텐데." 회색 말총머리를 한 브라이언 에버렛이 말했다.

"난 해골 타투를 주로 하는데, 내가 개구리가 좋다면, 그만한 이유가 있는 겁니다." 이 쇼에 참석하기 위해 워싱턴주 스포캔에서 비행기를 타고 날아온, 항아리 같은 체형의 제이슨 스완슨이 말했다. 도마뱀이 아니라 개구리였나 보다. 물론 훌륭한 타투이긴 했지만, 정말 이번 엑스포를 통틀어 가장 뛰어난 작품이라고 할 수 있을까? 심사위원들은 서로 머리를 맞대고 속삭였다. 사회자 칼은 레드불 캔을 얼마나 마셨는지 아드레날린 샘이 다 녹아내린 듯 그만 행사를 끝내고 싶어 했다. 하지만 심사위원들이 두말할 여지 없는 최고에게 상을 주고 싶다면, 레드불을 더 들이켜서라도 타투 작품 전체를 자세히 들여다봐야 하지 않을까? 누군가 칼에게 종이를 건넸다.

칼이 발표했다. "우승 작품은…… 와, 이건 놀랍지 않네요……. 도마뱀!" 타냐는 펄쩍 뛰어오르며 웃음을 지었다. 무대 위로 트로피가 올라가고, 기념 촬영을 했다.

이보다 몇 시간 전, 나는 대표 심사위원인 마이크 시데리오와 얘기를 나눴다. 뉴저지 와일드우드 토박이이며 타투 업계의 전설인 그는 타투는 금방 내린 눈밭을 향해 돌진하는 시베리아허스키의 열정으로 해야 한다고 말했다.

나는 채점 방식에 관해 물었다.

그는 팔짱을 끼고 말했다. "높은 점수를 주되 여지를 남겨야 해요. 처음 보는 것에 그냥 만점을 주면 안 돼요."

순서가
행운을 좌우한다

지구상에서 승자를 가리는 데 고대 로마 시대의 검투사 경연보다 우아한 것은 없을 것이다. 그런데 오늘날의 토너먼트는 단순히 '누가 살아남았는가?'라는 기준보다 좀 더 세심한 기준이 요구되는 것 같다. 승자가 분명히 존재하는 스포츠에서는 속도, 거리, 무게 같은 것(그래서 올림픽 모토가 '키티우스Citius, 알티우스Altius, 포르티우스Fortius'인 것이다. 이는 '더 빨리, 더 높이, 더 강하게'를 의미한다)을 중요하게 여긴다(고대 로마 시대에는 이 세 가지 외에 한 가지가 더 있었는데, 바로 '더 오래 살아남기'였다).

오늘날, 단거리 육상에서는 승자를 가리고자 결승선에서 레이저 같은 장비를 동원한다. 그 장비만이 수학이라는 정확한 세계 공용어를 사용하고, 따라서 믿을 만하다고 여기기 때문이다. 그러나 승자를 가리는 요소가 자동 연산이 아니라 주관적 판단으로 나온다면, 승리는 논란의 여지가 없는 최고에게 가는 것이 아니라 심판의 호불호에 좌우된다.

앞선 예에서 심사위원들이 타투에 점수를 매길 때처럼 경쟁에 참여한 사람들이 기다렸다가 한 사람씩 심사위원 앞에 나가 심사받는 것을 가리켜 '순서 종료' 심사라고 부른다. 이는 최종 결선에서 선호하는 방식이다. 어떤 대상을 순서대로 살펴본다고 할 때, 매번 더 화려하고 흥미로운 요소에 우리 눈과 귀가 쏠린다. 화려하고 흥미로운 부분이 딱히 주목할 만한 것이 아닐지라도 그 순간만큼은 그것이 우리의 주의와 감탄을 끌어낸다. 따라서 순서상 앞에 나오는 것들은 불리한 패를 쥐고 시작하는 셈이다.[2]

타투 결선에 올릴 작품들을 살펴보는 동안 마이크 시데리오는 첫 번째 타투 작품을 제대로 확인하지 못했을 것이다. 그는 이렇게 말했다. "우리는 다음 20분 동안 다른 타투 작품을 그렇게까지 꼼꼼하게 보지 못할 겁니다. 그 세부적인 부분들을 말이죠." 처음으로 집을 장만하려고 이리저리 알아보고 다니는 사람은 이런 식으로 외치지 않는다. "이 집이 아름다운 정원이 딸린 집이자 우리 예산 안에서 살 수 있는 유일한 집일 거야!" 우리를 희열에 차서 외치게 만드는 것은 마지막 순서의 참가자이자, 마지막 심사에 들어간 타투이며 노래다. "도마뱀 타투를 한 팔이 최고야!" 이렇게 되는 것이다.

순서가 다 끝날 때까지 기다리는 방식 말고도 단계별 심사가 있다. 심사를 나눠서 각 작품을 대할 때마다 그때그때 점수를 매기는 것이다. 다이빙, 싱크로나이즈드 수영, 체조처럼 예술성이 가미된 스포츠는 채점 항목이 주관적이다. 이런 스포츠는 연기가 한 번 끝날 때마다 채점하는 방법을 쓴다. 우리 삶에서 벌어지는 수많은 소소한 오디션이 이런 식이다. 첫 번째 데이트 상대가 걸친 카디건 매무새, 러트거스 대학교

입시 전형, 과학경연대회에 벼락치기로 응모한 작품을 평가하는 방법 등이 그렇다.

순서상 마지막에 등장할수록 기말 리포트가 되었든 취업 면접이 되었든, 아니면 첫 번째 데이트에서 호감을 얻는 문제가 되었든 우승할 가능성이 커지기 때문에 우승이란 것은 우리가 심사위원의 심사 순서에서 어디에 놓이는가에 좌우된다. 이는 우리가 어찌할 수 없는 것이므로 결국 운인 셈이다.

1994년부터 2004년까지 유럽 피겨스케이팅 선수권을 분석한 자료에 따르면 마지막 순서에 연기한 사람들이 우승할 확률이 14퍼센트였다. 반면, 앞 순서에 연기한 이들이 우승할 확률은 겨우 3퍼센트였다.[3] 1998년 일본 나가노에서 열린 동계올림픽 때, 미셸 콴은 미국 피겨스케이팅 팀에서 가장 강력한 우승 후보였다. 그녀의 강력한 라이벌인 타라 리핀스키는 2년 후배였다. 콴의 우승이 따놓은 당상처럼 보였으나, 〈뉴욕타임스New York Times〉는 그해 프리 스케이팅을 위해 준비한 리핀스키의 의상이 매우 독특한 이미지를 담고 있다는 기사를 썼다.[4]

나가노에서 콴의 프리 스케이팅 연기는 흠잡을 데가 없었지만 금메달을 딸 수 있는 점수를 얻지는 못했다. 초저녁에 출전한 이상 연기가 완벽하다고 해서 완벽한 점수를 따는 것은 아니었기 때문이다. 리핀스키는 그보다 뒤에 연기했다. 주니어 세계대회에서 5위 성적을 얻고 난 2년 뒤, 리핀스키는 금메달을 거머쥔 가장 어린 여자 선수가 되었을 뿐 아니라 피겨스케이트 사상 가장 의외의 결과를 낸 선수가 되었다.

한 달 전, 콴은 전미선수권에서 심사위원 전원으로부터 6.0점 만점을 얻어냈다. 그러나 나중에 열린 올림픽에서 똑같은 연기를 선보였는

데도 심판들은 5.9점을 주었다. 일본 나가노 동계올림픽에서 심판이 되었다고 생각해보자. 어떻게 초반부터 한 선수의 연기를 보고 난 뒤, 만점을 줄 수 있을까? 우리가 심사위원이라면 마이크 시데리오의 말처럼 높은 점수를 주되 나중에 곤란을 겪지 않도록 여지를 남겨둘 것이다.[5] 그리하여 뒤에 등장하는 연기나 타투 작품을 보게 되면, 그다음으로 심사대에 오를 것이 없으므로 그 연기나 타투 작품에 깊은 인상을 받게 되는 것이다.

네브래스카 주립고등학교 체조대회, 유러비전 송 콘테스트, 싱크로나이즈드 수영 세계선수권대회, 퀸엘리자베스 콩쿠르처럼 그때그때 점수를 매기는 대회를 보면 뒤에 출전하는 것이 유리할 때가 많다.[6]

순서가 심사에 영향을 미치기 때문에 어떤 점수판을 들지 예측할 수 있다. 게으르기 짝이 없는 우리 인간의 뇌는 바로 그 순간 손에 최대한 잡히는 정보, 아이디어, 처리 능력, 감정 등을 이용한다.[7] 앞 순서에 나오는 참가자들을 심사할 때, 우리는 그 순간 우리가 끄집어낼 수 있는 최선의 기준을 가지고 심사한다. 즉 그동안 살아오면서 자신이 배운 것과 기대치가 한데 어우러져 형성된 이상적 기준을 가지고 심사한다. 뒤에 어떤 참가자들이 나올지 우리는 알 수 없다. 그러나 심사를 하다 보면, 참가자들이 어떤 수준인지 감을 잡게 되고 심사의 기준도 달라진다. 우리는 20대를 지내면서 철인3종 선수, CEO, 자선사업가, 속옷모델 등을 배우자로 삼길 꿈꾼다. 그러나 30대를 지내면서는 이사할 때 전과를 신고할 필요가 없는 사람이면 족하다고 생각한다. 우리는 스냅챗 COO라도 고용하려는 듯 구인 광고를 작성하지만 막상 검색엔진 최적화 상품 영업에는 1도 관심 없는 지원자가 쓴 유려한 지원서에 홀린다. 어떤 능력에 점수를 매기는 일과 타투 경연대회는 우리의 남은 인생이 어떤 모습일지를 보여준다. 결국, 실망하고 싶지 않기에 우리는 자신도 모르게 기대치를 낮추는 것이다.[8]

·중요한 교훈,
우리 뇌는 게으르다

때로는 뒤 순서의 참가자들이 운이 없을 때도 있다. 2010년, 뉴욕 컬럼비아 대학교와 이스라엘 베르셰바의 벤구리온 대학교의 세 연구자는 10개월 동안 이스라엘의 가석방 심사위원회가 어떻게 심사하는지 관찰했다. 이해관계가 얽히지 않도록 심사위원회의 판사, 사회복지사, 범죄학자는 당일에야 어떤 사건을 심사하게 되는지 알 수 있었다. 따라서 그들은 한 번에 한 사건씩 처리해야 했다. 하루에 14건에서 35건을 처리해야 하는 그들은 1건당 평균 6분 안에 심사해야 했다. 오전 열 시의 간식과 오후 한 시의 점심, 이렇게 먹는 것으로 하루를 삼등분했다.[9] 1,112건의 심사 자료를 일일이 다 검토한 연구자들은 자료를 더 들여다볼 필요 없이 다음과 같이 뚜렷한 패턴을 발견했다.

위원회는 이른 아침에 진행된 심사와 두 번의 정회 직후에 진행된 심사에서 가석방을 허용하는 경우가 많았다. 착석한 직후에 심사위원들이 가석방을 허용한 비율은 65퍼센트에 달했다. 그러다 두 시간이 지나면 가석방을 허용하는 비율은 거의 0퍼센트로 떨어졌다. 연구자들이 복

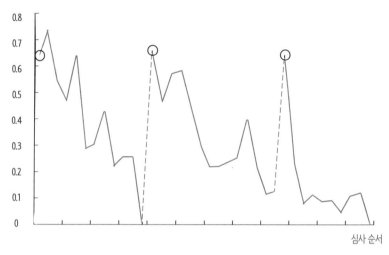

샤이 댄지거(Shai Danziger), 조너선 리바브(Jonathan Levav), 리오라 아브나임페소(Liora Avnaim-Pesso), "사법적 결정에 나타난 비법률적 요소", 〈미국국립과학원회보〉 108, no.17 (2011): 6,889-92, doi:10.1073/pnas.1018033108.

합적인 잠재 요인들을 분석한 결과 가석방 확률은 죄수의 성별이나 인종, 범죄의 경중과 상관이 없는 것으로 나타났다. 또한 연구자들은 심사위원들의 개인적 편향이 개입될 여지도 배제했다. 왜냐하면 위 수치는 할당량을 정하지 않고 임으로 죄수들을 면담한 두 심사위원회로부터 얻어낸 것이기 때문이다. 죄수들의 운명을 좌우한 가장 결정적인 요인은 단순하게도 심사위원들이 휴식을 취하고 얼마나 시간이 흘렀느냐였다.

올림픽과 제19회 모터시티 타투 엑스포에서는 마지막 참가자들이 운이 좋았던 반면, 이스라엘의 가석방 심사에서는 마지막 죄수들이 낭패를 보았다. 우리가 왜 이런 현상이 생기는지를 알게 되면 운에 관해 가장 중요한 사실 가운데 하나를 깨닫게 될 것이다.

우리가 어떤 사람의 일정에 끼어들 때, 그 사람의 뇌 상태가 우리 삶에 얼마나 많은 영향을 미치는지 굳이 알고 싶지 않을 수도 있다. 한 유명한 연구에서 심리학자들은 대학생들을 상대로 실험을 했다. 학생들에게 사전에 미각 실험을 할 것이라고 얘기하고, 적어도 그 실험 세 시간 전부터는 아무 음식도 먹지 말라고 했다. 그래서 학생들은 허기진 상태였다. 실험실에는 두 개의 그릇을 두었다(연구자의 메모에 따르면, 실험실 안에 군침이 도는 신선한 초콜릿과 갓 구운 과자 냄새를 피워 두었다고 한다). 한 그릇에는 갓 구운 초콜릿칩 쿠키와 초콜릿을 담아 두고, 다른 그릇에는 적색과 흰색의 무를 담아 두었다.

무 팀과 초콜릿 팀으로 학생들을 배정한 뒤, 실험자는 자신들에게 배정된 음식을 두세 개 집어 먹으라고 하고 5분간 배고픈 학생들만 남겨 놓았다.[10] 학생들은 그들의 기분 상태에 대한 설문을 작성하고 15분간 대기했다. 그러고 나서 학생들에게 문제 해결 능력을 본다는 명목으로 서로 관련성이 없는 문제들을 풀게 했다. 연필과 종이를 넉넉히 제공하여 여러 번 문제를 볼 수 있게 했고, 만약 풀지 못할 것 같으면 종을 울리라고 했다. 여기서 특기할 것이 하나 있다. 연필을 종이에서 떼거나 한번 그은 선을 다시 돌아가는 법 없이 어떤 기하학 형상을 한 획에 그리라는 문제는 사실 풀 수 없는 것이었다. 초콜릿 팀은 거의 20분 동안 문제를 붙잡고 있었던 반면, 무 팀은 이 말도 안 되는 문제를 붙들고 8분 정도만 버티다 종을 쳐버렸다.[11]

1929년, 행동학자 클라크 헐Clark Hull은 예일 대학교 인간관계연구소에서 일을 시작했다. 예전에 그는 객관적이며 수학적인 확실성을 가지고 현상을 설명하고자 했다. 그러다 그는 쥐의 행동을 설명하고 예측

할 수 있는 정량적 모델의 기초가 될, 행동에 관한 통일 이론을 세우기
위한 연구를 시작했다.[12]

헐은 1943년에 《행동의 원리Principles of Behavior》에서 '최소 노동의
법칙law of less work'이라는 개념을 처음으로 선보였다.[13] 그는 다음과 같
이 썼다. "각기 서로 다른 에너지 양 혹은 노동량이 요구되는 두 가지 이
상의 길이 있을 때 최대한 노동량이 덜 드는 방식을 찾는다."[14] 이와 같
은 '최소 노동의 법칙'은 노벨상을 받은 심리학자 대니얼 카너먼Daniel
Kahneman에 의해 '최소 노력의 법칙law of least effort'이라는 이름으로 불
리게 되는데, 이 법칙은 육체노동뿐 아니라 정신노동에도 적용된다. 동
일한 목표에 이르는 두 가지 길이 있다고 할 때, 우리는 쉽고 짧은 길을
택하게 되어 있다는 것이다. 우리가 더 많은 노력을 하려는 다른 특별
한 동기를 부여받지 않는다면, 혹은 실수에서 배우는 사람이 아니라면,
우리 뇌는 우아하게 게으름을 피우게 되어 있다.[15]

이를테면 소득세를 신고할 때나 정밀한 저울로 무게를 잴 때 오류가
있으면 그것은 심각한 문제를 초래할 수 있다. 이는 뭔가를 잘못함으로
써 에너지를 낭비했다는 말이며, 세상이 돌아가는 방식을 바라보는 우
리의 마음 모델을 재조정해야 한다는 말이다. 마음 모델을 재조정한다
는 것은 에너지를 더 소모해야 한다는 말이다.[16] 오류를 잡아내는 우리
뇌의 핵심 부분은 전대상피질이다. 전대상피질이 활성화된다는 것은 정
신적 제어 활동을 더 많이 해야 한다는 신호다. 좀 더 노력해야 하고, 새
로운 것을 배워야 하고, 생각의 방향을 바꿔야 한다. 우리가 실수했다거
나 기대에 못 미쳤다는 피드백을 받게 되면, 우리는 부정적 보상을 경험
하게 된다. 즉, 전대상피질의 도파민 수치가 갑자기 떨어지면서 혐오 감

정을 불러일으킨다. 무언가를 잘못했다는 것은 생물학적 차원에서 유쾌한 일은 아니지만, 우리는 그런 식으로 하나하나 배워나간다.[17]

어떤 일을 능숙하게 처리할 수 있게 되면 우리 뇌에서 그 일을 관장하는 부위가 대사에 부하가 많이 걸리는 전전두피질에서 부하가 덜 걸리는 기저핵으로 내려간다. 기저핵은 운동 조절을 관장하는 좀 더 오래되고 효과적인 기관이다. 일을 끝내야겠다는 마음을 먹기 전까지 전문가들은 초보자보다 더 오래 심사숙고할 수 있다. 전문가들은 상대적으로 더 뛰어난 패턴 인지 능력 덕분에 일을 처리하는 데 힘을 덜 들일 수 있기 때문이다.[18] 그러나 전문가라도 지칠 수 있다. 그리고 시간을 다른 데 쓰면 더 좋았을 거라는 생각이 들기라도 하면 우리는 무의식적으로 가장 쉽고, 신경도 덜 쓰이며, 기력을 아낄 수 있는 것을 선택하게 된다.

그런데 심사위원들은 뒤 순서의 출전자나 앞 순서의 죄수에게 유리한 선택을 하는 실수를 범했다는 것을 알기나 할까? 그들의 판단이 편향되었다고 그들에게 이야기해주는 사람이 있을까? 없다. 올림픽 정도의 경연에서 순위를 가를 때, 심판은 자신들이 준 점수에 대해 객관적인 피드백을 받을 길이 없다. 순서를 달리하여 경기를 다시 심사할 수도 없거니와 순서에 따라 매기는 점수가 어떻게 달라지는지도 알 수 없으며, 심사 순서에 따른 편향성을 최소화할 정보를 이용할 길도 없다.

판단을 교정할 수 있는 피드백을 받는다는 것은 보상을 받는 것만큼이나 중요하다. 우리는 그렇게 배운다. 인간에게 사회생활은 매우 중요하므로 간과할 수 없는 상대의 의견이 나의 의견과 다르게 나오면 전대상피질, 즉 우리 뇌에서 '일이 제대로 되지 않았다'라는 신호를 보내는 부분을 자극하게 된다. 가석방 심사위원회에서든, 아이스링크에서

든, 혹은 디트로이트 시내 GM 르네상스 센터에서든 심판이나 심사위
원은 자신이 매긴 점수를 다른 동료와 상의하여 확인한다. 그러나 쉽게
지치는 우리의 뇌는 가장 손쉬운 결정을 내리게 되며, 그 덕에 일부 참
가자 혹은 가석방 청원자는 우연의 행운을 얻을 수 있다.[19] 철학자 버트
런드 러셀Bertrand Russell의 말처럼. "제아무리 전문가들이 모두 동의했
다 하더라도, 실수는 있기 마련이다."[20]

순서를 뒤로 미루면
행운이 올까

코미디언 커트 브라우놀러Kurt Braunohler는 10대 나이에 볼티모어에 있
는 존스홉킨스 대학교에서 여자친구를 만나 졸업한 뒤 브루클린으로
이사하여 거기서 13년 동안 같이 살았다.[21] 둘 다 서른이 되던 해 10월
의 어느 날, 커트는 그들이 사귄 지 그토록 오래된 것을 고려하면 너무
도 단순해 보이는 한 가지 사실이 궁금했다.

"왜 우리는 여태 결혼을 안 했지? 아니 왜 그에 관한 얘기조차 안
했을까?"

여자친구는 이렇게 답했다.

"글쎄. 난 결혼하려면 다른 사람과 자봐야 한다고 생각해."

브라우놀러(그 무렵 그에게는 잠자리를 같이하는 다른 여자가 있었다)는 잠시
생각했다.

"네 생각이 그렇다면 좋아." 두 사람은 보통의 부부들이 하듯 아미

시 Amish파(기독교 교파 가운데 하나로 현대 기술 문명을 극단적으로 거부하고 외부 세계와 단절된 채 살아간다 - 옮긴이)의 관습 가운데 하나를 빌려오기로 했다. 아미시파에서 럼스프링가 Rumspringa('사람들과 어울려 돌아다니다'라는 의미)는 열여섯 살이 되고 난 이후의 시기를 가리킨다. 이 시기에는 아미시 공동체가 요구하는 여러 도덕적·종교적·윤리적 규범을 지키지 않아도 된다. 브라우놀러와 그의 여자친구는 30일간의 럼스프링가를 갖기로 했다. 이 기간에 그들은 어떤 일을 해도 된다. 20대에는 하면 안 될 것 같았던 일을 해도 되는 것이다. 브라우놀러는 이 기간을 이용해 최대한 많은 데이터를 모으기로 했다.

"나는 경주에 참여한 셈이었다. 30일 동안 최대한 많은 사람과 잠자리를 해야 하는 경주에 참여한 것이다. 30일 뒤에는 원래대로 돌아가 결혼을 한다." 1월 3일, 그는 한 친구와 한 달간 지내기로 하고 숙소를 옮겼다. 그리고 이튿날부터 데이트 상대를 찾아나섰다.

"목표 숫자는 따로 없었다. 나는 이를 시간제한이 있는 연애라고 생각했다. 모르는 사람과 잠자리를 하지 못하는 날이 있으면, 난 실패한 것이다. 이것이 나의 직업인 셈이다."

브라우놀러가 뭔가를 통찰하게 된 것은 뉴욕 남동쪽 바우어리에 있는 힙합 클럽, 크래시 맨션에서였다. 여자 바텐더가 무료 식음 토큰을 그 앞에 계속 갖다 놓았다. 그녀는 그에게 담배를 피우러 나가지 않겠냐고 물었다. 그들은 밀실로 가서 애무를 나누었다.

"전 이렇게 생각했어요. '아, 이제 섹스를 하겠구나.' 그래서 그녀의 일이 끝날 때까지 계속 마셨지요." 그녀의 일은 뉴욕의 영업점들이 문을 닫는 새벽 네 시에 끝났다.

"새벽 네 시까지 바에 있다 보니, 일순간 모든 이들이 짝을 지어 나가는 광경이 경이로웠어요." 섹스에 관한 브라우놀러의 황금률은 두 가지다. "제가 볼 때, 뉴욕 사람들은 다음의 두 규칙만 따른다면 일주일 중 어느 때건 섹스를 할 수 있을 것 같았어요. 새벽 네 시까지 술집에 남아 있을 것, 그리고 상대에 대한 기준을 크게 낮출 것."

술집이 문을 닫는 시간은 역사상 가장 위대한 뚜쟁이라 할 수 있다. 1970년대에 제임스 페니베이커James Pennebaker는 세 곳의 술집에서 이에 관한 연구를 했다. 페니베이커는 이렇게 말했다.[22]

"그곳들은 샬러츠빌에 있는 버지니아 대학교 주변에 있는 술집이었습니다. 그러니까 모두 대학가 술집이었던 거죠."[23] 어느 목요일 저녁, 연구 조교 여섯 명이 오전 열두 시 반까지 영업하는 술집에 들어갔다. 그들은 손님들에게 두 가지 질문을 했다. "오늘 저녁 이곳에 온 손님들의 점수를 매긴다면 어떻게 매기겠어요?" 밤 아홉 시와 열 시 반 그리고 자정, 이렇게 세 번 사람들에게 1(끌리지 않는다)에서 10(미남 혹은 미녀다) 사이의 점수를 매겨보라고 했다. 밤 아홉 시에는 술집 손님들이 평범하다는 답을 많이 한 반면, 문 닫기 30분 전에는 매력적인 사람으로 가득 찼다는 답이 많았다.

〈아메리칸 아이돌〉 심사위원이든, 올림픽 심판이든, 아니면 타투 전문가나 주택 구매자 혹은 술집 순례를 하는 사람이든, 이들은 처음에는 이상적 기준에 맞춰 평가한다. 그러다 현실을 깨닫기 시작한다. 그러면서 알게 모르게 기준이 낮아진다. 밤 열 시에 어떤 사람이 끌리는데, 그로 인해 처음의 이상적 기준은 온데간데없다는 것을 자각한다. 좀 충격적일 수도 있다. 다른 경쟁자들과 서로 신경전도 벌인다. 밤이 이슥할수록 내 앞에 있는 사람이 누구든 간에 그만의 장점에 매혹되기 시작한다. 그러면서 선택의 지표를 계속 조정하게 된다.[24]

나는 브라우놀러에게 그렇게 문 닫는 시간에 벌어지는 광경을 목격한 뒤, 이성을 유혹하는 전략에 변화가 생겼는지 물었다. "매일 밤 그 전략을 취했어요. 그 한 달 동안 밤마다 영업시간이 끝날 때까지 술집에 남아 있었죠." 새벽 네 시에 하룻밤 같이 즐길 수 있는 사람이 나타나는 현상을 두고 경제학자들은 '희소성 scarcity'이라는 용어를 쓴다. 판단과 의사 결정에 관해 연구하는 이들도 다음과 같이 밸런타인데이 카드에 새기면 좋을 듯한 말을 한다. "장기적 관점에서 생산적 결과를 도출하려면 (어떻게든 상대의 매력을 찾아내어) 섬에 남은 마지막 한 사람과 짝짓기를 하는 것이 짝짓기를 전혀 하지 않는 것보다 낫다."[25]

브라우놀러는 이렇게 말했다. "이런 경우는 여러 곳에서 볼 수 있어요. 사람은 특정한 나이가 되면 갑자기 어떤 사람과 결혼을 하잖아요. 그럼 이런 반응을 보이죠. '정말 저 사람이랑? 그동안 사귄 사람들이 저 사람보단 훨씬 나았잖아.' 하지만 경기가 막바지에 이르면 이렇게 얘기합니다. '그냥 해야 할 것 같아서.'"[26]

우리가 보기에도 선택의 여지가 많을 것 같은 올림픽이나 〈아메리칸 아이돌〉 같은 무대에서 피곤에 지친 사람들이 판정을 내려야 할 때, 그들이 어떤 식으로 당장 눈앞의 좋아 보이는 것들을 선택하는지 우리는 쉽게 목격할 수 있다. 우리가 그런 식으로 주관적 기준에 따라 평가를 받는다면, 우리는 최대한 순서를 미루고 자신만의 장점을 돋보이게 하고 싶을 것이다. 이는 단순히 문 닫을 시간에 사람이 더 매력적으로 보이고, 기나긴 심사의 끝 무렵에 타투가 더 훌륭해 보이며, 마지막에 연기를 펼치는 피겨 선수가 기량이 더 뛰어나 보이기 때문만은 아니다.

혼자 있는 것보다 누군가와 같이 있는 것이 더 낫다고 한다면, 혹은 선택을 하지 않는 것보다 카드 패를 골라 쥐는 것이 더 낫다고 한다면, 우리가 선택할 수 있는 것들이 눈에 들어올 것이다. 왜냐하면 그것들은 하고 싶은 일을 하는 데 도움이 되기 때문이다. 우리는 타투도, 피겨 연기도 보지 않는다. 술집 마감 시간이 다가오면 여자들이 더 예뻐만 보인다. 그저 우리의 질문에 대한 답이 알아서 우리 눈앞에 나타난다. 우리가 결정을 해야 하는 바로 그 순간에 말이다.

행운이 오는 타이밍을
잡고 싶은 당신에게

✔ 참가번호가 주어지는 경우에는 맨 마지막을 택한다. 연구자들이 165회분의 〈아메리칸 아이돌〉과 일곱 편의 해외 버전을 분석한 결과, "첫 번째 순서를 제외하고 마지막 순서로 갈수록 순위 안정권에 들 가능성이 5퍼센트씩 높아졌다."[27] 앞 순서의 참가자들은 불리할 수밖에 없는데, 특히 전화 투표를 할 때 사람들은 누가 누군지 잘 기억하지도 못하기 때문이다.

✔ 사람들의 기억에 남아야 한다. 누가 운이 좋은 사람인가? 바로 선택의 순간 뇌리에 떠오르는 사람이다. 아침 일찍 면접을 봤다면, 그날 나중

에 자신의 존재를 일깨울 수 있는 메일을 보내라. 로맨틱 코미디에서 주연 자리를 얻고 싶다면, 노란색 나비넥타이를 매라. 외국의 고위직 인사와 인맥이 있다면 그것을 과시하라.

✔ 더해진 당신의 가치를 강조하라. 당신만이 기여할 수 있는 것이 무엇인지 제시하라.

✔ 실패를 교훈으로 삼아라.[28] 결과에만 집착할 때 실패는 치명적이다. 카메라를 응시하며 '가능한 많은 것을 배우러 여기에 왔다'고 말할 수 있다면, 유연한 대응 전략을 갖고 있는 것이다. 그러나 '가족에게 내가 실망스러운 존재가 아니라는 것을 꼭 보여주고 싶다'는 식이면, 재기를 더 힘들게 만들 수 있다.

✔ 순서가 마음에 들지 않아도 낙심할 필요가 없다. 앞서 언급한 많은 경연에서는 참가번호를 따로 부여한다. 그러나 채용 담당자가 되었건, 캐스팅 디렉터가 되었건 혹은 짝을 찾는 사람이 되었건 간에 그들은 일단 괜찮은 후보를 발견하면 다른 후보를 더 눈여겨보지 않을 수 있다. 신경을 쓰는 것도 일종의 비용이라 여기므로 사람들은 피곤해지면 한번 선택한 것을 그대로 밀고 나간다.

✔ 마감될 때까지 자리를 뜨지 말아야 한다. 기준을 낮춰야 한다. 그러면 60퍼센트 정도는 성공한다.

2 장

될 놈은
어떻게든 된다?

—

금수저가 아니어도
쉽고 빠르게 목적지로 가는 법

"어제저녁, 한숨도 못 잤어요." 행크 카터 코치는 책상 뒤에 앉아서 결혼반지를 만지작거렸다. 몇 시간 뒤면 첫 훈련이 시작된다. 카터는 두 아이의 아버지로 곧 서른아홉 살이 되고, 키는 180센티미터 정도다. 그는 호쾌하고 열정적인 기운을 주변에 나눠주는 사람이었다. 텍사스 토박이인 그는 레이크 트래비스 고등학교의 미식축구 코치인 동시에 텍사스 지역 고등학교 운동 프로그램 그 자체이며, 자타 공인 자신이 제왕으로 군림하는 영역에서 활력을 불어넣는 역할을 하고 있었다.

2011년, 미식축구팀 레이크 트래비스 캐벌리어스는 처음으로 주 선수권을 5년 연속 거머쥔 팀이 되었다. 이 팀은 2007년에 처음으로 텍사스주 선수권을 획득했다. 그 이듬해에 캐벌리어스에는 두 명의 코치가 새로 들어왔다. 공격수를 지도하는 수석코치 자격으로 들어온 모리스와 수비 코치로 승진하면서 들어온 카터였다.

그는 이렇게 말했다. "이곳에 부임한 첫 두 해에 우리 팀이 텍사스주 선수권을 땄어요. 모리스 코치가 대학팀 부코치로 가면서 제가 수석코치가 되었죠. 우리 팀은 두 번 더 텍사스주 선수권을 쟁취했어요. 대단한 성적이지요." 그는 팀을 명실상부 텍사스 미식축구 명가로 만드는 데 한몫을 했다. 하지만 트로피를 거머쥔 것은 아직 몇 년밖에 되지 않았다. 전년도 시즌에는 연이은 기상이변으로 마지막 경기를 망치고 말았다. 그 때문인지 이번 시즌에는 비상이 걸린 듯했다.

나는 행크 카터가 선발 라인업을 어떻게 짤지 궁금했다. 그는 신중한 태도를 보였다. "우리는 버스 기사인 셈이에요. 문제가 생기지 않게 노력할 뿐이죠." 대리석에서 다비드를 빚어낸 미켈란젤로처럼 카터도 이 남성 호르몬이 넘치는 운동복 무리에서 우승할 팀의 면모를 보았는지 모른다. "정말 기대되는 친구들이 많이 있어요. 그래도 봄 훈련에서 부족한 부분을 메워야겠죠. 누가 한 단계 더 발전할지는 두고 봐야죠."

만약 새로 들어오려는 친구가 수비수라면, 운이 좋다. 지난해 선발 수비수 가운데 대부분이 졸업해 빈자리가 많이 났기 때문이다.

다른 포지션은 어떨까? 어떤 팀에서든 혜성처럼 나타나는 스타는 공격수, 즉 선발 쿼터백이다. 이에 대해 코치는 어떻게 생각할까?

내 질문을 듣자 카터 코치는 눈을 크게 뜨며 의자에서 벌떡 일어났다. 반응이 어찌나 격렬한지 나도 놀랐다. 그는 몸을 앞으로 기울였다.

"그러고 보니 적합한 인재가 있네요. 그의 할아버지도 텍사스 대학 쿼터백, 그의 아버지도 텍사스 대학 쿼터백, 그의 작은아버지도 텍사스 대학 쿼터백이었어요. 그의 형은 텍사스 공대 쿼터백으로 있다가 학교를 옮겨서 지금은 버지니아 공대 선발 쿼터백으로 뛰죠. 그의 형 마이클은……." 그는 벽에 걸린 수많은 우승 사진 가운데 하나를 가리키며 말했다. "우리 학교 선발 쿼터백으로 뛰어서 두 번이나 주 선수권 우승을 안겼죠."

너무 대단해서 믿기 어려울 정도였지만 사실이었다.

"찰리가 그 계보를 이을 거예요."

그런 것이다. 저학년 학생이 텍사스주 선수권 5연패를 달성한 고등학교 팀에서 선발 쿼터백이 되는 행운을 얻을 수 있는 비결은 아주 단순하기 그지없어 보인다. 이제 그가 할 일은 몇 대에 걸쳐 텍사스 대학교 선발 쿼터백을 배출한 집안의 후손으로서 명실상부한 텍사스 쿼터백이 되는 것이다. 주 선수권 우승의 도화선을 당기는 데 한몫을 한, 해당 팀의 전직 선발 쿼터백과 DNA의 50퍼센트를 공유하고만 있으면 되는 것이다. 그리고 그는 재능이 타고난 선수여야 하며, 이미 그의 형이 주전으로 뛰던 정규 시즌에 매주 그 팀을 저녁 식사에 초대하여 대접하는 어머니를 둬야 한다. 그리고 시즌이 시작될 때면 전통대로 마을과 팀이 함께 짜는 거대한 작품의 한 부분이 되어야 한다.

한마디로 찰리 브루어가 되어야 하는 것이다.

세상의 모든 찰리 브루어들이 이처럼 자신의 꿈을 이룰 기회를 손쉽게 얻는 마당에 왜 어떤 사람들에게는 새로운 기회를 얻는 것이 그토록 힘들까?

이 장에서 우리는 행크 카터가 무엇 때문에 흥분했는지를 배우고, 그리고 그렇게 알아낸 정보를 가지고 우리 자신의 행운을 극대화하는 데 어떻게 이용할 수 있는지 살펴보려 한다.

천칭과 구슬이
우리의 운에 미치는 영향

브라운 대학교의 아미타이 셴아브Amitai Shenhav는 의사 결정에 영향을 미치는 요소를 연구하고 있다. 그는 실험 참가자들에게 두 사물 가운데 하나를 선택하라고 말하고, 그들 뇌의 어떤 부위가 가장 활성화되는지를 분석했다. 참가자들이 정보를 수집하고 선택할 수 있는 것들을 살핀 뒤 최종적으로 결정하는 과정을 지켜본 그는 활성화되는 핵심 부위가 'OFC'라고 불리는 안와전두피질orbitofrontal cortex이라는 것을 알았다.[1]

셴아브는 이렇게 말했다. "우리는 선택지와 관련된 정보를 모은 뒤 각각에 어떤 긍정적 요소가 있는지 따져봅니다." 그는 각 선택에 대해 안와전두피질이 보이는 반응을 정보의 구슬을 모으는 과정에 빗대었다. 어떤 선택에 대해 우리가 수집하는 정보는 우리 뇌가 선택하는 가치에 해당하는 구슬을 모으는 것과 비슷하다는 것이다. 우리 뇌의 안와전두피질은 껌과 같은 저가의 아이템을 봤을 때(5초 정도 지속되는 껌의 풍미!)보다 스마트폰과 같은 고가의 아이템을 봤을 때(게임도 하고 사진도 찍고!) 더 큰 반응을 보인다고 한다.[2]

"구슬은 계속해서 모을 수 있어요. 그리고 구슬의 크기는 그것과 관련된 것의 가치에 따라 커지거나 줄어듭니다." 그가 말했다. 두 가지 물건 가운데 하나를 골라야 할 때, 우리는 '스마트폰' 구슬의 총량과 '껌' 구슬의 총량을 비교하게 된다. 스마트폰과 껌 사이에서 선택해야 하는 문제에서 우리는 한쪽에는 굵직한 스마트폰 구슬을 두고 다른 한쪽에는 자잘한 껌 구슬을 둔다. 결정하는 데 오래 걸리지는 않는다. 저울이 확연히 기울 정도로 한쪽이 다른 한쪽보다 긍정적 요소가 월등히 높기 때문이다.

가치의 차이가 확연히 나지 않는 경우, 예를 들어 똑같은 스마트폰인데 색상만 다를 때, 혹은 월급 인상이냐 휴가 연장이냐를 선택해야 할 때는 결정이 쉽지 않다. 비슷하거나 정량화하기 어려운 두 가치를 두고 하나를 선택하는 것은 거의 비슷한 크기의 구슬을 모으는 것과 같으며, 결국 천칭의 시소를 탈 것이다. 경제적으로 좀 더 여유로운 삶을 생각한다면 그쪽에 구슬을 올려놓고, 좀 더 여가가 있는 삶을 생각한다면 또 그쪽에 구슬을 올려놓는다. 우리는 끝없이 이런 행위를 할 수 있다.

셴아브는 이렇게 설명했다. "가치가 높은 두 가지 가운데 하나를 선택해야 할 때, 우리는 추가 근거를 모으게 된다. 두 가지의 전반적 가치를 하나하나 따져보는 것이다." 우리는 세상을 이해하기 위해 이런저런 주의를 기울인다.³ 시간을 내어 살펴봄으로써 특정한 것에 새로운 긍정적 요소가 있는지 찾아낼 수 있다. 그런 증거와 구슬이 쌓이면 저울은 한쪽으로 기울어질 것이다(사실, 선택하는 것이 상대적으로 간단한 것이라면 – 예를 들어 두 종류의 스낵에서 하나를 고르는 것처럼 – 실험자들은 한 종류를 좀 더 많이 제공하여 취향을 조작할 수 있다).⁴

선택할 수 있는 것들을 곰곰이 따지다 보면(우리가 어느 쪽을 선택할지 아직 모르는 상황에서), 저울이 한쪽으로 조금씩 움직이기 시작한다. 여기서 임계점을 지나면 재미있는 현상이 벌어지기 시작한다. 모으는 구슬에 대해 까다로워지기 시작하면서 살짝 기우는 쪽에 올리는 구슬에 더 우호적이 된다.⁵ 우리의 직감은 처리하기 좀 더 편리한 쪽의 정보나 품기 편리한 생각으로 끌리기 마련이다. 이런 식으로 우리가 힘을 아끼기 때문에 예측성과 일관성이 커지고, 따라서 새로운 정보를 분류하는 데 들이는 노력에 비해 좋은 효과를 볼 수 있다. 정보의 취합이 원활해지면 일 처리가 빨라질 뿐 아니라 긍정적인 감정을 갖는다. 제대로 된 선택을 하고 있다는 느낌까지 든다. 그러나 이를 뉴런 단위로 내려가서 보면, 우리 뇌가 게으름을 피우고 있다는 것을 알 수 있다.[6]

이런 직감은 우리 주의력에도, 그렇게 해서 취한 정보를 해석하는 방식에도 영향을 미친다. 그리고 우리의 주의력과 우리가 취한 정보는 다시 우리의 직감을 사실로 확신하는 근거로 작용한다. 미군 기지 확장에 대한 이탈리아인들의 생각을 조사한 연구에 따르면, 사람들의 직감은 그 후에 그들이 읽는 뉴스에도 영향을 미치는 것으로 나왔다.[7]

오스틴에 있는 텍사스 대학교의 사회심리학과 교수 베르트람 가브론스키Bertram Gawronski는 그 연구 논문에서 다음과 같이 말했다. "그들은 하나같이 자신들이 내린 암묵적 평가와 부합하는 정보에 관심을 보였다. 그런 뒤, 이 문제와 관련하여 자신들의 견해를 굳히는 쪽으로 그 정보들을 이용하고, 이어서 결론에 이르렀다."[8] 타투 경연부터 쿼터백 선발에 이르기까지 우리는 결정을 할 때 감정에 좌우된다. 그러나 우리는 그 선호의 감정이 어디서 오는지 자각하지 못할 때가 많다. 선택지들의 조건이 비등하다고 할 때, 우리는 뇌에 이미 자리 잡고 있는 파일 시스템에 맞아떨어지는 정보를 더 선호한다. 저울질하는 과정에서 좀 더 원활한 것이 제대로 된 것이라는 느낌을 갖게 되며, 이제 저울의 한쪽으로 구슬을 더하는 데 주저하지 않는다.[9]

우리가 구슬을 모으기 전에 생각해보아야 할 것이 있다. 세상에서 우리가 잘 알고 있으며 또한 좋아해 마지않는 것이 한때 전혀 알지 못하는 것이었다는 사실이다. 다른 사람에 대해서도 마찬가지다. 사람을 알아가는 것은 또 다른 형태의 학습이며, 그와 나의 유대를 형성하는 과정이다. 여기서 운이 따르려면, 다른 사람이 내 쪽의 저울 접시에 큼직한 긍정의 구슬 꾸러미를 올려놓아 주어야 한다. 카터 코치는 찰리 브루어를 쿼터백으로 뽑을 때 바로 이와 같은 방식으로 했던 것이다. 찰리 브루어 제1원리는 간단하다. 그냥 거기 존재할 것!

내성적인 사람들이
운을 잡는 법

1945년, MIT는 제2차 세계대전에서 귀환한 제대병으로 학생이 늘어나자 '제대군인원호법G.I. Bill'에 따라 기숙사 두 동을 짓기 시작했다. 1946년 초에 준공된 웨스트게이트와 웨스트게이트 웨스트는 다른 기숙사들과 동떨어져 있으며, 들판과 고속도로, 공장지대, 찰스강에 둘러싸여 있었다. 교우 관계와 대인 관계가 어떻게 맺어지는지 조사하기에 알맞은 환경이었다.

사회심리학의 개척자 레온 페스팅거Leon Festinger는 주요한 연구 분석을 통해 두 사람이 친구가 되는 데 영향을 미치는 핵심 변수를 찾아냈다. 바로 근접성이었다. 이는 잘된 PPL(제품 간접광고)의 사회학적 등가물에 해당한다. 기숙사에서 가장 친한 친구가 누구인지 물어보면, 거주자의 3분의 2가 같은 동에 있는 이를 꼽았고, 그 가운데 3분의 2는 같은 층에 있는 이를 꼽았다. 그리고 대부분이 바로 옆집에 사는 이를 꼽았다. 물리적 거리보다 더 중요한 것은 '기능적 거리'다. 실제 교류할 수 있는 기회를 제공하는 거리가 중요하다는 의미다. 계단 위치가 어디냐에 따라 평생의 친구가 만들어지기도 하고, 5년이나 지나서야 볼링장에서 서로를 겨우 알아보는 사이가 되기도 한다.[10]

근접성이 행운을 불러올 수 있는 것은 아주 단순한 노출 효과 때문이다. 20세기 사회심리학의 주역이었던 로버트 자욘스Robert Zajonc는 한 연구에서 실험 참가자에게 한자와 같은 외국 문자를 보여준 다음 얼마나 마음에 드는지를 물었다. 어떤 기호를 자주 보게 되면 나중에 그것을 좋아한다는 실험 결과가 나왔다. 이는 어떤 것에 '단순히' 노출되기만 해도 그것을 더 좋아하게 된다는 의미였다. 이것이 바로 '단순 노출 효과mere exposure effect'다. 자욘스의 대학원 제자인 리처드 모얼랜드Richard Moreland는 '평균적인' 외모를 가진 네 명의 여자를 대상으로 이 이론을 실제 상황에 적용해보았다.[11]

모얼랜드는 그들에게 자신이 심리학개론을 가르치는 대강의실로 들어오라고 했다. 그곳은 극장처럼 앞쪽으로 경사가 졌다. 강의가 시작된 뒤 여자들이 들어와서 천천히 계단을 내려가 맨 앞줄과 바로 그 뒷줄에 나눠서 앉았기 때문에 강의실 안의 모두가 그들을 지켜볼 수 있었다. 강의 시간 내내 조용히 필기하는 척했던 그들은 한마디도 하지 않고 강의실을 떠났다. 그 네 여자는 각각 뉴욕 대학교 시절의 나처럼 15주 강의를 한 번도 빠뜨리지 않기도 하고, 10주 수업만 듣기도 하고, 5주 수업만 듣기도 하고, 첫 수업 이후 한 번도 수업에 들어오지 않기도 했다. 학기 말이 되자 모얼랜드의 수업을 듣는 모든 학생에게 질문지가 배부되었다. 거기에는 그 네 여자의 사진과 함께 몇 가지 문항이 있었다. '이 사람이 마음에 드는가? 여기 이 사람과 자신이 비슷하다고 생각하는가? 이 여자는 얼마나 매력적이라고 생각하는가?'

그런데 학생들은 지금 무엇이 진행되는지 알았을까?

"학생들은 무슨 일이 진행되고 있는지 전혀 몰랐어요." 모얼랜드는 그렇게 말하면서 실험 참가자들의 사고 프로세스에 관해 설명했다. "그들 대부분은 이 여자들이 수업에 들어왔는지조차 몰랐어요."[12] 그들 누구와도 얘기를 나눈 적이 없는데도 모얼랜드의 수업을 듣는 학생들은 강의실에 자주 들어왔던 여자를 더 매력적으로 보고 더 큰 호감을 보였다. 그리고 대부분의 학생들이 이전까지 그들을 본 적이 없는데도 자신들과 비슷한 부류라고 여겼다. 이 연구가 보여주는 것은 내성적인 사람들을 위한 역사상 가장 위대한 뉴스거리다. 우리는 실제로 아무 말도 하지 않아도 비즈니스 세계에서 성공할 수 있다! 회사 파티에 나가서도 그냥 모습만 보이고 간식 테이블 근처에서 잠시 서성거리기만 해도 게으른 내성적 인간들보다 앞서 나갈 수 있다. 우디 앨런Woody Allen의 말이 맞았다. 그저 얼굴도장만 찍어도 80퍼센트의 성공을 거둔다.[13]

상호작용을 할 수 있는 인간은 자신의 삶 안으로 쾌락과 고통을 들인다는 점에서 지구상의 그 어떤 존재와도 닮지 않았다. 우리가 다른 사람에게 할 수 있는 것, 예를 들어 위협, 무시, 사랑, 의혹, 조롱, 문화센터 라커룸에 감금하기, 차량 통행 방해하기, 선명하지 않은 사진을 페이스북에 올려서 '싫어요' 세례 받기 등은 그대로 그들에게 돌려받을 수 있다. 우리는 그들의 동기나 의도를 확인할 수 없으므로 시간을 두고 그들을 관찰함으로써 그들이 장차 어떤 행동을 할지 짐작하게 된다.[14]

단순 노출 효과는 명백한 과정이며, 이 과정을 통해 우리는 상대방이 자신에게 해를 입히는 존재인지 여부를 판단한다.[15] 자욘스에 따르면, 우리 뇌는 실제 본 기억이 없어도 정보를 통해 이미 알고 있는 대상을 좋아한다. "익숙한 것은 아직 나를 해치지 않았다는 것"을 뜻하기 때문이다. 익숙한 대상이나 상황에 있을수록 뇌의 편도체 활동은 줄어든다. 편도체는 미지의 위험에 재빨리 반응해 우리가 자신을 지키도록 한다.[16] 생존의 관점에서 보면, 우리는 미지의 정보에 신경 쓰지 않을 수 없다. 사람들과 우호적으로 관계를 맺는 일은 천칭에서 안전이라는 접시에 구슬을 올려놓는 것과 같다. 새로운 사람을 만날 때도 그에게 안전한 사람을 떠올리게만 해도 그는 자동으로 '이 사람은 안전해!'라고 하는 구슬을 판단의 저울접시에 올려놓는다.[17]

쿼터백 선발부터 타투 시상에 이르기까지 최종 평가에는 감정이라는 요소가 더해진다. 그 일이 비록 주유소 편의점에서 파는 핫도그에 얽힌 루머나 이의 요정(빠진 이를 주면 선물을 주는 요정-옮긴이)처럼 출처가 불분명한 얘기일지라도 말이다. 상대에게 안전한 존재라는 인상을 주는 것만으로도 운이 따를 여지가 있다.[18]

아무것도 안 해도 된다, 그저 가까이에만 있어라

운을 키울 수 있는 찰리 브루어 원리의 지름길은 바로 가까워지는 것이다. 보차공존도로인 보너르프woonerf는 1970년대 암스테르담에서 유래한 것으로, 서행하는 차와 보행자가 함께 이용할 수 있도록 도로를 넓힌 것이다. 애초에 미국인들은 이런 식의 다중 이용 도로 개념에 익숙하지 않다. 거니는 것은 유럽인이나 노인이 할 일이라고 말하는 사람도 있다. 그러나 차를 타지 않고 교통신호등을 없앤다면, 사람 구경을 좋아하는 우리 안의 호기심과 사교성이 제 모습을 드러낸다.

도시계획가들이 구상하는 것을 보면 마치 엔트로피 같다. 차, 보행자, 자전거들이 서로 아웅다웅하게 만든다. 그러나 다중 이용이 가능하고 사람들로 북적이는 파이크 플레이스 마켓(시애틀의 재래시장 – 옮긴이)이 보여주듯이, 관리된 혼돈은 모든 것을 원활히 돌아가게 만든다. 운전자는 보행자와 친숙해져야 하며 그들과 소통해야 한다. 같은 동네에 사는 사람들과 같은 직장에서 일하는 사람들을 길에서 우연히 만날 수도 있다. 그들과 새로운 소식과 아는 사람 얘기를 나눈다. 그 어떤 것도 계획된 것은 아니지만, 그렇게 된다. '구조화된 우연성'은 이처럼 공동체를 강화하고 삶의 질을 높이는 만남으로 이루어지는 것이다.

우연히 친구를 만나면 내 하루 일상이 달라지거나(우리 점심 먹으러 갈까?), 일주일 일정이 달라지거나(목요일에 테니스 칠까?), 혹은 우리 삶의 흐름이 달라질 수 있다(내 코치한테 널 소개해줄게). 우리가 삶에 여유를 갖고 속도를 늦추고, 주변에 대해 하나하나 알아갈 때, 우리는 그것에 관해 배울 기회를 얻게 되고 그것을 더 좋아하게 된다. 우리가 속도를 늦춰 다른 이들이 우리를 알 수 있도록 여지를 줄 때, 그들이 우리를 좋아할 가능성은 더 높아진다.[19]

1935년, 한 연구자가 물리적 근접성이 결혼에 미치는 영향을 분석하다 '상호작용 시간 비용'이라는 이론을 세웠다. 그는 이렇게 기술했다. "상호작용의 잠재적 크기와 시간 비용 함수는 반비례 관계에 있다.

시간 비용이 클수록 상호작용의 잠재력은 줄어드는 것이다. 시간 비용 함수는 거리와 직접적 관련이 있다." 이 말을 쉽게 풀어보자면, 가까이 있으면 서로를 잘 알 수 있는 기회가 생긴다는 것이다. 한 번의 상호작 용이 있을 때마다 저울 한쪽에 구슬 한 개를 올려놓는 것과 같다. 그런 데 가까이에 있는 사람으로부터 구슬을 모으는 건 무엇보다 쉬운 일이 다. 쿼터백, 스터디 그룹 친구, 동업자, 배우자 등을 찾는 일은 바로 우리 가 자리하고 있는 데서 시작한다.(만약 우리가 대도시 외곽에 거주하면서 도시 에 사는 사람과 데이트를 하려고 한다면, 다음과 같은 사실을 기억할 필요가 있다. 나의 관점에서는 도시에 사는 사람들은 모두 나로부터 상당히 떨어져 있다. 그러나 그들의 관 점에서는 도시에 사는 사람들을 두고 뉴저지까지 힘들게 찾아가서 만날 만큼 내가 매력 적이지 않을 수 있다.)[20]

기숙사만 보아도 같은 층에서 지내는 학생들끼리 친해지기가 더 쉽다. 그리고 저층에서 생활하는 학생들이 고층에서 생활하는 학생들 보다 친구가 더 많을 수 있다. 26층에 사는 학생들도 오다가다 12층이 나 5층에 들를 수 있다. 그러나 12층에 사는 학생들이 5층 기숙사 방을 훨씬 더 많이 들락거린다. 5층에 거주하는 학생들(그중에서도 엘리베이터 가까운 곳에 거주하면 더 좋다)은 행사 퍼레이드가 곧잘 지나가는 대로변에 사는 것과 비슷하며 집안에 풀장을 두고 있는 사람들과 비슷하다. 그런 학생들에게 친구가 많은 것은 이상한 우연이 아니다. 그런 그들이 운이 없을 수가 있을까?[21]

대표적인 연구에 따르면, 두 신참 경찰관을 얼마나 가까이 지내게 하느냐(이름 알파벳순으로 짝을 짓거나 하는 방식으로)에 따라 나중에 둘도 없 는 짝이 될 수 있는지 없는지를 알 수 있었다고 한다. "메릴랜드주 경찰

소속 수습 경찰관 두 명을 같은 신체 단련 팀에 두었더니, 그들이 단짝이 될 가능성이 더 커졌다."[22] 일 년 반이라는 시간에 걸쳐 초등학교와 중학교 교사들 사이의 사회 역동성을 조사한 또 다른 연구에 따르면, 같은 층에서 학생들을 가르치고 쉬는 시간도 같은 교사들이 서로 친해질 가능성이 더 컸다.[23] 교실 가운뎃 줄에 앉은 학생들이 인기가 있을 가능성이 더 컸다. 당연히 그들이 더 멋져서가 아니라 더 쉽게 다른 학생들과 알고 지내기 때문이다.[24] 학기 첫날에 임의로 배정한 좌석이 한 학기 친분에 영향을 미칠 수 있다.[25] 물리적으로 가까우면 연구자들의 협업에도 영향을 미친다.[26] 우리는 중심 자리를 차지할 수 있다면 더한 대가를 치를 용의가 있다. 덴마크에서 장기 과제로 진행한 연구에 따르면, 결혼한 부부들은 도시에서 시골로 이주하는 비율이 높은 반면, 독신은 배우자를 만날 가능성이 더 크기 때문에 도시의 높은 주거비용을 감당하려는 경향을 보였다.[27]

그러나 애석하게도 가까이 지내는 데서 오는 지속적 상호작용만으로 자동으로 친해지는 것은 아니다. 우리는 그 상호작용이 긍정적일 경우에만 반복하기 때문이다. 주어진 시간은 한정적이므로 삶의 보상을 극대화하기 위해서는 저울이 '저 인간은 밥맛이다'라는 쪽으로 기울기 시작하면 우리는 상대에 대한 관심을 접게 된다. 초기의 부정적 인상은 돌이키기 어렵다. 일단 '밥맛'이라는 구슬이 모이기 시작하면(초기에는 그런 구슬이 하나만 있어도 그렇게 된다), 우리는 앞으로의 교류를 회피할 뿐만 아니라 마주칠 기회가 있어도 '저 인간은 밥맛이다'라는 부정적 구슬만 더 끌어모으게 된다.

일반적으로 우리는 다른 사람과의 만남을 좋아한다. 대부분의 교류는 좋은 것이기 때문이다. 가까이 있으므로 호감도가 증가하고, 운도 따를 수 있다. 어떤 면에서 구슬을 모으는 과정은 지속적이며 양면적이기 때문이다. 즉 좋은 평판을 갖는다는 것은 양쪽 모두에게 이롭기 때문이다.[28]

심리학자 콜린 드영 Colin DeYoung은 이렇게 말했다. "본래 미지의 존재는 위협적이지만 좋은 조짐을 보이기도 한다. 이 두 반응 사이의 균형을 어떻게 잡는지를 살펴보면 인간의 행동에 관해 많은 것을 알 수 있다."[29] 사람들이 갖고 있는 저울을 한쪽으로 기울게 만들어 좋은 친구를 사귀었다 혹은 좋은 쿼터백을 뽑았다고 말하게 하려면 어느 정도의 시간이 걸릴까? 그것은 상황에 따라, 그리고 상대가 모험을 얼마나 싫어하느냐에 따라 천차만별이다. 우리가 사람들을 만날 때, 처음부터 상대에게 부정의 구슬(냉소적이거나 심드렁하거나 공격적으로 구는 것)을 올려놓는 것을 삼가고 차분하게 행동하면 시간이 갈수록 행운은 자라는 법이다.

차분하게 행동한다는 것은 상대가 나에 대해 알 기회를 따로 마련해주는 것이며, 나에게 장점이 있다는 것을 볼 수 있게 여지를 주는 것이다. 카터 코치는 다른 선수들보다 찰리를 더 오랫동안 눈여겨봐온 터였고, 코치가 선수를 바라보는 관점에서 찰리에게 어떤 장점이 있는지를 확인할 기회도 더 많았다.

발길 가는 대로 가면서 정보를 수집하는 식으로 세상을 배워나가기도 하지만, 시간이 흐를수록 우리는 좀 더 수월한 방식으로 처리할 수 있는 정보에 이끌리게 된다.[30]

연결이
행운을 불러온다

찰리의 경우, 자신의 운을 결정짓는 요소 가운데 몇 가지는 통제할 수 있었다. 즉 그는 자신의 존재를 자주 드러내 보였고, 따라서 덜 위험한 존재로 비쳤다. 그는 카터 코치를 이미 알고 있었고 뛰어난 선수였으므로, 그의 진짜 가치는 코치에게 뚜렷이 남을 수 있었다.

예측하기 좋아하는 우리의 뇌는 단서에 쉽게 빠져든다. 그리하여 광활한 우주 안에서 어떤 점과 점을 연결할 수만 있어도 우리는 행복에 겨워한다. 상대가 '당신이 이 일에 적임이오'라고 하는 구슬들을 얼마나 빨리 모으는지는 과거에 이미 성공한 이와 당신이 얼마나 닮았느냐에 달렸다는 말이다.[31]

듀크 대학교의 심리학자인 마크 리어리Mark Leary는 다음과 같이 말했다. "대체로 어떤 사람이 우리가 생각하는 인물의 기대치에 잘 들어맞는다 싶으면, 우리는 잠시 시간을 두고 거기에 관해 더 확실하게 따져볼 생각조차 하지 않는다. 뭔가 아니다 싶을 때만 사람들은 더 많이 생각하게 된다. 그렇지 않다면, 더할 나위 없이 좋은 것이다."[32] 그리고 어떤 사람이어야 한다는 우리의 머릿속 이미지에 그가 얼마나 부합하는가에 따라 그의 능력에 대한 우리의 평가도 영향을 받는다.

연구자 눌라 K. 그리피스Noola K. Griffiths는 여자 바이올리니스트의 의상이 "연주 기량, 음악성, 의상의 적절성, 인기" 등을 평가하는 데 영향을 미치는지를 확인하기 위해 여자 바이올리니스트들의 연주를 촬영했다.[33] 위쪽은 바짝 조이고 치마 길이는 짧은 이른바 '나이트클럽

의상'을 입은 연주자들은 일반적인 연주회 의상이나 바지를 입은 연주자들보다 연주 기량과 음악성 면에서 낮은 점수를 받았다. 각 연주자 영상마다 같은 마스터 트랙이 더빙되었는데도 말이다. 다시 말해, 튀는 의상을 입은 여자 연주자들은 같은 수준의 공연을 해도 낮은 평가를 받았다. 우리는 걸맞은 의상을 갖춘 이에게 더 높은 점수를 준다. 예를 들어 환자가 의사를 대할 때, 의사가 평상복이나 일반 정장을 입고 있을 때보다 전통적인 하얀 가운을 걸치고 있을 때 더 신뢰하고 공감하며, 실력도 더 뛰어나다고 생각한다.[34]

연구자 잰 드 하우어Jan De Houwer는 이렇게 말했다. "단순 노출 효과는 익숙함이나 능숙함의 감정과 관련 있을 가능성이 크다. 어떤 대상이 내게 익숙하다면, 익숙함은 호감으로 이어진다." 브루어를 쿼터백감으로 여긴 것은 카터 코치의 머릿속에서 자연스레 떠오른 생각이었다. 마치 대통령 하면 부시를 떠올리고, 미래의 배우자감 하면 갈색 머리 미인을 떠올리는 식이다.[35]

우리는 옳은 것이 아니라 옳다고 여기는 것을 한다

매장에서 결제하기 위해 카드를 긁는 것은, 우리 주머니에서 돈을 빼내는 길고도 복잡한 절차의 첫 단계다. 오리건주에 있는 내 카드사는 내가 싱가포르에서 직불카드로 국수 한 그릇을 사 먹는 데 필요한 인프라를 갖추고 있지 못했다. 그래서 그 회사는 통신으로 카드의 데이터를 읽고, 잔액을 확인하고, 국수 판매인에게 값을 치르는 이 21세기적 게임 과정의 일부를 외부에 위탁해야 했다. 여기에 필요한 것은 속도, 암호화, 거래 규칙, 오류 제로 등이다. 오퍼스 시스템스는 이처럼 현금이 없어도 아침에 라테 한 잔을 사 마실 수 있도록 해주는 회사다.

그 회사에서 채용과 위탁 업무를 책임지는 파로크 다루왈라는 나를 초대해 자신이 일하는 모습을 볼 수 있게 해주었다. 오퍼스 시스템스 사무실은 뉴저지주 프린스턴에 있었다. 건너편에 웨스틴 호텔과 짐스 스테이크아웃이 있는, 임대료가 꽤 비싼 상업 구역의 건물 2층에 자리하고 있었다. 그 건물에는 변호사 사무실도 많았고, 산업용 너비의 감색 카펫이 깔려 있었다. 생뚱맞은 퍼팅 그린은 제쳐 두고라도 내가 이해할 수 없는 장식은 바로 승자와 패자의 습관을 비교해놓은 그림 포스터였다(성별을 알 수 없는 얼굴 두 개를 그려놓고 패자는 변명을 하고 있는 모습을, 승자는 계획을 짜고 있는 모습을 그려 넣은 것이었다).

다루왈라는 자신의 링크드인Linked in 계정을 열어서 보여주었다. 그 계정은 오퍼스에서 직원을 뽑는 데 이용하는 것이었다. 그는 다른 회사는 페이스북을 이용한다지만 자신은 페이스북을 개인 용도로 사용하고 업무용으로는 링크드인을 선호한다고 했다.

"현재 우리 회사에서는 고위직 임원을 두 명 고용하려고 해요." 그가 내게 이력서 더미를 보여주며 말했다. 나는 글로벌 제휴 담당자를 뽑는다는 설명을 들으며 파일을 한번 훑어보았다. 한 이력서가 눈에 띄었다. 지난 10년 동안 과중한 업무 환경에서도 꾸준히 같은 일을 해왔다는 지원자였다. 그는 인상적인 국제 인맥을 구축하고 유지하고 있었다. 이력서 다음 페이지를 펼치니 눈길을 끄는 반가운 대목이 있었다.

그는 해병대 출신이었다.

해병대원이 이 자리에 앉는 것을 상상하는 일이 어렵지는 않았다. 나는 군인 출신은 무슨 일이든 할 수 있다고 믿었기 때문이다. 평소 개인적 경험을 통해 그들의 규율과 직업윤리에 대해 긍정적인 인상을 갖고 있었다. 그러니 나로서는 저울의 한쪽에 구슬을 두둑이 얹을 수밖에 없었다. 우리가 특정한 문화적 환경을 자주 접했다면, 그와 관련된 부류의 사람들에게 쉽게 연대감을 느낀다. 그중 하나가 단순한 차원에서 사람과 일을 결부 짓는 것이다.

하버드 경영대학원의 마이클 노튼Michael Norton이 진행한 연구에서는 실험 참가자들에게 건설회사에 입사 지원한 사람들을 평가하게 했다. 현장 경력이 있거나 공학을 전공한 사람에게 가점을 주었다. 가장 우수한 지원자 가운데 둘은 공학 전공자였다. 그중 한 사람은 현장 경험 5년에 미국콘크리트벽돌협회에서 자격 인증까지 받았고, 다른 한 사람은 현장 경험만 9년으로 추가로 교육을 받은 것은 없었다.[36] 성명과 성별을 가린 이력서를 가지고 심사할 때, 추가 교육을 받은 지원자가 선발될 가능성은 76퍼센트였다. 성명을 기재한 뒤(교육은 더 받았는데 경력이 부족한 지원자의 경우, 번갈아 가면서 성별을 설정했다) 자격증이 있는 이력서를 여자 지원자의 것으로 하고 남자 지원자와 경쟁을 붙였을 때, 43퍼센트만 여자 지원자를 뽑았다. 그런데 실험 참가자들에게 성별을 선정 요인으로 삼으라는 말은 하지 않았다.

2만 2,000건의 채용 결정을 가지고 방대한 메타 분석을 한 연구에 따르면, 전통적으로 남자 일색인 직업군(건설회사 관리자)에서는 여자보다 남자를 선호하는 경향이 있는 것으로 나왔다. 반면, 여자 일색인 직업군에서는 여자를 더 선호하는 경향이 나타나지 않았다.[37]

연구자 노버트 슈워츠Norbert Schwarz는 이렇게 말했다. "돌아가는 원리를 알고 있다고 해서 우리가 그 영향으로부터 자유로운 건 아닙니다. 우리는 틀에 박힌 결정을 내립니다. 그러니 비서를 뽑을 때는 계속 여자를 뽑지요. 여자는 비서라는 인식이 있으니까요."[38] 슈워츠의 연구는 이성과 감정의 놀랍도록 모호한 관계를 파헤쳐 서로 영향을 미치고 있음을 보여주는 것이었다. "그것은 일종의 자기강화 과정입니다. 우리는 옳다고 여기기에 그 일을 합니다. 그리고 그것이 자연스럽고 익숙하기에 옳다고 느끼며 계속해서 그렇게 하게 되는 것이죠."

문화는 시장 덕분에 대규모 행동과 교환 행동을 조직화할 수 있다. 오늘날의 취업 시장에서 우리는 이력서를 제출하고 면접을 받는다. 이는 우리가 새로운 직원을 뽑을 때 해오던 방식이기 때문이다. 그러나 타투 경연대회의 심사위원이 (최고가 아닌) 조건에 부합하는 이를 고르는 것처럼, 한 문화에서 요구되는 것은 구성원의 삶을 조직화할 수 있는 적당한 해결책이다. 그 해결책이 널리 퍼져서 사회적 규범이 되기 전까지는 말이다. 어떤 일을 하기 위한 최고의 방법을 항상 찾을 수 있는 것은 아니다. 그것이 무엇이든 그 일을 할 수 있게 해준다면 일단 그것으로 충분하다. 문화적 규범은 변화의 속도가 아주 더디다. 한 가지 아이디어에 지속적으로 노출되어야 비로소 그것이 정상으로 보이기 때문이다. 예측할 수 있고 제어할 수 있다는 생각이 들어야 우리는 혼란을 겪지 않는다.[39]

여자는 곧 비서라는 식의 생각이 자리 잡은 것은 산업혁명기의 기계화가 사무실까지 퍼졌기 때문이다. 레밍턴 타자기가 처음 선보인 것은 1874년이다. 타자를 치는 것은 필요한 일이긴 하지만 대수롭지 않은 도구를 다루는 소소한 일이었다.[40] 관리자들은 조작법을 배우려 하지도 않았고, 남자 직원들의 월급에 비하면 얼마 되지 않는 돈으로 젊은 여자 직원을 고용할 수 있으면 다른 직원에게 타자 치는 훈련을 시키지도 않았다. 1880년대의 타자기 광고를 보면 예쁘장한 여자 사진에 '레밍턴 걸'이라는 카피가 붙었다. 그래야 사무직 관리자에게 영업이 더 잘 되었던 것이다. 그런데 이런 비서직은 판매직처럼 여자가 할 수 있는 다른 비육체적 일자리에 비해 근로 조건과 노동시간 면에서 훨씬 대우도 좋고 인기도 있는 직종이었다.

간호직 같은 직종에 종사하는 여자들의 역할도 보조에 한정되었다. 따라서 고용 안내문 같은 것을 보면, 그런 보조 역할이 여자들에게 알맞은 천직이라는 식으로 홍보했다. 1925년의 업무 관리에 관한 연구에서 윌리엄 H. 레핑웰William H. Leffingwell은 이렇게 썼다. "여자는 비서직군에서 선호한다. 왜냐하면 여자는 야망이 있는 젊은 남자라면 성가셔하고 짜증 낼 자질구레한 일을 꺼리지 않기 때문이다. 젊은 남자는 자신이 하는 일이 자신보다 보수를 적게 받는 이들이 충분히 해낼 수 있는 일이라면 중요한 일이 아니라고 여긴다."[41] 1930년 무렵 미국 사무직 노동자 가운데 속기사와 타자수의 95.6퍼센트는 여자였다.

채용 담당자는 이력서를 보고 저울에 '문제없음'이라는 구슬을 얹는다. 그런데 과연 그런가? 당연한 말이지만, 미리 기준을 세우지 않고 이력서만 보고 지원자를 평가하는 것은 다루왈라가 이력서를 뽑아 들 때처럼 뭔가 허술하다. 《가치 판단하기 Judging Merit》에서 언급했듯이,

"우리는 자신이 내린 판단의 기준을 명확히 설명할 수 있어야 문제의 소지를 줄일 수 있고, 판단의 정당성을 부여할 수 있으며, 기준을 더 다듬어 나갈 수 있다." 위와 같은 방식의 결정은 그러기가 어렵다. 이력서나 지원서에 적힌 시시콜콜한 정보를 활용한다는 것은 곧 지원자에게서 어떤 부분을 중요하게 눈여겨보아야 하는지를 체계적으로 설정하지 못했다는 말이기도 하다.[42] 채용 기준이 유동적이면 사람들은 그저 직감을 따를 뿐이고, '이 정보를 처리하기 쉽다'와 '이 정보는 옳아야 한다'를 자기도 모르는 사이에 뒤섞어버린다.[43] 예를 들어, 채용 담당자가 이력서를 검토하기 전에 확고한 선발 기준을 갖고 있어야만 성별에 대한 편견을 배제할 수 있다.[44] 그러지 않으면, 일반적으로 작동하게 되는 오류 수정 방법은 고작 문제가 생겼을 때 가장 두드러진 차이점에 책임을 돌리는 것뿐이다.

스타트업을 세운 이론신경과학자였던 비비안 밍Vivienne Ming은 인간의 잠재력을 극대화하는 연구를 통해 직원의 업무 수행 능력을 예측하는 데 도움이 되는 특징을 가려낼 수 있었다. 그녀는 이렇게 말했다. "채용 담당자들은 오직 치명적으로 잘못된 고용을 했을 때만 문제가 생겼다는 신호를 받는다. 그러니 그들이 유일하게 배울 수 있는 교훈은 바로 '모험을 하지 말라'는 점이다."[45]

나는 다루왈라가 세세히 검토한 이력서를 훑었다. 그는 한 남자의 이력에 깊은 인상을 받았다. 그 남자는 꾸준하고 규칙적인 사람으로 오퍼스가 채워야 할 자리의 적임자로 보였다. 그러나 다루왈라는 그의 이력서를 다시 파일에 집어넣었다.

"관련 업무 경험이 부족하네요." 다루왈라가 말했다. 그 남자는 제약 산업 쪽에서 일했는데, 다루왈라는 재무 업무를 잘 처리할 사람이 필요했다.

마이클 페이지의 채용 담당자로 있는 에릭 파인은 이렇게 말했다. "우리가 포천 500에 드는 회사와 일을 한다면, 그쪽에서는 비슷한 업계에서 비슷한 업무를 담당한 사람, 비슷한 규모의 회사에서 일했던 사람을 원할 겁니다. 최상의 시나리오는 경쟁사에서 해당 업무를 수행했던 사람을 찾는 겁니다." 이런 식이라면 이미 해당 경험이 있는 사람에게는 운이 너무도 쉽게 따르는 것이다.[46]

나는 제대로 된
결정을 내렸다는 착각

찰리 브루어? 물론 그는 쿼터백감일 것이다. 그런데 우리도 그와 같은 흥분을 느낄 수 있는가? 그리고 그것이 제대로 된 판단이라고 여기는가?

다음과 같은 사실을 바로 떠올릴 수 없다면, 우리가 찰리 브루어를 평가하는 것은 불가능한 일이 될 수 있다. 즉, 그의 할아버지가 텍사스 대학교 쿼터백이었고, 그의 아버지도 역시 텍사스 대학교 쿼터백이었다는 사실, 그리고 그의 작은아버지도 텍사스 대학교 쿼터백이었으며, 그의 형은 같은 대학 선발 쿼터백으로 두 번이나 주 대회 우승을 이끌었다는 사실을 말이다. 이는 우리가 어떤 예측을 하는 데 도움을 주는 긍정적 이미지이며 사실이다.

우리가 아는 정보는 세상을 사는 데 유익한 것이다. 우리는 인생의 목표를 성취하는 데 도움이 되는 것에 주의를 기울이기 마련이다. 그렇게 하는 것이 더 효율적이기 때문이다. 우리가 뭔가 잘못되고 있다는 정보를 무시하는 전문가로 보이는 한이 있더라도. 더불어 그 정보가 세상이 돌아가고 발전하는 방식에 대해 우리가 갖고 있던 생각을 교정할 필요가 있다는 할지라도.

레이크 트래비스 고등학교의 봄 훈련 기간이 되면 오리건 주립대학교, 스탠퍼드 대학교, 미 공군의 스카우트 관계자들이 사이드라인에서 관전한다. 1부 리그 코치들은 주전이 아닌 선수들과는 직접 얘기를 나눠서는 안 된다. 그 대신 담당 코치와 먼저 얘기를 나눌 수는 있다.

"카터 코치가 내게 2군 선수들은 아이비리그 쪽에서 이미 모두 제안을 받았다고 하더라고요." 나는 선수들을 눈여겨보던 오리건 주립대학교 스카우트 관계자에게 말했다. 그는 검은색 폴로셔츠를 입고 근엄한 표정을 짓고 있었다. 패드와 유니폼과 헬멧을 갖추고 계속해서 운동장을 뛰는 남학생들을 바라보며 나는 날씨가 참 좋구나 하고 생각했다. 스카우트 관계자는 팔짱을 낀 채 운동장을 바라보고 있었다. "음, 그렇죠. 그때 낚아채 와야죠."

일찌감치 그들을 낚아채 오긴 해야 하지만, 그렇다고 고등학교 2군 선수일 때만 스카우트 하는 것은 아니다. 텍사스에서 쿼터백이 되려면 이미 중학교 때부터 조짐을 보이기 때문이다. 카터 코치는 말한다. "마치 언어 같아요. 고등학교 팀이 1만 단어의 어휘를 구사한다면, 중학교 팀은 한 500단어 정도를 익히고 있는 거죠."

몇 달 전 카터 코치는 이런 말을 한 적이 있다. "우리는 아이들을 처음 본 순간부터 평가합니다." 그러나 카터와 다른 코치들은 그들을 보기 전에 과거의 성공한 쿼터백들의 명단을 머릿속에 넣어두고선 앞으로 누가 그런 선수가 될지 그려보는 작업을 이미 시작한다.

나는 오스틴 외곽에 있는 레이크 트래비스 훈련구장 한가운데서 어정거리고 있었다. 근처에서는 마르고 키 크고 뺨에 홍조가 있는 공격수 코치 마이클 윌의 지도에 따라 선수들이 쿼터백 후보군과 함께 달리기 훈련을 하고 있었다. 찰리 브루어를 위시한 학생들이었다. 다른 학생들은 브루어의 백업 자리나 남은 2군 자리를 놓고 경쟁하는 것이었다. 그들은 대충 둥그렇게 한데 모였다.

윌은 그들만의 용어로 소리를 질렀다. "프레스노, 캘리포니아, 피닉스, 애리조나! 공 하나야, 진용을 단단히 짜고 밀어붙여! 힘내!"

차례대로 앞쪽에서 몸을 숙이고 있던 선수는 윌이 지시하면 뒷걸음을 치고 그의 명령이 다시 떨어지면 돌진했다. 두 개의 주 타깃은 네트였다. 왼쪽에 있는 네트는 농구 골대 그물망을 우스꽝스럽게 뺑튀기한 모습이었다. 오른쪽 네트는 세로로 길쭉한 직사각형의 좁은 돌출창만 했다. 거기에는 세 개의 작은 주머니가 사선을 따라 달려 있었다. 각 주머니는 공보다 조금 큰 정도였다.

많은 선수가 볼을 운동장을 향해 던지거나 커다란 골대를 향해 던졌다. 그런데 몇몇 선수만 주머니가 달린, 까다로워 보이는 그물망을 향해 공을 던졌다.

오늘은 중학교 코치도 운동장에 나와 있었는데, 그중에는 허드슨 벤드 중학교의 코치인 제로드 애클리도 있었다. 나는 애클리에게 쿼터백을 선발하는 방식에 대해 물었다.

"힘과 리더십 그리고 처신하는 법을 봅니다. 그에게 자신감이 있으면 팀원들도 알죠. 무리 속에서 누가 더 뛰어난지 아주 어린 나이에도 알아볼 수 있어요." 그렇지 않은 친구들은 자연히 쿼터백 뒷줄에 서게 된다. 10대 선수들 중에 텍사스 축구 명가에서 자란 브루어처럼 운동장을 제집처럼 여기는 선수는 드물다.

우리는 그 감정이 어디에서 비롯하는지도 모르면서 어떤 결정을 내릴 때 그에 필요한 정보의 원천으로 감정을 이용한다. 오류 수정 방법이 없다면, 이런 식의 결정을 막을 도리가 없다. 더 뛰어난 쿼터백 재목이 있어도 카터는 알아볼 재간이 있을까? 다른 코치들도 찰리를 뽑았을 것이다. 시간을 돌이켜 다른 선택을 했다면 어떤 결과가 나왔을지 확인할 수 있는 대안 우주란 존재하지 않는다.

신디 하몬존스Cindy Harmon-Jones는 이렇게 말했다. "때로는 그것이 최선의 결정이 아닐지라도 결정을 내리면 바꾸지 않아요. 마음을 자꾸 고쳐먹으면, 제대로 할 수 있는 게 없잖아요. 혹시 잘못된 선택을 했더라도 후회하는 마음과 꺼림칙한 마음을 접어야 해요. 그리고 자신이 갈수도 있었던 학교에 대한 미련을 접을 필요가 있어요. '나는 제대로 된 결정을 내렸다'라고 말해야 해요. 그리고 할 수 있는 한 최선의 결정을 내렸으니 그에 따라 나아가고 움직여야죠."[47]

**부자 부모나 인맥이 없는
당신에게**

✔ 비교되기를 원하는 사람과 자신이 얼마나 닮았는지를 보여줘야 한다.

✔ 파티나 강의실에 갈 것. 같은 동네로 이사할 것. 알고 지낸 기간이 신뢰
의 척도가 된다. 성공의 80퍼센트는 눈도장을 찍는 데 있다.

✔ 우리는 상대를 알기도 전에 별로 즐겁지 않을 것 같은 관계가 될 것 같
다고 느끼면 피하려 한다. 그러므로 첫인상이 부정적이면 그것을 뒤집
기란 매우 어려운 일이다.

✔ "운이 좋아서 부유한 부모를 두거나 잘생긴 아이들에게 학교생활은
문제될 것이 전혀 없다. 또래들은 그들과 친구가 되려 하고, 그들을 중
요한 사회적 권력으로 여긴다. 그뿐 아니라 그들의 못된 행동도 눈감
아주고, 심지어 잘했다는 식으로 말하기도 한다. 그처럼 운을 타고나
지 못한 아이들에게는 그 여정이 매우 고달프다." [48] 이를 달리 말하면,
돈이나 외모가 방패막이가 될 정도라면, '밥맛없게 굴어도' 아무 문제
없이 지낼 수 있다는 말이다. 그러나 나중에 보면 알겠지만, 이것은 승
리를 위한 전략이 아니다.

✔ 가운뎃줄에 앉을 것. 그리고 착하게 행동할 것.

✔ 사람들은 자신이 편하다고 여기는 환경에 머물기 마련이다. 그러나 이
방인이 된 느낌이 드는 장소에서도, 참고 그곳에 머물 수 있어야 한다.

✔ 사람들이 당신을 든든한 존재로 여기거나 어떤 대단한 사람과 닮았다
고 여긴다면, 그것은 좋은 평판을 얻을 수 있는 지름길이다. 그리고 이

평판은 당신을 믿을 만한 사람으로 보이게 한다. 좋은 평판을 얻을 수 있는 또 다른 길도 있다. 사회적 인맥을 맺거나 명망 있는 단체와 연고를 맺는 것이다.

3 장

일단은
첫인상

—

첫인상에서 출발해
행운을 잡기까지

오늘, 뉴저지의 캐스팅 담당자인 크리스틴 팔라디노는 샌들을 신었다. 발톱은 캔디핑크 매니큐어를 칠했고, 오른쪽 발목엔 세 개의 발찌를 했으며, 길고 검은 저지 니트 드레스를 걸쳤다.

그녀가 미소를 지으며 말했다. "매치란 게임을 내가 아주 잘했어요." 기억하는 사람이 있는지 모르겠지만, 매치는 카드를 엎어놓은 상태에서 시작하는 게임이다. 게임자가 동시에 두 개의 카드를 뒤집어 그이면의 만화 주인공이 누구인지 맞히는 게임이다. 두 카드의 그림이 같지 않으면, 그것을 다시 뒤집어놓고 다른 카드를 확인한다. 그런 식으로 게임을 하다 두 카드의 그림이 일치하면 그 카드들을 모두 갖는 것이다. 게임에서 그랬던 것처럼, 그녀는 지금도 사람 얼굴을 잘 기억한다.

그녀의 믿음직한 비서 스티브 스탠카토는 팔라디노가 내게 어릴 때 좋아했던 게임 얘기를 하는 동안 브레이크다운 서비스라는 웹사이트에서 얼굴 사진 목록을 스캔하고 있었다. 이 웹사이트는 캐스팅 사무실에서 자신들이 찾는 연기자의 조건을 게시할 수 있는 곳이었다. 에이전트에선 적지 않은 이용료를 지급해 이처럼 합법적인 목록에 접근한다. 그들은 목록을 샅샅이 뒤져 알맞은 클라이언트가 있는지 확인한다.[1]

스탠카토와 팔라디노는 그들이 원하는 배우에 관해 공지를 띄워놓은 상태였다. 프랑스어에 능숙한 20대 후반에서 30대 초반 사이의 맵시 있는 여자 배우, 키가 큰 백인 남자 배우, 약물 문제가 있을 것 같아 보이는 비쩍 마른 청소년 배우. 나라면 이런 배우들을 5분 안에 찾아낼 수 있을 것 같았다. 우리는 맨해튼 중심으로부터 겨우 지하철역으로 한두 정거장 떨어진 곳에 있었으니까. 그러나 규칙은 규칙이다. 팔라디노는 배우협회 회원 가운데서 위 조건에 부합하는 이를 찾아야 한다.

그녀는 모니터 앞으로 몸을 기울이더니 사진 목록을 훑었다. 그중 몇 명이 그녀의 감에 따라 알맞은 후보감으로 선정될 것이고, 오디션을 볼 것이다. 그러나 다른 선수가 동일한 수준의 관심과 훈련을 받았다면 찰리 브루어보다 더 나은 쿼터백이 될 수도 있는 것처럼, 오디션을 받게 된 배우보다 연기를 더 잘하는 배우가 있을 수 있다.

나도 몸을 기울여 크리스틴 팔라디노의 맥북에 올라온 사진들을 보는데, 그중 몇몇 사람에게서 느낌이 왔다. 우리는 결정을 내릴 때 감정에 기댄다. 익숙하고 처리하기 쉬운 정보를 선호하며, 결정을 내린 뒤에 그 결정을 정당화한다. 우리가 얼굴 사진, 온라인 데이트 프로필, 이력서를 한 장 고르는 데도 정당한 이유가 필요하다. 그러나 언제든 저울을 한쪽으로 기울이는 데는 헤아릴 수 없는 요인이 영향을 미치고, 결국 선택의 궁극적인 이유는 단순하다. 바로 운이다.

당신의 얼굴은
비장의 무기일까, 아킬레스건일까

우리가 실험실 원숭이고 불빛이 비친 다음 보상으로 주스가 나온다는 사실을 알았다고 하자. 이제 빛이라는 보상의 조짐이 보이면 우리 뇌에서 도파민 뉴런이 분비될 것이다.[2]

우리 뇌는 가능한 빨리 상황을 파악하기 위해 동원되는 활동 지향적인 예측 프로세서다. 그래야 허를 찔리지 않고 효과적으로 대비할 수 있기 때문이다. 그러나 단순히 예측만 하지 말고 예측의 실마리가 되는 것을 찾아 들어가야 한다.[3] 실마리를 알아야 앞으로 맞닥뜨릴 대상을 파악할 수 있다. 본질적으로 사태를 파악하고 대처 방법을 고민할 때 유사성은 아주 좋은 출발점이 된다. 일반화는 효과적이며, 필요한 작업이다.[4]

만약 우리가 나무처럼 생긴 것을 접할 때마다 매번 "가지와 잎이 달리고 우뚝 솟은 것"의 정체를 파악해야 했다면, 원정대를 이끌었던 루이스와 클라크는 태평양 북서해안에 도착하기도 전에 죽었을 것이다. 철학자 W. V. 퀸 Quine은 이런 말을 한 적이 있다. "이 언어의 모호함은 매우 놀랍다. 유사성을 파악하여 사물을 분류하는 것보다 사고와 언어에 기본이 되는 것은 없다."[5]

우리가 사람을 이해하는 것도 이런 식이다. 피실험자들이 신뢰게임이라고 하는 경제학 게임을 한다고 해보자. 이 게임의 결과는 상호 신뢰(그리하여 큰 파이를 나눠 갖는)의 방향으로 나아갈 수도 있고, 이기적 편향으로 나아갈 수도 있다. 이 게임을 통해 피실험자들은 상대가 어떤 행동을 할지, 그리고 과연 그 행동이 보상을 가져다줄지 감을 잡게 된다. 시간이 흐르면서 피실험자의 복측선조체ventral striatum(동기 혹은 보상을 관장하는 뇌의 중추)가 반응을 보이는 때가 금전적 보상을 받는 순간에서 정체성 발현의 순간으로 옮겨간다. 마치 주스가 나온다는 빛 신호에 도파민 뉴런이 반응할 때처럼 말이다.[6] 우리는 사람의 행동을 예측하기 위해 그 사람에 관한 정보는 무엇이든 이용한다. 다른 이가 갑자기 가진 것을 나누거나 이기적인 행동을 하면, 피실험자의 신경 반응은 '도대체 이게 뭐지' 하는 오류 신호를 보낸다. 예기치 못했던 상대의 행동은 급기야 삶 자체를 돌아보게 만든다.[7]

생존을 위해 인간은 다른 이의 눈에 자신이 저녁거리인지 아니면 저녁 식사 초대를 받은 이인지 정확히 예측할 수 있어야 한다. 따라서 다른 사람이 어떤 원칙을 가지고 행동을 하는지 신속히 파악해야만 한다. 사람의 얼굴을 보고 자동으로 반응하는 것은 태어나면서부터 시작된다. 갓 태어난 아기는 사람의 얼굴과 두 눈과 입의 모양을 주시한다. '세 개의 방울', 즉 두 눈과 입은 정보가 가장 많이 집약된 곳이다.[8] 직접 마주하든 영상으로 보든 우리가 바라보는 모든 얼굴은 우리 뇌에 영향을 미친다.[9]

우리는 누구나 친구와 동료가 될 수 있는 사람을 원한다. 생후 3개월 정도 되면, 아기는 자기를 돌봐주는 사람(낯이 익다면, 그것은 곧 아직 당신을 잡아먹지 않았다는 뜻이다)과 비슷하게 생긴 사람을 더 오래 바라본다. 그리고 9개월쯤 되면 자신을 도와줄 것 같은 모습의 인형을 좋아하게 된다. 사람에 대한 판단력을 형성하는 것은 구슬을 모으는 과정과 같다. 우리는 그가 친절하게 굴 사람이라는 실마리를 잡게 되면, 저울에서

'안전하다'라는 쪽으로 커다란 구슬을 얹는다. 이런 신호는 일단 시각적 기호(나이, 성별)에서 시작되고, 시간이 흐르면서 좀 더 복잡한 기호(억양, 종교적 성향)로 넘어간다. 사람들을 분류하고 자기 사람으로 분류된 이에게 호감을 보이는 것은 불가피하다. 그러나 여섯 살쯤 되면 직접 경험한 것에 더하여 다른 이들에게 보고 듣는 것을 통해서도 배우기 때문에 편견을 가진 부모 밑에서 자란 아이 역시 편견을 가질 수 있다.[10] 시간이 흐르면서 뇌의 활동과 실제 세계에 대한 경험을 통해 우리는 미묘한 예측도 할 수 있게 된다. 그렇기에 '브루어'라는 이름을 접하면, 마음속 저울에서 '훌륭한 쿼터백'이라는 쪽에 구슬을 올려놓게 되는 것이다.

얼굴에서
우리가 읽어내는 것들

뇌는 예측과 게으름을 통해 작동하고 극단적으로 위험을 회피함으로써 우리를 살아남게 만들기 때문에 우리는 다른 사람에 관한 판단을 내릴 때 보이는 요소와 보이지 않는 특질을 가지고 과도하게 일반화한다.[11] 그 점을 간과하면 새로운 사람을 만날 때, 무의식적으로 그 사람에게 기존에 알던 사람들의 특징과 비슷한 부분이 있을 거라 여긴다. 그리고 그것을 바탕으로 알지도 못하는 사람에 대해 지레짐작한다.

직감적 반응과 궁극적 선호 사이의 관계를 살펴보았던 앞 장에 등장한 베르트람 가브론스키를 기억할 것이다. 암묵적 인지에 관한 연구로 유명한 그는 안면 유사성 효과에 관한 연구도 다양하게 진행했다.

가브론스키는 이렇게 말했다. "우리는 잘 모르는 사람에 대해서도 자동으로 평가합니다." 그 평가가 정확한 것인가는 다른 얘기다. 예전에 본 사람과 (실제로 만난 적이 없더라도) 닮았다는 시각 정보만으로도 비슷한 특징을 가졌을 것이라고 우리는 추정한다.[12] 전에 만난 적이 있는 사람과 모습이 살짝 비슷한 사람을 보기만 해도 우리는 절로 관련 기억을 떠올린다. 우리는 결정을 내릴 시점에 취할 수 있는 모든 정보를 활용하며, 그중 가장 쉽게 접근할 수 있는 것은 단순한 시각적 실마리만 주어져도 쉬이 들춰지는 감정적 정보다. 그리고 이제 이런 정보는 구슬이 된다. 데이트의 세계에서는 이런 현상을 가리켜 '이상형이 있다'라고 말한다.

결혼 정보 업체의 리사 클램피트Lisa Clampitt는 이렇게 말했다. "사람들은 저마다 꽂히는 게 있어요. 이를테면 검은 머리칼의 이탈리아계 남자는 금발 아가씨하고만 데이트를 하고 싶어 해요. 그런 사람에게 이탈리아 여자를 연결해줄 수는 없죠."[13] '검은 머리칼의 여인' 하면 바로 '이탈리아풍 가족 드라마'를 떠올리는 사람이 머리카락 색이 짙은 여자를 보면, 그런 머리카락 색을 한 여자와 관련된 감정과 기억, 예를 들어 닦달하는 모친이나 히스테릭한 누이를 떠올린다. 처음 만난 그 사람이 실제로 어떤 사람인지는 상관이 없다. 사람들은 결국 수십 년 동안 관계의 보따리와 점점 더 구체적인 '유형'을 형성한다. 그리하여 처음 만나는 사람에 관해 맹목적인 추정을 하게 된다. 그렇게 제 나름의 특성을 지닌 세상 사람들을 알 기회를 잃어버리게 되는 것이다. 신경과학 실험실에서든, 유명한 결혼 정보 업체에서든 우리는 신속한 정보처리를 위해 정확성을 희생한다. 상관없는 정보를 바탕으로 사람들을 걸러내고 판단하는 것이다.[14]

큰돈이 걸린 상황에서 다른 사람과 비슷하게 생겨서 이득을 보는 얼굴이 있는데, 우리는 그런 일이 일어나는지조차 모른다. 2013년, 유명한 벤처 투자자인 폴 그레이엄Paul Graham은 〈뉴욕타임스〉와의 인터뷰에서 이런 말을 했다. "나도 마크 저커버그처럼 생긴 사람한테 속아 넘어갈 수 있어요. 정말 말도 안 되는 사람한테 우리도 투자한 적이 있었거든요."[15] 나는 이렇게 생각했다. '어떻게 속아 넘어가지 않을 수 있겠어? 저커버그를 닮았다는데!' 훗날 그레이엄은 자신은 그때 농담을 한 것이며, 그 얘기를 반복한 것은 홍보를 노려서라고 여러 곳에서 밝혔다. 그러나 여러 연구에 따르면, 우리는 이런 행위를 자기도 모르는 사이에 한다.[16]

지금은 유명해진 암묵적인 사회적 인지에 관한 실험이 있다. 바르샤바 대학교의 파웰 르위키Pawel Lewicki는 남녀 각 40명씩 총 80명의 피실험자를 모았다. 두 명의 보조 연구원(한 명은 머리칼이 길었고, 다른 한 명은 단발에 안경을 쓰고 있었다)이 피실험자들에게 몇 가지 질문을 했다. 이름은 무엇인가? 어디에서 이 연구에 섭외되었는가? 세 번째 질문은 '출생 순위가 어떻게 되는가?'였다. 의외의 세 번째 질문을 받고서 피실험자들은 질문의 의미를 정확히 이해하기 위해 되물었다.

긴 머리칼의 연구원은 다정한 목소리로 '출생 순위birth order'에 대해 설명했다. 그러나 단발에 안경을 쓴 연구원은 시킨 대로 '다소 짜증스럽게' 이렇게 대답했다. "출생 순위의 뜻을 정말 모르세요?!" 그런 다음 피실험자들은 자신들이 진짜 연구에 참여했다고 생각하며 실험을 끝냈다. 그런데 흥미로운 실험은 이제부터 시작이었다. 각 피실험자에게 문서 한 장을 나눠 주고 그것을 옆방에 있는 사람에게 전달하라고 했다.

피실험자들이 옆방에 가니 두 명의 여자가 앉아 있었다. 그들의 책상은 문에서 거의 비슷한 거리에 놓여 있었는데, 그들은 뭔가를 쓰느라 고개를 들지 않고 있었다. 그들의 모습이 아까 다른 방에서 만났던 보조 연구원들과 닮은 데가 있었다. 한 명은 머리칼이 길었고, 다른 한 명은 단발에 안경을 쓰고 있었다. '출생 순위'에 대한 질문에서 제대로 된 답을 받았던 학생들은 두 여자 가운데 아무에게나 문서를 제출했다. 그 방에 있던 여자들은 거의 반반씩 문서를 받았다. 그러나 순수한 물음에 대해 '출생 순위의 뜻을 정말 모르세요?!'라는 날카롭고 짜증 섞인 반문을 받았던 학생들 가운데 80퍼센트는 단발에 안경을 쓴 여자에게는 문서를 제출하지 않았다. 문서를 건넬 사람을 고르는 데 무슨 기준이 있었느냐는 물음에 앞서 불편함을 안겨준 사람과 외모가 비슷해서 그랬다고 말하는 학생은 한 명도 없었다. 르위키는 이 실험을 통해 다소 불편할 수 있는 결론을 도출했다. "첫 번째 실험의 실험자가 보여준 불친절한 태도 때문에 그와 외모가 살짝 비슷한 사람을 꺼리는 경향이 생길 수 있다."[17]

이 이론을 숙지한 나는 로스앤젤레스로 가서 더 많은 캐스팅 에이전트를 만나 배역을 얻는 데 필요한 운에 관해 인터뷰했다. 그중에는 《배우들을 위한 셀프 매니지먼트Self-Management for Actors》를 쓴 보니 길레스피Bonnie Gillespie도 있었다. 길레스피는 배역을 정하는 과정에서 자의적 직감을 따르는 경우를 보아왔다고 했다.

"이런 의외의 결정을 내린 이유를 보면, 주로 '전 애인이나 배우자를 생각나게 해서' 혹은 '그들을 뺏어 간 사람을 생각나게 해서'라는 식입니다. 그 사람만 회의실에서 혼자 반대를 하죠." 물론 이는 그나마 캐스팅 감독이나 제작자가 감정적 반응의 이유를 알 수 있는 경우다. 보통은 우리 마음에 들지 않는 사람을 만나면 뭔가 별로다 싶은 기분만 들 뿐이다. 우리 자신의 선택과 호감이 가는 얼굴 사이의 관계를 다룬 연구에서 남녀 커플 30명의 사진을 찍은 뒤 이미지 편집 소프트웨어를 이용하여 임의의 다른 얼굴을 가져다 붙였다. 몇 주 뒤, 피실험자 남녀 커플들을 다시 불러서 사진들을 보여주며 품평을 하게 했다. 정말 놀라운 결과가 나왔다. 피실험자들이 좋다고 한 사진들을 보니 자신들이 각별하게 생각하는 사람과 비슷한 특질을 가진 사람들의 사진이었다. 물론 피실험자들은 왜 그런 결과가 나왔는지 몰랐다. 모얼랜드 실험의 학생들처럼 그들은 눈치조차 채지 못했다.[18]

사람의 얼굴을 보면 그 사람의 내면을 알 수 있다는 주장은 엄마가 자식이 눈동자를 굴리는 것을 보고 거짓말을 처음 잡아내던 때로 거슬러 올라간다. 이 문제에 관한 자신의 생각을 꼼꼼히 적어 내려간 최초의 인물이 바로 아리스토텔레스였다. 오랜 시간에 걸쳐 관찰하고 기록한 결과 그것은 관상학이라는 학문이 되었다. 19세기에 설명서 집필로 성공한 한 작가는 이렇게 말했다. "악의를 자꾸 품다 보면, 악의가 얼굴에 각인되고 만다. (…) 그렇게 영혼의 습관은 얼굴에 쓰이게 되는 것이다."[19] 우리의 첫인상은 빈 서판에 신비롭게 새겨지는 것도 아니며, 기묘한 직관으로 만들어지는 것도 아니다. 정말로 사람 얼굴을 보고 그가 착하고, 영리하고, 창의적이라는 것을 알 수 있을까? 아니, 그럴 수 없다. 그러나 어떤 식으로든 오류가 교정되지 않으면, 시간이 갈수록 우리의 추측과 연상은 점점 더 강화되고 덜 정확해질 것이다.[20]

어떻게 첫인상을
바로잡을 것인가

사람들이 당신을 평가하는 방법(사진, 이력서, 지원서, 타투, 첫 데이트 때 입은 카디건)은 그들이 정보를 얻자마자 천칭 저울에 구슬을 올리는 때와 순서가 같다. 우리는 사물에 대한 인상을 남기듯 사람에 대한 인상을 남긴다. 구슬을 올려놓은 저울이 한쪽으로 기울기 시작하면 직감이 생겨나기 시작하고, 그런 뒤에는 가장 쉽게 처리할 수 있는 정보를 선호하는 가운데 집어 들기 가장 쉬운 구슬만 골라내면서 우리의 직감을 뒷받침할 근거를 모으기 시작한다. 그리고 우리가 문제될 것 같지 않은 것(이력서에 사용된 폰트)을 이미 가치평가가 내려진 것(밥이라는 친구가 이력서에 그 폰트를 사용했는데, 그는 최악의 직원이었다)과 결부 짓기 시작했다면, 이제 그런 식으로 사람을 평가하는 것이 아예 기본적 태도로 자리 잡을 수 있다.[21] 생존을 위해 다른 사람들을 신속히 평가해야 한다는 이유로, 상관없는 곳에서 구슬을 집어내어 그것을 엉뚱한 사람과 결부 짓는 일을 할 수 있다는 것이다.

어느 고전적 실험에서, 피실험자인 남자가 다리를 건널 때, 튼튼한 다리보다 흔들리는 다리에서 만난 여자 실험자에게 전화를 걸 확률이 높게 나왔다. 여자를 만나면서 갖가지 감정을 느낀다면, 어느 정도는 그녀가 그 감정들의 원인이라고 보는 것이 이치에 맞는다. 사람에 대해 평가하면서 따뜻한 음료를 들고 있다면, 우리는 '따뜻하고 포근한 느낌'이라는 구슬을 집어 들고 그 사람이 남달리 친절하거나 마음이 따뜻한 사람이라는 결론을 내리게 된다. 삐거덕거리는 탁자 앞에 앉아서 데이트 상대가 될 사람들의 프로필을 읽는다면, 사람을 평가하는 우리의 저울은 안정감을 주는 프로필을 가진 사람 쪽으로 기울게 만들어줄 구슬을 찾기 시작한다. 반면 앉은 자리가 흔들림이 없다면 우리는 그 안정감 덕에 약간 모험을 해도 괜찮을 만한 프로필을 선호하게 된다.[22]

행운을 얻고 싶다면, 뜨거운 음료를 들고 외줄을 건너는 것과 같은 상황에서도 사람들로 하여금 당신이 안정적인 사람이라는 점을 읽어내게 만들어야 한다.

우리 뇌는 게으르고 시간은 한정되어 있기 때문에 우리에게 더 많은 선택의 여지가 주어질수록, 우리는 모든 것에 대해 더 피상적이 된다.[23] 의사결정에 관해 연구하는 피터 토드Peter Todd는 이렇게 말했다. "기본적으로 우리는 우리에게 주어지는 선택의 여지 대부분을 무시하는 방식으로 선택 과잉의 문제를 처리한다."[24]

스피드 데이트(독신 남녀들이 애인을 찾을 수 있도록 여러 사람을 돌아가며 잠깐씩 만나 보게 하는 행사 - 옮긴이)에 관한 84건의 연구를 분석한 결과, 배우자감에 대한 사람들의 기준이 스피드 데이트 행사 규모와 관련 있다는 것을 알 수 있었다. 많은 사람을 맞닥뜨리게 되면, 우리는 자기도 모르는 사이에 전략을 바꾸고 쉽게 평가 내릴 수 있는 자질에 초점을 맞추게 된다. 우리가 알래스카의 작은 마을에 살고 있다면, '아니오'라고 말할 수 있을 만큼의 구슬이 모이기도 전에 상대와의 데이트에 실제 시간을 아낌없이 투자한다. 반면 데이트 앱을 쓰는 대도시 사람들은 상대가 매력적이지 않은 한 어떤 여지도 주지 않을 것이다.

데이트 사이트 오케이큐피드OkCupid에서 가장 먼저 제공하는 정보는 사진이다. 이것만으로도 가장 매력적인 사람이 받는 메시지 개수와 얼굴 대칭이 살짝 일그러진 사람이 받는 메시지 개수 사이에 엄청난 차이가 생긴다. 오케이큐피드가 웹사이트 디자인을 고치면서 프로필 사진의 크기를 키웠더니, 매력적인 사람들은 더 많은 메시지를 받았다.[25]

2013년 1월 15일, 오케이큐피드는 '러브 이즈 블라인드 데이Love Is Blind Day'를 선포하고 몇 시간 동안 회원들의 프로필 사진을 모두 내렸다. 과감한 일부 독신 회원들은 정보가 잠시 제한된 와중에도 이용 가능한 정보만 가지고 데이트 상대를 골라냈다. 자신의 매력 점수가 8이고, 상대가 5인 경우에도 그들은 자신들이 고른 데이트 상대와 즐거운 시간을 보냈다. 오케이큐피드 공동 창업자인 크리스티안 러더Christian Rudder는 《빅데이터 인간을 해석하다Dataclysm》에서 이렇게 썼다. "한마디로, 사람들은 서로 마주하고 앉으면 별로 중요하게 여기지 않을 것을 온라인상에서는 정색하고 멀리하려는 경향이 있는 것 같다."[26]

이것이 실제 삶에서는 어떤 모습으로 나타날지 생각해보라. 제 잇속도 못 차리는 호구들처럼 무턱대고 대학원 지원서를 제출하고, 온라인 데이트 사이트 제이데이트에서 상대에게 메시지를 보내고, 혹은 세븐일레븐에 이력서를 제출해보자. 즉 지원서 혹은 사진과 같은 최소한의 정보만 가지고 평가를 받는 것이다. 실제로 경쟁이 얼마나 치열한지 잘 모르는 우리는 제작자, 매니저, 프로모터, 에이전트가 우리가 보낸 포트폴리오, 데모 테이프, 간략한 자기소개서만 가지고 최종 판단을 내릴 것이라고 잘못된 추정을 한다. 그러나 업체 웹사이트 자체에 문제가 많아서 우리 얼굴 사진이 잘 나오지 않거나 첫 화면이 뜨는 데 시간이 오래 걸리면, 우리 꿈은 너무도 쉽게 버림받는다. 타투 경연이나 올림픽 경기처럼 '최고'를 가리는 일이 주관적 판단에 맡겨진다면, 참가 순서만 바꿔도 승자가 달라질 수 있다. 결국 파트너, 직원, 창업자, 배우, 예술가, 작가 등을 뽑는 데 '문지기gate keeper(결정권을 가진 사람 - 옮긴이)'가 존재한다면, 무슨 의미가 있겠는가. 모든 장점이 공정한 기회를 얻는 것이 아니므로 인생은 행운을 배제한 순수한 실력주의로 돌아갈 수가 없다.

문화사회학자 캐서린 주프레Katherine Giuffre는 이렇게 말했다. "내 친구는 출판사에서 감성 과잉의 원고들을 읽는 일을 했다. 사무실에 들어설 때마다 서류봉투에 담긴 수백 부의 원고가 기다리고 있었다. 하루에 다 읽을 수도 없는 양이었다. 그녀가 읽는 속도보다 새로운 원고가 들어오는 속도가 더 빨랐다. 그래서 그녀는 이런 소소한 게임을 하기로 했다. '그래, 오늘은 빨간 서류봉투에 있는 원고만 읽는 거야.'"27 이런 소소한 게임은 한없이 계속될 수 있다.

모든 위대한 문학작품은 한때 미발표 원고 더미로 책상 위에 놓여 있었다. 어쩌면 아예 그 단계에 이르지 못한 '걸작'도 있었을 것이다. 성공한 작가에게서 비결이 무엇인지를 알아내려고 하는 것은 매일같이 잘못된 색깔의 서류봉투에 담겨 빛을 보지 못한 수많은 원고를 무시하는 처사다. 배우 프로필 사진을 볼 때 캐스팅 감독이 어떤 직감을 갖느냐에 따라 큰 기회를 날리는 배우들이 있는 것이다.28

채용 담당자가 이력서 더미를 살피던 중에 프랑스어가 유창하다고 적어 낸 이력서를 보았다고 하자. 웹디자이너를 뽑는데도 그것이 중요할까? 그럴지도 모른다.

《가치 판단하기》에서 워런 손게이트Warren Thorngate는 이렇게 썼다. "채용 결정권을 쥔 이가 몬트리올에 사는 큰고모와 대화를 나누고 싶어 프랑스어를 오래전부터 배울 생각이 있었다고 해보자. 의심할 바 없이 그 지원자는 입사 제안을 받고 기분이 흐뭇해질 것이다. 그런데 만약 여러분이 공개 채용에 지원하기 위해 사흘 동안 이력서를 준비하면서도 프랑스어를 할 수 있다는 것을 굳이 적지 않았다면, 이런 식의 일차적 판단에 대해 어떤 생각이 들겠는가?"[29]

나는 손게이트에게 전화를 걸어 채용 절차가 어찌 그렇게 주먹구구식으로 진행될 수 있느냐고 물었다. 판단과 의사 결정을 연구하는 그는 이렇게 답했다. "그들이 좋은 지원자를 놓칠 수는 있었겠죠. 하지만 그들은 별로 신경 쓰지 않아요. 그게 무슨 처벌을 받을 정도의 실수는 아니니까요."[30]

해마다 리크루트밀리터리RecruitMilitary가 주관하는 채용박람회가 엠파이어스테이트 빌딩에서 몇 블록 떨어진 8번가의 뉴요커 호텔에서 열린다.[31] 508명의 지원자 대부분은 짧게 깎은 머리에 말끔히 면도하고 새 바인더 셔츠를 입고 있었다. 그리고 포부도 당당하고 자세도 곧발랐다. 그중에서 상당수가 수개월간 실직 상태였거나 해외파병을 마치고 돌아온 이들이었다.

그 무리와 채용 담당자 사이에는 책상이 놓여 있었다. 채용 담당자는 군대 생활과 그보다 좀 더 부드럽고 수평적인 민간 조직 사이에서 가교 역할을 하고 있었다. 여기서 민간 조직이라면 자포스나 구글처럼 많은 사람이 선망하는, 직원 중심의 문화로 유명한 회사를 말한다.

현재 제트블루JetBlue의 직원은 1만 5,000명을 헤아린다. 인재 영입 담당자인 조너선 토핀이 일을 시작하던 10년 전보다 무려 세 배나 규모가 커졌다.

그는 사람들에게 조종사 면허를 따라고 권하면서 이렇게 말했다. "내 말은 지금 당장 지원해서 조종사 면허를 취득할 동안 여기서 일하라는 겁니다. 그렇게 하면 조종사 면허를 딸 때쯤 여러분은 조종사로서 어떻게 일해야 하는지, 그리고 어떻게 적응해야 하는지 알 수 있을 테니까요. 우리는 여러분을 바꿔줄 수 있어요. 그러나 면허를 딸 때까지 여러분이 기다리기만 한다면, 우리로서는 여러분을 알 길이 없습니다."

첫 번째 지원자 코트니라는 남자는 아가일 무늬 카디건을 입고 있었는데, 짧은 시간 안에 수많은 인생의 결정을 내려야 하는 중압감에 놓인 젊은이처럼 구부정한 모습을 하고 있었다. 눈빛도 퀭했다. 두 번째 젊은이 가르시아는 짧게 깎은 머리를 하고 180미터 가까운 키에 구부정한 자세를 하고 있었다. 단추로 채워 잠근, 풀을 먹인 듯한 흰 셔츠를 보니 주름이 정확히 잡혀 있어서 면접 오기 직전에 박스에서 꺼낸 옷인가 싶을 정도였다. 나중에 그에게 이메일 주소를 묻자 그가 건네준 메일 주소를 보니, 취업 시장보다 비디오 게임 커뮤니티에나 어울릴 사용자 이름을 쓰고 있었다.

토핀이 말했다. "내가 제안을 하나 하죠. 내게 이메일을 보내거나 당신에 관한 정보와 우리가 만난 때를 적어 웹사이트에 올려주세요. 그러면 면접은 보장해줄게요. 반드시."

"알겠습니다." 가르시아는 마치 친구가 언제 쇼핑이나 같이 가자고 얘기한 것처럼 어깨를 으쓱하며 대답했다. 그는 면접이 별거 아니라고 생각하는 듯했지만, 제트블루가 해마다 받는 지원서 12만 5,000건 가운데 딱 7,000건 정도만 면접 심사를 받는다. 제트블루의 문을 여는 것은 하버드 대학교의 문을 여는 것만큼이나 어렵다.

토핀이 말했다. "솔직히 이렇게 직설적으로 얘기를 건넨 사람들 가운데 반 정도가 내 말을 진지하게 받아들일 거예요. 내가 처음 얘기를 나눈 코트니라는 친구는 그렇게 할 거라고 봐요. 그러나 방금 나간 젊은 친구는 글쎄, 뭐랄까……"그는 말을 멈추더니 적절한 표현을 찾느라 고민했다. 아까 나눈 대화에서 무언가 실마리를 당기는 게 있었던가. "있잖아요, 그 친구는 여기저기 둘러보는 중이에요. 내가 할 수 있는 건 제안을 하는 것뿐이죠. 그 제안을 받아들일지는 그들에게 달렸죠."

채용박람회에서 주어진 2분 동안 그 사람이 얼마나 부지런하고 똑똑하며 맡은 일에 충직한지를 가늠하기란 불가능하다. 그러기 위해서는 오랫동안 다양한 상황에서 그를 관찰하거나 오랫동안 그들과 관계를 맺었던 다양한 부류의 사람들을 만나서 물어봐야 한다. 그러면서 장기적으로 변한 부분이 있는지를 확인해야 한다. 그러나 오늘날의 채용담당자는 선택의 폭을 줄이고 아주 짧은 대화를 통해 한 사람의 인생을 좌우할 결정을 내려야 한다.

나는 토핀의 넥타이를 쳐다보았다. 앞서 얘기한 인상적인 차림에서도 단연 돋보이는 것이었다. 군더더기 없이 깔끔하게 맨 짙은 라벤더색 타이였다.

"구체적으로 말씀해주신다면요?" 내가 물었다.

"구체적이라." 그는 미소를 띤 채 넥타이를 매만지며 말했다.

"그러니까 선생님께서 옳다는 건 어떻게 알지요?"

"그게 말이죠, 그건 6개월 정도 지날 때까지는 알 수가 없어요."

그러나 그때 가서 잘못을 알았다고 해도 처벌까지 받을 실수는 아니다. "전문가들이 이구동성 동의했다 하더라도, 그들이 실수를 한 것일 수도 있어요."³² 결국 회사에서 밥이라는 사람을 대신할 적당한 사람을 뽑을 수 있는 한, 인사과의 낸시는 제 마음대로 할 수 있다. 즉 '프랑스어 가능'이라고 명시된 이력서는 모두 무시하고 '봉주르' 발음을 어설프게 하는 정도의 실력을 가지고 능통이라고 이력서에 적어 넣는 사람에게 행운을 줄 수 있다는 것이다. 완벽한 이력서를 작성하는 데 대한 조언으로 철자법을 잘 지키고 업계 관행을 잘 따르라는 것 말고는 달리 해줄 말이 없다. 왜냐하면 인사과에 낸시라는 사람이 있는데, 그녀가 '어드벤처 레이싱 게임'이나 '스워스모어 대학 출신'이라고 적힌 것을 보고 '통과' 혹은 '이 일에 적합함'이라는 저울 접시에 굵은 구슬을 올려놓을지 여부는 아무도 알 수 없기 때문이다.³³

　　이제 면접으로 가보자. 면접도 완벽한 것이 아니다. 저울이 한쪽으로 기울기 시작하면, 기울어지는 쪽에 얹을 구슬로 손이 자꾸 가기 마련이다. 어떤 사람에 대해 감이 오면 그와 관련된 정보가 눈에 더 잘 띈다. 그 사람이 딱 '맞다' 싶지 않은 감을 느끼기 시작하면, 우리는 행동이 부자연스러워지고 역시 같은 느낌에 상대방도 행동거지가 불편해진다. 우리는 어떤 사람이 마음에 들면, 그에게 살갑게 굴고 믿음을 가지며, 마음의 문을 열게 된다. 면접 전에 그 사람에 대한 정보를 많이 알고 있으면, 우리는 자신의 판단에 더 확신을 갖는다. 그런데 그것은 그들이 한 종류의 구슬을 모으는 데 더 많은 시간을 쓰기 때문이다.³⁴

　　연구자 크리스틴 쿤Kristine Kuhn은 이렇게 말했다. "그 점이 자신이 면접도 잘 보고, 사람들 성격도 잘 판단한다고 자부하는 이들에게서 나타나는 문제 가운데 하나입니다. 그러나 분명한 것은 그들이 자신들이 생각하는 만큼 그리 훌륭하지는 않다는 거예요. 그들이 어떤 사람을 만나서 훌륭한 직원감이라 생각하고 그를 채용했는데 결국에는 좋은 직원이 아니라는 사실이 드러났다고 해도, 그렇다고 그들의 확신이 흔들리지는 않아요. 실제로 직원이 어떤 사람이었느냐 하는 것과 사람의 성향을 잘 판단하는 것은 무관하다는 식으로 그들은 언제든 둘러댈 수 있으니까요."[35]

다음의 경우를 생각해보자. 채용이든 데이트 상대를 고르는 것이든 운이 좌우하는 선택 과정은 결코 오류를 수정할 수 있는 피드백을 제공하지 않는다. 낸시가 느닷없이 자신이 과거에 겪었던 일을 떠올려 생면부지의 사람을 벌하거나 상을 주고 있다는 사실을 자각할 수 있다면 좋겠지만, 그녀가 하는 일은 자신의 선택을 얼마만큼 확신하느냐에 좌우되는 것이다. 누군가에 대해 나쁜 감정을 느끼고선, 진심으로 그 감정이 잘못된 것이 아닐까 따져본 적이 있는가? 자신의 결정을 개선하려면 잘못을 잡아주는 피드백이 필요하다. 즉 내가 완전히 틀렸다는 사실과 꺼림칙한 느낌이 있거나 혹은 '찰칵' 하고 들어맞는 느낌이 없는데도 채용을 하거나 데이트 상대로 골랐다는 사실을 인정할 줄 알아야 하며, 뭔가 아닌 듯한 느낌을 주는 이유를 찾아내야 하고, 과거의 문제를 떠올리지 않음으로써 편파적인 정보의 원천을 제거해야 한다. 그리고 사람들이 나아질 수 있다는 것에 대해 편견을 덜 갖는 사람이 되어야 한다.

하지만 우리는 자신의 직관이 틀린 것은 아닐까 되짚어볼 생각조차 하지 않는다.[36] 무언가 우리 앞으로 튀어나올 것을 기대한다고 말은 하지만, 정작 어떤 신호 앞에서 튀듯 반응하는 것은 바로 우리 자신이다. 일차적 판단 과정에서 우리가 알 수 있는 것은 평가 대상이 아니라 그 판단을 하는 사람의 과거 이력과 기이한 애착이다.

압도적인 분위기를 풍기는
얼굴과 인상은 따로 있다

우리 얼굴은 사람들에게 이야기를 건넨다. 이 가운데 반은 배경이다. 즉 나이, 민족, 성별, 매력 등 정체성에서 상대적으로 고정된 부분이다. 이것을 바탕으로 깔고 있는 나머지 절반이 바로 행동이다. 우리의 표정은 무엇을 나타내는가? 우리가 무엇에 관심을 갖는가? 우리가 그것에 대해 어떤 생각을 갖고 있는 것처럼 보이는가? 자주 연결되는 배경과 행위에 대해서는 그 정보를 처리하는 일이 어렵지 않듯이(산에서 세금 정산을 하는 사람보다 스키를 타는 사람을 떠올리는 것이 더 쉬운 법이다), 우리는 특정한 정체성과 행위를 서로 쉽게 연관 지을 수 있다. 일반적인 여자 얼굴을 보면 행복과 같이 사회적 관계를 만드는 감정적 표현이 공통적으로 나타난다. 마찬가지로 남자 얼굴의 특징(사각턱)과 우월성을 과시하려는 표정(악문 턱)은 서로 연관 지어 볼 수 있다.

우리는 여자가 더 사교적이고 상냥할 것이라고 생각하므로 여자가 웃는 얼굴을 하고 있지 않으면 웃지 않는 남자에 대해서보다 더 가혹하고 엄한 평가를 내린다. 사람들은 여자들에게는 미소를 지으라고 말하면서, 남자들은 알아서 하도록 내버려둔다. 남자가 웃지 않으면 초연한

표정을 짓는 것이 되고, 여자라면 똥 씹은 표정을 짓는 것이 된다.[37]

표정이 진지하다는 인상을 주는 얼굴이 있다. 20여 년 전, 연구자인 울리히 뮐러Ulrich Mueller와 앨런 머주어Allan Mazur는 한 무리의 학생들을 대상으로 1950학년도 웨스트포인트 생도들의 증명사진을 보고 점수를 매겨보라고 했다. 평점 기준은 단 하나였다. 바로 압도적 분위기. 7점 만점에 7점을 받은 사진의 인물들은 누가 봐도 군인이었다. 하나같이 강한 턱과 높은 광대 그리고 곧은 눈썹 선을 가졌다. 압도적 분위기가 가장 낮다는 평가(7점 만점에 1점)를 받은 이들은 통통한 볼살, 큰 눈, 짧은 코, 작은 턱을 가진 앳된 얼굴의 남자들이었다. 실험에 참여한 학생들은 얼굴에서 압도적 분위기가 얼마나 풍기는가 하는 것 말고는 생도들에 대해 달리 아는 바가 없었다. 그들의 최종 평가는 최정예 군사학교에서 그들이 위치한 계급과 깊은 상관관계가 있었다. 1950학년도 웨스트포인트 생도들 가운데 '가장 압도적인 분위기'를 자아내는(GI조의 실제 인물인 듯한) 생도들은 상급 생도가 되자 볼살이 통통한 다른 동급생들보다 무려 5단계나 더 진급했다. 이런 추세는 웨스트포인트를 졸업하고서도 이어졌다. 수십 년 뒤, 장군처럼 보였던 생도들이 실제로 장군이 되어 있었다.[38]

연구자들은 이렇게 썼다. "얼굴에서 풍기는 압도적 분위기는 직업적 성취도에 영향을 미쳤다. 그러나 그 반대는 아니었다."[39] 턱선이 얼마나 각진가에 따라 앞으로 그가 군 경력을 어떻게 쌓을지 예측할 수 있다. 또한 곧은 눈썹 선을 타고난 유전적 행운 덕에 웨스트포인트의 다른 생도들보다 더 빨리 출세해 평생 더 큰 혜택을 누릴 수도 있다. 얼굴의 너비같이 압도적 분위기와 관련 있는 특징은 높은 수치의 테스토스테론과 관련이 있다. 물론 호르몬 수치는 살면서 급격히 오르거나 내려갈 수는 있지만, 우리 얼굴 골격은 변함이 없다.

얼굴이 넓은 사람을 보면, 우리는 자신도 모르게 좀 더 자세를 바로하고 그가 하는 얘기를 진지하게 듣게 된다. 이런 사람의 과감하고 자신만만한 행동도 리더십에서 비롯된 것으로 느껴진다. 정말로 과감한 돌파력은 테스토스테론이 많아 보이는 사람에게서 나오는 것일까? 그럴듯한 이 통념은 널리 퍼져 있고, 사람들은 이를 신뢰한다.

테스토스테론 수치를 가지고 그가 리더십처럼 복잡한 능력을 얼마나 소화할 수 있는지 예측할 수는 없지만, 그가 어떤 식으로 행동할지는 예측할 수 있다.[40] 사람의 행동을 어떻게 해석할지는 그 사람의 얼굴로 짐작할 수 있다는 것이다.[41]

다음 장에서 살펴볼 테지만, 우리의 가장 뛰어난 장점에 관해 모든 사람이 동일하게 긍정적 직감을 가질 때 우리는 쉽게 행운을 거머쥘 수 있다.

나는 캐스팅 담당자인 보니 길레스피에게 얼굴에 관한 연구 얘기를 들려주었다. 우리는 무의식중에 마음속에 간직하고 있는 이미지에 바탕을 둔 원형을 찾고 있으며, 우리가 알고 있는 다른 사람의 얼굴을 바탕으로 얼굴 특징을 과도하게 일반화한다고 말이다. 그리고 그것은 깨뜨리기 어려운 고정관념이 된다.

"오, 무슨 말인지 알아요." 그녀는 고개를 끄덕이며 말했다. "어떤 얼굴을 보면 감이라는 게 오죠."

자신의 존재감을 드러내고 싶은
당신에게

✔ 여전히 자신의 직감(이를테면 과거의 경험에서 축적된 정보의 보따리)대로 행동할 것이라면, 그것이 의미하는 바를 알아야 한다. 다른 사람도 우리와 마찬가지라는 사실을 말이다. 이는 우리의 장점과는 아무 상관이 없는 이유로 우리가 부당하게 무시당할 수 있다는 것을 뜻한다. 우리의 실패의 반쯤은 운이다. 그러니 상황의 원인을 자신에게서만 찾지 말고 기회가 오면 언제라도 그 기회를 잡아야 할 것이다.

✔ 사람들의 가장 중요한 동기는 생존이다. 그러므로 우리가 믿을 만하고 평판도 좋고 안전한 존재라는 것을 드러내야 한다. 증명사진을 찍을 때는 웃어야 한다.

✔ 이해하기 쉬운 정보가 사람들을 안심시킨다. 대체로 무난한 색감의 증명사진을 찍어라. 부르기 쉬운 이름을 사용하라.

✔ 우리는 알지도 못하는 사이에 조잡한 서류봉투, 이상한 온라인 아이디, 아마추어 같은 웹사이트, 바보 같은 프로필 사진 등 때문에 남들에게 지워질 수 있다. 맞춤법, 포장 등 사소한 것에 주의를 기울여야 한다.

✔ 우리의 실패는 절반쯤은 운이다. 특히 그 실패가 다른 한 사람의 평가에만 의존하는 형태라면 더욱 그렇다. 그러나 다양한 배경과 경험을

가진 여러 사람들에게서 부정적인 피드백을 지속적으로 받으면, 그것은 무시할 수 없다. 이때는 더 나아지기 위해 노력하라.

✔ '문지기'들에게 피드백이 없다면, 우리가 그들에게 보내는 메시지들을 개선할 때가 왔다는 신호일 수 있다. 연결은 그저 거들 뿐이다.

✔ 아기처럼 동그란 얼굴을 가진 사람은 호감이 더 가긴 하지만 능력은 좀 부족해 보인다. 그러므로 압도적 분위기의 외모를 가진 사람 못지않게 다른 사람에게 무게감 있게 다가가려면 두 배 이상의 노력을 기울여야 한다.
반대로 압도적 분위기의 외모를 가진 사람이 다른 사람에게 안도감을 주거나 다정다감한 인상을 주기는 어렵다.[42]

✔ 더 나은 결정을 내리기 위해서는 어떤 기준이 중요한지, 그리고 그것을 평가하는 최선의 방법은 무엇인지를 미리 알고 있어야 한다. 그리고 그 기준에서 벗어나지 말아야 한다.

✔ 자신에게 이런 질문을 던져야 한다. 주어진 정보 자체에 반응하고 있는가? 아니면 그 정보로부터 우리가 추정한 것에 반응하고 있는가? 행운은 예기치 않은 것이다. 다른 사람들에게 놀라게 할 기회를 제공할 수 있을 때 비로소 행운이 다가온다.

4 장

행운의 여신도
아름다움을 사랑하지만

–

아름다운 외모 이상의
매력을 만드는 기술

젊은 시절, 세라 히스는 매력적이었고 특별한 인재여서 남부러울 것이 없어 보였다.

와실라 고등학교를 졸업하고 2년 뒤인 1984년, 히스는 미스 알래스카 무대에 올라 장기자랑으로 플루트를 연주했다. 스무 살의 그녀는 이 대회에서 2등을 했고, 우정상을 받았다.[1] 히스는 아이다호 대학교에서 언론학으로 학위를 받고 알래스카로 돌아와 앵커리지의 KTUU - TV 스포츠 방송 앵커로 일했다.[2] 그로부터 10년 뒤인 1996년, 히스는 (그사이에 고등학교 시절 남자친구였던 토드 페일린과 결혼하고 시의회 의원이 되었다) 고향 와실라의 시장 선거에 출마하여 인구 5,500명인 마을에서 현직 시장을 200표 이상의 표차로 이기고 당선됐다.

어느 인터뷰에서 페일린의 친구가 이런 말을 했다. "한번은 시의회 회의를 앞두고 세라가 이렇게 말했어요. '오늘 저녁, 내가 원하는 것을 얻으려면 푸시업브라를 입어야겠어.' 그게 그녀의 방식이었어요. 성질은 정말 괴팍했는데, 그래도 예쁘다는 이유로 일이 잘 풀렸죠.”[3] 그 후 10년 동안 그녀는 와실라 시장에 또 한 번 당선되고, 알래스카주 정부로 진출하는 사다리를 오르기 시작했다.

2006년, 그녀는 알래스카 최초의 여성 주지사가 되었다. 2008년에는 존 매케인에게서 그녀의 삶을 바꿀 전화 한 통을 받았다. 매케인은 그녀에게 부통령 후보로 지명할 테니 공화당 후보로 대통령 선거에 나가자고 했다. 언론과 페이스북을 하는 사람들의 사돈부터 팔촌까지 이구동성으로 젊고 사진발 잘 받는 페일린의 외모가 참전 용사이자 정계 원로로서 전형적 정치가 스타일인 매케인과 완벽한 대조를 이룬다고 했다. 매케인은 대통령감처럼 보이는 반면, 페일린은 고리타분한 공화당 후보에게는 없는 아름다움과 통통 튀는 매력을 갖고 있었다. 이렇게 세라 페일린은 정치계의 새로운 현상으로 자리 잡았다.

보잘것없긴 하지만, 페일린에게도 이력이 없는 것은 아니었다. 알래스카 주지사로서 그녀는 어느 쪽에서 공천을 받든 적으나마 행정 경력이 있는 유일한 후보였다. 그녀의 짧은 행정 이력이 워싱턴 중심의 노인들의 구태의연한 정치에 환멸을 느낀 사람들에게는 오히려 신선하게 다가왔다.

미국 정치판에서 가장 예쁜 여자가 정계에 혜성처럼 등장한 것이다. 토드 퍼덤Todd Purdum은《허영의 시장Vanity Fair》에서 이렇게 썼다. “페일린 현상은 검토할 가치가 있다. 이런 말 자체가 성차별주의를 야기할 수도 있겠지만, 그녀는 현재 전국 단위 정치판에서 그토록 높은 위치까지 올라간 여자 가운데 가장 예쁘다. 논쟁의 여지 없이 그녀는 힘깨나 쓴다는 사람들 틈에 들어간, 최초의 여자다운 여자라 할 수 있다."[4]

퍼덤은 또한 이렇게 지적했다. "이처럼 페로몬 넘치는 현실은 축복이자 저주다. 페일린 정도의 경력이 있는 사람이 있는데 외모가 수전 보일을 닮았다면 사람들은 그에게 두 번 다시 눈길을 주지 않을 것이다. 그러나 페일린은 그런 사람들을 사로잡았다. 그런데 미인대회 출신으로 보인다는 이유에서 사람들은 두 번째 기회를 주는 것에는 주저했다." 여러 연구에 따르면 매력적인 외모는 성별에 대한 고정관념을 더 강화한다고 한다. '여성적인 것'과 '관리자'는 서로 연결되지 않는 이미지이기 때문에 매력적인 외모의 여자는 잘생긴 남자보다 관리자로 승진하는 데 더 큰 어려움을 겪는다. 관리자가 되더라도 외모가 매력적인 여자는 더 가혹한 평가를 받는다. 그러나 이제 살펴보겠지만, 아름다움이 주는 이점은 그 때문에 치러야 할 대가보다 훨씬 크다.[5]

애착이 컸던 고향의 주지사직을 갑자기 사임한 이래, 페일린은 약 1,300만 달러를 벌어들였다. 거기에는 폭스뉴스와의 연간 계약금 100만 달러와 TLC의 〈세라 페일린의 알래스카 쇼〉 출연료 200만 달러가 포함되어 있었다. 그러나 페일린은 영원히 초미녀 부통령으로 남을 것이다. 승승장구하던 궤적은 마침내 자유세계에서 가장 힘센 사람의 이인자로 와달라는 제안을 받기에 이르렀던 것이다. 비록 후보 가운데 가장 이력이 얼마 없고, 텔레프롬터가 없으면 입을 열 때마다 실언의 연속이었지만 말이다.

그렇다면 세라 페일린은 운이 좋은 여자일까? 물론 그렇다.

매력은
어디에서 결정될까

앞 장에서 우리는 행운이라는 것이 사람들의 자의적 판단에 좌우된다는 것을 알았다. 인사과의 낸시가 링크드인에 올린 당신의 사진을 보면서 초등학교 때 자기를 괴롭혔던 학생을 떠올린다면, 당신의 지원서를 옆으로 치워버릴 것이다. 회계 담당이었던 밥의 자리에 당신이 들어갈 기회도, 당신의 영혼도 산산조각이 난다. 이 장에서 우리는 어떤 예쁜 여자가 가진 장점에 대해 모두가 같은 이미지를 갖는다면 어떤 일이 벌어지는지, 그리고 궁극적으로 그것이 그녀의 운에 어떤 영향을 미치는지 살펴볼 것이다.[6]

페일린과 같은 초미녀의 인생이 어떨지 상상하려면 먼저 1908년으로 돌아갈 필요가 있다. 당시 영국 남자가 길에서 여자를 볼 때면, 여자를 '매력 있음, 관심 없음, 꼴불견'으로 분류했다.[7] 그가 그저 그런 남자였으면 뉴스거리도 되지 않았을 텐데, 문제는 그가 프랜시스 골턴Francis Galton이었다는 사실이다. 그는 만물박사에다 찰스 다윈Charles Darwin의 사촌이었으며, 강박적으로 인간을 측정하려고 한 사람이었다.

미를 분류하는 골턴의 방법은 오늘날 학자들이 매력을 측정하는 방법의 기초가 되었다. 똑같은 방식으로 찍힌 일련의 얼굴 사진을 보고 1에서 7까지의 점수를 매긴다고 해보자. 사진에 점수를 매길 집단을 꾸린 뒤, 그들이 매긴 점수의 평균을 낸다.[8] 여러 사람에게 얼굴 점수를 매기라고 하면, 앞 장에서 나열했던 것과 같은 '그녀는 미건을 닮아서 못생겼다'라는 식의 자의적 편향성을 제거할 수 있다. 그리고 개별적으로 얼굴 점수를 매기라고 하면, 자의적 합의 효과를 제거하게 된다.

골턴이 나중에 매달렸던 연구는 사진들을 겹쳐 놓은 뒤 그 합성된 이미지에서 만들어낸 얼굴 형상에 관한 것이었다. 이렇게 만들어진 얼굴 합성에는 중요한 정보 가치가 있다고 보았다. "첫 번째 합성은 살인범의 사진들로 이루어진 것이다. 합성을 했을 때 개별적으로 볼 때보다 그들의 얼굴 특징이 더 잘 드러난다. 각 살인범에게서 보이는 특별히 악랄한 모습은 사라지고 공통적인 일반적 인간의 모습이 드러난다."[9]

매력적인 얼굴은 일반적으로 대칭적이며 보편적 특징을 지닌다. 즉 어느 한 부분이 두드러지지 않고 고루 조화를 이룬다. 사람들이 이상하게 거슬린다고 여겨지는 것을 없애기 위해 성형수술을 받는 경우를 생각해보자. 이를 통해 학자들은 "아름다움은 그것을 바라보는 사람의 처리 경험Processing Fluency에 자리한다"는 결론에 이르렀다.[10] 외부의 정보를 처리할 때, 아름다움은 그 정보를 술술 넘어가도록 만들기 때문이다. 예쁜 얼굴은 사람의 기분을 좋게 만들기에 보기에도 좋다.[11]

어떤 얼굴이 매력적이냐에 대한 보편적 합의가 존재한다는 증거는 아주 많다. 만연한 미디어 환경이 끊임없이 내보내는, 획일화되고 서구화된 천편일률적인 잡지 표지 인물들이 그것이다.[12] 성별, 문화, 인종이 다른 사람들도 누가 예쁜지에 대해서는 의견을 같이한다. 이는 아기들도 마찬가지다. 매력 지수에서 차이가 나는 두 장의 얼굴 사진을 보여주었을 때, 6개월 된 아기도 어른들이 더 매력적이라고 점수를 매긴 사람의 얼굴 사진을 더 오래 바라보았다.[13] 또한 아기들은 더 예쁘장하다고 여겨지는 다른 아기의 얼굴을 보는 것을 더 좋아했다. 겨우 2개월 된

어린 아기도 골턴이 높은 점수를 매겼을 것 같은 다른 아기들을 더 오래 주시했다.[14] 아름다움에 대한 우리의 선호는 선천적이라는 주장을 뒷받침한다.[15]

다른 사람의 유전자가 어떤지 직접 눈으로 볼 수 있는 것이 아니므로 우리가 얻을 수 있는 정보를 바탕으로 그 유전자가 얼마나 적합한지 추정한다. 유전자가 섞인 가계의 사람들은 일반적으로 더 건강하다. 항체의 다양성이 증가할 뿐 아니라 자손에게 해로울 수 있는 열성 유전자가 복제될 가능성이 줄기 때문이다.[16] 매력적인 외모를 가졌다는 것은 병균이나 기생충이 없다는 말이며, 널리 퍼뜨릴 만한 유전자가 풍부하다는 말이다.[17]

사과 두 개를 비교하는 것이든, 밤에 파티에 갈지 집에 그냥 있을지를 고민하는 것이든, 우리 뇌의 보상회로는 한쪽을 선택하면 얻게 될 가치를 계산한다.[18] 예쁜 얼굴은 선조체(동기를 담당하는 뇌의 중추)와 안와전두피질과 더불어 보상회로를 자극한다.[19]

앞서 안와전두피질에 관해 한 이야기를 기억할 것이다. 이는 각 선택에 대한 구슬을 모아 천칭 저울에 올려놓고 기울기를 재는 우리 뇌의 한 부분이다. 사람들이 '쾌락적 흥미'를 불러일으키는 것(군침 도는 음식, 신나는 음악, 매력적인 외모)을 접했을 때, 안와전두피질의 활동이 많아지는 것(구슬이 많아지는 것)을 볼 수 있다.[20] 그것은 일시적 욕망에 대해서는 반응하지만, 충분히 먹은 음식에 대해서는 덜 반응한다. 즉 그만큼 덜 당긴다는 것이다.[21]

제니퍼 로렌스와 라이언 고슬링은 아름다운 외모로 살아가면서 자신들을 지켜봐주는 사람들에게 보상을 한다(치즈 한 조각, 100달러 지폐 한

장, 사랑스러운 노래 한 곡 등). 그들은 'yale.edu'가 들어간 이메일 주소를 자랑할 필요도 없고, 비싼 뮤지컬 티켓으로 환심을 살 수 있다는 것을 보여줄 필요도 없으며, 다른 사람의 관심을 끌기 위해 맞장구를 쳐줄 필요도 없다. 우리는 그들에게 생존에 도움이 될 보상을 굳이 찾지 않아도 된다. 아름다운 얼굴을 보는 것만으로도 삶을 고양시키는 즉각적 보상이 주어지기 때문이다.[22]

암묵적으로 그리고 본능적으로 외모가 매력적인 사람을 좋아한다는 것은 우리가 그들을 바라보는 데 얼마나 많은 인지적 자원을 할당하고, 어떻게 그들의 일거수일투족을 대하고 받아들일지에 영향을 미친다.[23] 우리는 아름다움이 진실과 더불어 중요한 특질이라고 본다. 예를 들어, 한국에서 실험한 바에 따르면 보통 똑똑하고 사교적인 데다 잘생기고 예쁘면 사람들이 높이 치는 자질(다른 사람에 대해 더 진실하고 배려심이 많다)을 더 많이 가지고 있는 것으로 보았다.[24] 그들은 모든 이들에게서 사랑과 관심을 받으며, 영원히 무죄 추정의 대상이 된다.

외모도
강력한 무기이자 자산이다

아름다우면 태어나자마자 이로움을 얻기 시작한다. 제삼자에게 예쁘다는 소리를 많이 들은 생후 3개월 아기의 부모는 외모가 평범한 생후 3개월 아기의 부모보다 아이를 키우는 데 더 정성을 쏟는다. 비록 덜 예쁜 아기를 둔 부모라도 자식을 대하는 태도에 특별한 차이를 보이는 것은 아니지만, 자식에 덜 관심을 기울이고 관심을 갖더라도 덜 놀아준다고 한다. 물론 그 사실을 부모는 자각하지 못한다.[25] '미운 아기는 없다'는 생각에서 이런 주장에 반대하는 마음이 든다면, 잠시만 자신에게 솔직해질 것을 권한다. 진심이다. 누가 뭐랄 사람도 없다.

앞 장에서 얘기했던 '신뢰 게임'을 다시 떠올려보자. 피실험자가 나중에 함께 더 많은 돈을 벌 수 있기를 바라며, 그들이 힘들게 번 돈의 일부를 내줄 만큼 상대가 믿을 만한지를 결정하는 게임이다. 여기서 피실험자가 매력적인 상대와 게임을 한다면, 상대에게 신뢰를 갖고 더 많은 돈을 내줄 가능성이 있다.[26]

매력적인 사람들의 졸업앨범을 볼 때면 우리는 자신도 모르게 그들을 학교에서 잘나갔던 이들로 여긴다. 남다른 턱선에 광대가 살아 있다면 축구팀 주장이거나 학생회장을 했을 것이라고 생각한다.[27] 부러움을 자아내는 광대를 가진 학생들은 팬레터도 많이 받았을 거라고 생각한다. 또 다른 연구에서는 실험자들이 매력적이거나 평범하게 생긴 지원자 사진이 붙은 대학원 지원서를 공중전화 부스에 남겨두는 실험을 했다. 매력적인 사람의 사진이 붙은 지원서가 다른 지원서보다 더 많이 회수되었다.[28]

사회적 관계에서도 그들에게 더 많은 점수를 줄 뿐 아니라 그들이 한 일에 대해서도 상대적으로 좋은 평가를 했다.[29] 성적이 좋지 않은 학생 중에서도 매력적인 학생들에게는 보충수업 제안이 더 많이 들어갔다.[30] 양적으로나 질적으로나 학생이 크게 향상될 수 있다고 믿어주는 교사들의 기대감은 학생이 그 후 학업을 성공적으로 수행하는 데 아주 중요한 예측 변수가 된다. 이런 요소가 결합하면 그 학생은 아름다움

덕에 보너스 점수를 받는 것이 되고, 더 높은 GPA를 받을 수 있게 된다. 같은 연구 리포트라도 매력적인 학생이 썼다고 하면, 더 높은 점수를 받을 것이다.[31]

가난한 집 아이 중에서도 예쁘장한 아이들이 사회경제적 어려움을 극복할 수 있을 정도로 교육의 기회가 더 많이 주어지며, 그리하여 출세할 여지가 생긴다.[32] 세라 페일린같이 생긴 사람과 미스터 빈같이 생긴 사람 사이의 수입 격차는 인종과 성별에 따른 차이와 같다. 이는 어떤 면에서 매력적인 사람들이 고급 호텔 사무직원, 뉴스 캐스터, 알래스카 주지사처럼 보수도 더 좋고, 사람들 눈에도 잘 띄는 일을 할 기회가 많기 때문이다.[33] 영업을 하더라도 성공할 가능성이 더 크고, 상담원으로도 더 높은 평가를 받을 수 있으며, 더 폼나는 일을 할 수 있다. 그들은 사회학에서 말하는 계급의 맨 꼭대기 자리를 차지할 수 있다. 이는 사회학자들이 '미학적 자본aesthetic capital'이라고 부를 정도로 강력하고 측량 가능한 보너스다.[34]

인생은 원래 불공평한 것이다

유명한 연구에서, 연구자들은 남녀 대학생들에게 보디랭귀지가 있는 첫 만남과 그렇지 않은 첫 만남(예를 들어 전화 통화)의 차이를 조사하는 실험을 할 것이라고 말했다. 그러나 제대로 된 심리학 실험이 대부분 그렇듯이, 이 실험도 거짓이었다. 남학생과 여학생들은 질문지를 작성하고 난 뒤, 앞으로 대화를 나눌 상대에 관한 정보가 담긴 자료를 받았다. 거기에는 사진과 질문지도 들어 있었다. 사진과 몇 가지 정보만 가지고 남학생들은 지성, 다정함, 온화함 면에서 27명의 여학생의 점수를 매겼다. 그런 다음 남학생들은 여학생들과 10분간 통화를 했고, 통화를 마친 뒤 방금 대화를 나눈 상대의 인상에 대해 설문을 작성했다. 인간이 행한 모든 사회심리학 연구에서 흔히 그렇듯이, 모두 만족스러운 시간을 보냈다.

또 다른 그룹은 누가 어떻게 생겼는지 모른 채 상대(남자 혹은 여자)와 대화를 나눈 뒤, 주어진 기준을 가지고 점수를 매겼다. 남자들은 매력적인 여자들일수록 더 즐거워하고 더 자신이 넘치고 더 활달한 데다 자신에 대한 호감도 더 많이 보인다고 예상했다.[35] 그러나 사실 그들이 받은 자료에는 예상과 전혀 다른 여자의 사진들이 들어 있었다. 앞서 실험에서 외모 점수를 8.1점 받은 여자거나 2.6점을 받은 여자들이었다. 매력적인 여자와 대화를 나눌 거라고 생각한 남자들은 '사교적이고, 차분하고, 유머가 있으며, 사회적 처신에도 능한 여자'와 대화할 줄 알고 최선을 다했다. 최선을 다하려는 마음이 들면 우리는 상대에게 더 친근하게 다가갈 것이며, 상대를 좋은 쪽으로 생각하게 된다.

우리가 처음으로 어떤 정보를 접하면 그것은 다음 정보를 대하는 데 커다란 영향을 미친다. 기대감의 힘에 대해 폭넓게 연구해온 토어 웨이저Tor Wager는 이렇게 말했다. "첫인상은 극복하기 어려워요. 우리 기대와 맞지 않는 것이 나와도, 그것을 학습하려 들지 않아요. 그저 선택적으로 학습합니다. 그러한 태도는 확증편향을 낳고 자기충족적 예언을 낳지요."[36] 다른 사람을 바라볼 때도, 이런 첫 정보가 바로 그 사람이 어떤 사람인지를 규정하고, 우리가 주목하는 부분과 우리가 그들을 대하는 태도 그리고 그들의 행동을 이해하는 방식에 영향을 미친다. 우리는 예쁜 사람은 대단한 사람일 것이라고 기대하기 때문에 그들에게 잘 대해준다. 이 세상의 모든 세라 페일린은 그냥 운이 좋다. 왜냐하면 그들의 잘난 모습을 보고 사람들이 기대하는 바가 다 똑같기 때문이다.[37]

물고기는 물을 빼고 생각할 수 없듯이, 어떤 유기체를 이해하려면 그 유기체를 생태학적 배경에서 바라보아야 한다.[38] 인간은 다른 인간과 같이할 때 지구의 어느 곳, 어떤 기후에서도 살아남을 수 있는 기술을 터득했다. 우리 인간이 적응해야 하는 생태학적 환경이 있다면, 그것은 바로 타인이라는 존재다. 타인의 존재는 사회적 삶을 가능케 하며, 우리의 존재 기반이다.[39] 우리는 친구, 직업, 연인, 취미, 환경을 선택한다. 그러나 선택받은 소수는 더 나은 선택권을 갖는다. 어릴 때부터 사람들에게서 신뢰와 긍정적 반응을 끌어냈던 페일린 같은 사람은 초미녀의 인생이라는 남다른 삶을 누릴 수 있다.[40] 우리 생존은 우리가 다른 사람들에게 받아들여지고 세상에 적응하는 법을 제대로 알고 있는가에 달렸다. 따라서 우리가 그 안에 제대로 들어가 있다는 확신은 우리가 세상과 관계를 맺는 방식에 영향을 미친다.[41]

타인은 시간이 흐르면서 드러나는 거대한 미스터리다. 그러나 그들의 외모는 계속해서 볼 수 있다(1장에서 '우리는 취할 수 있는 정보를 가지고 판단을 한다'고 했던 얘기를 떠올려보자). 알려지지 않은 것들이 이미 확인된 긍정적인 정보만큼 좋을 것이라고 가정하는 것을 후광효과halo effect라고 한다. 이 후광효과로 말미암아 우리는 미학적으로 만족스러운 사람은 다른 사람보다 더 멋지고, 똑똑하고, 적응력이 빠르며, 정신적으로도 건강할 것으로 기대하게 된다.[42] 바로 이것이 우리의 게으른 뇌가 다른 사람을 알아가는 방식이다. 그들의 이목구비 때문에 주어지는 보상은 모든 것이 환하고 빛나 보이게 하는 필터 구실을 한다. 이 필터 때문에 그들에 관한 모든 것이 다 좋아 보인다. 결국 똑같은 행위를 하더라도 그 사람의 생김새에 따라 다르게 해석된다는 말이다.[43]

　이런 효과들이 믿기 어려울 정도로 이상했던 나는 정상적인 사람치곤 미에 관한 책을 많이 읽었다. 그러고서 내가 알아낼 수 있었던 것은 미가 법적 책임을 대신하는 사례들이었다. 범죄로 기소되면, 매력적인 사람은 사기와 같은 범죄를 제외하고서는 좀 더 관대한 형량을 선고받았다. 그들은 자신들의 외모를 무기로 사용했던 것이다.[44] 우리는 얼굴이 예쁜 여자는 외모가 평범한 여자보다 좀 더 너그러울 것이라고 생각한다. 외모가 평범한 여자들이 다른 사람 못지않게 남을 위해 애써도 우리는 그 행동을 이기적이라고 생각한다(인생은 공정하지 않기에 매력적인 사람은 이런 페널티를 받지 않는다).[45]

　누군가의 자존감을 위협하게 되면, 예쁜 외모 때문에 역풍을 맞을 수도 있다. 자존감이 낮은 사람은 앞으로 접촉이 잦아질 것 같으면 같은 성별의 사람 가운데 잘생기거나 예쁜 사람은 채용하지 않으려 한다.[46] 이에 관해 연구한 존 K. 매너 Jon K. Maner 는 이렇게 말했다. "우리가 채용 담당자이고 입사 지원자를 심사한다고 할 때, 자신에게 연적을 막으려는 목적이 있다는 것을 자각하지 못할 수 있다. 그리고 왜 그 사람을 부정적으로 평가하려는지 그 이유를 모를 수 있다. 그러므로 이런 편견과 맞서 싸우기란 매우 어렵다."[47]

우리 모두는
매력적인 사람에게 끌린다

버클리에 있는 캘리포니아 대학교의 캐머런 앤더슨Cameron Anderson 교
수는 지난 수십 년간 지위에 관해 연구해왔다. 왜 사람들은 정상에 오
르려 할까? 그는 사회관계망이 남학생 클럽과 여학생 클럽에서 어떻게
발전했는지를 조사하는 유명한 연구를 했다. 지위가 다른 두 사람─일
반적인 사장과 직원일 수도 있고, 세라 페일린과 와실라 시의회의 말단
직원일 수도 있다─이 상호작용을 할 때, 아랫사람은 상사의 말을 따
른다. 우리 뇌는 우리 서열이 어떻게 되는지에 관한 신호를 끊임없이
받는다. 그리고 다른 사람이 계속해서 우리의 말을 따르면 자신에게 지
위가 있다는 확신을 갖게 된다.[48]

앤더슨은 이렇게 말했다. "어찌 되었건, 계급구조 꼭대기에 있는
것이 낫다. 바닥에 있으면 가만히 있으라는 압력이 더 커진다. 목소리
를 내면 더 많은 시선을 받을 것이다. '네가 감히 뭔데?'라고 에두르거
나 노골적인 신호를 보내는 이들이 많아질 것이다."[49] 서로 다른 두 사
람이 똑같은 행동을 했더라도 전혀 다르게 해석된다.[50] 그렇다. 나도 푸
시업브라를 하고 와실라 시의회 회의에 나갈 수는 있었겠지만, 그날 밤
내가 원하는 것을 얻을 수는 없었을 것이다. 기껏해야 무안이나 당하고
사진이나 찍혀서 투명인간 취급을 당할지 모른다.

골턴이 사람들에게 얼굴 점수를 매기게 하는 방식으로 매력을 측
정했듯이, 사회학자 제이콥 모레노Jacob Moreno는 구성원들에게 서로 누
가 가장 끌리고, 누가 가장 꺼려지는지 평가하게 함으로써 그룹 내 인

기를 측정하는, 비슷한 방법을 고안해냈다.[51] '끌린다'는 표를 가장 많이 받은 사람은 모든 구성원과 두루 잘 지내고 있었고, 이 리더들은 하나같이 얼굴도 잘생기거나 예뻤다.[52] 이렇게 인기투표에서 매번 1등을 하게 되는 사람들은 세상을 바라보는 방식도 남다르다.[53] 평생 '노'라는 소리를 들어본 적이 없기 때문에 자신이 미국에서 최상위 권력층에 오를 자격이 안 된다는 사실도 자각하지 못할 수 있다.[54]

마크 리어리Mark Leary는 듀크 대학교에서 사회심리학을 가르친다. 그는 정체성과 자아에 관한 분야에서 뛰어난 학자. 그의 모델에 따르면, 사람들의 자긍심은 자신이 사회적으로 배척될 수 있는가를 항상 신경 쓴다. '왕따'는 인간에게 사형선고와 같기 때문에 사람들은 자긍심이라는 이름으로 자신의 행위를 돌아본다.[55]

즉 "다른 사람 눈에 자신이 어떻게 비칠까 하는 데 모든 관심이 집중된다."[56] 모두가 초미녀와 친구가 되고 싶어 한다. 매력을 가진 이들이 사람들을 바라볼 때 눈여겨보는 것은 그들에게 도움을 주고자 하고 친해지려고 하는, 얼굴 못생긴 이들이다. 그들을 위해 '무죄 추정'을 해주고 그들의 가능성을 더 크게 봐주려 하는 이들이다. 우리는 매력적인 사람들과 최대한 가까이 지내려고 하기 때문에 그들에 대해 더 잘 알려고 하고, 그들의 좋은 면만 보려고 한다. 장난도 치고, 농담도 주고받고, 주먹 인사도 나누는, 그리고 그 대가로 긍정적인 피드백을 얻을 기회가 더 많아지는 일은 사회성을 향상하는 데 도움이 된다. 연구자들은 이렇게 적었다. "사람들은 책 표지를 보고 내용을 판단한다. 그 표지가 아름답다면, 내용을 자세히 읽으려고 할 것이다. 그리하여 사람들은 외모가 매력적인 사람들을 더 긍정적으로, 더 유심히 바라보게 된다."[57]

나라고 왜 안 되겠는가?
내가 할 수 있는 것을 찾아라

장밋빛 안경으로 세상(우리 자신, 우리 미래, 우리가 하고 싶은 것을 할 수 있는 능력)을 보는 것은 도움이 된다. 목표 지향적 행동을 하게 만들어 생존 가능성을 높여줄 수 있기 때문이다. 긍정적 환상(멋진 내 인생! 운이 이렇게 좋을 수가! 참 잘한 결정이야!)은 우리 정신 건강을 지켜주는 데 큰 도움이 된다.[58] 행복감과 세상을 헤쳐나갈 동기부여를 유지하려면, 유연한 태도로 사물을 공정하게 볼 수 있어야 한다. 우리는 끊임없이 규칙이 바뀌는 리그드 게임rigged game(카드 게임의 운영자가 도구나 의도를 가지고 속임수를 쓰는 게임 – 옮긴이)에 익숙하지 않다. 따라서 우리는 대부분 공정하다고 생각하는 부분에만 집중하거나 상황에 걸맞은 태도를 취하려고 한다.[59]

우리는 다른 사람과의 상호작용을 통해 자긍심을 내재화하고 누구를 따라야 하는지를 알게 된다. 인생에서 좋은 것을 극대화하고, 자존심에 상처를 주고 헛수고를 하게 만드는 거절을 최소화하기 위해서는 자신이 열망하는 것의 수준을 잘 조정해야 한다. 그래야 우리 목표를 현실적인 높이로 설정할 수 있기 때문이다.[60]

인간은 다른 사람과 함께 있을 수 있다면 지구 어느 곳에서도 살아남을 수 있다. 다른 사람과 함께 있을 수 있다는 것은 일종의 사회적 보상이다. 즉 사람들이 나를 받아들이고, 좋아하며, 대접해준다는 뜻이다. 이때 대접을 받는다는 것은 세상에서 가장 중요한 보상이다. 새 운동화를 사려는데 운동화가 그것을 거부할 수는 없는 노릇이다. 생맥주가 내가 내린 인생의 선택을 두고서 비판할 수는 없다. 케이크가 갑자기 내

문자를 씹는 경우도 없다. 그러나 우리에게 다른 사람이 필요한 것은 살아가면서 거절당하고, 무시당하고, 비판받기 위해서다. 그래야 '이게 도대체 무슨 엿 같은 일이냐'라는 뇌의 신호를 활성화해서 우리의 선택을 조정하고 선택지를 줄여나갈 수 있다.[61] 그럼, 상상해보자. 우리가 어디든 갈 수 있다면, 혹은 사람들에게 받아들여질 더 큰 기회를 가지고 어떤 일이든 할 수 있다면 그 기분이 어떨지.

사회적 동물이 생존하려면 자신의 서열이 어디인지를 알아야 한다. 외모는 너무도 분명하고 벗어날 수 없는 표지이기 때문에 자신의 서열이 높다는 것을 아는, 잘생기고 예쁜 사람들은 그것으로 심리적 면역 체계를 더 강화할 수 있다. 그들은 높은 곳에서 지내는 데 익숙하기 때문에 그런 위계질서를 정당하다고 보는 경향이 있다.[62] 그러면서 그들은 현재의 위치에 오르기까지 그 과정이 무척 고되었다고 생각한다. 부모의 애정, 친구들의 감싸주기, 이성의 환심, 긍정적 격려 등 행운의 보상이 미친 영향에 대해서는 간과한다.

잘생기고 예쁘다는 것은 자존감을 강화해주는 이점이 있다. 자신이 원하는 것을 추구할 수 있다는 자신감을 주고, 성공을 향해 나아가는 과정을 아주 쉽게 만들어준다. 또한 잘생기고 예쁘다는 것이 자존감의 한 요소라고 한다면, 그것은 그 자체로 행운이다. 스스로 중요하다고 생각하는 삶의 영역에서 자신이 얼마나 잘해나가고 있는가에 따라 그의 자아 개념은 달라진다. 그러나 외모에 과도한 신경을 쓴다는 것은 다른 사람이 자신의 외모를 어떻게 평가하는지 끊임없이 생각하면서 자신을 객관화하게 된다는 말이다. 이는 참으로 피곤한 일이다. 초미녀 세계 안에서의 자신의 서열에 따라 자존감이 정해진다면, 그것이 위협

받게 되거나 그것이 가진 것의 전부일 때는 우리에게 해로울 수 있다. 그런데 어디를 가나 사람들에게 호감을 사서 이득이 되는 외모가 있다.[63] '일이 잘 풀리지 않는다'는 뇌의 신호가 활성화되기 전에는 이 모든 것은 놀이이고 게임이다. 사회적 왕따는 일종의 비용인데, 어떤 이는 다른 이보다 이 비용을 덜 치른다.

우리는 세상 밖으로 눈을 돌려 자신이 할 수 있는 것에 대해 생각해야 한다. 세라 페일린이 그랬던 것처럼 말이다.

'나는 농구팀에 있었고, 미인대회 출신이며, 뉴스 앵커였고, 시장이었다. 내가 주지사로 있었던 곳이 독립 국가였다면 나는 세계에서 18번째로 큰 나라를 다스리는 사람이었을 것이다. 아무도 나를 믿어 의심치 않았다. 사회적 지지도 엄청났고, 내가 손댄 모든 것은 성공했다. 누구나 이 미국이라는 나라를 다스릴 수 있다면, 나라고 왜 안 되겠는가?'

자신만의 매력을 찾고자 하는 당신에게

✔ 자신이 멋지다는 생각을 내면화하여 세상을 정복하고도 남을 정도의 탄탄한 자존감으로 바꾸도록 하라.

✔ 이번 장은 매력적인 외모에 초점을 맞췄지만, 우리는 외모를 그 사람의 성격까지 포함한 일괄 상품으로 본다. 얼간이같이 굴면 더 못생겨 보이고, 친절하고 재미있으면 더 매력적으로 보인다. 데이트를 하기

전에 알고 지낸 기간이 길수록 서로에게 끌릴 가능성은 줄어든다. '이 사람은 정말 멋져'라는 구슬이 쌓이고 그것을 천칭 저울에 올려놓게 되면, 시간의 흐름에 따라 그 사람에 대한 전체적 인상이 바뀐다.[64] 이 사람이야말로 자기 짝이라고 생각할 수도 있다. 결혼 정보 업체의 리사 클램피트는 두 사람이 서로를 진지한 관계로 생각하게 되면, "큰 맥락에서 외모는 아무런 의미가 없다"고 말했다.[65] 직업, 키, 나이, 머리카락 색깔, 얼굴의 균형감은 관계의 질에 영향을 미치지 못한다.

✔ 겉으로 드러나는 매력은 얼굴을 가리키기도 하고, 자신이 가진 장점을 얼마나 잘 끌어내는지를 가리키기도 한다. 자신의 외모를 관리하기 위해, 흔히 미용이라고 부르는 데 기울이는 노력을 보면 아름다움과 관련된 것에 왜 그렇게 프리미엄이 붙는지 이해할 수 있다. 예를 들어 보기 좋은 몸매를 만들고, 키와 몸무게 비율을 관리하고, 체지방을 최소화하는 것, 남자의 경우에는 남자다운 근육을 단련하고, 여자의 경우에는 허리와 엉덩이의 선을 예쁘게 하는 일은 우리가 관리할 수 있는 영역이기 때문이다.[66]

✔ 직업적으로 수용되는 범위 안에서 화장을 짙게 하는 여자가 민낯으로 다니는 여자보다 수입이 더 많다. 한 연구에 따르면, 자신이 통제할 수 있는 범위 안에서 가능한 모든 미용 관리는 여자들이 벌어들일 수 있는 '뷰티 보너스'라고 한다.[67]

✔ 외모는 비언어적 의사소통의 한 형태다. 우리가 얼마나 많은 노력을

기울였는지와는 관계없이 사람들은 우리의 외모를 가지고 해독한다. 따라서 외모를 가꾸는 노력을 할 필요가 있다. 내가 나 자신을 온종일 뚫어져라 바라볼 일은 없지만, 타인은 나를 그렇게 바라본다. 그러므로 잘 관리된 외모는 타인의 호감과 관심을 불러일으키고, 그들과 잘 지내고 싶다는 바람을 전하는 신호가 되는 것이다.[68]

✔ 더 아름다워지기 위해 몸을 바꾸고, 옷장을 정리하고, 성형수술까지 받는 노력을 기울이다 보면, 잡티 하나에도 매우 예민해지고 그로 말미암아 자존감까지 흔들린다. 자신에게서 마음에 안 드는 점에 집착하다 보면 기분은 늘 바닥을 헤맨다. 그러므로 '객관적으로' 아름다워진다는 것이 지속적인 확신을 보장하는 것은 아니다.[69]

✔ 당신은 얼마나 자주 그들이 당신보다 더 매력적이라는 생각 때문에 그들의 의견을 순순히 따르게 되는가? 얼마나 자주 그들이 외모 덕에 계급구조의 맨 꼭대기에 올라가 있다고 생각하는가? 〈스타워즈〉의 여주인공인 캐리 피셔는 이런 말을 했다. "젊음과 아름다움은 성취하는 것이 아니에요. 시간과 DNA에 부산물로 주어진 일시적 행복이지요. 그런 것 때문에 주눅들 이유는 없어요."[70]

✔ 자신을 최대한 매력적인 존재로 만들어라. 그리고 당당하라. 자신이 가지고 있는 것에서 최선을 끌어내라. 당신은 누군가에게는 만점의 존재다. 그러니 세상 밖으로 나가서 세상을 정복하라.

5 장

이런 것쯤이야

–

자신감을 통해
원하는 것을 얻는 법

뉴욕의 4월, 봄의 쾌적한 그늘에서 온기가 돈다. 뉴욕 학부모 모임이 주최하는 유치원 입학박람회장이다. 뉴욕 학부모 모임은 비영리단체로 〈뉴욕 선New York Sun〉에 다음과 같이 참석자 준수 사항을 공지한 바 있다. "유행에 따르려면 분별력 있게, 그러지 않으려면 바보 같게."

이 나라에서 부유하고 고상한 계층을 이루는 회원들은 우리 할머니 말마따나 '너무도 잘나간다'고 하는 부류다. 여기 모인 그들이 확실히 자기 것으로 사들일 수 없다고 아우성치는 것이 있으니, 바로 뉴욕에서 가장 고급스러운 유치원에 아이를 보낼 기회다.[1]

중학교와 고등학교 입학박람회는 이에 비하면 훨씬 다양하다. 이때는 자식들이 더 나은 장학금을 받을 수 있을 것으로 기대할 만큼 좋은 성적표를 받아든 집안들이 있기 때문이다. 그리고 연령도 다양하다. 왜냐하면 많은 부모가 자기들을 닮은 아이들을 데리러 오기도 하지만, 그중에는 직접 차를 몰고 다니는 아이들도 있기 때문이다. 그러나 유치원 입학박람회에서는 단 한 세대만 대표 자격이 있는데 바로 부모다. 그들이 아이들을 원하는 학교에 보내기 위해 멀고 긴 길을 갈 대표인 것이다.

1999년, 시티그룹의 투자은행 부서에서 일하던 분석가 잭 그루브먼Jack Grubman은 쌍둥이를 원하는 유치원에 보내는 데 도움이 필요했다. 그는 상사인 샌퍼드 샌디 웨일Sanford Sandy Weill을 위해 AT&T의 주식 등급을 올렸고, 샌퍼드는 92번가 Y유치원에 100만 달러를 기부했다. 그는 그것을 회사 자선 정책의 일환이라고 주장했다.[2] 2001년에 드러난 수상한 이메일로 말미암아 수사가 시작되었다. 결국 그루브먼은 1,500만 달러의 벌금을 물었고, 증권 업계에서 영원히 퇴출당했다. 그루브먼 메일의 요지는 이러했다. "나는 (하버드보다 어려운) 92번가 Y유치원에 아이들을 보내기 위해 샌디를 이용했다."

이것이 자식을 유치원에 보내기 위해 1,500만 달러의 벌금을 감수하는 학부모 모임의 세계다.

다섯 줄의 긴 접이식 탁자가 체육관을 가득 메우고 있다. 어두운 색조의 갖가지 플래카드가 각 테이블에 달려 있고, 긍정적인 의미의 라틴어 모토가 적혀 있었다. 나는 인파를 헤치고 들어가 많은 학부모와 함께 줄을 서서 입학사정관과 이야기할 차례를 기다리고 있었다. 다른 상담사의 농담 소리가 들렸다. "네 살짜리 아이를 판단할 수 없다고 하는데요, 저희는 할 수 있어요, 그럼요."

몇 년 전, 뉴욕독립학교입학협회는 입학 절차의 일환으로 교육심의위원회가 주관하는 시험을 중단하라고 학교들에 권고했다. 이 때문에 너무나 많은 서너 살 아이들이 과중한 과외를 받고 있었기 때문이다.[3]

《학부모들을 위한 실용적 지혜: 유치원의 환상을 파헤친다Practical Wisdom for Parents: Demystifying the Preschool Years》를 공동 저술한 낸시 슐먼Nancy Schulman은 다음과 같이 말했다. "우리는 네 살짜리들을 위한 표준화된 시험이 적절하다고 생각하지 않는다. 그것은 아이들이 과도한 준비를 해야 할 정도로 많은 문제를 야기했기 때문이다." 나 역시 참석한 바 있는, 미취학 아동들을 대상으로 한 입학 절차의 또 다른 측면인 유치원 면접에 대한 패널 토론에서 한 말이다.[4]

가장 권위 있는 명문 학교에 들어갈 수 있는 자리는 정해져 있다.[5] 더구나 인구의 자연 증가와 전 세계 1퍼센트의 급증하는 요구 사이에서 지원자는 해마다 늘어나고 학교에 들어가기는 점점 더 어려워지고 있다.[6]

전 과목 A에 학생회장 출신에다 SAT 만점을 받은 학생들도 다 수용하기 어려운 형편이니, 완벽한 지원자들 중에서 마구잡이로 뒤섞어 뽑는다. 아이비리그 학교들은 놀라운 능력을 발휘하는 비범한 괴짜들과 운동, 발명, 사회적 기업 활동, 수학 등에서 뛰어난 다양한 국적의 학생들에게 관심을 갖는다. 이는 유치원 입학사정관이 하는 말을 떠올리게 한다. "우리는 인종적·민족적·사회경제적으로 다양한 계층을 원한다. 즉 다양한 배경과 개성과 재능을 원하는 것이다."

그 방은 진주 보석으로 치장한, 활기 넘치는 여피yuppie들로 가득 찬 듯했다. 그런데 입학사정관과 상담하기 위해 줄을 서 있는데 눈에 확 띄는 사람이 있었다. 블랙진과 가죽 재킷에 부츠를 신은 금발 여자였다. 전문가의 손길로 자연스러워 보이는 단발이었다. 이 여자는 거기에 어울리는 사람이 아니었다. 그러나 세상 어느 곳에서 제인 크라코스키Jane

Krakowski 같은 스타를 박대하겠는가. 그녀는 열아홉 살에 브로드웨이 무대에 데뷔하고, 〈앨리 맥빌Ally McBeal〉에서 가수 일레인 바살 역을 맡았으며, 시트콤 〈30 록30 Rock〉에서 자아도취에 빠진 여배우 제나 마로니를 연기하여 네 번이나 그래미 후보에 올랐다. 크라코스키는 물리 법칙을 교묘히 거스르며, 실제로 새치기를 하는 건 아닌데, 죽죽 앞으로 나아갔다.[7] 제인 크라코스키 정도 되면 청바지를 입고서도 홍해를 가르며 나아갈 수 있었다.

포기하면
결국 아무것도 없다

어떻게 사람들은 입학률이 그토록 낮은 것을 알면서도 하버드 대학교에 지원할 수 있을까? 제인 크라코스키가 비싼 청바지와 부츠를 걸치고서도 입학사정관에게 바로 갈 수 있는 것과 같은 이유 때문이다. 민소매 드레스와 프랑스 매니큐어로 치장한 여성들이 좌중을 호령하는 시대가 있긴 했다.

하지만 지금과 같은 생태계에서는 제인(일반적인 여자 이름이지만, 가장 예쁘고 똑똑하고 재미있는, 완벽한 여자를 일컫는 표현이기도 하다 - 옮긴이)이 가장 자신감 넘치는 인물이다. 내가 원하는 것을 얻을 수 있다는 자신감이 있어야 내가 원하는 것을 더 쉽게 가질 수 있다는 말을 굳이 할 필요가 있을까? 다시 말해, 자신감에 행운이 따르기 마련이다.[8]

우리 뇌는 에너지를 효율적으로 사용하면서 목적을 성취하려고 한

다. 이런 뇌의 기본 상태가 뭐냐면, 바로 '추리닝 입고 넷플릭스 보기'
다. 따라서 어떤 행동을 하든 우리는 들이는 노력을 웃도는 보상이 주
어질지 확인하려고 한다. 그리고 저울이 확실히 기울어지는 것을 보기
위해서는 '이런 것쯤이야'라는 구슬을 충분히 갖고 있어야 한다.⁹ 우리
뇌의 'go' 체계(행동 활성화 체계Behavioral Activation System, BAS로 알려진)는 삶에서
좋은 것에 대한 우리의 반응을 관장한다. 얼마나 많은 보상이 있을 것
같아야 우리 마음이 동하며, 그것을 얻고자 신속하고 끈질기게 움직일
지, 그리고 원하는 것을 얻고 난 뒤 어떻게 처신할지에 대한 모든 것을
관장한다. 보상과 동기를 담당하는 신경전달물질인 도파민은 BAS의
주요한 동인이다.

저명한 학자 존 살라몬John Salamone의 중요한 연구에 따르면, 쥐의
측좌핵nucleus accumbens에 도파민 차단제를 주입하면(도파민 기본 수치를 낮
추면) 쥐는 노력을 기울여야 하는 보상을 추구하기보다 보상이 적더라
도 쉽게 가는 쪽을 택했다.

도파민이 감소한 인간들도 비슷한 모습을 보인다. 꿈을 향해 열심
히 일하기보다 큰 노력을 기울이지 않고 빈둥대는 쪽으로 바뀐다.¹⁰ 우
리는 유전적 차이를 가지고 행운의 원리를 어느 정도는 설명할 수 있
다. 즉 도파민 수치의 조합이 적절하고 도파민 수용체의 변화가 알맞게
나타나는 사람은 자신이 보람 있다고 생각하는 일들을 하기가 더욱 쉬
워진다.¹¹

에너지가 넘치고 보상을 추구하는 기질이 있는 사람은 사회경제적
으로 열악했던 어린 시절을 딛고 넘어설 수 있는 사회적 사다리를 적극
적으로 올라서려고 한다. 어려운 상황에 부닥쳤을 때, 좋은 것들을 신기

루같이 여기는 사람이 있는가 하면 바로 손에 쥘 수 있다고 여기는 사람도 있다.[12]

자신감은 보상에 접근하는 기술이며, 우리가 원하는 모든 것을 향해 거침없이 나아가게 하는 동력이다. 그러나 원하는 것을 얻으려면 한쪽 발을 가속 페달에 올려놓으면서 다른 쪽 발은 브레이크ACC(우리 뇌에서 오류 신호를 보내는 방식)에서 떼야 한다. 행동 억제 체계Behavioral Inhibition System, BIS는 스트레스를 주거나 공포, 불안, 좌절감, 적개심 같은 부정적인 감정을 이용하여 처벌을 받을 수 있거나 보상을 받을 수 없는 행동은 하지 못하게 한다. 막지 않고 내버려두면, 우리는 우울증에 빠지거나 세상사에서 손을 다 놓아버릴 수 있다. 이와 같은 이유 등으로 BIS는 많은 환영을 받지는 못한다.

모두 평등하다면, 우리는 우두머리처럼 행동하고 자신이 원하는 보상이라면 그 무엇이든 그것을 향해 거침없이 나아갈 것이다. 그러나 초사회적이고 예측을 좋아하는 우리 인간은 누군가 우리를 부정적으로 평가할 기미(진짜 우두머리에게는 감히 할 수도 없는, 계급구조에서 우리를 끌어내리려는 조짐)만 보여도 BIS를 작동할 수 있다.[13] 속으로 '기분 최고다. 보상이 주어지는군!' 이런 말을 하다가 '망치면 안 돼! 조심해야지! 내가 뭔데! 아무도 날 좋아하지 않아! 이렇게 혼자 쓸쓸히 죽어갈 거야!'와 같은 혼잣말을 하게 된다.

사회적 수용보다 중요한 것은 작더라도 보상이 주어지는 것이다. 부정적인 사회적 평가(이것은 인간에게 사형선고와도 같은 배척으로 이어질 수도 있다)를 받게 되면 우리는 '이런들 달라질 게 있나'라는 구슬만 모으다 결국 아무것도 하지 않게 된다.

더 많은 동기 부여를!
더 유익한 피드백을!

최고가 되고자 하는 욕망은 동물의 왕국에 널리 퍼진 보편적인 것이다. 지배자, 여왕벌, 알파Alpha(그리스어 알파벳의 첫 번째 문자로, '으뜸', '최상'의 뜻으로 쓰이며 집단에서 가장 높은 계급을 의미한다―옮긴이), 큰손을 자랑하는 부자, 가장 커다란 존재, 가장 똑똑한 존재, 두말할 필요 없는 존재, 그리고 흔히 '볼러baller'라고 하는 자수성가한 존재들은 자원을 쉽게, 더 잘 얻을 수 있다. 그리하여 오래 살며 유전자를 퍼뜨릴 기회도 더 많이 가질 수 있다.

이것은 캐나다에 서식하는 인간에게도, 우간다에 서식하는 침팬지에게도, 프랑스에 서식하는 앵무새에게도, 태국에 서식하는 꿀벌에게도 모두 통하는 이야기다.[14] 알파는 자신을 지킬 자원을 넉넉히 갖고 있고, 권력과 지위를 누리고 있다는 생각이 들면 정보를 처리하는 방식도 바뀐다. 우월감을 가지며 억압받을 일이 없으니 안전하고 편안하게 자신이 원하는 것을 추구하는 데만 몰두할 수 있다.[15]

왜 우리는 모두 승자가 될 수 없을까? 비록 우리가 평등의 이상을 소중히 여길지라도, 역사를 돌아보면 놀랍게도 인간의 문화들은 보편적이고 암묵적으로 위계질서를 선호한다.[16] 스탠퍼드 경영대학원의 라리사 티덴스Larissa Tiedens 교수는 이렇게 말했다. "사람들은 평등을 믿어요. 그리고 '그냥 위계질서를 없애야 한다'고 생각해요. 그러나 그렇게 하면 다른 위계질서가 만들어질 겁니다. 예외 없이 말이죠. 결국 어떤 형태로든 위계질서는 만들어집니다."[17]

위계질서는 가장 작은 규모의 집단에서도 만들어진다. 티덴스의 연구에 따르면, 사람들은 대화 상대자가 말을 보완해주는 비언어적 행동, 즉 내가 앞으로 나아가면 상대는 뒤로 물러서 주는 식의 행동을 보일 때 상대에 대한 호감을 매우 크게 보여주었다(여기서 유용한 팁을 하나 주자면, 남녀가 만나는 첫 데이트에서 여자가 대화를 이끌고 나갈 때 사람들은 편안하게 여긴다).[18] 춤이 부드럽게 이어지려면 리드하는 사람이 있어야 한다. 모임이 잘 굴러가려면 가능한 빨리 사람을 뽑아서 운전대를 잡게 해야 한다. 매력적인 사람들은 늘 그런 대우를 받아왔기 때문에 자신이 어떤 지위에 있다는 생각이 체화되어 있다. 반면 그렇지 않은 사람들은 자신의 지위를 높일 수 있는 행동이 무엇인지를 생각하고 그런 행동을 하려고 해야 한다.[19]

지위의식을 체화하는 법을 가르쳐주는 집안에서 자란 사람들이 있다. 그렇게 체화된 지위의식은 도전하면 행운을 얻을 수 있을 것이라는 자신감을 불어넣어 준다. 사회학자 피에르 부르디외Pierre Bourdieu는《구별짓기Distinction》에서 그것을 '아비투스habitus'라고 불렀다. 세상과 상호작용하는 관습화된 방식을 가리키는데, 이로 말미암아 사회경제적 계급 차가 발생한다. 부모가 연간 5만 달러를 유치원에 쓸 수 있는 집안의 아이들은 자신들이 세상에서 어떤 위치에 있는지 감을 잡게 해주는 독특한 규범과 기술과 행동을 배운다. 그리고 그들은 자라면서 자신들만이 접할 수 있는 정보와 자원을 이용하게 되는데(이미 중학교 때부터 SAT를 준비하기 시작하고, 그 과정을 흥미롭게 지도해주는 과외 선생을 둘 수 있다), 이런 것들 덕분에 그들은 쉽게 하버드 대학교에 들어갈 수 있다.

노동자계급의 아이들은 권위적 존재에 순응해야 한다는 교육을 받는 반면, 뉴욕 학부모 모임에 나가는 부모를 둔 아이들은 그런 권위적 존재와 남다른 방식으로 소통한다. 그런 식으로 그들은 권위적 존재가 되는 법을 효과적으로 배우는 것이다. 집에서 그들은 이미 권위적 존재에게 정중하게 묻고 답하는 법을 배운다. 그리하여 부유한 집 아이들은 유치원에 들어갈 때면 남을 아랑곳하지도 않고, 필요한 것이 있으면 당당하게 요구하고, 자기주장을 굽히지 않으며 할 말을 다 하게 된다.

경제적 배경이 다양한 학생들이 있는 교실에서 노동자계급의 아이들은 순종적이다. 그들은 선생님이나 우두머리 기질이 있는 친구들의 말을 곧잘 따르게 되고, 그렇게 그들은 낮은 지위의식을 체화하게 된다. 또래와 어울리기도 전에 지위에 따른 행동거지를 배우게 된 것이다. 가난한 집 아이들은 부잣집 아이들이 그럴 자격이 있다고 생각하며, 부잣집 아이들은 가난한 집 아이들을 모자란 아이 취급하는데, 아이들은 다 그렇게 듣고 자란 대로 행동하는 것일 뿐이다.[20]

학생의 집안 배경은 교사가 학생의 행동을 판단하는 데 영향을 미친다. 어떤 테스트를 받고 있는 아이의 영상을 사람들에게 보여주면서 점수를 매겨보라고 했다. 사람들은 가난한 집 출신이라는 이야기를 들은 아이보다 부잣집 출신이라는 이야기를 들은 아이에게 더 높은 점수를 주었다. 사람들이 본 영상은 다 같은 것이었는데도 말이다. 어떤 학생이 학업을 중도 포기할 것 같다는 이야기를 들은 교사가 학년 내내 그에게 더 많은 긍정적 피드백과 기회를 주었다고 하자. 학업을 포기할 뻔한 그 학생은 갑자기 성적이 올랐다. 그런데 그 학생은 학업을 중도 포기할 수 있었던 학생이 아니라 그냥 무작위로 선정된 학생이었다. 큰 기대를 거는 선수가 있으면 코치는 그들을 더 많이 지도하고, 더 많이 긍정적인 동기부여를 하고, 더 유익한 피드백을 하고, 더 많은 연습 시간을 제공함으로써 그들에게 '이런 것쯤이야'라는 구슬을 준다. 그렇게 되면 그 선수의 경기력은 크게 향상된다.[21]

이것이 바로
승리했을 때의 뇌[22]

한 문화에서 높이 치는 부와 아름다움 같은 특성을 가리켜 지위특성status characteristics이라고 한다. 이것으로 누가 무리의 운전대를 잡아야 하는지를 알 수 있다. 또한 완벽한 기준은 아니지만, 이 특성을 보면 그 사람이 그동안 어떤 대접을 받아왔고 앞으로 어떤 대접을 받을지 짐작할 수 있는 단서가 된다. 자신감은 계급구조와 집단 내에서 자신의 위치가 공고하다는 확신을 갖고 있는 감정이다. 이런 이유로 어떤 사람이 사회적 규범을 어기면(이로써 '잘 안 되고 있다'는 신호가 작동하여, 다른 이로부터 처벌이 주어질 수 있다), 우리는 그를 마치 대단한 사람인 것처럼 여기게 된다. 뇌는 자신의 서열에 관한 신호를 끊임없이 받기 때문에 자신감을 정확히 객관적으로 측정할 수 없다. 사람들은 기본적으로 대담한 면을 갖고 있지만 그것은 모두 상황에 따라 다르다.

정말 중요한 것은 우리의 상황이다. 연 수입 2만 5,000달러가 큰돈이라고 생각하는가? 그것은 내가 모나코에 집이 있는지 아니면 트레일러 주차장에 사는지에 따라 다르다. 다른 형제들보다 자신이 가장 잘하는 일이 무엇인지 생각해보자. 침대 정리? 춤? 요리? 펜글씨? 자, 이제는 커다란 운동장에 아는 사람을 모두 모아놓고 자신이 다른 형제들보다 잘한다고 생각하는 것을 해당 분야 세계 챔피언과 겨룬다고 생각해보자. 여전히 자신만만할 수 있는가? [23]

경험이 뇌를 변화시킨다면, 어떤 마법 같은 손길만 닿아도 보상을 거머쥐려는 자신감, 즉 BAS을 북돋울 수 있다. 구글을 검색하면 자신감을 높이는 한 가지 빠른 방법으로 파워 포즈Power Pose라는 것이 나온다. 몇 분 동안 몸을 꼿꼿이 하고 서 있으면 행동이 더 과감하고 단호해진다는 것이다. 하버드 대학교 교수로 재직했던 에이미 커디Amy Cuddy는 이 연구로 영감을 받아 테드TED 강연까지 했다. 그러나 이를 재연해 보려는 몇 차례의 시도가 실패로 돌아가자, 파워 포즈 연구의 선구자가 이를 공개적으로 반박하고 나섰다. 데이나 카니Dana Carney는 이렇게 썼다. "피실험자들에게 위험이 수반되는 일을 하게 한 다음, 그들이 '성공'했는지를 바로 알려주었다. 연구에 따르면, 성공하면 테스토스테론이 증가했다. 이 테스토스테론 효과는(그런 것이 있다손 치더라도) 파워 포즈의 효과가 아니라 그저 성공 효과에 불과하다." [24]

성공하면 자신감이 생긴다. 위계질서가 안정적이면 종들은 스트레스를 덜 받는다. 이 점은 영장류 동물학자 로버트 새폴스키Robert Sapolsky가 개코원숭이의 실질적 지배 관계를 다룬 유명한 연구에 잘 드러나 있다. [25] 우리는 스트레스를 좋아할까? 아니다. 심지어 작은 자극에도 스트레스 호르몬인 코르티솔이 분비되면서 투쟁 혹은 도피 반응이 생긴다. 이런 반응이 일어나면 우리의 고등 인지 능력은 급격히 떨어지고, 혹시나 있을지 모를 위협 상황에 모든 주의를 기울이게 된다. 그러므로 우리가 지는 쪽에 있다는 신호를 받게 되면 우리는 다른 사람

의 말에 더욱 민감해진다.[26]

　　자원을 넉넉히 갖고 있는 것은 알파다. 그러나 역사를 보면 거의 모든 종에서 베타beta(그리스어 알파벳의 두 번째 문자, 집단에서 알파 다음의 계급을 뜻한다 - 옮긴이)가 알파를 추월했기 때문에, 진화의 과정에서도 우리 뇌가 추종자에서 지도자가 되게 해주는 메커니즘이 유지되었다. 그렇기에 테스토스테론 같은 호르몬의 순환 레벨이 그렇게 빨리 변할 수 있는 것이다.

　　자신감은 승리로 이어지고, 승리는 자신감을 만들어낸다. 그것은 달걀이 먼저냐 닭이 먼저냐 같은 이야기의 양상으로 놀라운 상승 곡선을 이루어낸다. 승리를 만끽하게 되면 지위를 갈구하는 테스토스테론 호르몬 분비가 증가한다. 다른 사람들이 높은 평가를 해주면 자신감은 더욱 높아지고, 따라서 자신이 원하는 또 다른 것을 향해 나아가게 된다. 우리가 최고라는 신호를 받게 되면 우리는 무엇이든 할 수 있다는 생각이 들고, 부정적 피드백에도 별로 아랑곳하지 않는다. 실험 결과, 정장을 갖춰 입기만 해도 혹은 (하위직이 아닌) 상급자의 역할을 부여받기만 해도 더 뛰어난 능력을 발휘했다.

　　나는 더욱더 우리가 자신감이 충만하길 원한다. 남의 말에 개의치 않고 주저 없이 자기가 하고 싶은 것을 할 수 있으면, 그것이 쌓여 사는 맛이 나는 운 좋은 삶을 살 수 있기 때문이다. 만약 보상을 향해 나아가는 데 아무 거리낌 없이 가속 페달을 밟을 수 있다면(그리고 브레이크 페달은 아예 무시하는 법을 배우게 된다면), 더 큰 행운이 따를 것이다. 경연대회에서 우승하고, 데이트 상대를 만나고, 승진하고, 연봉이 오르기 위해서는 무엇보다 제일 먼저 그 도전을 할 기회가 주어져야 하기 때문이다.

우리의 서열상 위치를 끊임없이 확인해주는 신호가 우리의 자신감에 영향을 미치기 때문에, 나는 다음과 같은 원칙들을 일상생활에 적용하기로 한다. 낡은 가구와 너저분한 옷을 버리고 방을 다시 꾸민다. 그리고 새 옷을 산다. 나 자신의 긍정적인 부분에 집중하고 부정적이며 냉소적인 사람과 어울리는 시간을 줄인다. 체화된 인지에 관한 자료를 좀 보고 나니, 파워 포즈에 사람들이 관심을 가졌던 이유가 이해되었다. 우리 몸은 우리가 어떤 지위에 있는가 하는 신호를 보내주는 매우 강력한 원천이기 때문이다.[27] 사실, 신체적으로 힘이 있다는 생각이 들면 자신의 개인적 힘 역시 강하다는 생각을 하게 된다. 그래서 나는 역도를 시작했다. 원고와 자료를 뒤적거리는 건 문제없는데, 역기라니. 물론 둘 다 쉬운 것은 아니다.

왜 역기는 들기 힘들까? 사람들은 대부분 예전부터 쭉 잘한다는 칭찬을 들어왔던 것을 고수하려는 경향이 있다. 그러니 새로운 것을 시도할 때는 '그것을 내가 잘할 수 있을까'라는 생각에 매이게 된다. 다른 사람들보다 낯선 영역에서 더 자신감을 보이는 사람들이 있는데, 그들에게 그런 자신감을 주는 것은 무엇일까?

자신감과 불안감은 사회적으로 만들어진다

실제 세계에서 이것이 어떻게 작동하는지를 보여줄 수 있는 한 가지 방법은 형태 놀이다. 이 놀이도 다른 놀이와 마찬가지로 완전히 고안된 것이다. 형태 놀이를 하기 위해 연구원들은 삼각형, 사각형, 원, 별, 십자가 등의 모양으로 된 종이를 네 살짜리와 다섯 살짜리 아이들에게 나눠 준다. 아이들에게 각 모양 안에 원을 그리라고 한다. 어른들에게는 쉬워 보이지만, 어린이들은 운동 능력이 아직 발달 과정에 있기 때문에 혀를 물기도 하고 눈썹을 찡그리기도 한다.[28] 나이대를 막론하고 아이들은 주어진 과제를 완벽하게 해냄으로써 자기 솜씨에 뿌듯해하고 사회적 인정이라는 보상을 원한다.

자, 그렇다면 연구자가 네 살짜리와 다섯 살짜리 아이들로 이루어진 교실에서 형태 놀이는 남자아이가 훨씬 더 높은 점수를 받는다는 얘기를 무심코 흘렸다고 해보자. 아이들 마음에 '원래 남자아이가 형태 놀이는 잘해'라는 암시를 심어놓으면 성별에 관계없이 모두 동기부여가 낮아진다. 무언가를 잘할 능력을 애초에 타고나지 못했다는 말을 듣게 되면, 노력할 이유가 없어지는 것이다. 만약 한 여자아이가 남자아이가 잘하는 놀이를 잘하기라도 한다면, 그 여자아이는 또래 여자아이들과 어울리지 못하고 남자아이 취급을 받을 것이다. 그리하여 선머슴이라 불리며 평생 양쪽 집단에서 환영받지 못하는 존재가 된다. 게다가 아이의 부모가 엄격한 성 역할 규범의식을 가지고 있다면, 아이는 더 큰 시련을 겪을 수밖에 없다.

형태 놀이를 하는 여자아이는 놀이하는 법을 익히는 일도 만만치 않을 것이며, 아무리 잘해도 남자아이만큼 잘하지 못한다는 전제 아래 놀이를 하게 된다. 이런 전제는 사물의 이치를 상대적으로 단순하게 이해하는 아이들에게는 너무나 쉽게 뇌리에 박힌다. 다소 철이 든 여섯 살쯤 되면, 아이는 자신의 능력을 두고 사소하고 두루뭉술한 이야기만

들어도 흥미와 동기의식이 떨어진다.[29] 추가로 연구한 바에 따르면, 형태 놀이를 아주 잘하기 위해서는 어떤 특징이 필요하다는 식으로 단순히 언급만 해도 아이들의 수행 능력에 영향을 미친다. 그런 언급을 한, 자질이 부족한 선생이 떠나고 새로운 선생이 부임하여 이전 선생이 무슨 말을 했는지 전혀 모르는 상태였다고 할지라도 말이다.[30] 능력을 타고났다고 말하는 것은 심리학자 캐롤 드웩Carol Dweck이 말한 '고착형 사고방식Fixed Mindset'과 관련이 있다. 이것이 함축하는 바는 재능, 힘, 지능, 자제력, 수학을 이해하는 능력 등을 갖추고 있는 사람이 있는가 하면, 해봐도 별 보람이 없을 정도로 능력치가 낮은 사람이 있다는 것이다.[31]

상황을 악화하는 또 다른 방법이 있다. 처음 몇 판의 형태 놀이를 한 아이들 가운데 75퍼센트가 남자아이라면 어떨까? 아니면 놀이를 하는 아이들의 성비를 반반으로 하고 나중에 놀이의 결과로 무작위로 등급을 매긴다면 어떨까? 어떤 경우든 기회와 행운의 측면에서 차이가 나기 때문에 남자아이가 최상 등급을 차지하게 된다. 우리 뇌는 예측과 게으름을 기반으로 작동한다. 그리고 '안경 쓴 차가운 여자'에 관한 연구에서 보았듯이, 뇌의 이런 작동 방식을 사람에게 적용할 경우, 우리는 관찰된 패턴(남자아이들이 형태 놀이에서 최고 등급을 받는 경우가 많다)과 보이지 않는 특성(그냥 남자아이들이 형태 놀이를 더 잘한다)을 기반으로 남자아이들에 대해 어떤 가정을 내리고 만다.[32]

우리가 세상을 볼 때, 그것은 이해할 수 있고 예측 가능한 것이어야 한다. 따라서 패턴이 보이면 우리는 근본적인 원인이 그 배후에 있다고 가정한다. 세 살짜리와 네 살짜리 아이들에게 남자아이들이 형태 놀이를 하는 경우를 더 자주 보이거나 더 잘하는 경우를 보여주면(어쩌다 운이 좋아 얻어걸린 우연일지라도), 아이들은 한쪽 성에 한정된 특성이라고 여기게 된다. 종으로서 인간은 사회적 규범을 따르며 생존한다. 그리고 서너 살이 되면 아이들은 사회적 규범을 어기는 이를 선머슴 같다느니, 계집애 같다느니 하며 벌하기 시작한다.[33]

내가 세 살 때, 누군가가 나를 보고 형태 놀이를 잘하는 아이는 너처럼 생긴 아이가 아니라고 말한다면 어떨까? 그리고 그동안 살아오면서, 형태 놀이를 아주 잘할 것 같은 사람을 만난 적이 없었다면 어떨까? 일반적 상황에서든 형태 놀이를 할 때든 자신의 서열상 위치를 인식하는 것은 다음에 달렸다. 사람들이 나를 어떻게 대하는가? 그들이 나 혹은 나와 비슷한 사람들에 대해 뭐라고 말하는가? 즉 대수롭지 않게 말하는가, 아니면 존중하는 마음으로 말하는가?[34]

서너 살이 되면, 여자아이는 '여자는 남을 이기려 들면 못 쓴다'고 배우기 시작한다. 다시 말해, 평생 지속될 경쟁에서 선택을 할 때마다 성별의 차이를 주입받게 되는 것이다.[35] 승리를 거두면 테스토스테론이 증가한다. 그러나 경쟁을 회피하는 여자는 자신감이 벅차오르고 승리의 짜릿함을 동반하는 테스토스테론의 분출을 맛보지 못한다.

경쟁은 지위를 추구하는 테스토스테론 호르몬 분비를 포함한 여러 신경생물학적 과정으로 통제된다.[36] 게다가 우리 뇌는 예측을 좋아한다. 그러므로 똑같은 행동을 하더라도 성별이 다른 두 사람에게 아주 다른 해석을 내린다.[37] 누가 이 위계를 다스릴 것인지 미리 정하면 시간을 절약할 수 있기 때문에 대부분의 문화권에서는 다음과 같이 깊고 널리 퍼진 사회적 규범, 즉 여자들이 지배적이고 경쟁적이며 확고하고 과감한 행동을 하면 못마땅해하는 사회적 규범을 채택한다.[38]

사회신경내분비학자 프란잘 메타Pranjal Mehta의 연구는 어떤 일에서 그 일을 주도하는 사람과 그냥 따라가는 사람으로 역할을 분담하기 전에 피실험자들의 호르몬 기준선을 측정함으로써 일을 주도할 만한 사람에 대한 이해를 좀 더 정확히 하고자 했다.[39] 그렇다. 스트레스를 받는 상황에서도 탁월한 능력을 보이는 사람은 지위를 추구하는 테스토스테론 호르몬 수치가 높게 나오지만, 흔히 스트레스 호르몬으로 지칭되는 코르티솔 수치는 낮게 나온다.

평생 '너는 최고가 아니야'(혹은 '네까짓 게 뭔데?')라는 소리를 듣고 부정적 평가를 받거나 사회적 요주의 대상으로 지목받다 보면, 그로 말미암아 누적된 영향은 코르티솔 분비를 촉진한다. 그리고 이 코르티솔은 우리가 불안감을 느끼게 하고 권력의 이로움을 누릴 여지를 없앨 수 있다.[40] 어릴 때 가난했다는 것, 현재 사회경제적 처지가 어렵다는 것, 유색인이라는 것, 그리고 여자라는 것, 이 모든 요소는 스트레스가 되어 누적되고 면역 체계의 이상 가능성을 보여주는 예측변수다.

현실은 만만하지 않고
우리는 자꾸만 작아지고

우리 모두가 모든 시험에서 만점을 받을 수는 없다. 그러나 과목별 점수 분포를 보면 앞서 형태 놀이에서 볼 수 있듯이, 정말 타고난 능력에 의

한 것인지 아니면 주변 영향으로 인한 것인지 경계를 명확히 구분하기 어렵다. 1만 9,000명이나 되는 사람들의 점수를 가지고 시행한 대규모 메타 분석을 통해 연구자들은 통제 조건하의 피실험자들이 보여준 학업 성취도와 불리한 고정관념의 대상이 된 피실험자들이 보여준 학업 성취도를 비교했다.

전체적으로 볼 때, 여자의 수학 점수는 20점 낮게 나왔고, 흑인과 라틴계 학생들의 SAT 점수는 약 40점 낮게 나왔다. 경제학자 롤랜드 G. 프라이어Roland G. Fryer와《괴짜 경제학Freakonomics》을 집필한 스티븐 D. 레빗Steven D. Levitt이 수학 학업 능력에 관한 대규모 분석에 따르면, 교육을 받기 시작한 초기에는 수학 학업 능력에 있어 성별과 인종에 따른 평균 차는 나타나지 않았다. 그러나 6년 정도 지나면, 여학생의 수학 학업 능력은 표준편차에서 10분의 2 정도 뒤처지고 흑인 학생들은 거의 반 가까이 뒤처지는 것으로 나왔다.[41]

모든 사람의 뇌는 간단한 수학 정도는 감당할 수 있을 것이다. 그러나 난이도가 높아지면 그때부터는 절대 바꿀 수 없는 생물학적 차이가 존재하게 되는 것일까? 고등 수학을 하려면 불알 달린 백인이어야 한다는 식의 생각으로는 노르웨이, 스웨덴, 이란 같은 나라에서는 수학 학업 능력과 성취도에서 성에 따른 차이가 나타나지 않는다는 사실을 설명할 길이 없다. 살짝 변화를 주기만 해도 여자의 능력은 달라질 수 있다. 시험을 치르기 전에 여학생에게 자신을 '전형적인 남성'이라고 생각해보라고 하자, 성에 따른 차이가 나타나지 않았다. 피실험자가 자신의 능력에 대해 자신감을 느끼게 되자 다른 결과가 나왔던 것이다.[42]

'넌 형태 놀이를 잘 못할 거야'라는 말을 듣고 위축되면, BIS가 활성화될 뿐 아니라 당신에 대한 다른 사람들의 평가도 박해진다. 아시아 계 여학생에게 시험지에 인종을 적어 내라고 하면 시험을 잘 보고, 성 별을 적어 내라고 하면 시험을 잘 못 보는 이유를 우리는 위와 같은 불 리한 고정관념에서 찾을 수 있다. 백인 남자가 기본적인 운동 능력을 테스트하겠다고 하면 기량을 잘 발휘하지 못하는 이유도 거기서 찾을 수 있다. 나이 든 사람들이 전자기기를 잘 다루지 못하는 이유도, 여자 가 비디오 게임을 잘하지 못하는 이유도, 남자가 사회적 감수성 면에서 낮은 점수를 받는 이유도 다 거기서 찾을 수 있다.

다음의 의문에 대해서도 불리한 고정관념으로 설명할 수 있다. 왜 나는 역도를 시작한 지 2년이 지났는데도 아직도 헤매고 있는가? 왜 여 자들은 체육관에서 불편한 마음이 들고 실력도 잘 늘지 않는가? [43]운동 과 관련된 나의 개인사는 '체육관에서 사람들이 날 놀렸다'라는 말로 완 벽히 설명할 수 있기에, 체육관에 들어설 때마다 나의 천칭 저울은 '그 러거나 말거나' 쪽으로 이미 기울어진 상태가 되었다.

나이나 성별 때문에 신입 회원이 들어와 특별한 관심을 받을 때마 다, 내가 왕따를 당한 듯한 기분이 들 때마다, 온라인에서 '단백질 보충 제에 절은' 못생긴 여자라는 댓글을 대할 때마다, 여자가 역도를 한다고 뭐라 하는 가족들을 견뎌야 할 때마다, 천칭 저울의 기울어진 쪽으로 구 슬은 더 올라간다. [44]

일반적 세상에서든, 특정 영역에서든 우리는 우리의 서열상 위치 가 어디에 있는지에 관한 신호와 제약을 끊임없이 받는다. 그렇기에 더 쉽게 자신감을 키우는 사람이 있는가 하면, 더 쉽게 위축되는 사람이 있다. 우리가 승자 편에 있지 않다는 신호(작은 사람, 유색인종, 여자, 가난한 자, 볼품없는 자, 늙은 자와 같이 만성적으로 낮은 지위를 나타내는 특징들)를 받게 되면, 불리한 고정관념에 쉽게 얽매이게 되고 그로 인한 영향을 더 뼈아프게 느낀다.[45]

행운을 잡고 싶다면
먼저 그럴 수 있다고 믿어야 한다

사람들이 우리를 대하는 방식은 다음과 같은 신호를 우리의 일상에 주입하기 때문에 중요하다. 우리가 올스타 팀에 속해 있다면(자신이 편하게 여기는 공간에서 의사 가운처럼 높은 지위를 상징하는 옷을 걸친 채), 거침없이 굴어도 된다. 그러나 우리가 패배자 팀에 속해 있다면, 과감히 행동하고 원하는 것을 추구하려는 자신감이 떨어진다.[46]

이 책을 읽는 독자들은 인간의 뇌가 양방향으로 가소성을 띤다는 사실에 기뻐할 것이다. 자신감 넘치는 사람들이 하는 것을 따라 하면 우리의 자신감도 덩달아 커질 수 있기 때문이다. 유능해 보이는 사람들은 유창하고 단호하게 말하며, 다른 사람보다 말을 더 많이 한다. 그들의 자세와 몸짓 언어는 여유만만하고 스스럼없다. 웅변적이며 좌중을 압도한다. 말을 할 때는 다른 사람들을 쳐다보고, 말을 들을 때는 쳐다보지 않는다. 결국, 모인 사람들 가운데 가장 말을 많이 한 사람이 가장 좋은 아이디어를 가진 사람이었다고 기억하게 된다. 실제로 가장 좋은 아이디어가 아니었다고 하더라도.[47] 공간을 장악하고 있는 것처럼 보이는 사람이 결국은 그 공간을 장악하게 되는 것이다.

캐머런 앤더슨은 이렇게 말했다. "그들은 자신이 하는 일을 진심으로 믿을 뿐이에요. 사회에 기여할 수 있는 것이 자신에게 있다고 믿으면, 그들은 그렇게 합니다. 실제로 그렇지 않더라도 자신이 아주 대단한 사람이라고 진심으로 믿지요. 그들은 진짜로 자신감이 있는 거예요."[48]

진정한 자신감! 그것은 우리 능력을 향상한다. '이런 것쯤이야'라는 구슬을 저울에 올려놓고 있으면, 힘든 일이 있을 때 도움이 된다. 역경이 닥치면 그것을 그만 물러나라는 신호로 받아들이지 않고 충분히 넘어설 수 있는 도로 위 과속방지턱 정도로 여기게 된다. 어떤 것을 우리의 항상성恒常性과 생존을 위협하는 불가항력의 대상이라 생각하는 순간 우리는 스트레스 반응을 일으키게 된다. 그래서 운동선수나 철자법 대회에 출전한 사람들은 코르티솔의 생리적 효과와 스트레스를 간단히 다른 식으로 해석함으로써 불안감을 누그러뜨린다. 즉 대회에 참가하기 직전에 속이 울렁거리는 것을 두고 무슨 종말이 임박한 신호로 여기는 것이 아니라 그저 짜릿한 흥분이라고 해석하는 것이다. 그들은 어려움을 즐길 줄 안다.

만약 우리의 행동이 노력을 기울일 만한 결실을 낼 수 있다고 믿는다면, 그리고 나의 정체성과 내가 그것을 할 수 있는 능력 사이에 괴리가 없다고 생각한다면, 우리는 포기하지 않게 된다. 우리를 부정하려는 위협에 굴복하지 않고 지금 우리 앞에 주어진 일에 집중한다면, 우리는 코르티솔의 분출을 막을 수 있다.[49]

그들이 운이 좋은
진짜 이유

그러나 앤더슨이 지적했듯이, 그렇게 하는 것이 마냥 쉬운 것은 아니다.[50] "바닥에 있는 상황에서는 생각을 명료하게 하기 어려워요. 가만히 있으라는 압력이 더 거세기 때문이죠. 목소리를 내는 순간, 많은 사람이 나를 주시할 것이고, 사람들은 '네까짓 게 뭔데'라는 무언의 혹은 노골적인 신호를 보낼 거예요."[51] '앞으로 사람들이 나를 어떻게 평가할까?'라는 생각은 기존에 사람들이 당신을 평가하는 방식 혹은 집단 내 다른 구성원들을 평가하는 방식으로부터 영향을 받는다.

사람들은 미묘한 차별의 방식으로 우리가 패배자 팀에 있다는 것을 주지시킨다. 죽은 백인 남성 작가의 작품만 읽기 과제로 내고, 미식축구 선수에게 여자애처럼 공을 던진다고 말하고, 환자에게 상상병 환자라는 식으로 말하고, 인종 '덕'을 봤다는 식으로 칭찬하며, 좋은 대학에 들어가도 소수인종 할당제 혜택을 받았다는 식으로 말한다.[52] '이런 것쯤이야'라는 구슬로 탄탄히 무장된, 형태 놀이를 천부적으로 잘하는 아이들은 이런 뉘앙스를 알아차리지 못한다. 또한 항상 하던 대로 하는 일 속에 어떤 중요한 것이 도사리고 있는지도 알아차리지 못한다. 이런 이야기에서 잘 언급되지 않는 부분이 있는데, 그것은 한쪽에 '이런 것쯤이야'라는 구슬을 올려놓는 것은 다른 쪽에도 '네까짓 게 뭔데'라는 구슬을 올려놓는 것이다.

개들조차 전기 충격에 익숙해지는 마당에, 우리도 태도를 바꾸고 세상을 있는 그대로 받아들이는 편이 더 쉽다. 모든 사람이 현실을 그대로 수용한다는 것은 충분히 입증된 편견이다. 올스타 팀에 속한 사람들은 불리한 고정관념이나 만성적인 사회적 스트레스에 노출되지 않는다. 그리고 다른 사람들이 힘들어서 내지르는 외침을 듣게 되면, 그들에게 연민을 갖거나 자신은 불공정한 체계에서 유리한 쪽에 있다는 점을 인정하려 들지 않고 그것을 그저 '피해자 문화'의 소산으로 쉽게 치부해버린다.[53]

사람들은 자신이 어떤 식으로 편견에 사로잡혀 있는지 알 수 없다. 이를 편견의 사각지대라고 부르는데, 이 사각지대에서 사람들은 세계를 보는 자신의 시각이 정확하고 공정하고 객관적이라고 생각한다.

시험에서 만점을 받은 사람은 점수는 오로지 우수한 것에만 매겨진다는 생각을 한다. 사실, 구태의연한 사회적 규범 때문에 형태 놀이를 처음 해본 사람들 중에는 그가 잘한다며 전적으로 지원해주는 세상에서 성장한 사람들이 있다. 그들은 베타가 늘 시달리는 스트레스를 겪어본 적도 없고, 형태 놀이를 잘하는 것이 무슨 의미가 있는가 하는 의문을 가져본 적도 없다.[54] 왕이 된다는 것은 무엇이든 자신이 하고 싶은 것에만 집중할 수 있다는 의미다. 베타들은 끊임없이 다른 사람의 눈치를 봐야 하는데, 이것이야말로 자신감을 심각하게 훼손한다.

형태 놀이에 천부적인 사람들을 격려하기 위해 우수함의 정의를 다시 내리고자 할 때, 사람들은 놀랍도록 민첩하다. 예측하는 우리의 뇌는 예측하는 것들을 좋아하기 때문에, 어떤 특정 상황에서 누가 운전대를 잡으면 좋을지 파악하는 것이 쉬운 일이지 않을까? 어떤 능력을 타고난 사람을 떠올리는 것만으로도 삶은 훨씬 더 간편해지지 않을까?[55]

잘생기거나 예쁜 사람들은 운 좋은 삶을 살지 않을까? 그런 사람들이 운이 더 많이 따르고, 친구도 더 많이 붙고, 더 좋은 대접을 받는다는 사실을 우리 모두는 여실히 보아왔다. 자, 우리가 모든 사람을 그렇게 대하려 했다면 어땠을까?

기울어진 운동장을 바로잡으려고 하면, 서열 위쪽에 있는 사람들에게는 부당하게 느껴질 수 있다. 그러나 그들은 평생 상대평가를 받아왔다는 사실을 간과하고 있다.[56] 매력적인 사람들은 자신들이 끊임없이 더 좋은 대접을 받았다는 것을, 혹은 세상에 대한 그들의 관점이 어떻게 해서 만들어졌는지를 깨닫지 못한다. 사실, 그런 것을 의식하지 못하는 태도가 특권의 정의에 부합하는 것이기도 하다. 우리는 자신을 힘들게 했던 것만을 볼 뿐이다.[57]

여자라는 사실이 내게 어떤 식으로 불운을 가져다주었는지 나는 안다. 그러나 백인이라는 사실이 내게 어떻게 행운을 가져다주었는지는 모른다.[58] 우리는 좋은 정보보다 나쁜 정보에 집착한다. 내가 경험한 모든 것의 중심에는 백인 여자라는 사실이 존재한다. 피부색 덕에 운이 좋은 사례를 딱 집어 말하기는 어렵지만, 특권이 존재한다는 사실을 나는 안다. 내가 백인이라는 사실을 자각한 적이 거의 없기 때문이다. 가치가 있는 지위특성을 하나 갖고 있기에 나는 자유롭고 거칠 것이 없으며, 흔들리지 않는 자신감으로 충만하다.

잘못을 잊거나 무시할 수 있다면 장기적 측면에서 그로 인한 충격은 덜어낼 수 있을지 몰라도, 그런 잘못을 저지른 것 하나하나가 우리 뇌를 변화시킨다. 하루에 1,000번 일어난 일이건 지난날 고비에 딱 한 번 일어난 일이건, 그 일이 두고두고 끼친 영향은 앞으로 우리가 어떤 대접을 받을 것인지에 대한 기대감을 만들어낸다. 초사회적 종인 인간은 자신이 배제되고, 비난받고, 거부당하고 있다는 신호에, 그리고 자신이 하고 있는 일이 틀렸다는 말에 아주 민감하게 반응한다. 우리 뇌는 자신의 서열상 위치에 관한 신호를 끊임없이 받는다. 세상 속에 자신이 서 있는 위치를 정확히 알고자 하는 것과 그 위치에 대해 만족하고자 하는 것 사이에서 균형을 잡으려고 애쓰면서, 우리는 매우 능숙하게 비판을 피할 수 있는 선택에 집중한다. 자신이 알파가 아니라는 신호를 받게 되면, 우리는 다른 사람에 관해 더 많이 생각하게 된다. 생존을 위해 그들에게 점점 더 많이 의지해야 하기 때문이다. 그러다 보면, 우리는 예전과 다른 대접에 덜 민감하게 반응한다.[59]

그런데 만약 세상이 공정하지 않다면 어떻게 될까? 다시 말해, 우리가 대접받는 방식에 그 어떤 정당성도 없다면 어떻게 될까? 우리가 사람들의 의견이나 행동을 해석하는 방식은 그들의 서열상 위치가 어디 있느냐에 달렸다. 서열상 위치가 아래에 있는 사람들이 세상이 공정하지 않다고 한들, 그저 제 잇속만 차리려는 말로 들릴 뿐이다.[60] 세라 페일린은 시의회 회의장에서 볼썽사납게 구는데, 사실 나이 먹은 예쁘장한 신출내기 아닌가? 이런 얘기를 듣다 보면, 우리는 저울에서 '그러거나 말거나' 쪽으로 구슬을 올려놓게 되는데, 아주 초기에 얼마나 슬쩍 올려놓았는지 우리가 어떤 특정한 활동을 전적으로 회피하고 있다는 것을 자신도 깨닫지 못한다. 마치 그런 활동은 아예 존재하지도 않았다는 것처럼 말이다. 수천 토막이 나서 그 죽음이 보이지 않을지라도, 죽음은 죽음이다.[61]

당신의 행운에
시비 거는 사람을 무시하라

지하철을 탔는데, 저쪽 칸에서부터 사람들이 알아서 비키라는 듯 위협적으로 걸어오는 남자가 보였다. 두 마리 쥐를 튜브 양 끝에 집어넣어 누가 비키는지를 보는 사회적 스트레스 실험의 인간판이라고나 할까. 우리가 계급구조에서 낮은 위치에 있다면, 다른 존재의 요구에 촉각을 곤두세워야 한다. 아랫것은 아무런 방해를 받지 않고 자기가 원하는 일을 하고자 하는 우두머리의 심기가 불편하지 않도록 자신의 차례를 기다려야 한다.[62]

　마음 읽기mentalizing(다른 존재가 무슨 생각을 하는지를 생각하는 것)는 최근 진화한 뇌의 영역과 관련이 있다. 이 영역은 신진대사의 차원에서 부하가 많이 걸린다. 다른 존재가 무슨 행동이나 말을 할지 끊임없이 생각해야 하는 감정노동 때문에 실제로 몸이 힘들어지기 때문이다. 특히 그들이 어떤 기준으로 나를 판단할지 모르는 상황에서는 부하가 더 많이 걸린다.

　무엇에 관심을 둘지를 자기가 마음대로 할 수 있다는 것은 자신감의 열쇠다. 자신의 긍정적인 부분을 짚어보고 지난날에 거두었던 성공을 떠올리는 행동들을 하게 되면 저울에서 '이런 것쯤이야'라는 쪽에 구슬을 더 많이 올려놓을 수 있다.[63] 앤더슨에게 성의 차이에 관해 질문한 적이 있다. 특히 모든 종에서 나타나는 지위의 상호작용이 여자의 지위가 높아지는 일에 사회적 우려를 표하는 모습과 어떤 관련이 있는지를 물었다.[64]

그녀는 이렇게 말했다. "나도 인지하는 부분인데, 나 역시 여전히 그러고 있어요. 내게 열 살짜리 딸이 있는데, 다른 아이들에게 감정적으로 세심한 면모를 보일 때마다 내가 아이에게 보상을 주고 있더라고요. 일곱 살짜리 아들에겐 그렇게 하지 않고요."[65] 여자들이 다른 사람들의 기대를 채우는 일보다 자신감 있게 자신의 개인 프로젝트에 몰입할 때, 사람들 눈에는 뭔가 문제가 있는 것처럼 보인다.

연구원 제이컵 허시Jacob Hirsh는 이렇게 말했다.[66] "다른 사람의 처지에 너무 연연하면 불안감이 증폭될 수 있습니다." 여자는 다방면에서 치인다. 다른 사람의 처지를 고려하면서, 관계와 신체상body image으로부터 자존감도 끌어내야 한다. 관계와 신체상은 어디서든 꼭 나타나는 위협적인 사회적 평가의 두 원천이다. 그는 이렇게 말했다. "여자에게 상반된 기대를 하는 것이죠."

지하철의 그 남자는 내 쪽으로 오고 있다. 나는 팔을 오므리지 않고 시선을 마주치지 않는다. 사람을 바라보지 않는다는 것은 너와 볼 일이 없다는 메시지를 보내는 것이다. 사람에게 주의를 기울이지 않으면 나는 나쁜 여자로 비칠 것이다. 그러나 부정적 평가를 받을 수 있다는 사실을 무시하는 것은 확실한 일 처리를 위해 꼭 필요하다. 나는 책을 읽고 있기 때문에 그가 눈에 들어오지 않는다. 지금보다 훨씬 더 단순한 세상이라면, 자신감과 관련된 모든 이야기는 다음과 같이 요약할 수 있다. 보상을 향해 나아가라. 세상은 이 이야기를 배배 꼬려고 하지만, 거기에 얽매일 필요는 없다.

지하철의 그 남자는 내 앞으로 얼굴을 들이민다. 역도 교습을 받기 시작하고 수년이 지난 뒤, 체육관에 좋은 코치가 새로 들어왔다. 실력이 향상될 수 있도록 그는 내게 자신감을 키우는 법을 가르쳤다. 나는 내 몸에서 힘과 무엇이든 할 수 있다는 느낌을 받는다.

자신감은 제로섬 게임이 아니다. 나를 계발하고 다른 사람을 돕는 데만 온 신경이 가 있으면, 다른 사람을 비난할 시간이 없다. 주변 사람들로부터 굳이 인정받을 필요가 없을 정도의 힘이 있다면(사람들이 나의 행동과 생김새를 두고 뭐라 하는 말에서 나의 자존감을 추스를 필요가 없을 정도의 힘이 있다면), 우연히 맞닥뜨린 낯선 이가 어찌해도 흔들리지 않는 자신감이 생긴다. 내 기분을 어찌해 보려는 수작을 보면서 나는 사람에 대해 많은 것을 이해하고 배운다.[67]

"당신 진짜 문제가 있어. 알기나 해, 이 아가씨야!"[68]

나는 외면한다. 지구가 50억 년 동안 진화하면서 잘난 이의 뇌는 멋들어지게 콧방귀를 뀌는 기술에 통달했다.

자신감도 의욕도 없는
당신에게

✔ 완벽한 자신감이란 '이런 것쯤이야'라는 구슬이 가득 들어 있는 어떤 일을 하고자 할 때 그 일의 장단점을 가늠하는 저울이다. 그 구슬은 자신감과 더욱 높은 목표를 추구하는 마음에서 나온다. 세라 페일린을 천부적으로 형태 놀이를 잘하는 사람이라고 생각해보자. 그리고 '나도 할 수 있다'는 생각을 갖는 데 도움을 줄 역할 모델을 찾아보자.

✔ 새로운 상황에 부딪힐 때, 뭔가 낯선 느낌이 드는 것은 지극히 당연하다. 그런 느낌이 든다고 해서 우리가 이방인인 것도 아니고, 필요한 조건을 갖추고 있지 못한 것도 아니며, 불편한 느낌이 계속되는 것도 아니다. 단지 그 새로운 곳의 지형지물을 익히지 못했을 뿐이다.

✔ 내 주변의 사람과 장소를 잘 알아야 한다. 우리 뇌는 서열상 우리 위치가 어디인지, 그리고 할 수 있는 것이 무엇인지에 대한 신호를 계속해서 받는다.
우리의 주변 존재들은 우리가 알아차리지 못하는 순간에도 우리의 자신감(일을 얼마만큼 잘할 수 있는지, 그리고 무엇을 하고 싶은지)에 영향을 미친다. 남학생이 있는 데서 수학 시험을 치르게 하면, 여학생의 성적이 더 낮게 나올 수 있다.

✔ 자신의 긍정적인 부분에 집중해야 한다. 자신감과 잘하는 일의 관계가 시너지 효과를 내듯 불리한 고정관념과 일을 수행하는 능력의 관계는 하강효과를 낸다. 이는 지속적으로 나타난다.
자아 확인의 과정을 수행할 수 있도록 15분간 학생들에게 중요하게 생각하는 개인적 가치(창의성이나 독립성 같은)에 대해 글을 써보게 했다. 그랬더니 해당 학년 동안 다른 통제 집단에 비해 평점이 더 이상 떨어지지 않았다.[69]

✔ 스트레스와 코르티솔 수치를 내릴 방법을 찾도록 한다.[70] 명상을 하고, 충분한 수면을 취하고, 운동하라.

✔ 다른 곳으로 가본다. 옆에서 지켜보며 훈수 두는 사람들 때문에 우리의 집중력과 일을 수행하는 능력이 방해받을 수 있다. 그들은 부정적 피드백으로 설레발을 치고 우리가 하는 것을 일거수일투족 감시하고 옥죈다. 그리하여 사회적 규범을 깨뜨려 부정적인 사회적 평가를 받을까 두려워 우리는 천칭저울의 '이건 안 될 거야'라는 쪽으로 구슬을 올려놓게 된다.

✔ 당연히 받아야 할 칭찬을 받지 못했다는 느낌이 들면, 무시를 당했다는 기분이 드는가? 명심하라. 자신감이란 다른 사람이 아니라 내가 주는 나 자신의 행동에 대한 긍정적 평가라는 것을.

✔ 우리 뇌는 서열상 우리의 위치가 어디에 있는지, 그리고 우리가 무엇을 할 수 있는지에 관한 신호를 끊임없이 받는다. 그러므로 우리는 우리 주변에 '너는 올스타 팀에 있다'라는 것을 일깨워줄 수 있는 것들을 배치해야 한다. 그러기 위해서는 자신의 생활 공간을 잘 정돈하고, 자기관리를 잘해야 한다. 인생이라는 저울에 '이런 것쯤이야'라는 구슬을 차곡차곡 쌓아 올릴 수 있어야 한다.

✔ 사람들이 우리의 외모와 행동을 두고 판단하고 있을지도 모른다는 느낌을 얼마나 갖는지 주목해보자. 사람들이 실제로 한 말보다 그런 말을 할 것 같다는 느낌 때문에 자신을 검열하는 일이 얼마나 자주 있는가? 그들의 말이 제 잇속 때문이거나 사회적 규범을 좇느라 그런 것이라면, 왜 그것이 행운을 향해 나아가는 우리의 발목을 잡게 놔두는가?

✔ 만약 모두가 당신을 지지한다는 사실을 알았다면, 당신은 무엇을 하겠는가? 당신의 행동 활성화 체계를 '그것을 하라' 쪽으로 설정하라. 그리고 그것을 하기 시작하면 된다.

6장

노력을 이기는 재능,
재능을 이기는 행운

–

유전자보다 강한
노력형 행운의 힘

2007년에 도널드 토머스는 높이뛰기로 세계대회에서 우승했다. 그는 대회 8개월 전부터 본격적으로 해당 종목 훈련에 들어갔다.[1]

흔히 사람들의 잠재력이나 능력을 폭발시키는 역할을 하는 존재는 친구나 동료다. 토머스의 이야기도 그들의 압박으로부터 시작된다. 그들은 바로 대학 농구팀 동료들이었다. 그의 믿기 힘든 수직 뛰기 실력에 놀란 동료들은 그가 얼마나 높이 뛸 수 있는지 궁금해했다. 그는 첫 시도에서 198센티미터를 뛰었다.

높이뛰기를 제대로 하려면 이상적인 힘과 체중의 비, 길고 빠른 다리가 필요하다. 그리고 도약할 때 탄력을 주는 팔 근육은 물론 다리 근육, 엉덩이 근육, 코어 근육이 서로 조화를 이루어야 한다. 그래야 압도적으로 보이는 높이를 뛰어넘을 수 있는 기술을 발휘할 수 있다. 토머스의 이야기에서 사람들이 곧잘 빠뜨리는 것이 있는데, 배면뛰기를 처음 시도한 자리에서 바로 성공해버렸다는 사실이다.[2] 이 방법은 딕 포스버리Dick Fosbury가 처음 개발했으며, 그의 오리건 대학교 전담 코치는 이 스타일을 두고 '시시껄렁한 잔재주'라고 치부했다(그러나 포스버리는 높이뛰기에서 연속으로 금메달을 땄다). 포스버리가 뛰는 장면을 녹화한 영상을 보고 그가 몇 인치 차이로 바를 넘고 있다는 것을 안 코치는 그제야 그를 진지하게 대하기 시작했다. 포스버리는 〈뉴욕타임스〉와의 인터뷰에서 이렇게 말했다. "가끔 영상을 보는데요, 그것을 어떻게 해낼 수 있었는지 저도 정말 궁금해요."[3] 측면에서 바를 향해 도약하다가 등을 젖혀 바를 넘어가는 이 방법 덕분에 선수는 더 높이 도약할 수 있다. 무게중심을 위로 올려서 등을 휠 수 있기 때문이다.[4]

토머스가 놀이 겸 운동 삼아 높이뛰기를 하던 고등학교 때, 그가 높이뛰기 분야에서 세계 최고 수준의 천부적 재능이 있다는 사실을 사람들은 몰랐다. 그는 고등학교에서 제대로 된 높이뛰기 자세를 처음 배웠다. 그가 빠르고 강하게 자신의 몸을 바 위로 넘길 수 있는 '커다란 아킬레스건을 타고났다'는 사실이 분명해질 때는 미주리주 린든우드 대학교 농구팀에서 뛰고 있었다. 그는 배면뛰기가 동작 자체는 아주 단순하면서도(딱 한 번 뛰어보고서!) 또한 아주 복잡하여(도대체 어떻게 하면 그처럼 높이 뛰어오를 수 있을까?) 방법을 개발한 포스버리 역시 그 점에 당황했다는 사실을 기억해냈다.

토머스가 높이뛰기에서 운 좋게 성공할 수 있었던 것은 타고난 자신의 신체적 장점(남달리 커다란 아킬레스건)을 거기에 딱 들어맞는 운동을 하는 데 썼기 때문이다. 물론 성공하는 데는 사회적 지원과 세계 최고 수준의 코치진과 훈련 시설도 필요하고, 운동선수라면 매일 끊임없이

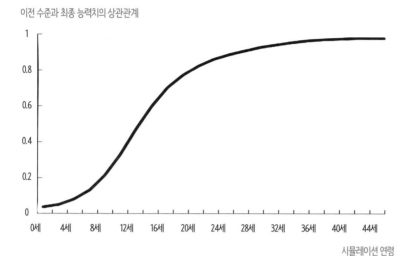

이전 수준과 최종 능력치의 상관관계

사물레이션 연령

R. J. R. 댄 하르티(Den Hartigh), 마리엔 반 디크(Marijn van Dijk), H. W. 스틴백(Steenbeek), P. L. C. 폴 반 기어트(Van Geert), 2016, 〈심리학 프론티어 저널〉 7판, 9쪽. "우수한 인적 능력 계발을 위한 동적 네트워크 모델"에서 발췌.

해야 하는 일, 즉 기량 연마, 기초 체력 훈련, 영양 관리, 재활 훈련 등을 소화할 수 있도록 하는 동기부여도 필요하다. 그뿐 아니라 팽팽한 긴장 감이 감도는 대회에 나가 한판 겨루고 싶다는 열망, 그리고 그것을 제 대로 해볼 만한 가치가 있다는 자신감과 믿음도 필요하다.

　유전적 잠재력을 말할 때, 우리는 위의 그래프와 같은 것을 자주 보게 된다. 높이뛰기와 같은 단일 기술의 경우에도, 세계 최고 수준에 이르려면 수백만 가지의 요소가 한데 어우러져야 한다. 이 말은 한 개인이 최고 경지에 이르려면 '구성 요소들 간의 지속적인 상호작용'이 있어야 한다는 것을 의미한다. 213센티미터 이상 도약하려면 기본적으로 신장의 '영향'을 받긴 하지만, 세계 우승을 노린다고 할 때 그 외의

부분에서 유전적 요인이 좌우하는 것은 하나도 없다.[5]

토머스가 높이뛰기 세계 챔피언이 될 정도로 갑자기 기량을 연마한, 채 일 년도 안 되는 시기에 그는 무엇을 하고 있었을까? 농구를 하고 있었다.

이 장에서 우리는 최고의 기량에 도달하고자 할 때 한 가지 요소만 특출난 것으로는 충분치 않은 이유를 살펴볼 것이다. 모든 것이 잘 돌아가야 한다. 그러려면 운도 따라야 한다.

우선은 운을 타고난 유전자가 필요하다

"기량에는 세 가지 요소가 있다." 존스홉킨스 대학교의 신경과학자이자 전문 기술에 관한 전문가인 존 크라카우어John Krakauer가 말했다. 뇌Brain, 학습Learning, 생기Animation, 운동Movement이라는 말의 약자를 딴 BLAM 실험실에서 그는 다양한 방법을 사용하여 운동 학습과 뇌 손상의 신경학적 회복에 관한 연구를 진행했다. 이러한 연구를 통해 그는 운동 능력 개발(운동에서 어떻게 전문적인 기량을 익힐 수 있었는가)에 관한 세계적 전문가가 되었다.[6]

"먼저 유전학이다." 대략 유전자 코드의 99.5퍼센트는 보편적이다. 그러나 나머지 0.5퍼센트에서 세레나 윌리엄스Serena Williams와 스티븐 호킹Stephen Hawking이 결정된다.[7] 통상적으로 연구자들은 운동선수와 소파에 앉아 감자 칩이나 먹는 사람의 유전자 코드를 비교하면서 기량을 높여주는 어떤 유전자 코드가 운동선수들에게 더 많이 존재한다고 추론했다.

예를 들어, 연구자들은 스포츠 참여 활동의 변수 가운데 약 66퍼센트가 유전적인 데 있다고 보았다. 또한 복잡한 신체 능력과 특성은 다유전자성을 띠는 것이거나 혹은 여러 유전자변이주遺傳子變異株의 결과물이다. 예를 들어 호르몬 대사 부분에서는 좋은 유전자를 가졌지만, 산소포용능력에서는 나쁜 유전자를 가지고 있을 수 있다. 이런 식으로 운동선수들 사이에 존재하는 놀랍도록 풍부한 다양성은 유전자 코드의 차이로 설명할 수밖에 없다. 그 추정치는 31~85퍼센트에 이른다.[8]

최근의 한 연구에 따르면, 155개의 유전자 표지는 운동선수의 기량과 관련하여 반복적으로 나타나고, 93개의 표지는 지구력에 영향을 미치며, 62개의 표지는 힘과 근력이라는 근육 능력과 관련 있는 것으로 나타났다.[9] 지근섬유는 불에 오래 타는 석탄에 비유할 수 있으며, 따라서 폭발력은 떨어진다. 속근섬유는 두 종류가 있으며, 폭약을 함유한 폭죽과 같다. 그것은 반짝 나타났다 사라지는 힘과 근력이다. 우리 대부분은 근육의 형태를 반반씩 지니고 있다. 그러나 세계 최고 수준의 단거리 선수와 마라톤 선수가 있다고 한다면, 그들은 자신들의 근육에 알맞게 잘 디자인된 운동을 좋아하게 된 행운아인 셈이다.[10]

세계적인 피아니스트가 된다는 것도 생물학적인 제약과 관련이 있다. 움직임이 비상한 큰 손을 가졌다는 것은 복잡한 화음을 쉽게 연주할 수 있다는 말이며, 육체적 긴장으로 인한 부상을 덜 입을 수 있다는 말이다.[11] 일설에 작곡가 세르게이 라흐마니노프Sergei Rachmaninoff는 피아노를 칠 때 13번째 음계를 짚을 수 있었다고 한다. 즉 동시에 한 옥타

브 이상의 건반을 누를 수 있고, 손뼘 길이가 12인치 이상이라는 이야기다. 그렇다면 연주하기 까다롭다고 하는 그의 곡이 그에게는 어렵지 않을 것이다.

격조 있는 연주를 하려면 초인적인 손놀림과 속도가 필요한데, 이것이 별로 어렵지 않은 사람들이 있다. 한 연구에서 일본인 피아니스트들을 대상으로 누가 가장 크고, 가장 길고, 가장 빠르게 건반을 누를 수 있는지를 보기 위해 각기 다른 네 가지 볼륨으로 반복해서 두 개의 건반을 눌러보라고 했다. 연주자가 피아노를 배우기 시작했을 때의 나이, 연주자의 손뼘 길이, 연주자가 들인 연습 시간, 이런 것들과 가장 빨리 건반을 누르는 것 사이에는 아무런 상관관계가 나타나지 않았다. 이에 연구자들은 '아주 많은 훈련의 천장 효과'가 존재한다는 결론을 내렸다. 연습을 하면 누구나 기량을 향상할 수 있지만 그가 발휘할 수 있는 최고 기량에는 유전적 제약이 존재한다. 그렇게 높이 뛸 수 있는 다리가 따로 있고, 그렇게 빨리 움직일 수 있는 손가락이 따로 있다.[12]

1만 시간 법칙을
이기는 유전자의 힘

사회학자 댄 챔블리스Dan Chambliss는 학창 시절 유망한 수영 선수였으며 (주 대회에서 2등까지 했다), 대학교 때는 수영 코치까지 했다.

그는 지금은 고전이 된 민족학 연구 논문인 〈탁월성의 일상성The Mundanity of Excellence〉 작업을 위해 올림픽 대비차 로스앤젤레스로 전지 훈련을 온 전 세계 120개국 대표 선수와 코치를 수년에 걸쳐 인터뷰하고, 같은 수영 종목에서 그들보다 수준이 낮은 선수들과 비교했다.[13]

"그들이 자신들을 뛰어난 선수로 만들어준다고 생각했던 것은 실상은 그렇지 않았다. 코치들도 잘못 생각하기는 마찬가지였다. (…) 이런 식이다. '나는 열심히 한다. 나는 잘한다. 내가 열심히 하니 잘할 수밖에 없다.' 자신들에게 만만치 않은 일에 몰입했으므로 그 덕에 성공했다고 보는 것이다. 그러나 실제로 열심히 하는 사람들은 세상에 수없이 많다. 성공과 실패는 노력의 양에 좌우되는 것이 아니다.[14] "다른 수준의 선수들과 마찬가지로, 세계적 수준의 선수들의 눈에도 자신들이 잘해왔다는 사실보다 지금까지의 수고로움이 더 쉽게 보인다.[15]

스웨덴 카롤린스카 연구소의 미리암 모싱Miriam Mosing은 이렇게 말했다. "'이걸 못한다는 건 연습을 충분히 하지 않아서 그런 거야'라고 말하기는 쉽습니다. 하지만 충분히 연습해도 안 될 때가 있어요." 그녀는 유전자가 전문적 기량에 미치는 영향에 관해 여러 편의 논문을 발표한 바 있다.[16] "'내가 좀 더 열심히만 하면, 무엇이든 할 수 있어'라고 생각하는 사람들이 있어요. 아메리칸 드림과 좀 비슷하죠. (…) 따라서 성공하지 못하면, 충분히 노력하지 않았다는 말이 되는 거예요. 게을렀다는 거죠."

금메달과 같은 결실의 여부는 오로지 우리의 노력에 달렸다는 생각은 미국의 문화적 DNA에 바탕을 두었다. 미국의 문화적 DNA는 정부에 기댈 생각 말고 열심히 일하라고 독려하는, 자립에 대한 강박과 프로테스탄트 직업윤리 그 중간에 있다. 초기의 자기계발서들은 "열린 사회에서는 도덕적으로 떳떳한 사람이라면 노력을 통해 사회적으로

그리고 경제적으로 출세할 수 있다"는 믿음을 갖고 있다.[17]

전문 기량에 관한 연구로 유명한 카를 안데르스 에릭슨Karl Anders Ericsson은 각기 다른 수준의 음악가들을 관찰하고 나서 가장 뛰어난 수준의 음악가들은 평균 1만 시간을 연습한다는 사실을 발견했다. 여기서 그는 과도하게 단순한 교훈을 주장하는데, 한 분야의 전문가가 되려면 1만 시간 연습이 필요하다는 것이다. 그런데 평균 1만 시간 이상 연습하는 전문 바이올리니스트들을 비교해보면 편차가 크게 나타났다. 연습 시간이 카네기홀에 가서 연주할 수 있는 필요조건도, 충분조건도 아니었다.[18] 자립에 관한 미국인들의 문화적 강박과 열심히만 하면 뭐든 될 수 있다는 생각 때문에 '1만 시간의 법칙'은 사람들 뇌리에서 쉽게 사라지지 않는다. 그 빌어먹을 오보에, 바이애슬론, C++ 수업에 들어가서도 언젠가 이 분야에서 세계적인 존재로 우뚝 설 수 있으리라 생각하며 속으로 흡족해하지 않는 사람이 누가 있을까.

전문가에 관한 전문가로서 스웨덴의 차세대 선두 주자들이 진행한 연구에서 행동유전학자인 모싱은 1959년부터 1985년 사이에 스웨덴에서 출생한 2,569쌍의 쌍둥이에 관한 자료를 수집했다. 그중 많은 이들의 집안이 음악과 관련 있었다. 그들이 전체적으로 얼마나 많은 시간을 연습했는지와는 상관없이 음악 능력에서 같은 점수를 받는 경우가 많았다. 가장 극단적인 예로, 쌍둥이 가운데 한 명이 자신의 유전자를 복제한 다른 한 명보다 2만 시간을 더 연습한 경우가 있었는데도 둘의 점수가 똑같이 나왔다.[19]

사람들이 세계 기록을 경신하리라 기대하는 최고 수준의 운동선수들의 성공 사례는 학자들이 말하는 '생존자 편향survivorship bias'의 고전적인 예 가운데 하나다. 최고의 선수를 걸러낼 수많은 요인들(행운의 유전자도 그중 하나다)이 존재하기 때문에, 성공에 필요한 것에 관해 그리 성급한 일반화는 금물이다. 금메달리스트는 오랜 시간 열심히 노력한 것만 생각하기 마련이다. 내가 아는 사실은 금메달을 따려면 내 첫 번째 결혼의 궤적과는 정반대로 가면 된다는 것이다. 다시 말해, 어느 한 군데도 삐거덕거리는 곳이 있으면 안 된다.

전문 음악인들의 손가락 놀림이 빠르다는 속설은 마라톤 우승자의 다리에 지근이 많다는 이야기와 같은 생존자 편향의 전형적인 예다. 초기 연구에 따르면 훈련을 받지 않은 근육에서는 짧은 시간 강한 힘을 내는 속근과 오랜 시간 약한 힘을 내는 지근의 비율에 차이가 발견되지 않았기 때문에, 에릭슨은 "근섬유는 속근에서 지근으로 혹은 지근에서 속근으로 그 특성이 변할 수 있다"는 결론을 내렸다. 이제 우리는 다음과 같은 사실을 알 수 있다. 속근 섬유와 지근 섬유가 차지하는 비율은 유전적으로 결정되며, 우리가 여섯 살 즈음이 되면 근섬유의 발달은 멈추고 그 상태가 굳어져 평생을 간다.[20]

유전자를 계발할 수 있는
자원을 확보하라

탁월성의 배경에는 유전적 요인 말고도 한 가지가 더 있다. 크라카우어는 이렇게 말했다. "다른 한 가지란 바로 우리가 연습을 할 수 있는 여건이 되어야 한다는 겁니다. 오늘날 우리가 무언가를 하고 싶다면, 그 무언가를 매일 몇 시간씩 할 수 있을 정도로 지원해줄 부모, 또는 다른 누군가의 돈과 시간이 투여되어야 합니다." 전문 능력을 계발하는 것은 일종의 투자다. 눈에 보일 만한 성장을 이뤄내려면 선수와 코치는 활동에 제약을 주는 제한 인자limiting factor(예를 들어 열심히만 훈련하는 것)가 무엇인지, 그리고 그것을 어떻게 할 것인지 고민해야 한다. 이때 제한 인자에 세심한 주의를 기울여야 하며 자원 집약적인 코치와 시설의 도움을 받을 때 원활한 성장을 이룰 수 있다.

챔블리스는 이렇게 말했다. "나는 오랜 시간에 걸쳐 각 수준의 수영 선수들과 매우 긴밀한 접촉을 해왔습니다." 펠프스와 다른 세계적인 수영선수의 한 가지 중요한 차이점은 초기 훈련의 질이다. "처음 수영을 가르친 선생이 형편없다면, 어릴 때 처음으로 배운 스트로크 기술이 잘못된 것이라면, 그 습관은 몸에 배게 됩니다. 엉망이 되는 거죠. 정말 연습을 많이 한다고 해도 잘못된 영법으로 연습한다면, 평생 거기서 벗어날 길이 없어요. 기본기가 그렇게 중요합니다. 아기를 바라보면서 무언가를 잘하기를 원한다면 그 아이의 첫 선생님이 훌륭한 선생님이기를 바라야 할 거예요. 어떤 의미에서는 마지막 선생님보다 더 중요하죠."[21]

운동과 관련하여 대부분의 사람이 경험하는 과정을 보면 세계적인 선수를 배출하는 과정과는 정반대다. 우리는 보통 몇 년 동안 저렴한 수영교실에 나가서 물에서 첨벙거리는 정도로 수영을 시작한다. 별의욕도 없는 코치가 일주일에 한 번씩 가르치는, 사람들로 바글거리는 YMCA 수영 강좌 같은 데서 말이다. 그러다 부모가 '수영을 그냥 한 번 하고 말 게 아니다'라는 생각이 들면, 좀 더 신경을 쓴다며 몸에 맞는 수영복을 구해 주고 일주일에 두 번 하는 교실에 우리를 집어 넣어줄 것이다. 마이클 펠프스가 수영선수로서 이상적인 신체 조건을 가지고 있다는 것을 알아본 그의 코치는 어린 펠프스의 운동신경 발달에 특별한 관심을 가졌다.

한 운동선수가 지닌 잠재력은 다음의 두 자원에 좌우된다. 하나는 유전자이고, 다른 하나는 그 유전자가 가진 잠재력을 극대화할 수 있는 시설과 코치다. 올림픽 역사상 최다 우승자가 되기 위해서는 가능한 어릴 때부터 이런 자원을 이용할 수 있어야 한다.

질적으로 높은 수준의 지도를 받을 수 있다면 우리의 잠재력은 극대화된다. 그리고 우리 뇌는 우리 몸만큼이나 각기 다르다. 예를 들어 우리에겐 두 종류의 도파민 수용체가 있는데, 그중 D1 수용체가 더 많은 사람은 보상 추구형의 면모를 보이고, D2 수용체가 더 많은 사람은 처벌 회피형의 면모를 보인다. 근섬유도 여러 종류가 있듯이, 신경전달물질 수용체도 단일염기다형성Single Nucleotide Polymorphisms, SNP이 다르고, SNP마다 신경전달물질을 처리하는 방식이 다르다.[22] 사람들의 유전자가 다르고 그만의 선호가 있다는 것은 같은 종류의 훈련과 환경과 동기부여라 하더라도 그에 대한 반응이 제각각이라는 것을 의미한다. 모두가 응원하는 분위기와 좋은 시설에서 경험이 풍부한 코치의 지도를 받는다면 체육관에서 멍하니 시간을 보내는 사람보다 더 좋은 결과를 낼 수 있다.[23]

초등학교 3학년 때 미술 수업을 좋아하지 않았다는 사실이 그에게 예술적 잠재력이 없다는 것을 의미하지는 않는다. 다른 선생님이었다면, 좀 더 격려하는 분위기였다면 어땠을까? 수업이 사진 찍기가 아니라 점토 공작이었다면 어땠을까? 붓 대신 연필이었다면? 유리가 아닌

실이었다면? 학생 개개인의 눈높이에 맞게 관심을 주었다면? 아니면 경쟁심을 타고난 그가 다른 학생들에게서 동기부여를 받을 수 있도록 그룹 수업으로 진행했다면 어땠을까? 만약 우리가 사람들과 같이하는 것을 좋아하고 엄격한 관리가 필요하다면, 무료 온라인 강좌는 당연히 우리에게 안 맞지 않을까?

모싱은 이렇게 말했다. "어떤 사람은 한 시간의 훈련에서 다른 사람보다 더 큰 영향을 받을 수 있습니다." 내 유전자 중에는 이 일보다 저 일을 더 쉽게 할 수 있게 해주는 유전자가 있지만, 그 결과를 내기 위해서는 역시나 시간과 돈이 필요하다. 특히, 운동의 경우 신체 생활과 관련된 모든 부분에 신경을 써야 하기 때문에 더욱 그렇다.

적성에 딱 맞는 운동을 찾고 능력을 계발할 자원을 확보하는 것은 돈이 많으면 어렵지 않은 일이다. 돈이 많으면 자신의 길을 찾을 기회와 가능성이 더 많아질 것이기 때문이다. 눈과 관련된 스포츠에서는 그 격차가 더욱더 확연히 드러난다.

현재 스키 선수로 세계 신기록을 세울 수 있는 세계 최고의 유전자 소인을 지닌 사람이 멕시코 임대주택단지에 살고 있을지도 모른다. 근대 하계 올림픽은 1896년에 시작되었지만, 근대 올림픽 창시자는 1921년까지도 동계 스포츠를 "돈 많은 이들이나 하는 속물 놀이"로 치부했다. 그의 주장에 따르면 스키, 스케이트, 하키 같은 경기를 제대로 치를 수 있는 나라는 상대적으로 얼마 되지 않는데, 이는 이상적인 올림픽 정신에 위배된다. 육상처럼 훨씬 민주적인 스포츠와는 정반대다. 이 스포츠들은 경기장을 세우는 데만 해도 막대한 투자를 해야 하고, 그 운동을 제대로 하려는 선수 개인으로서도 적지 않은 투자를 해야 한다. 근대 올림픽 창시자는 스키를 "돈 많은 이들이나 하는 속물 놀이"로 불렀다. 그 창시자의 이름은 피에르 드 쿠베르탱Pierre de Coubertin 남작이다. 여기서 이미 기울어진 경기장인지도 모른다(부자 행운아들이 1924년부터 눈과 관련된 종목에서 금메달을 쓸어 모으기 시작했으니 말이다).²⁴

챔블리스는 최우수 수영 팀에 대한 연구에서 이렇게 썼다. "조금만 눈여겨보면 최우수 수영 팀이 되기 위한 요건이 무엇인지 알 수 있다. 일단, 지리적 위치가 있다. 특히, 그들은 일년 내내 해가 나고 누구나 수영을 할 수 있는 남캘리포니아에 살고 있다. 그다음으로 대회에 나가기 위한 여행 경비와 출전 경비를 댈 수 있는 고소득 집안이다. 그런 집안은 아이들이 어릴 때부터 이용할 수 있는 풀장을 집에 갖추고 있다."²⁵

금메달은 거저 따는 게 아니다. 1998년 동계 올림픽 당시, 타라 리핀스키와 미셸 콴이 벌인 최후의 결전을 기억하는가? 당시의 일을 기억하는 사람도 있을 테고, 우리가 1장에서 언급했던 내용을 기억하는 사람도 있을 것이다. 리핀스키가 아홉 살 때, 그녀의 아버지는 텍사스의 슈거랜드시에서 직장 생활을 하고 있었다. 그로부터 2년 뒤 텍사스 빙상장의 빙질이 좋지 않아서 스케이트가 자꾸 미끄러지자, 리핀스키와 그녀의 어머니는 델라웨어 대학교 빙상장에서 훈련하기 위해 델라웨어로 이사했다. 그로부터 다시 2년 뒤, 리핀스키와 그녀의 어머니는 더 나은 코치를 찾아나섰고, 이에 디트로이트의 스케이팅 클럽에서 리처드 캘러헌의 지도를 받기 위해 다시 미시간으로 이사했다. 코칭, 여행, 의상, 장비, 숙소 등에 들어가는 경비가 1년에 5만 달러였다. 리핀스키의 가족은 이를 감당하기 위해 집을 담보로 대출을 받아야 했다. 콴의 가족은 딸의 훈련을 뒷바라지하기 위해 집까지 팔았다. 이런 모습은 한때 피에르 드 쿠베르탱 남작이 우려했던 일인데, 이는 체조나 고가의 장비가 요구되는 장대높이뛰기 등 하계 올림픽의 개인 종목에서도 나타나고 있다. 무엇을 어떻게 연습해야 하는지, 가능한 방법들을 다양하게 접할 수 있어야 우리는 좀 더 수월하게 자신에게 맞는 종목과 그 종목을 연습하기 위한 최적의 환경을 찾아낼 수 있고, 그 종목에서 최고가 될 수 있다.[26]

돈이 있으면 다양한 종목들을 접해보면서 자신이 좋아하는 것을 찾는 일이 어렵지 않다. 최근 전미체력관리협회National Strength and Conditioning Association는 장기적 체육 발전에 관한 성명을 발표하면서 재능 계발에 심각한 부작용을 초래하기 때문에 조기 특화 교육에 반대한다는 입장을 밝혔다. 던지기를 주로 하는 미식축구와 야구 혹은 테니스 같은 운동은 반복되는 동작 때문에 부상의 위험이 크다. 특화된 동작은 신경근육의 발달을 왜곡하여 다른 운동 능력들은 흐리멍덩한 상태로 만들어버린다. 이는 일찌감치 아이를 전도유망한 사전 편찬자로 키우겠다며 집에서 '한 언어만' 사용하게 하는 것과 비슷하다.[27] (이런 전략으로 성공할 확률이 0.000001퍼센트라면, 나머지 99.999999퍼센트의 경우에는 그저 아이들을 참을 수 없는 존재로 만들어버릴 뿐이다.) 협회에 따르면, "조기 특화 교육이 운동 능력을 향상할 수 있다는 생각은 전문 음악인 양성에 관한 조사 자료를 잘못 해석한 것과 그것을 기반으로 제시된 1만 시간의 법칙에서 비롯된 바가 크다."[28] 즉, 연습의 질이 양보다 중요하다.

운동선수의 발전 과정에 대한 오늘날의 지침을 보면, 로저 페더러의 과정과 다르지 않다. 그는 테니스에 전념하기로 한 열두 살 이전까지는 축구, 스쿼시, 배드민턴, 테니스를 했다. 이따금 그와 우승을 다투는 스페인 선수인 라파엘 나달의 경우는 어떨까? 유럽이나 스페인어권 국가에 대해 잘 모르는 사람에게는 충격적일지 모르겠지만, 나달의 첫 사랑은 바로 축구였다. 그가 열네 살 때 그의 삼촌이 축구를 그만두고 테니스를 하라고 그를 설득했다.[29]

자신이 이미
잘하고 있는 일을 찾기

전문가가 되는 지름길은 자신이 이미 잘하고 있는 일을 찾는 것이다. 아니면, 적어도 다른 사람보다 그 일을 더 빨리 찾는 것이다. 어쨌든 재능은 상대적이다. 그렇기 때문에 아기 옆에서는 걸음에 대한 자신감이 높아지고, 발놀림이 새로운 경지에 든 사람 옆에서는 낮아진다.

올림픽 참가 선수들은 수년 동안 기량을 연마하면서 역시나 육체적으로 정점에 든 상대와 맞붙어 자신의 육체적 최대 한계치를 시험하는 사람들이다. 올림픽 경기는 스포츠가 성취할 수 있는 것의 정점을 보여준다. 무대로 오르기 위해서는 연습이 필요하고 승리를 해야 한다. 리듬체조 대회에 나가 실력을 겨루려면 체조복을 입고 리본으로 예쁜 모양을 만드는 모습을 영상으로 찍어 유튜브에 올리는 것 이상의 무엇이 필요하다. 에릭손이 만났던 바이올리니스트 영재들이 카네기홀에 오르기까지 걸린 연습 기간은 각각 달랐지만, 다음 한 가지는 공통적이었다. 여덟 살의 나이에 바이올린을 시작한 그들이 콩쿠르에 참가하여 우승한 확률이 67퍼센트에 달했다는 것이다. 반면, 하위 그룹의 연주자들이 우승한 경우는 18퍼센트밖에 되지 않았다.[30] 연습은 위대함을 더 위대하게 만든다. 요요마가 F 음계 소리를 내지 못하던 때도 있었지만, 어느 순간 그는 다른 또래보다 훨씬 연주를 잘하기 시작했다. 여덟 살 때의 스티븐 호킹은 훗날 마흔 살 때의 호킹과 비교하여 더 똑똑하지는 않았지만, 당시의 다른 여덟 살 아이들에 비해서는 훨씬 더 똑똑했다.

신속히 선택할 것을 찾아낼 수 있다면, 그 연습 과정을 감내할 수 있는 동기부여가 따라오게 된다. 지난 장에서 보았듯이, 누구를 이겼는지 혹은 상대의 실력이 얼마나 좋았는지와는 상관없이 승리하면 테스토스테론이 증가한다. 승리하면 다른 사람과 비교하여 자신을 좀 더 높이 평가할 수 있으므로 자신감이 높아질 수밖에 없다. 신속히 선택할 것을 찾아낼 수 있는 행운이 있다면, 인생은 더욱 순조로워진다. 자신감과 역량이 서로 상승작용을 일으키고, 치러야 할 훈련도 열심히 즐기면서 하게 된다.[31]

우리가 달성하고 싶은 목표를 정하면, 유혹과 장애를 물리치면서 목표 달성에 필요한 에너지와 시간을 더 많이 확보할 수 있다. 그리고 자신의 행동에 대해 비판적인 피드백을 받게 되면 우리 뇌는 계획대로 안 돌아가고 있다는 신호를 보낸다. 우리가 자신의 행동과 결과 사이의 인과관계를 볼 수 있을 때, 결과에 관심이 있을 때, 다음에 더 잘하기 위해 무엇을 고치면 될지 알 때 그 신호는 증폭된다. 자신이 정말 중요하게 여기는 것에서 우리가 더 나아질 수 있고 그 방법까지 안다면, 개선된 방법을 배우는 일은 어렵지 않다.[32]

어떤 일에서 전문적 기량을 갖춘 사람들은 보통 사람들 눈에는 미친 것처럼 보인다. 그들은 우리 뇌가 가장 싫어하는, '잘되고 있지 않다는 신호'를 계속 받아들이는 사람들이기 때문이다. 그들은 자신의 약점과 오류를 잡아내기 위해 자발적 훈련이라는 이름으로 그 끔찍하고도 지루하기 짝이 없는 노력을 끊임없이 거듭한다. 대부분의 사람들이 삶에서 가장 원하는 바가 샌드위치를 먹고 낮잠을 자면서도 100만 달러를 버는 것이라고 말하는 시대에 말이다. 그러나 그것이 무언가를 배우기 위한 유일한 방법은 아니다. 의도적 '놀이'를 통해 문제를 개선해나갈 수 있다. 이것은 정해진 틀 없이 참가자들이 알아서 하는 훈련이다. 리우데자네이루의 빈민가 동네에서 축구를 하는 아이들, 미네소타 근교에서 하키를 하는 아이들, 공원에서 일대일 농구를 하는 아이들, 주말에 해변에서 서핑을 즐기는 아이들을 떠올려보면 된다. 자, 이제 다음의 내 말을 따라 해보자. "신경 근육을 새롭게 연결하는 것은 재미있는 일이다. 그러나 애석하게도 그럴 기회는 우리의 주변 환경에 달렸다."[33]

비비안 밍은 잇달아 스타트업을 창업한 이론신경과학자다. 그녀는 인간 잠재력의 극대화를 연구했는데, 그 덕분에 최고의 위치에 오를 사람인지 예측할 수 있는 특징을 가려낼 수 있었다.[34] 몇 년 전, 밍은 산타모니카에서 열리는 레드불 후원 학회에 초대받았다. 거기서 우연히 최고의 스케이트보더인 로드니 멀린 옆에 앉아서 점심을 먹게 되었다. 힐 플립? 360도 회전? 플랫 그라운드 올리? 전미 대회에서 우승을 거둘 때, 그는 이런 기술들을 단순히 선보인 것이 아니라 그 기술들을 만들어낸 주인공이었다.

"나는 최고의 개발자들, 최고의 세일즈맨, 즉 여러 분야에서 최고라고 하는 사람들과 최고의 스케이트보더 사이에 어떤 공통점이 있을까 하는, 정말 흥미로운 궁금증이 생겼답니다." 밍은 세계선수권대회를 준비하고 참가하는 과정에서 겪는 시시콜콜한 경험에 대해 질문 공세를 폈다. 대회 직전까지의 초인적 집중력에 대해서는 예상했던 답을 들었다. 경기가 끝나면 대부분은 샌드위치를 먹고 낮잠을 자는 쪽을 택하겠지만, 위대한 스케이트보더인 로드니 멀린과 토니 호크 같은 사람들은 그 대부분에 속하지 않는다.

"'그러니까, 토니와 나는 뒤풀이에 참석해서 샴페인을 조금 마셔요. 거기서 20~30분 정도 있다가 다시 돌아와서 새로운 동작을 연습합니다.' 딱 제가 듣고 싶었던 말이었어요. 최고의 개발자와 최고의 세일즈맨에게서 제가 발견한 것도 바로 그것이었거든요. 그들이 어떤 기술을 가지고 있고, 그들의 성적이 어떻든 간에 굳이 그럴 필요가 없는데도 노력을 하고 있다면, 그것만으로도 그들이 최고가 될 수 있다는 사실을 예측할 수 있지요."[35]

승리했든 패배했든, 프로젝트가 마무리됐든, 그렇게 일이 끝나고 나면 우리는 대부분 '이젠 좀 쉬자, 누가 신경 쓰겠어'라고 한다. 밍은 이렇게 말했다. "그런데 그들은 신경을 쓴다는 거예요. 또한 그들은 수고에 대한 스스로의 보상에 둔감하죠. 그러니까 정상이 아니에요." 자신이 진정으로 흥미로워하는 것을 선택할 수만 있다면, 거기에 노력을 기울이는 일은 어렵지 않다. 1장에서 살펴보았듯이, 사람들은 노력하는 걸 수고로 여겨지지 않는 한, 힘든 일도 기꺼이 하려 한다. 그토록 많은 훈련을 할 만큼 자신이 좋아하는 무언가를 찾을 수 있는 행운이 주어진다면, 긍정적인 상승 곡선이 만들어질 것이고 우리는 그 일에 더욱더 애착을 갖게 될 것이다.[36] 다른 사람에게는 재미있어 보이는 일일지라도 그것을 억지로 해야 한다면, 기진맥진한 나머지 그것을 다시는 거

들떠보지도 않을 위험이 급격히 증가할 수 있다.[37]

또라이 기질과
자기효능감이라는 무기

우리의 신체적 능력이 얼마나 되는지, 우리의 코치가 얼마나 매력적인지, 우리가 누군가를 이겨본 것이 얼마나 오래되었는지, 이 모든 것에 상관없이 우리가 전문적 기량을 가진 사람이 되는 것은 다음의 한마디 말을 하지 않는 데 달렸다. "그만둘래!"

우리가 우연히 숨겨진 재능을 발견했다고 해도, 그 행운을 붙잡으려면 거기에 온전히 몸을 던질 수 있어야 한다. 경쟁하고, 실력을 키우고, 슬럼프를 극복하기 위해서는 당신에게 주어진 자원(시간, 돈, 에너지, 유전학적 잠재력)을 가지고 도달할 수 있는 최고 한계까지 계속 노력을 기울이고 즐겨야 한다. 크라카우어는 유전적 요인과 연습 외에 세계적 수준의 기량을 연마하기 위한 최종 요소로 '또라이' 기질을 꼽는다.

"내 생각에 이 모든 문제의 핵심은 삶의 그 자리에 어떻게 자신을 두느냐에 있는 것 같아요. 다른 모든 것을 희생하면서까지 묵묵히 연습하도록 만드는 모든 요인이 바탕에 깔려 있는 그 자리에 말이죠. 이것은 좀 별나다고 할 수 있어요. 프로이트가 '야망을 품은 이는 누구나 병적이다'라고 말했던 것과 비슷해요."[38]

의사 결정에서 예측과 가장 관련이 깊다고 여겨지는 뇌의 영역이 또한 바로 우리를 인간답게 만들어주는 영역이다. 피실험자에게 몇 가지 선택권을 제시하면, 결정치decision value(피실험자가 최종적으로 선택하기로 한 것을 바라볼 때 가장 활성화되는 뇌의 영역)는 복내측 전전두피질이다.[39] 의사 결정에서 최종 결정권을 행사하는 복내측 전전두피질은 우리가 우리 자신에 대해 생각할 때, 미래를 생각할 때 그리고 무언가에 가치를 부여할 때 특히 활성화된다. 우리 뇌의 공식적인 '나도 거기에 가고 싶어요' 중추인 셈이다.[40]

펜실베이니아 대학교의 조셉 케이블Joseph Kable은 이렇게 말했다. "사고 수렴에는 세 가지 방식이 있어요. 우리는 가능한 미래를 상상하고, 어떻게 행동할지 마음을 먹고, 그 멋진 것을 이뤄내기 위해 취할 수 있는 과정을 모색합니다."[41] 우리는 우리가 원하는 미래를 기준으로 의사 결정을 내린다. 특히, 우리가 되고 싶은 미래의 자아가 어떤 모습인지, 그것이 실현되기를 얼마나 원하는지, 그리고 그렇게 됐을 때 돌아올 이익이 들이는 비용을 넘는지를 가지고 의사 결정을 한다. 즉 '그만한 가치가 있는 것일까?'를 따진다. 우리의 목표가 우리의 세계를 만든다. 그리고 기량을 전문가 수준으로 높이기 위해서는 더 나아지려는 목표를 중심으로 나의 세계가 움직여야 한다.[42]

그러나 무엇보다 먼저 우리는 스스로 나아질 수 있다는 믿음을 가져야 한다. 연구자 제임스 E. 매덕스James E. Maddux의 멋진 표현을 빌리면, "진실은 이런 겁니다. 바로 자신이 이루고 싶은 것을 이룰 수 있다는 믿음이 성공이라는 요리에서 가장 중요한 재료라는 것이죠." 자신에게 더 나아질 능력이 있다는 이 마법 같은 믿음은 우리 삶 전반에 영향을 미친다. 그리고 거기에는 이름이 있으니, 바로 자기효능감self-efficacy이다. 전문적 기량을 가진 사람, 간단히 말해 무언가를 배워서 최고의 경지에 이르는 사람이 되기 위해서는 진정한 개인적 관심이 있어야 하고, 자기효능감이 있어야 하고, 무언가를 사랑할 줄 알아야 하며, 더 나아지는 것을 즐길 줄 알아야 한다.[43]

자기효능감이 중요한 것은 죽음, 세금과 더불어 우리 삶에서 피할 수 없는 한 가지가 있기 때문이다. 그것은 바로 실패다. 어느 순간 일이 꼬일 수 있다. 내로라하는 이들도 일을 망칠 때가 있다. 이를테면, 뛰어난 바이올리니스트들도 콩쿠르에서 우승하지 못할 확률이 33퍼센트나 된다. 그들은 평소 자신에 대해 가지고 있던 생각에 따라 실패한 상황에서 평정심에 큰 차이를 보였다.

결과보다는 노력이 중요하다는 격려를 받으면 우리의 자기효능감이 커진다. 안드레이 심피언Andrei Cimpian은 실험에서 네 살 아이들에게 그림 과제를 주었다. 그것을 형태 놀이라고 해두자. 자신이 그것을 잘하는지 아는 아이도, 그런 것을 원래 잘한다고 생각하는 부류의 아이도 없다. 아이들은 그림을 네 개 그렸다. 그림 하나를 완성할 때마다, 아이들 전체의 반에게는 '정말 잘 그렸어요'라는 말을 해주고, 나머지 반에게는 '그림을 잘 그리는 친구네요'라는 말을 해주었다. 아이들에게 다시 두 장의 그림을 더 그리게 한 다음, 이번에는 모두에게 그림을 잘못 그렸다고 말했다. 얼마 후, 아이들에게 "내일 여러분이 뭔가를 할 수 있다면, 그림을 그릴래요 아니면 다른 걸 할래요?"라고 물었다. 자신이 그림을 잘 그리는 친구라는 말을 들었던 아이는 그림을 그리겠다고 하지 않았다. 자신이 원래부터 그림을 잘 그린다고 생각했던 아이들은 지적을 받자 '자신의 솜씨를 하찮게 여기고, 우울해하고, 잘 그리지 못한 그림을 내보이기 싫어하고, 급기야 그림 자체를 그리려고 하지도 않으며,

실수를 만회할 궁리도 하지 않는' 선택을 했다. '무기력한 행동'을 보여주었던 것이다. (과학적 주장에 따르면, 네 살짜리 아이들에게 잘못된 칭찬을 하면 나중에 노숙자나 약물 중독자가 될 수도 있다고 한다. 그러니 부담을 주면 안 된다.)⁴⁴

자신의 적성에 딱 맞는 일을 찾고, 그 일을 즐기면서 하고, 실력을 향상할 자원을 확보할 수 있더라도, 우리가 피할 수 없는 어려움을 겪는 가운데 목표를 향해 계속 나아가려면 또 다른 것이 필요하다. 운동선수들은 각자 그들만의 어두운 기억이 있다. 그러나 흔들리지 않는 높은 자부심은 부정적 피드백의 위협으로부터 자신을 지켜주는 보이지 않는 방패이며, 우리가 실패하더라도 계속 나아갈 수 있게 해준다. 세상의 모든 톰 브래디(미국의 미식축구 선수. 뉴잉글랜드 패트리어츠팀의 쿼터백으로 슈퍼볼에 여덟 번 진출하여 다섯 번 우승을 이끌었으며, 네 번이나 슈퍼볼 MVP로 선정되었다 – 옮긴이)는 천칭 저울에 '이런 것쯤이야'라는 구슬을 마구 올려놓는 사람들이다. 패배를 거듭하더라도 다시 일어날 수 있고, 패배를 배움의 기회로 삼을 수 있으며, 때로 운명의 여신이 상대 팀에 미소 지을 수도 있다는 사실을 아는 사람들이다. 그들은 항상 실력 향상에만 관심을 두며, 그 어느 것도 소홀히 하는 법이 없다. 반면, 자부심이 낮은 사람들은 비판을 참지 못한다. 그들은 실력 향상보다는 잠시나마 자신의 에고를 지켜주는 피드백만 받으려 한다. 이런 사람들은 지젤 번천 같은 사람을 아내로 맞지 못한다.⁴⁵

돈이 있으면 운이 쉬이 따른다고 하는데, 자세히 들여다보면 돈을 가진 사람의 '말' 때문에 운이 따르는 경우가 있다. 한 연구에서 4년간 가족들의 상호작용을 추적했는데, 우울하게도 아이들이 받았던 강화의 종류가 부모의 사회경제적 지위에 따라 큰 격차가 나는 사실을 알수 있었다. "아이들이 태어나고 첫 4년 동안, 전문직 부모를 둔 집안의 아이들은 평균적으로 부정적 피드백보다 긍정적 피드백을 56만 번 더 받았다. 노동자 계층 집안의 아이들은 10만 번의 긍정적 피드백을 받았다. 복지시설의 아이들은 긍정적 피드백보다 부정적 피드백을 12만 5,000번 더 받았다."[46] 연구자들은 일반적으로 사회경제적 지위를 위계질서 내 사람들의 위치를 측정하는 기준으로 삼는다. 행동하거나 배우려는 자신감이 있으면 우리는 보상에 집중하려고 한다. 사람들은 자신도 모르게 자식들에게 보상 혹은 인지적 처벌에 집중하도록 가르친다. 귀에 못이 박히도록 자주 그런 얘기를 듣다 보면, 이제 그것은 떨쳐내기 어려울 정도로 강화되고 내재화된다.

우리가 무엇을 할 수 있는지는 사람들이 우리에 대해 무슨 말을 하느냐에 따라 결정된다. 코치에게서 큰 기대를 받는 사람은 교육적인 면과 심리적인 면에서 긍정적인 피드백을 받으며, 기량을 연마할 기회도 더 많이 받는다. 단기적으로는 좀 더 열심히 할 수 있도록 해주며, 기량이 개선되는 데 보람을 느낄 수 있게 해준다. 좀 더 많은 동기부여와 지도를 받는 가운데 연습을 하고 그렇게 시간이 흐르면, 우리는 기량 면에서 더 나은 결과를 얻는다.[47] 다른 사람들보다 잘한다는 얘기를 들으면, 우리는 그 피드백이 거짓일지라도 더 빨리 익히고 더 나은 기량을 선보인다.[48]

챔블리스는 수영선수들의 수준을 분류하는 연구 논문에서 이렇게 썼다. "수영이라는 스포츠에서 C라는 수영선수가 탐탁지 않게 여기는 부분을 최고 수준의 수영선수는 즐긴다. 다른 사람들은 따분하게 여기는 것(두 시간 동안 검은 선까지 왕복 수영하는 것)에서 그들은 평화와 마음의 안정을 찾기도 하고, 도전해볼 만한 일이라며 반기기도 하고, 심지어 치유의 힘이 있다고도 여긴다. 세계적인 운동선수들이 목표를 달성하기 위해 더 많은 희생을 감내한다는 것은 잘못된 생각이다. 많은 경우 그들은 자신들이 하고 있는 것을 희생이라고 전혀 생각하지 않는다. 그들은 그것을 좋아한다."

기량이 향상되는 과정을 즐긴다면, 그리고 진정한 내적 욕구 덕분에 잘하고 싶은 마음을 갖는다면, 오랜 시간 거기에 매달리는 것은 어려운 일이 아니다. 무언가를 하고 싶은 마음이 든다면, 자리를 박차고 일어나게 된다.[49] 도널드 토머스가 어쩌다 우연한 기회에 참 시기적절하게도 높이뛰기를 발견할 수 있었던 것은 큰 행운이지만, 다른 사람 눈에 띌 만큼 기량을 향상하고 싶다는 마음을 가질 수 있었던 것도 그로서는 큰 행운이다.

전문적 기량을 가진 사람들은 운이 좋다. 그들은 자신이 사랑할 수 있는 것을 찾았고, 그 분야에서 최고가 되는 데 필요한 자원을 이용할 수 있었기 때문이다. 또한 그들은 끊임없이 다음 단계로 나아갈 수 있다는 믿음을 간직할 만큼 정신적 자원도 갖추고 있었는데, 이 또한 운이 좋은 것이다. "어떻게 해야 할지 이미 정해진 것을 할 때 행동 체계는 아주 빠른 발전을 이루어내고, 이에 긍정적인 기분을 갖게 된다."[50] 전문적 기량을 가진 사람이란 자신이 하고 싶은 일과 그 일을 할 수 있는 환경, 그리고 자신에게 맞는 지도를 해줄 코치를 찾아낸 이다. 평범한 우리는 올림픽에 출전하는 것이 에베레스트 등정만큼이나 불가능한 일이라고 생각한다. 전문적 기량을 가진 이들은 그저 수년 동안 다음 단계로 나아가는 데만 집중했던 사람들이다. 기량을 향상할 수 있고, 다음 경기에서 이길 수 있게 해주는 것이라면 무엇이든 했던 사람들이다. 그리고 정체기에 들 때마다 헌신의 도를 더 높였던 사람들이다. 수년에 걸쳐 꾸준히 에너지와 시간을 한곳에 집중시킨 그들은 마침내 두각을 나타내고 세상의 다른 모든 사람보다 저만치 앞서 나아가게 된 것이다.[51]

노력해도 소용없다고 생각하는 당신에게

✔ 규칙적으로 새로운 것을 배우고, 새로운 것을 시도하라. 도널드 토머스처럼 우연히 세계적 수준의 재능을 발견하는 운을 얻으려면 무언가 새로운 것을 시도해봐야 한다. 예전에 했던 것들도 다시 돌아보자. 고등학교 때 토론 수업 선생님이나 미술 선생님이 여러분에게 소질이 없다는 이야기를 어떻게 했는지 기억하는가? 당신은 그를 학생들을 못 살게 굴던 선생으로 기억하고 있을지 모르겠지만, 어쩌면 그 선생은 우울증에 걸린 따분한 작자에 불과했을 수도 있다.

✔ 특별히 해야 할 일이 없을 때, 당신은 어떤 일을 하는가?

✔ 뭔가를 잘하고 싶은 사람은 자신의 길에 방해가 되는 것들을 철저히 거부한다. 그러나 결전의 날이 오면 여태까지 힘든 과정을 겪었다고

해서 추가 점수를 받는 것은 아니다. 당신에게 도움이 되는 환경을 만들 수 있다면, 기량 향상은 어려운 일이 아니다. 더 많은 가능성, 예를 들어 무엇을, 어떻게 훈련할 것인가를 접할 수 있다면 더 쉽게 자신에게 안성맞춤인 것을 찾고, 그 기량을 연마하여 전문적 기량을 갖춘 사람이 될 수 있다. 그러므로 새로운 환경을 많이 접하면서 거기서 당신이 얼마나 잘 배우는지 그리고 거기에서 동기부여가 되는 것이 있는지를 눈여겨볼 필요가 있다.

✔ 가능한 빨리 질 좋은 교육에 투자하라. 유익하고 시기적절한 피드백을 많이 받을 수 있다면, 낑낑내면서 몇 시간 더 훈련하는 것보다 기량 향상에 도움이 된다.

✔ 전문적 기량을 가진 사람들은 자신이 나아질 수 있다는 것에 대해 변함없는 믿음을 가지고 있다. 자신이 더 나아질 수 있다는 자신감이 있으며, 기량 향상에 한계가 있다는 것을 인정하지 않는다(자신감에 대한 조언은 이 책의 마지막 장을 참고하라).

✔ 기량을 향상하거나 새로운 것을 배우기에 늦은 때는 없다. '테니스, 사진, 사교술, 새로운 치즈케이크 레시피, 이런 것을 배우기엔 너무 늦었다'고 생각하는 사람에게 한마디 한다. 지금 당신의 나이에 시작했기를 바라는, 당신보다 나이 많은 사람이 있다는 사실을 기억하라.

✔ '나는 이러이러한 이유 때문에 못해.' 이겨내기 어려울 정도로 힘들어

보인다는 이유로 지레 포기하는 사람들이 많다. 우리는 다른 사람의 행운은 보지 않고, 자신의 불운만 본다.

✔ 자신의 기량을 남의 기량과 비교하지 말라. 기량 향상에 보람을 느끼는 데만 집중하라.

7장

무기력해지는 대신
자신을 돌아보라

–

자제력이 어떻게
행운을 가져오는가

2007년 가을 내가 처음으로 데릭 시버스Derek Sivers를 만났을 때, 그는 기쁨에 차 있었다. 당시 〈와이어드Wired〉의 편집장이자 그가 존경해마지 않는 크리스 앤더슨Chris Anderson 이 시버스의 회사인 CD 베이비 CD Baby에 찬사를 보냈다는 것이었다. 1990년대에는 음악을 들으려면 CD나 테이프가 필요했다. CD 베이비는 온라인에서 개인 음원을 판매하는 업체로 좋은 평판을 얻고 있었다. 그들은 온라인 판매점과 물류창고를 갖고 있어서 누구나 쉽게 독립 뮤지션들의 음악을 접할 수 있게 했다. 앤더슨은 인터넷 덕분에 틈새시장이 번창하게 된 완벽한 예라며 CD 베이비를 홍보했다.

"그래서 내가 그에게 '광팬이자 장기 구독자입니다. 언급해주셔서 감사합니다'라고 이메일 한 통을 쏴줬어요."

시버스는 인생의 모든 국면에서 구김살 없이 낙관적이며 앞으로

하게 될 모든 일에 설레는 사람이다. 딱 한 번 그가 당황한 적이 있는데, 근처에 있는 NE 윈 시버스 드라이브NE Win Sivers Drive와 그가 무슨 관련이 있는지 물었을 때였다. 그 도로는 오리건주 포틀랜드 공항 주변의 산업 및 상업 물류단지를 관통하는 일종의 동맥이었다. 알고 보니 그 도로는 그의 할아버지 이름을 따서 지은 도로였다.[1]

시버스는 명랑한 성격 말고도 두드러진 기질이 또 하나 있었다. 친구들은 그를 로봇이라는 별명으로 부르곤 했다. 그는 이렇게 설명했다. "나는 친구들과 어울리지도 않고, 파티에 가지도 않아요. 연주든, 노래든, 글이든 잘 안 풀리는 것이 있으면, 제대로 될 때까지 문을 닫아걸고 세 시간이고 여덟 시간이고 그 작업에만 몰두해요. 나는 상당히 오랫동안 집중할 수 있거든요." TV 드라마를 볼 때처럼 빈둥대면서 오랜 시간을 보내는 것이 아니라 어떤 문제를 해결하기 위해 그토록 오랫동안 세상과 단절할 수 있는 사람은 많지 않다. 운이 좋아서 일찌감치 자신이 하고 싶은 것을 발견했다 하더라도, 사람들의 주목을 받을 만큼 혹은 사람들에게 유용하게 쓰일 만큼 그 재능을 계발해야 하는 일이 남는다. 결국 우리는 진득하게 궁둥이를 붙이고 앉아서 자신의 재능을 계발하기 위한 일을 해야 한다. 시버스는 기꺼이 그렇게 하는 사람이었다.

왜 어떤 사람은 다른 사람보다 성공을 더 많이 거두는 것처럼 보일까? 그에 대해 오컴의 면도날(영국의 철학자 오컴의 주장에서 유래한 것으로, 지나친 논리 비약이나 불필요한 가설을 제거해야 한다는 말이다 - 옮긴이) 같은 가장 간단한 답을 하자면, 그들은 성공에 필요한 것을 하기 때문이다. 버클리 음대를 졸업한 시버스는 뮤지션 류이치 사카모토坂本龍一가 일본 순회공연에 필요한 기타리스트를 구하고 있다는 것을 알았다(운 좋게도 친구를 통해 들었다). 시버스는 밤을 꼬박 새워 새로운 기타곡을 편곡하고 녹음 했다. 이튿날 그는 트랙 작업을 한 뒤 데모 테이프를 사카모토에게 건 넸다. 임시 연주자 자리를 따낸 그는 일본 순회공연에 같이했다.

그 후 1993년에 시버스의 룸메이트(뉴욕 대학교에서 멀티미디어를 공부 하고 있던)가 인터넷을 언급하자, 그의 호기심은 다시 불이 붙었다. "당장 나만의 월드와이드웹 페이지를 만드는 법을 알고 싶었어요. 그리 힘든 일은 아니었죠. 당시만 해도 컴퓨터를 써본 경험이 많지 않았지만, 기본 적인 HTML 태그를 만드는 일이 워드 문서를 작성하는 일보다 어렵지 않았거든요."

인터넷은 마치 수영장에 잉크 한 병을 쏟아부은 듯 서서히 전 세계 로 퍼져 나갔다. 사회학자 에버렛 M. 로저스Everett M. Rogers는 이 과정 을 두고 '혁신의 확산'이라고 불렀다. 새로운 것을 처음 시도하는 사람 은 로저스의 말처럼 혁신가들이며, 그 뒤를 얼리어댑터들이 따른다. 우 리 가운데 68퍼센트는 그 뒤를 잇는 대다수에 해당하다. 나머지 16퍼 센트에 해당하는 마지막 무리는 시대에 굼뜬 이들로, 먹기 좋게 밥상이 다 차려졌을 때 등장한다.[2]

시버스는 찻잔 속 태풍 수준이던 인터넷 초창기에 선구자가 되었 다. 기술적으로 아직 사용하기가 쉽지 않은 때라 온라인으로 뭔가를 하 려면 컴퓨터 괴짜 기질이 좀 있어야 했다. 링크에 이상한 것을 걸어놓 는 스팸봇이라든가 폰지형 사기 영업 같은 것은 없고, 오로지 덕후들이 나 관심을 가질 선의의 자료들만 있을 때였다.

내가 아는 사람 가운데
가장 운 좋은 사람은 나

시버스는 하루 저녁 만에 스스로 HTML을 익혔고, 프로그래밍을 못 하는 사람들보다 앞서 스스로 온라인에 자료를 게시할 수 있게 되었다. 이렇게 새로운 것에 한 번 꽂히자 그는 초창기 온라인 게시판의 '죽돌이'가 되었다. 거기서 그는 뭘 해야 할지 모르는 뮤지션들과 기술적·법적 정보를 공유했다. 자신의 홈페이지를 이용하여 사진을 올리고, 자신을 소개하고(크리에이터, 엔터테이너, 전문 껄떡쇠, 절망적인 이성애자, 낙관주의자, 바람둥이, 학습 중독자, 고양이 집사), 음악 홍보 담당자와의 인터뷰를 신고, 그들의 조언을 따로 블로그에 올리기도 했다. 그는 작곡하고 녹음까지 한 뒤, 그것을 '이 주의 음악'으로 올려서 소감을 올려달라고 하기도 했다. 그는 유즈넷과 그 밖의 1990년대 초반의 온라인 게시판을 주로 들락거리면서 거기에 다양한 토픽을 다루고 있는 자신의 홈페이지로 들어가는 링크나, 자신의 홈페이지 주소를 게시물 끝에 남겨놓기도 했다.

우리 대부분은 그러고 싶을 때만 PHP 같은 프로그래밍 언어를 깨작깨작 배우거나, 어쩔 수 없을 때 블로그를 업데이트한다. 그러나 어떤 상황에서도 일을 제대로 마무리하는 습관을 기른다면 시간이 흐르면서 행운의 배당금이 떨어지게 된다.

사업, 기술, 음악, 이 세 가지가 어우러진 영역에서 시버스는 명성을 날리기 시작했다. 그는 끊임없이 새로운 목표를 설정하고 그것을 성취했다. 거기에는 자신의 밴드 히트 미Hit Me가 CD를 팔 수 있는 신용카드 가맹점 계정과 웹사이트를 구축하는 일도 포함되어 있었다.

컴퓨터를 잘 모르는 뮤지션 친구 마코 아티사리Marko Ahtisaari가 다른 밴드들도 온라인에서 CD를 팔 수 있는 시스템을 구축해줄 수 있느냐고 묻자, 시버스는 500달러를 들여 웹사이트를 만들고 회사를 세웠다. 그중 100달러는 마이크로소프트의 웹디자인 프로그램을 구입하는데 썼고, 50달러는 도메인 이름을 등록하는 데 썼다. 광고를 전혀 하지 않았고, 오로지 독립 뮤지션들이 그들의 CD를 한 장이라도 더 파는 데만 신경을 썼다. 시버스는 이렇게 회상했다. "호의로 그 일을 했던 거예요." 류이치 사카모토에게 보냈던 데모 테이프처럼, CD 베이비도 주말을 이용해 혼자 앉아서 뚝딱 만들어낸 것이었다.

500달러로 CD 베이비를 시작한 지는 10년이 지나고, 내가 그를 만난 지는 1년이 지난 뒤에 데릭 시버스는 2,200만 달러에 회사를 매각했다. 지금 그 사업가는 뉴질랜드와 싱가포르에 적을 두고 우리 모두가 꿈꾸는 삶을 살고 있다. 그는 말한다. "내가 아는 사람 가운데 내가 가장 운 좋은 놈이라는 얘기를 항상 하고 다닙니다."

무언가에 타고난 듯 보이거나, 외모가 출중하거나, 테니스를 치는 것만이 행운을 얻을 수 있는 유일한 길은 아니다. 때로 책임감을 갖고 주어진 일을 마무리 짓기만 해도 된다. 자신의 행동을 통제할 수 있다면 행운이 따를 기회를 만들어내고 포착할 수 있다. 배우, 가수, 프로 운동선수처럼 선망받는 직업을 가진 사람들도 남은 평생 자신이 좋아하는 일을 하기 위해 꼭두새벽부터 일어나 이동하고, 리허설을 하고, 훈련하고, 먹고 입는 것에 신경 쓰고, 기자회견을 하는 데 삶의 많은 시간을 보낸다. 누구에게나 자신을 유혹하는 약점이 존재한다는 것과 자제력이 곧 자신감이라는 것을 인정한다면, 우리는 삶이라는 연장통에 행운을 더해줄 또 하나의 도구를 갖춘 셈이 된다.[3] 그런데 여기에는 반전이 있다. 우리 자신을 능숙하게 잘 다스리는 법을 배우는 것은 우리 역량 밖의 일이라는 것이다. 운이 좋다는 것 역시 운에 달렸다는 말이다.

어떤 행동을 반복하는지
살펴볼 것

우리가 정의하는 성격적 특성은 대부분 상황에 달려 있다. 우리 가운데 가장 말수 적은 친구가 오랫동안 소식이 없었던 친구를 만나면 갑자기 외향인 모습을 보이는 것처럼, 누구나 적절한 상황에 놓이면 자제력의 화신이 될 수 있다. 어떤 일을 하느라 서둘렀던 최근의 경험을 떠올려 보라. 회의에 늦지 않게 뛰어갔던 일, 손님들이 들이닥치기 전에 청소했던 일, 문 닫기 전에 가게로 쏜살같이 달려갔던 일, 마감 전에 원고, 이메일, 책을 썼던 일. 그럴 때 우리는 효율적인 기계였다.

세상이 다 끝난 것처럼 생각하지 않는 것이 자제력의 핵심이다. 어떤 일을 가장 효과적으로 하는 데 자신의 온 에너지를 집중할 수 있다면, 우리는 그 중요한 일을 끝내는 데 한 걸음 더 다가갈 수 있다.[4]

상대적으로 안정된 성격적 특성을 논하기 위해, 심리학자들은 OCEAN이라는 방법을 사용한다. 그것은 개방성Openness to experience, 성실성Conscientiousness, 외향성Extroversion, 친화성Agreeableness, 신경증 Neuroticism을 의미하는 표현의 약자다. 성실성에는 우리가 무언가를 성취하는 데 도움을 주는 자기규율, 질서, 인내가 포함된다.[5] 이것들은 모두 자기관리에 포함되는 요소이기도 하다. 자기관리란 '목적의식을 갖고 자신의 행동과 사고와 감정을 목표에 맞추는 과정'을 가리킨다. 혹은 목표한 바에 도달할 때까지 진행 과정을 예의 주시하고 '그 일을 끝내기 위한' 행동을 계획하고 조정하며 다른 나머지 것들(불안, 동기 부족, 넷플릭스, 친구, 실패한 결혼, 페이스북)을 무시하는 일을 말하기도 한다.[6]

지능은 행운을 더해주는 귀중한 자산이지만, 그것만 가지고는 뛰어난 학문적 성취를 거둔 사람들을 반밖에 설명해주지 못한다. 그 이유 가운데 하나는 지능이란 개인이 자신의 온갖 능력을 다 발휘할 때 얼마만큼 일을 성취할 수 있는지를 가늠케 해주는 지표에 불과하기 때문이다.[7] 차분한 일상 속의 행동 패턴을 봐야 실생활에서 어떤 성과를 낼 수 있는지 제대로 알 수 있다. 왜냐하면 압박감이 없는 상황에서 우리의 처신을 결정하는 것은 바로 이런 일상 속의 행동 패턴이며, 우리가 효율적으로 일상의 순간들을 보낼 때 그로 인해 커다란 성공을 거둘 수 있기 때문이다. 따라서 우등생이 되게 해주는 나머지 반은 자제력과 그릿grit 같은 자기규율이다.[8] (자제력과 그릿은 둘 다 궤도에서 이탈하지 않는 능력을 가리키는데, 그중에서도 그릿이 순간을 참아내는 인내력을 가리킨다면, 자제력은 그보다 장기적 측면의 인내력을 가리킨다.)

얼마나 큰 미래의 보상이 우리의 행동을 이끌어 나갈지는 자제력이 결정한다. 따라서 좋은 것을 얻고자 하는 동기의 정도가 우리의 인내와 행동 방식에 영향을 미친다.[9] 세계적 수준의 전문적 기량을 갖춘 이가 되려면 우리 삶의 한 영역에서 세계적 수준의 자제력을 발휘할 수 있어야 한다. 그런 이유로 사회학자 댄 챔블리스는 올림픽 출전 수영선수에 대해 "그들의 에너지는 매우 신중하게 발산된다"고 말했다.[10] 어떤 영역에서든 커다란 미래의 보상을 향해 노력하는 만큼 그 효과가 축적된다. 그렇기 때문에 자기규율은 성공을 가늠하는 가장 중요한 척도 가운데 하나이다.[11]

긴장이 풀린다 싶을 때 우리가 어떤 행동을 반복적으로 하는지를 보면, 앞으로 우리가 무엇을 할지 짐작할 수 있다. 그래서 자제력은 사람들에게 믿음을 줄 수 있는 지름길이기도 하다. 시버스처럼 어떤 상황에서도 일을 해내는 사람들은 다른 사람들의 신뢰를 얻어 좋은 평판과 더 많은 기회를 얻게 된다. 마코 아티사리가 시버스에게 연락했던 것은 한 가지 이유 때문이었다. 우리는 우리 자신을 의도로 판단할 수 있지만, 세상은 우리가 실제로 이루어낸 것만을 볼 뿐이다.[12]

자제력도
학습이 가능할까

자기규율은 우리가 배울 수 있는 능력일까, 아니면 타고나는 능력일까? 학자들은 자기규율이 높이뛰기와 비슷하다고 한다. 운 좋은 소수에게 특히 쉬운 것이지만, 그래도 누구나 그 기량을 향상할 수는 있다고 말이다.[13]

오래전, 스탠퍼드 대학교의 심리학자 월터 미셸Walter Mischel 은 아이들이 커다란 미래의 보상을 위해 눈앞의 만족을 얼마나 미룰 수 있는지를 연구하기 시작했다. 그 유명한 연구에서 연구자들은 네 살짜리 아이들에게 15분 뒤에 자신들이 돌아올 때까지 가만히 기다리면 더 좋아할 만한 것(사탕 두 개라고 했지만, 사실은 마시멜로 같은 것)을 주겠다고 말했다(이 연구는 수십 년 전에 진행되었던 것으로, 아마도 전쟁 중이라 변변한 사탕이 없었을 것이다). 만약 아이들이 그렇게 오래 기다릴 수 없을 것 같으면, 연구자들에게 손짓을 하면 되었다. 그러면 연구자들은 아이들에게 작은 사례를 하고 실험을 마쳤다. 참을성이 있는 아이라면, 훗날 SAT 고득점과 같은 바람직한 성과를 낼 수 있으리라는 예측을 할 수 있었다.[14]

먼 미래를 위해 행동할 수 있는 능력은 생물학적 요소들의 영향을 받는다. 뇌마다 도파민을 처리하는 방식이 다르다. 도파민 수용체의 변이들 때문에 가혹한 결과에도 덜 민감한 사람들이 나온다. 그리고 그 변이들은 비만이나 병적인 도박과도 관련이 있다. 세로토닌 수용체의 유전적 차이로 말미암아 사회적 상황에서 공격성과 분노 같은 충동을 조절하는 데 실패해 문제를 일으킬 수 있다. 일에 집중하고, 별로 이롭지 못한 선택들을 피하고, 동료들을 괴롭히려는 유혹에서 벗어나는 것 등은 정상적인 뇌를 가진 사람이라면 다 할 수 있는 일이다. 그러나 더 나아가 행운을 얻기 위해서도 주어진 상황이 어떠하든 잘 헤쳐나갈 수 있어야 한다.[15]

그로부터 40년 후 미셸의 실험에 참여했던 피실험자 가운데 일부가 다시 실험에 참여했다. 자제력이 뛰어났던 아이들은 자제력이 뛰어난 성인으로 자랐다. 그들의 의사 결정은 뇌의 집행 중추인 전전두피질을 자극하고 보상과 동기부여가 만나 우리의 행위를 촉발하는 기저핵의 활동은 억제한다.[16] 흔들림 없이 미래의 더 큰 보상을 얻는 데 집중할 수 있다면, 긍정적 방향으로 도미노 효과를 유발한다.[17]

듀크 대학교의 행동유전학자인 댄 벨스키Dan Belsky는 자제력에 영향을 미치는 유전적 요소들이 광범위한 긍정적 결과를 내포한다는 사실을 발견했다. 덜 충동적이며 읽기 능력이 뛰어난 세 살짜리 아이는 경제적으로 성공하고 신분이 상승한 서른여덟 살의 성인으로 자랐다.[18] 미래의 목표를 향하여 자기 생각과 행동을 꾸준히 더해나갔던 것이다.

벨스키는 이렇게 말했다. "그들은 결국 일도 잘 풀리고, 기회도 잘 이용한다. 마음을 먹으면 실수를 잘 하지 않기 때문이다."[19]

온라인으로 당신의 음악을 팔기 위해 밴드 홈페이지를 만들었는데, 다른 밴드도 그 서비스를 이용하고 싶어 하는 경우를 상상해보자. 당신이라면 '미안, 이번 주말에 밴드 연습이 있어서 말이야'라고 대답하겠는가, 아니면 '다른 사람들도 똑같은 필요를 느끼겠구나' 하고 생각하겠는가? (자제력이 있다면, 잘나가는 그룹은 다른 이들의 욕구도 고려하면서 공존하고자 한다.) 기다란 '할 일 목록'에 올려만 두었는데, 몇 달 뒤에 다른 사람이 독립 밴드들이 CD를 팔 수 있는 온라인 스토어를 개설한 것을 보게 되지는 않을까?

월터 미셸은 이전의 성공 경험은 아이들이 더 큰 보상을 기다리게 할 수 있다는 사실을 발견했다.[20] 웨스트버지니아 지역의 어린이들을 대상으로 선택의 문제를 조사한, 1970년대에 발표된 또 다른 연구에 따르면, 불우한 집안의 아이들(무상급식 대상이거나 부모가 생활보호 대상자인 아이들)은 참을성이 부족했다.[21] 그러나 욕심 많고 충동적인 아이들이라도 그들에게 세 개의 사탕을 보여주면서 잘 참으면 이 사탕을 다 가질 수 있다고 이야기하면, 아이들은 태도를 바꿔서 나중의 더 큰 보상을 기다렸다.

몇 년 뒤, 로라 마이클슨Laura Michaelson이 우연히 미셸의 초기 연구를 보게 되었다. 미셸이 볼더에 있는 콜로라도 대학교에 재직할 무렵 사회경제적으로 상위 계층의 아이들에 대한 연구를 하기 이전의 연구였다. 로라가 설정한 연구틀은 다음과 같은 한 가지 중요한 차이점만 빼고 미셸의 연구와 똑같았다. 로라는 사전에 피실험자들에게 실험자들이 약속을 지키지 않을 수도 있다는 가능성을 열어놓았다. 결국 실험자들을 의심한 아이들은 기다리지 않았다.[22]

다시 말해, 사람들이 시스템을 믿지 않는다면—편집자들은 자기가 아는 사람들의 투고 원고만 읽는다는 소리를 너무 많이 듣는다면, 아무리 좋은 과학 프로젝트를 제출해도 C를 받을 수 있다고 생각한다면, 혹은 검열 법 때문에 새로 시작하는 스타트업에 먹구름이 낄까 우려하는 마음이 든다면—우리는 책을 쓰지도 않을 것이고, 과학 프로젝트로 입체 모형을 만들지도 않을 것이며, 스타트업을 시작하지도 않을 것이다.

마이클슨은 이렇게 말했다. "자제력과 만족의 관계에 관한 확고한 이론을 펼치는 사람들을 보면, 대부분이 사회적 인자를 전혀 인식하지 못하고 있다."[23] 어떤 목표를 추구하고자 하는 동기는 그 목표가 얼마나 가치 있느냐와 그 목표를 실제로 이룰 가능성이 얼마나 되느냐에 좌우된다. 이와 같은 기대와 가치의 조합을 최초로 언급한 사람은 17세기 프랑스 철학자 블레즈 파스칼Blaise Pascal이다. 이와 관련한 그의 저술은 오늘날 심리학자들과 경제학자들이 하는 행동 분석의 모태가 되었다. 미래에 대단한 보상이 주어지지 않을 수 있다는 생각이 들면 그 보상을 추구하고자 하는 동기가 사라질 수 있다.[24]

2014년, 이탈리아 경제학자 파올라 줄리아노Paola Giuliano와 안토

니오 스필림베르고Antonio Spilimbergo는《경기 침체 속의 성장Growing Up in a Recession》이라는 책을 펴냈다. 이 책은 젊은 시절에 혹은 처음으로 취업 시장에 진입할 때, 거시경제 차원의 심각한 충격이 빚어내는 장기적 영향을 시간대별로 기록한 것이다. 사람들이 자신의 이익에 반하는 쪽으로 행동하는 것처럼 보인다면, 그것은 노력에 비해 보상이 불확실했던 경험 때문일 수 있다는 것이다.[25]

예를 들어 대공황처럼 외부의 영향에 취약한 대규모 경기 침체를 겪으면, 사람들은 성공을 개인이 어찌할 수 없는 것이라고 본다. 즉 모든 것이 운에 달렸다고 본다. 베이비붐세대는 희생을 하면 언젠가 큰 보상(예를 들어 연금이나 근속표창장)이 돌아올 거라는 믿음을 가지고 일했다. 밀레니얼세대는 이와 다른 환경에서 성장했다. 그런 믿음을 가지고 일을 한들 혜택이 많은 정규직 일자리는커녕 두 번째 마시멜로, 즉 연금 같은 것이 주어질 거라는 보장도 없다. 그들의 조부모와 부모 세대는 집과 퇴직금까지 날리는 판국이다. 미래의 보상이 주어질 거라는 확신이 없다면, 우리의 관심은 눈앞의 보상으로 옮겨갈 수밖에 없다. 그것은 좋은 근무 환경에서 사명감을 갖고 회사를 위해 일하는 것이다.[26]

자신을 바꾸는 일은
언제나 어렵다

우리의 뇌에서 최종 선택을 하는 곳은 복내측 전전두피질이다. 그 선택은 어떤 감정—자신의 미래 가치 또는 '나도 거기에 가고 싶어요'라는 뇌의 신호—을 동반하지만, 그것을 압도하는 것이 있다. 그것은 바로 배외측 전전두피질이다. 우리 뇌에서 책임감 있는 성숙한 어른에 해당하는 배외측 전전두피질은 전전두피질의 다른 부위를 상명하달식으로 통제한다.[27] 전문 기량을 갖춘 여느 사람처럼, 숙련되어 있지만 일을 되는 대로 하지는 않는다.[28]

신경생물학의 선구자인 예일 대학교의 에이미 안스튼Amy Arnsten은 이렇게 말했다. "뉴런이 하는 일은, 흥분 상태를 계속 유지시키는 것이다. 신진대사의 차원에서 매우 집약적이다. 뇌는 다른 뉴런보다 훨씬 더 많은 연결이 일어난다. 진화 과정에서 그 연결의 수는 기하급수적으로 늘어나며, 각각의 연결은 흥분을 유발하므로 그것을 지속시키기 위해서는 에너지가 필요하다.[29] 뇌는 최소 노력의 법칙을 따르면서 가능한 가장 적은 에너지를 이용하여 일을 수행하는 데 매우 능숙하다. 뇌가 수행하는 일 자체가 뇌라는 기계를 돌아가게 하는 인지적 노력이다. 뇌는 언제 어느 때든 자신을 얼마만큼 사용할지 매우 효과적으로 결정한다. 정신적 피로라는 것은 '이건 할 만한 일이 아니야'라고 하는 뇌의 말이다."[30] 치명적인 시스템 붕괴를 막을 수 있을 정도로 아직 저장고에 에너지가 남아 있다 하더라도 육체적으로 피곤함을 느낄 수 있듯이, 우리 정신도 동기부여와 생리적 한계에 부딪히면 일찌감치 총기를 잃기 시작한다.[31]

뭔가 자동화되지 않은 듯한 일, 햄버거를 먹고 싶은데 샐러드를 주문하거나, 쉬면서 술이나 한 잔 하고 싶은데 웹사이트를 만드는 일을 하기 위해서는 신진대사 차원에서 상당히 많은 에너지가 드는 우리 뇌의 한 부분(전전두피질)을 이용하여 운동 제어 중추(기저핵)를 이끌어야 한다. 어떤 행동을 반복하면 수월해진다는 느낌을 받는 것은 시간이 지남에 따라 우리 뇌가 계획하고 궁리하는 전전두피질의 능력을 덜 사용하여 부하가 덜 걸리기 때문이다. 결국 완전히 자동화된 습관은 동기와 보상이 만나 우리의 움직임을 제어하는 기저핵에서 시작된다.[32] 자기를 개선하는 일이 힘든 것은 고되고 고통스러운 일들을 극복해야만 하기 때문이다. 우리는 우리 뇌에서 성인에 해당하는 배외측 전전두피질을 이용하여 우리의 습관적 반응에 제동을 걸어야 한다. 우리 뇌에서 '일이 제대로 되지 않고 있다'는 신호를 보내어 자신을 바로잡아야 한다. 덜 힘든 것을 하겠다고 지금 당장 하고 싶은 것을 하는 게 아니라, 당장 손에 잡히는 게 없더라도 미래의 보상을 향해 나아가야 한다. 거듭 또 거듭 우리는 어른이 되어야 한다.[33]

　　빌어먹을, 피곤한 일이긴 하다.

살을 뺀다고
행복해지지는 않지만

나는 지금 서맨사 폰 스펄링의 펜트하우스 아파트에 있다. 미스 유니버스 출전자들의 이미지 컨설턴트로 일하고 있는 그녀는 뉴욕 금융가에 있는 사무실에서 나를 맞았다. 건물 로비의 천장은 벨라조Bellagio(고급 휴양지인 이탈리아 코모 호수를 모티브로 한 화려한 호텔-옮긴이)풍 그림으로 장식되어 있었다.[34] 옷, 액세서리, 머리칼, 피부, 몸매는 우리의 내적 자아에 관한 메시지를 보낸다.[35] 폰 스펄링은 사람들의 외모를 세상 사람들에게 보이고 싶은 외모로 가꿔주는 일을 하며 경력을 쌓아온 인물이다.

폰 스펄링은 왼쪽 약지에 좀 커 보이는 6캐럿짜리 반지를 끼고 있었다. 할머니한테서 받은 선물이라고 하는데, 그것으로 보아 그녀의 집안은 부유했던 것 같다. 한쪽 벽에는 사무실의 필수품이라 할 수 있는 신문 스크랩들이 몇 년 전에 실렸던 〈뉴욕타임스〉 전면 기사와 함께 걸려 있었다. "저 기사로 모든 게 달라졌죠." 그녀는 솔직히 말했다. '긴 크리스마스 쇼핑 목록이 필요한가? 이제 그것도 외부에 위탁할 수 있다'라는 제목의 기사는 폰 스펄링의 개인 맞춤형 쇼핑 서비스에 주목했다. 그뿐 아니라 "에티켓, 댄스, 화술, 스타일 전반"에 관한 그녀의 조언에 관해서도 언급했다. 현재 폰 스펄링은 잘나가는 사람들과 잘나갈 준비를 하는 사람들에게 컨설팅을 하고 있다. 예를 들어, 여성 상류층 모임에 입성하고자 외모를 가꾸고 싶어 하는 젊은 여자들에게 8,000달러짜리 주말 속성 과정을 제공하고 있다.

폰 스펄링은 동물무늬 샌들에 몸매가 확연히 드러나는 빨간 드레스를 입고 있었다. 그녀는 최근 매우 힘든 이혼 과정에서 늘어난 7~14킬로그램 정도의 체중을 감량했다는 얘기를 하다가 갑자기 직업병이 도졌는지 내 모양새를 뜯어보기 시작했다

그녀는 나를 훑어보며 말했다. "입고 있는 드레스의 컷이 마음에 들어요. 그 브이넥. 그런데 좀 파였네. 스카프를 하는 게 어땠을까?"

"하나 있어요. 강렬한 핑크색으로." 내가 말했다.

그녀는 콧등에 주름을 잡더니 고개를 갸웃했다. "그게 다예요?" 그녀는 숨이 넘어가듯 말했다. "자기한테는 에르메스 스카프 컬렉션을 가지고 있다 물려줄 대고모가 없나 봐?"

"우리 고모는 타깃(대형 할인매장 – 옮긴이)에서 일해요."

폰 스펄링은 내게 이것저것 조언을 했다. "글루텐을 피해야 해요. 매일 한 시간씩 자기 몸에 투자할 필요가 있어요. 한 시간 동안 운동을 하거나 아니면 아침저녁으로 산책이라도 해야 해요." 그녀는 내게 지중해식 저탄수화물 식단의 중요성을 강조한 뒤, 운동 외에도 매일 한 시간씩 스파에서 로션, 크림, 셀프 마사지, 매니큐어 같은 것을 하라고 조언했다. 그런 것들이 내 안의 마법을 불러일으키고, 일을 하는 여성으로서의 삶에 어울리는 모습을 갖출 수 있도록 해준다는 것이었다. 그녀가 말했다. "자기 무릎은 남한테 보여주지 말아요. 자기는 5킬로그램 정도만 빼면 훨씬 더 행복해질 것 같아요. 7킬로그램 정도 뺄 수 있으면 더 좋고."

경제적으로 궁핍한 시대에는 사람들이 관능적인 매력을 선망한다. 살집이 있다는 건 먹을거리가 넉넉한 사람이라는 뜻이다. 그러나 먹을거리가 넘쳐나는 풍요의 시대에는 자제력이 매력적이다. 유전적 이유 때문이든 무엇이든, 비만이거나 과체중인 사람은 타인들이 기질과 자제력에 선입견을 갖고 차별 대우를 하는 통에 고통받는다.[36] (얼마나 자주 먹을거리 앞에 앉느냐 하는 것에 대해서는 따져볼 수 있겠지만.) 사람들이 자제력에 대해 부정적 선입견을 갖게 되면, 어릴 때부터 우리의 경제적 미래에 부정적인 영향을 끼칠 수 있다.

비만인 부모는 자식들의 대학 등록금을 보태줄 여력이 좀 떨어질 것이라고 생각한다. 체질량지수가 높은 취업 지원자는 교육을 많이 받지 못하고, 사람들도 덜 추천할 것이라는 선입견을 갖게 된다. 이런 부정적 효과는 관리자를 채용할 때 더 심하게 나타난다. '몸무게'를 '무능

력', '비효율', '굼뜸', '게으름'과 같은 부정적 이미지와 곧바로 연결한
다(해당 연구들은 사진이 첨부된 이력서들을 가지고 한 것이지만, 채용 담당자가 온라인
으로 사진이 첨부된 지원서를 훑어보는 상황에서도 비슷한 결과가 나올 것으로 본다).[37]

폰 스펄링의 말대로 살을 빼면 더 행복해질지는 모르겠으나, 연구
에 따르면 적어도 내가 돈을 더 많이 벌 수는 있다고 한다. 평균 체중의
여자인 내가 10킬로그램 정도를 더 뺀다면, 25년 동안 38만 9,300달
러를 더 벌 수 있다는 것이다.[38] 신장에 비해 일반적인 체중보다 10킬
로그램 정도 덜 나가는 남자는 25년 동안 평균 체중의 남자보다 21만
925달러를 덜 벌 수 있다고 본다. 남자의 경우는 반대다. 남자는 어느
지점(비만이 되어 수입에 타격을 받게 되는 지점)까지는 체중이 나갈수록 보상
을 더 받는다.[39]

우리는 비만을 사회경제적 하층계급의 부속물로 본다. 자신이 계
급구조의 아래쪽에 있다는 생각이 들면 건강상에 문제가 발생하고, 이
는 스트레스와 체중을 증가시킨다. 우리는 모두 더 많은 자제력을 발휘
할 수 있기를 바라지만, 쉽지 않다. 그래서 우리가 몸 관리를 잘함으로
써 자제력이 뛰어난 사람처럼 보일 때 사람들은 우리를 동업자나 직원
으로 두려 한다.[40]

직원이 될 사람이든, 동업자가 될 사람이든, 아니면 친구가 될 사람
이든 그 행동에 일관성이 있는 사람들이 더 많은 신뢰를 받으며, 불러
주는 데도 많다. 그런 사람들이야말로 우리가 가고자 하는 길에 도움이
될 사람들이기 때문이다.[41]

인생의 규칙을
잘 제어하는 요령

우리 뇌의 관련 부분을 이용하여 충동을 조절하는 것은 모두에게 어려운 일이다. 자기조절의 고수가 되는 한 가지 비법은 자제할 필요가 없는 환경을 만드는 것이다. 시버스가 자신에 대해 했던 말을 떠올려 보자.[42] "나는 친구들과 어울리지도 않고, 파티에 가지도 않아요. 연주든, 노래든, 글이든 잘 안 풀리는 것이 있으면, 그것이 제대로 될 때까지 문을 닫아걸고 세 시간이고 여덟 시간이고 그 작업에만 몰두해요." 도파민 뉴런은 보상 그 자체뿐만 아니라 보상이 생길 수 있는 실마리에도 반응한다. 그냥 무언가를 보기만 해도 그것이 지닌 장점에 대해 따지기 (그 가치에 해당하는 구슬을 모으기) 시작한다. 바로 이런 이유로 영업을 하는 사람들은 제품 배치에 그토록 많은 신경을 쓴다. 근접성을 통해 선호도를 키울 수 있기 때문이다.

미셸의 마시멜로 연구에서, 사탕을 마주한 아이들은 6분 이상 참지 못했다. 그러나 현실에서는 자제력이 출중한 사람이라면 그런 상황에 처할 일을 만들지 않을 것이다. 그들은 삭막한 사무실에 남아 일을 더 처리하거나, 조용한 도서관에 가서 논문을 마무리 지을 것이다. 아니면 건강식 메뉴를 내놓는 식당에 가서 식사를 하거나 가격표를 보는 것이 부담스럽지 않은 매장에 가서 쇼핑을 할 것이다. 애초에 속수무책으로 앉아서 혀를 깨물고 참아야 하는 상황에 들어가지 않는다면, 정신적 에너지를 아껴서 정말 자신이 해야 할 일에 그 에너지를 쏟을 수 있다.[43]

미셸의 실험에서 사탕 두 개를 찍은 사진을 보고 기다릴 가치가 있는 더 큰 보상에 주목했던 자제력이 뛰어난 아이들이 있었다. 이런 아이들처럼 행동하면 자제력은 사람을 더 행복하게 해줄 수 있다. 우리는 보상으로부터 힘을 얻지만, 보상을 얻기 위해 우리의 주변 환경을 모두 통제할 수는 없는 노릇이다. 가치관을 바꾸면 습관적으로 관심을 두는 방식도 바뀐다. 다이어트에 성공하면 먹을거리를 대할 때 천칭 저울에 올려놓는 구슬의 종류도 달라진다. 예전에는 먹을 것을 고를 때, '맛'이라는 구슬을 만지작거리며 비교했다면, 이제는 '건강'이라는 구슬의 무게를 비교한다.[44]

원하는 보상을 얻었을 때의 장점에 주목하면서 앞을 내다보는 현명한 습관을 가진다면, 더 행복한 삶을 누릴 수 있고 장기적 목표에 더 꾸준히 매달릴 수 있다. 자신이 정말로 즐길 수 있는 체육 활동을 찾게 되면, 그에 필요한 훈련을 할 때 꾀를 부릴 까닭이 없다. 넉넉한 은행 잔액이 주는 안정감에 집중하는 것이 물건을 사지 못하거나 놀러 가지 못한 것을 아쉬워하는 일보다 돈을 모으기에 훨씬 더 현명하고 바람직한 방법이다.[45] 짜증이 나기 전까지 거듭 싫다고 말하는 데는 한계가 있는 것 같지만, '그래, 난 그걸 원해'라는 말을 거듭하는 데는 한계가 없다. 보상을 생각하면 지치지 않기 때문이다. 저축을 잘한 사람은 두 개의 마시멜로 사진을 앞에 놓고 다음과 같이 자문하면서 결정한다. "나는 아이팟을 원하는가, 아니면 집을 원하는가? 라테를 원하는가, 아니면 집을 원하는가?"[46]

신체적·경제적·정신적·사회적으로 건전한 삶을 살 수 있게 해주는 긍정적인 일상 습관에 집중하면 또 다른 이점이 따른다. 바로 불운으로부터 받는 충격을 더 많이 상쇄해준다는 것이다. 유전적으로 당뇨

병이나 암에 잘 걸릴 수 있다고 하더라도, 오랜 세월에 걸쳐 건강에 이로운 현명한 결정을 내려왔다면 만성적 질환을 막는 강한 면역 체계를 키울 수 있다. 모아놓은 돈이 있으면 그로 인한 안전망이 만들어진다. 실직을 당해 불운이 눈덩이처럼 불어나는 것을 막아주고, 재정 파탄의 쓰나미를 멈추게 해주며, 더 좋은 일자리를 찾을 때까지 기다릴 시간 여유를 주어 길게 보면 수입을 극대화할 수 있게 해준다. 고등학교 시절 근시안적 보상을 주는 무리와 어울려 다녔던 것이 부정적 도미노 효과를 일으킬 수 있듯이, 불운이 눈덩이처럼 불어나는 것을 막는 것도 행운을 극대화하는 것 못지않게 중요하다.[47]

동업자로서든, 친구로서든, 동료로서든 우리는 자제력이 강한 사람을 선호한다. 왜냐하면 그런 사람들은 화를 주체하지 못하거나 다른 사람들을 힘들게 하는 부류가 아니라는 사실을 알기에 본능적으로 그들을 더 신뢰한다. 어떤 결정을 내리거나 주변 환경을 만들 때 미래에 중점을 두는 사람들은 가치를 공유하는 바가 있기 때문에 서로 잘 뭉치는 경향이 있다.

예를 들어, 먹을거리를 대할 때면 그들은 '건강'이라는 구슬을 챙긴다. 고등학교와 대학교 때 미래지향적인 친구들을 가까이 두면 우리 인생의 궤적도 바뀐다. 그리고 비슷한 미래지향성을 가진 인생의 배우자를 만나면 건전하고 안정된 가정을 꾸릴 수 있다는 이점이 추가된다. 자제력이 강한 부부는 각자의 목표를 달성할 수 있도록 서로 도와주며 더 행복한 관계를 꾸려나갈 수 있다. 당연히 이혼의 가능성도 줄어든다.[48] 올림픽에 출전할 정도로 뛰어난 수영선수들을 연구한 사회학자 댄 챔블리스는 규칙에 순응하는 것이 자기규율보다 효과적이라는 사실을 알았다. "훌륭한 팀에 합류하면, '새벽 네 시에 억지로 일어났다' 는 말을 입에 달고 살지 않게 된다. 왜냐하면 모두가 네 시에 일어나기 때문이다. 그래서 '와, 네 시에 일어나는구나!' 하고 만다."[49]

지금 하는 일과 더 큰 이익을 위한 환경을 만드는 일이 가져올 이점에 집중하면서 미래를 계획하다 보면, 부정적 감정과 스트레스가 눈덩이처럼 불어나는 것을 막을 수 있다. 그리고 사람들과 안정적 관계를 맺고 목표를 향해 무난히 나아갈 수 있도록 해준다. 올림픽 등에서 우승한 선수들은 일상적 스트레스를 최소화하고 불안감을 설렘으로 규정함으로써 감정을 조절하는 데 탁월하다. 가능한 신속히 정상 궤도로 복귀함으로써 패배와 낙심과 초조함에서 허우적대는 시간을 줄여야 한다. 그렇게 하면 스트레스에도 좀 더 잘 버틸 수 있고, 건강과 재정 문제 그리고 관계의 문제도 파탄에 빠뜨리지 않을 수 있다.[50] 어쩔 수 없는 인생의 고비에서 스스로 너무 스트레스에 빠지지 않는다면, 높은 기준을 갖고 사는 사람들은 장기적으로 더 행복한 삶을 살 수 있다. 고결한 목표를 완수하는 데서 더 깊은 만족을 얻을 수 있기 때문이다.[51]

나는 성공의 유전학을 연구하는 행동유전학자 댄 벨스키에게 어떻게 하면 우리가 인생 초년병 시절의 어려움을 이겨낼 수 있는지 물었다. 그는 이렇게 답했다. "지능은 우리가 혼돈에서 벗어나 질서를 찾는 데 도움을 줍니다. 밝은 사람일수록 혼돈 속에서 질서를 더 잘 잡아나가고, 그것으로부터 더 효과적으로 교훈을 얻습니다. 자제력을 키우기 위해서는 자신이 처한 상황 속에서 이런 규칙성을 잘 제어해야 합니다."[52]

삶이 우리가 어쩔 수 없는 우연적 요인에 좌우된다고 생각하는 사람은 현실적이다. 그러나 그들은 우울한 감정으로 더 큰 고통을 받기도 한다. 우울증은 어느 정도는 동기부여의 결여에서 비롯하기 때문이다. 장기적인 이익에 초점을 맞춰 행동하는 사람들은 더 바람직한 인생의 결과를 얻을 수 있는데, 그들은 과대망상과 낙천성을 띠기도 한다.[53]

우리는 부모 세대보다 더 좋은 학교에 다니고, 더 좋은 옷을 입고, 자기관리에 더 신경을 쓰고, 더 다양한 사람들과 어울리고, 더 많이 돌아다니며 식견을 쌓을 수 있다. 그리고 부모 세대와 달리 자신이 속한 사회와 다른 제도권에서도 적응하는 법을 익히고, 훗날의 돈벌이를 위한 투자 개념으로 프랑스어·승마·자바스크립트 등을 배운다. 주변의 다른 이들보다 목표를 높게 설정하려면 원래 자신의 사회적 계급으로부터 유래한 가치관을 바꿔야 한다. 자신의 성장 배경이 되었던 문화로부터 효과적으로 벗어나야 한다. 어느 순간 올림픽 출전 선수들이 단체 수업을 더는 듣지 않기로 결정하듯이, 우리는 높은 수준을 향해 가족과 친구들이라는 습관의 보금자리에서 벗어나야 한다.[54]

폰 스펄링이 제안한 것을 모두 할 수 있다면, 내 스트레스 수치는 전반적으로 떨어질 것이다. 더 건강한 뇌 기능을 촉진하고 자기관리 능력을 향상할 수 있을 것이다. 그리하여 나도 시버스와 비욘세처럼 앉아서 감정 조절을 하며, 어떤 일이 닥치든 차분한 권위를 갖고서 그 일을 처리해나갈 수 있을 것이다. 그러나 내게는 그럴 시간과 돈이 없다. 그리고 그 방도를 고민하는 것 자체가 내게는 스트레스다. MBA를 따면 남은 인생을 편하게 먹고살 수 있다고 해도, 당장 대학원에 진학할 돈이 없으면 도리가 없는 것이다. 미래에 벌어들일 돈을 갖고 경영대학원 다음 학기 등록금을 낼 수는 없으므로, 수준을 높이기 위한 우리의 능력은 현재 우리가 가지고 있는 자원의 제약을 받을 수밖에 없다. 그 자원이란 경제적인 것(공짜가 아닌 대학원 전형료와 학자금 대출)일 수도 있고, 환경적인 것(내가 공부를 마칠 때까지 묵묵히 기다려줄 이해심 많은 가족)일 수도 있고, 아니면 정신적인 것(자신이 현재 처한 상황에서 인내하며 학업에 매진할 수 있는 것)일 수도 있다.

'주말 동안 2,200만 달러짜리 웹사이트를 구축하라'는 류의 제안을 받았을지라도, 우리는 현재 자신의 위치에서 시작하여 그 일을 해내야 한다. 그리고 어느 정도 시간이 흐르면, 여행이나 자동차 구매 같은 단기적 보상을 쫓기보다는 그것을 성장하고 있는 회사에 현명하게 투자할 줄 알아야 한다. 때로 시버스의 CD 베이비나 도널드 토머스의 높이 뛰기와 같은 행운이 눈앞에 주어지더라도, 당장의 상황에 너무 매몰되면 전후의 모든 것을 바꿔놓을 수 있는 평생의 습관을 날려버리게 된다.

**삶의 골칫거리들을 잘 처리하고 싶은
당신에게**

✔ 더 잘할 줄 알면서 하지 않는 것은 아무 소용이 없는 일이다. 비교심리학자 마이클 토마셀로Michael Tomasello는 말했다. "진화 과정에서 보면, 똑똑한 것은 현명하게 행동하지 않는다면 아무 의미가 없다."[55]

✔ 정신적으로 피로하다는 것은 뇌가 '이건 할 가치가 없는 일이다'라고 말하는 것이다. 따라서 인지적 노력을 줄이는 방법을 모색해야 한다.

연습은 억지로 해야 하는 일과가 아니다. 그것은 친구들과 즐기며 하
는 신체 활동이 될 수 있다. 바라는 미래에 좀 더 가까이 가기 위해서는
오늘 해야 할 일에 집중해야 한다.

✔ 현명한 선택이 기본이 되도록 인생을 세팅할 필요가 있다. 목돈을 마
련하고 싶은가? 월급날에 돈이 예금계좌로 자동이체되게 해야 한다.

✔ 우리가 내린 결정이 우리가 목표로 하는 더 큰 보상으로 직접적으로
이어지는 것을 볼 때, 우리는 그 선택이 '가치 있다'고 느낀다. 군것질
을 피하면 청바지 맵시가 산다거나 바라는 몸매를 얻을 수 있다는 것
을 머릿속에 그려본다. 더 좋은 TV를 사기 위해 노후 자금에서 돈을
빼 쓰고 싶은 사람은 노후에 살 집의 크기를 떠올려보라. 아이스크림
을 먹을 것인가, 턱걸이 운동을 할 것인가? TV를 살 것인가, 팜스프링
스에서 노후를 보낼 것인가?

✔ 장기적 보상에 집중할 수 있도록 삶의 단계를 차근차근 계획하고 있다
면, 우리는 사랑하는 사람들과 갈등을 빚을 수 있다. 나는 공부를 하려
는데, 같이 사는 사람은 흥청망청 마시면서 주말 내내 〈왕좌의 게임〉
이나 보고 싶어 할 수 있다. 그에게 끌려다니느니 새 가족을 찾는 편이
좋을 것이다.
내가 없어도 그는 나의 대체물을 쉽게 찾을 것이다. 더 좋은 것은 뜻이
맞는 친구들을 찾는 것이다. 당신의 가치를 공유하거나 존중해주는 사
람들을 주변에 두어야 한다.

✔ 뇌와 환경과 목표가 다르기 때문에 성실성을 계발하는 데 획일적인 접근법은 있을 수 없다. 새로운 습관을 들이는 데 정확히 며칠이면 된다는 것은 없다. 행동을 제어하는 능력을 키워줄 수 있는, 모든 이들에게 두루 통용되는 마법의 앱도, 비결도, 특별한 체계도 존재하지 않는다. 자기관리 능력이 뛰어난 사람들은 자신에 대한 전문가라고 할 수 있다. 그들은 어떻게 하면 역량을 최대한 발휘할 수 있는지, 그리고 무엇이 동기를 만드는지를 잘 안다. 그리고 그것들에 대해 책임을 질 줄 안다.[56]

✔ 소소하고 즉각적인 보상에 지나친 가치를 부여할 때 우리는 쉽게 흔들린다. 테이프를 앞으로 돌려 이 결정 때문에 미래의 내 모습이 어떻게 될지 미리 상상해봄으로써 상황을 객관적으로 바라보아야 한다. 다른 사람이 똑같은 상황에 처해 있다면 내가 어떤 식의 조언을 할지 생각해보라.

✔ 미셸의 원래 연구를 보면, "불우한 여건의 아이들을 '참을성 없는 아이들'로 분류할 수는 없다"고 지적한다. 아이들에게 자제력과 인내심을 가르치고 싶다면, 미래에 커다란 보상이 주어진다는 믿음을 심어주어야 한다.

✔ 과정에서 즐거움을 찾아야 한다. 자신의 노력을 칭찬해줄 필요가 있다. 미래의 자신에게 친절하게 대해야 한다. 당신이 좀 더 노력하지 않았더라면, 미래의 당신은 늙고 지치고 절망에 빠진 사람이 될 수도 있었을 테니까.

8장

꼬인 관계와 운이
풀린다!

—

의미 있는 관계를 찾아
집 밖으로 나서기

오늘은 스포츠계 소식이 모든 신문의 머리기사를 장식하는 날이다. 네 시간 뒤면 NBA 드래프트가 시작되기 때문이다. 이보다 몇 시간 전, 월 드컵에서 독일이 미국을 1대 0으로 이겼다. 여러 가지 일이 일어나고 있었다.

영화 〈제리 맥과이어 Jerry Maguire〉의 기술 자문이자 작품의 실제 주 인공으로 잘 알려진 최고의 스포츠 에이전트 리 스타인버그는 미니 냉 장고에서 다이어트 닥터 페퍼를 꺼내려고 손을 뻗었다. 두 시간 동안 세 캔째였다. 주간 팟캐스트 준비로 정신이 없는 나머지 냉장고 문도 제대로 닫지 않았다.

내 원편에서 스타인버그 스포츠 & 엔터테인먼트사의 '사자 조련 사'라고 자칭하는 돈 웨스트 주니어가 카메라를 설치하고 있었다. 디 에고 에스쿠차는 스타인버그 뒤에서 주간 팟캐스트인 리 스타인버그라디오 쇼의 꼭지로 소개할 〈블룸버그Bloomberg〉와 〈비즈니스 인사이더Business Insider〉의 주요 기사를 그에게 추려주고 있었다.

"그들은 카멜로와 르브론이 남아 있기를 원한답니다. 슈터들을 변방 저격수로 투입하고 싶어 해요." 에스쿠차는 기사를 짚어 가며 드래프트 지명 예상 순위 이면에 깔린 구단들의 셈법을 설명했다. "위긴스가 1순위가 되어야 합니다."(카멜로는 현재 미국 시카고 라케츠 농구팀의 포워드로, 르브론은 LA 레이커스 농구팀의 포워드로, 위긴스는 클리블랜드 캐빌리언스 팀에서 뛰고 있다 - 옮긴이) 그는 열아홉 살의 캔자스 대학교 최고 가드를 두고 말했다.

"누구?" 기사를 뚫어져라 보며 스타인버그가 물었다.

에스쿠차는 농구와 월드컵에 대한 소식도 전했다.

"그 스포츠는 내 영역이 아니야." 스타인버그는 탄산음료를 한 모금 마시며 말했다. "나는 정말 축구는 잘 모르겠어." 그러고선 볼일을 보러 화장실로 뛰쳐나갔다.

그가 돌아온다. 다시 이야기는 시작된다.

그러나 우리 이야기는 스타인버그의 어린 시절로 돌아가 시작된다. 그는 초등학교, 중학교, 고등학교, 대학교 그리고 법학대학원에서 학생회장을 지냈다. 버클리의 캘리포니아 대학교 4학년 때, 미식축구 선수들이 묵던 기숙사에서 생활 상담 조교 일을 했다. 그로부터 3년 뒤, 그는 버클리 법학대학원을 졸업했다. 그가 조교일 때, 기숙사 학생 중에 스티브 바트코프스키가 있었다. 그는 대학 미식축구 최고의 쿼터백이었으며, 애틀랜타 펠컨스 팀에 1라운드 드래프트에서 지명되었던 사람이다. 1975년 당시만 해도, 이런 드래프트가 있으면 장래가 유망한

NFL 선수들은 자신들의 이익을 최대한 대변해줄 임시 대리인으로 부모를 내세웠다. 그러나 바트코프스키는 기숙사 상담 조교였던 스타인버그에게 법률 조언을 구했다.

더는 잃을 게 없던 처지에서 우연히 스포츠 에이전트의 길로 들어선 스물다섯 살의 스타인버그는 친구를 위해 법률 조언을 맡아 애틀랜타 팰컨스와 4년 계약을 성사시켰다. 당시로서는 NFL에 갓 들어온 신참에게는 가장 큰 규모의 계약이었다. 원래 스타인버그는 '페리 메이슨(50년대와 60년대에 걸쳐 미국에서 인기리에 방영되었던 법정 드라마 〈페리 메이슨 Perry Mason〉에 등장하는 주인공 변호사 – 옮긴이) 같은 변호인'이 되고 싶다는 꿈을 갖고 있었으나, 어쩌다 스포츠 에이전트의 세계에 발을 디딘 이래 수백만 달러를 벌었고 쿠바 구딩 주니어가 출연했다는 것만으로도 의미 있는 영화에 영감을 주었다.

그러나 아무리 눈치 빠른 팟캐스트 청취자라도 방송 시작 몇 분 전만 해도 스타인버그가 NBA의 드래프트 1라운드에서 지명될 것으로 보이는 선수들의 이름을 제대로 발음조차 못 했다는 것을, 그날이 리스타인버그가 술을 끊은 지 1558일째 되는 날이라는 것을, 그리고 이 남자가 지난 수년간 무슨 일을 겪었는지를 알아차릴 수 없었을 것이다. "암에 걸리고, 시력을 잃고, 이혼하고, 집이 홍수에 떠내려갔어요." 그는 각각의 일을 말할 때마다 동그라미에 곱표를 하면서 말한다.

팟캐스트 청취자들은 이 최고의 에이전트에게 다음과 같은 일이 있었던 것도 알 도리가 없었을 것이다. 몇 년 전 그는 자신의 에이전시를 전 동업자에게 1억 2,400만 달러에 매각했고, NFL의 드래프트 지명 1순위 선수를 여덟 번이나 대리했고, 지금은 위기에 처한 부분에서 허구적 자아인 제리 맥과이어와 닮았다는 것을. 공공장소 주취 혐의로 여러 차례 체포되고 파산 신청을 하는 등 개인적으로나 직업적으로나 힘든 일을 겪고 난 뒤, 스타인버그는 단 한 명의 선수만 대리하는 처지로 전락했다.[1]

그러나 여전히 그의 사무실 벽에는 버락 오바마, 줄리아 로버츠, 톰 크루즈 같은 사람들과 같이 찍은 사진들이 걸려 있었다. 그는 아직 건재했다. 배가 나오고, 파산하고, 공공장소 주취를 하고, 톰 크루즈와 공식적 관계를 맺고 있는 등의 상황은 나로선 별 관심이 없었다. 나 역시 그와 비슷한 문제가 있어서가 아니라 내 예상과 달라서였다. 스타인버그의 사무실에서 몇 시간 있다 보니, 진심으로 그를 응원하는 마음을 갖게 되었다.[2]

왜 어떤 사람들은 다른 사람들보다 성공을 더 많이 거두는 것처럼 보일까? 성공할 수 있는 행운의 기회를 줄 사람들을 옆에 많이 두고 있어서 그런지 모른다. 찰리 브루어가 쿼터백이 될 수 있었던 것도, 크리스틴 팔라디노가 배우들을 뽑을 수 있었던 것도, 존 매케인이 세라 페일린을 지명할 수 있었던 것도, 예일 대학교가 신입생 정원을 채울 수 있는 것도, 도널드 토머스가 높이뛰기를 해볼 수 있었던 것도, 그리고 데릭 시버스가 2,200만 달러짜리 사업 구상을 할 수 있었던 것도 모두 다른 사람이 행운을 가져다주었기 때문이다. 스타인버그가 법적 테두리 안에서 새로운 영역을 개척할 기회를 얻을 수 있었던 것도, 그리고 다시 한번 용기를 낼 수 있었던 것도 사람들이 그에게 행운을 가져다주었기 때문이다.

인생은 어떤 숫자가 나올지 알 수 없는 행운의 주사위 던지기다. 어떤 사람을 만나게 될지, 그들이 3년 뒤에 어떤 사람이 되어 있을지 알수가 없다. 사람들과의 끈을 놓치지 않고 그들과 얼굴을 마주할 기회를 최대한 많이 만들어내는 것만이 우리의 운을 끌어올리는 길이다. 그리고 사회적 관계를 통해 행운을 잡고 싶다면, 지나가던 사람들이 친숙한 말 한마디라도 건넬 수 있게 신상 프로펠러 모자를 착용할 필요가 있다.

우리에게는
다른 사람이 필요해

활기를 북돋는 것(칼로리, 설탕, 섹스, 예쁜 얼굴)과 쾌락의 감정을 자동으로 연결 짓게 한 것은 진화의 과감한 트릭이 아닐까 싶다. 유기체가 적응행동을 하도록 유도하는 해결책이기 때문이다. 사회적 보상, 즉 다른 이와의 긍정적 교류도 이와 마찬가지라고 볼 수 있다.[3] 우리는 다른 존재를 필요로 하므로 우리가 취할 수 있는 유일한 생태학적 해결책은 바로 군집생활이다.[4] 집단생활 프로젝트에서 다른 이의 도움을 받을 수 있다는 것은 앞으로 우리에게 어떤 일이 닥치든 가용할 자원이 더 늘어났다는 사실을 의미한다.[5]

연구자 앨리스 린Alice Lin은 이렇게 보고했다. "사회적 보상은 핵심적 보상이다. 안아주는 것이 보상이라는 것을 굳이 아이들에게 가르칠 필요가 없다." 우리를 향해 미소를 짓는 매력적인 얼굴을 바라보며 '이 사람은 알아두면 좋겠어'라는 구슬을 저울에 올려놓는 것은 지극히 당연한 결과다. 그러나 낯선 사람을 바라보다가 '대화를 나눌 수 있는 친구감'이라는 결론으로 이어질 가능성은 작다.

안정된 유년기를 보낸 사람일수록 스타인버그 같은 사람과 가까이 알고 지내고 싶은 마음을 갖는다. 이는 아이들이 미래에 보상이 주어진 다는 확신을 가질수록 두 번째 주어질 마시멜로를 더 참을성 있게 기다 리는 것과 같다.[6]

긍정적인 사회적 교류에서 기쁨을 느끼는 것은 어느 정도 유전적 요인에서 기인한다. 뇌의 몇몇 부분에 집중적으로 분포된 오피오이드 수용체는 고통과 쾌락에 대한 반응을 주관한다. 그리고 이 수용체의 수 와 밀집도는 생후 첫 몇 년 동안 꾸준히 증가한다. 아기 때 맺게 되는, 우리를 보살펴주는 존재와의 긍정적인 교류는 옥시토신과 오피오이드 수용체의 발달을 촉진한다. 다른 사람과의 긍정적 교류에서 비롯하는 쾌락의 상한선을 높일 뿐 아니라 고립이나 배척으로 말미암은 스트레 스를 덜어주는 역할도 한다.[7] OPRM1으로 알려진 뮤 – 오피오이드 수 용체는 6q25.2 염색체에 있는데, 이 수용체의 유전자 변이를 가진 사 람은 수술 후 진통제가 별로 필요 없다. 그리고 그들은 사회적으로 외 톨이가 되어도 그로 인한 스트레스를 훨씬 덜 받는다고 한다.[8] 왜 그럴 까? 인생은 공평하지 않기 때문이다.

어린 시절 또래들과의 교류를 통해 우리는 사회라는 세계 안에서 자신을 어떻게 바라볼 것인지 그 틀을 설정할 수 있다. 사회적으로 보 상을 받았던 경험이 있으면 두 번째 사회적 마시멜로가 주어질 것이라 는 기대감도 달라진다. 그를 학생회장으로 뽑아준 한 장의 행운의 표가 그 사람의 사회적 궤적을 바꿔놓을 수 있는 것이다. 우리는 학생회장에 게 미소를 지으며 더 많은 관심을 보인다. 이런 것들 덕분에 세상의 모

든 리 스타인버그는 '사람'과 '좋은 일'을 더 잘 엮어낼 수 있다. 어울림
이 좋은 또래 집단에 속한다면, 부자가 더 부유해지는 데 도움이 된다.
이는 마치 뛰어난 선수들이 모인 수영 팀에 끼는 것과 같다. 그 팀의 선
수들은 서로의 신체적 언어를 읽는 데 사회적 섬세함을 발휘할 수 있어
서 실력을 향상하고 심리적 안정을 취하는 데 도움을 주고받을 수 있
다. 그렇게 동료뿐 아니라 타인들과도 교류하는 가운데 그들이 목표한
바를 성취할 수 있다. 이처럼 다른 사람과 지내는 것이 편하면 낯선 상
황에 쉽게 적응할 수 있고, 처신에 도움이 되는 도구들을 늘려나갈 수
있다.[9]

어떻게 우리는
말로 운을 차버리는가

모든 이야기에는 세 국면이 있다. 그의 이야기, 그녀의 이야기 그리고 진
실. 그러나 카메라의 객관적 렌즈와는 다투기 어렵다. 1970년대 말, 로
버트 E. 클레크Robert E. Kleck와 안젤로 스트렌타Angelo Strenta 연구진은
의학적 상태가 일상속 사회적 교류에 어떤 영향을 미치는지 알고 싶었
다. 그들은 무작위로 피실험자들에게 역할을 분담했다. 그들은 아무 이
상이 없는 사람들이었지만 얼굴 흉터가 있는 사람, 뇌전증이 있는 사람,
알레르기가 있는 사람으로 역할을 나눠 받았다. 얼굴 흉터는 공포영화
에서나 볼 수 있는 특수 분장을 받게 했다. 분장이 마르니 흉터가 두드
러져 보였다. 흉터 분장을 한 피실험자들은 다른 사람들과 만나러 나가

기 전에 이상해진 자신의 모습을 거울로 확인했고, 연구자들은 분장이 갈라지거나 터지지 않게 크림을 덧발라주었다. 그리고 다른 사람들과 자신의 병에 대한 얘기를 화제로 삼지 말라는 주의를 주었다(연구자들은 이렇게 문제가 있는 건강 상태가 병과 무관한 주제로 대화를 나눌 때 어떤 영향을 미치는지 알고 싶었다). 마침내, 피실험자들은 두 개의 의자가 놓인 방 안으로 들어가 다른 사람(건강한 학생)과 6분간 자유롭게 대화를 나눴다.

분명히 모두 화기애애한 대화를 나눈 듯 보였고, 그런 뒤에 사람들은 다른 문으로 나와서 대화 상대자에 대한 설문을 작성했다. 설문에는 그들이 얼굴에 흉터를 가지고 있지 않았을 때 했던 다른 사람과의 대화와 비교하는 항목도 있었다. 그 사람이 얼마나 말을 많이 했는지, 혹은 눈을 맞췄는지? 그녀가 긴장을 했는지, 아니면 못마땅해했는지? 그는 그들을 좋아하는 것처럼 보였는지?[10]

"이 실험은 내가 했던 실험 가운데 모든 피실험자가 똑같이 행동한 유일한 실험이었다." 30년 전 실험을 아직도 생생히 기억하는 클레크가 말했다. "그들은 모두 이렇게 말했다. '세상에, 그건 상대에게 엄청나게 큰 영향을 주었어요.'" 피실험자들은 얼굴 흉터, 뇌전증, 알레르기 같은 것들이 없을 때는 그들이 전혀 받아본 적이 없는 부정적인 파급효과에 대해 많은 얘기를 쏟아냈다.[11]

이제 실험 장면을 녹화한 영상으로 넘어가 보자.

"우리는 이렇게 말했다. '저기, 우리가 상대분들에 대한 영상을 만들었어요. 여러분이 불편해할까 봐 미리 얘기하지는 못했어요. 아무튼 영상을 끝까지 잘 보시고 상대분들이 얼굴 흉터에 반응했다는 것을 보여주는 행동을 짚어내보세요.'" 피실험자들은 영상을 시청했다. 영상에는 그들이 대화를 나누고 있는 상대 얼굴만 나왔다. 이제 피실험자들에게 대화 중에 상대에게서 몸짓, 곁눈질, 목소리의 갈라짐, 불편한 시선, 동정심, 걱정처럼 예외적인 행동을 한 것이 있는지 짚어내보라고 했다.

"테이프를 켜자마자 그들은 바로 영상을 멈추게 했다. '저 사람들이 의자를 옮기는 게 보이세요? 아주 당황했네요. 테이프를 다시 돌려보시겠어요?' 그러다 '잠깐만요!'라는 소리에 다시 멈췄다. '저 사람들이 나를 바라보고 있네요. 내 흉터에 자신들이 놀랐다는 것을 들킬까 봐 시선을 돌리지 못하고 있어요.' 다시 테이프를 돌렸고, 또 '잠깐만요!' 하는 소리가 났다. '저 사람들이 고개를 돌리고 있어요. 더는 내 얼굴을 쳐다볼 수 없는 거예요.'"

그 사람들은 더 이상 내 얼굴을 쳐다볼 수 없었다.

나는 이 말에 충분히 공감한다. 이런 얘기를 나도 들은 적이 있었기 때문이다. 자기 무릎은 남한테 보여주지 말아요. 자기는 5킬로그램 정도만 빼면 훨씬 더 행복해질 거라고 생각해요. 7킬로그램 정도 뺄 수 있으면 더 좋고.(7장 폰 스필링 일화 참고).

그러나 제대로 된 대부분의 심리학 연구처럼 이 연구도 거짓에 기반해 있다. 얼굴에 가짜 흉터를 가진 피실험자들은 연구자들이 크림에 대해 거짓말을 했다는 것을 몰랐다. 그 크림은 흉터가 갈라지지 않게 발라준 것이 아니었다. 오히려 흉터를 지우는 크림이었다.

대화를 나누던 내내 그들의 얼굴은 흉터 없이 깨끗한 상태였다.

클레크는 이렇게 회상했다. "피실험자들의 보고서 가운데는 길이가 45분이나 되는 것도 있었다. 그런 보고서에는 자신에게 있지도 않은 흉터에 상대편이 어떻게 반응했는지 매우 상세히 묘사되어 있었다."

혼잣말은 이제 그만하고
이야기를 들어라

사회적 교류에서 즐거움을 찾는 능력은 사회적 교류를 어떻게 해석하느냐에 따라 크게 좌우된다. 찰리 브루어 원리에서 보았듯이, 우리는 우리의 저울이 한쪽으로 기울기 시작하면 그것을 자각하지 못한다고 하더라도 그로 인한 예감들이 우리가 눈여겨보는 것과 그것을 해석하는 방식에 영향을 미친다는 사실을 안다. 그리고 긍정적 교류를 통해 생긴 예감들은 긍정적 피드백 고리를 만들어 그 예감을 사실로 만들어버린다.

그러나 '이건 그럴 가치가 없어' 혹은 '나는 그럴 자격이 없어'라는 쪽으로 기울기 시작하는 저울과 문답을 하기 시작하면, 우리는 부정적인 구슬을 쉽게 집어든다. 누군가의 표정을 보고 '난 네가 말한 걸 믿을 수 없다'는 것으로 해석한다. 실은 '눈에 이물질이 들어갔다'는 표정인데도 말이다. 팔짱을 낀 모습을 보고는 '이런, 또 스웨터를 안 갖고 왔네'가 아닌 '가까이 오지 마'로 해석한다. 우리는 윙크를 하면 천박한 행동이나 게으른 수작으로 본다. 내성적인 사람이 윙크를 하려면 얼마나 큰 용기가 필요한지 모른다.

사람들의 표정이 현대미술만큼이나 애매하다면, 사람들과의 대화는 현대미술과 협업하는 작품 활동쯤 된다. 동기부여는 기대와 가치의 조합이므로, 우리가 얼마나 자주 사회적 교류가 잘되기를 바라는지 혹은 처음부터 그 사회적 교류에 얼마나 가치를 두는지에 따라 사람들을 대하는 방식이 결정된다.

각각의 대화에 각자의 믿음 혹은 편견이 드러날 것이고, 이것은 시간의 흐름에 따라 매우 다른 사회적 발자취를 만들어낸다.

사회적 보상이 가진 가치를 폄훼하면, 우리는 사회적 보상을 회피하려 들게 된다. 다른 사람들과 이어지기를 갈망하면서도 그것에 회의적이면 배척을 당할까 봐 우리는 마치 가짜 흉터를 가진 사람처럼 굴게된다. 긍정적 행위를 경시하면서, 행위를 부정적으로 받아들이고, 나쁜 것을 과장하게 된다. 이 모든 것은 우리가 갈망하는 사람들과의 연결을불안정하게 만든다.

이런 부정적 패턴은 자신의 예감을 확인하는 자기충족적 예언의상황에서는 무한정 계속될 수 있다. 세상은 예상한 대로 돌아간다. 이과정에서 우리는 자신이 다른 사람들을 멀리하거나 그들을 불편하게하여 곁에서 내쫓고 있다는 것을 알지 못한다. '도대체 왜들 이러는 거지'라는 신호가 꺼질 새가 없으므로, 우리는 그런 사실을 알아차릴 길이 없다.[12]

전문적 기량을 익히려면 양질의 피드백을 받아야 한다. 아역 배우출신이며 수년간 대학에서 심리학을 가르쳤던 블레이크 이스트먼Blake Eastman은 논버벌 그룹Nonverbal Group이라는 기관을 설립하면서 과감히독립에 나섰다. 이 기관은 컨설팅과 보디랭귀지 교육을 겸했다. 그 후그는 〈데일리 쇼The Daily Show〉와 CNN에 출연하기도 했다.[13] 어느 주말에 나는 16시간 동안 보디랭귀지에 대해 배웠다. 나와 같이 수업을 받았던 사람들은 놀랍도록 젊은 데다 미남미녀였고 영업 담당자, 그래픽디자이너, 전직 경찰관인 물리치료사 등 다양한 전문직 종사자들이었다. 바로 왼쪽에는 혼혈 의료계 임원, 그리고 오른쪽에는 한국인 예술가가 있었다. 우리는 두 사람씩 짝을 지어 따로 앉았다.

이스트먼은 한 사람에게 상대의 입장을 살피면서 몇 분간 말을 해 보라고 했다. 이스트먼은 주변에 서 있다가 몸을 기울인 채, 여기저기 관심을 기울였다. 나는 조라는 사람과 짝이 되었다. 그는 2008년 대선 때 오바마의 버지니아 시골 지역 유세를 혼자서 성공적으로 이끌었다고 했다. 그는 자신이 새롭게 하고 있는 일에 대해 이야기를 시작했다. 그러나 그의 눈을 보면 여전히 그의 마음은 오바마에게 가 있는 듯했다. 그는 목소리가 컸고 몸짓에 자신감이 넘쳤다. 나의 사적인 영역에 대해 말할 때도 그랬다.

나는 그가 이런 게임을 통해 배운 상대의 환심을 사는 기술이 자신에게는 소용 없는 이유를 왜 돌이켜보지 않는지 의심스러웠다. 나는 그의 어린 시절, 연애 생활에 대해 여러 가설을 세워보았다. 그리고 그가 이유도 없이 좌우를 두리번거리는 것을 보면서 선택 장애에 관한 가설도 세워보았다.[14] 나는 이 허풍쟁이가 내면의 불안감을 지우려고 그러는 것인지, 아니면 정말로 자기애가 강해서 그러는 것인지 알 수가 없었다.

나는 몇 분 동안에도 이 모든 생각을 해낼 수 있었다. 조는 자신의 이야기에 푹 빠져서 내가 듣는지 마는지 신경도 쓰지 않았기 때문이다. 그는 말을 그만할 생각이 없었다.

이스트먼이 다가오더니 조에게 말했다. "이 여자분이 말을 듣고 있지 않다는 것을 모르세요?"

그는 몰랐다. 전혀. 그러나 리 스타인버그의 경우에는 그가 입을 연 순간, 더 이상 말이 필요 없었다. 나는 거기에 몇 시간이고 앉아 있을 수 있었으니까.

어떤 사람 앞에 있을 때 불안감을 느낀다면(보통 상대가 나보다 사회적 지위가 높거나 그로부터 배척을 당할까 봐 두려워할 때 이런 현상이 나타난다), 이는 '나는 그럴 자격이 안 된다'는 쪽으로 구슬을 올려놓는 것과 같다. 그러나 결국 첫 데이트에서 혼자만 떠들거나 색안경을 끼고 거울을 볼 텐데, 그에 앞서 아무리 '이런 것쯤이야'라는 구슬을 올려놓는다 한들 그것으로 상황을 바꿀 수는 없다. 대화는 섹스와 같다. 상대를 불만스럽게 만들어놓고 자신의 이야기(혹은 성기)를 애지중지한들 아무 소용이 없다. 상대를 내 쪽으로 끌어들이려면 그를 바라보면서 '알고 싶을 만큼 흥미로운 사람'이라는 구슬을 저울에 올려놓아야 한다.

다른 전문적 기량과 마찬가지로, 보상을 주고받을 수 있는 교류를 위한 사회적 기량을 갖추려면 상대가 나와 함께 있는 것을 즐기는지 그 반응을 실시간으로 확인해야 한다.[15] 리 스타인버그 같은 사람이 운이 좋은 것은 근본적으로 친화성이 좋기 때문이다. 이를 위해서는 자기방어(불안이나 배척에 대한 두려움에서 비롯된 내성적 성격) 혹은 자기과시(과도한 자신감이나 과잉보상 욕구에서 비롯된 혼잣말)의 벽을 낮춰야 한다.[16]

모두가 복잡하고
그만큼 흥미로운 존재

이제는 고전이 된 연구에서, 피실험자들에게 신경펩티드 옥시토신을 주입했더니 사람에 대한 신뢰도가 크게 높아진다는 것을 알았다. 그리하여 옥시토신에 '사랑의 약'이라는 별명이 붙었다. 그렇다. 이와 관련한 테드 강연도 있었는데, 지금은 지나치게 단순화한 주장으로 여겨지고 있다. 후속 연구들에 따르면, 옥시토신은 인종차별주의자들을 더 인종차별적으로 만든다는 사실이 밝혀졌기 때문이다.

이미 밝혀진 바와 같이, 옥시토신은 다른 사람들을 확대해서 보여주는 일종의 확대경 구실을 한다. 사회적 정보에 민감하게 만들어 우리로 하여금 집단 내에서 더 잘 살아남을 수 있도록 하는 것이다. 옥시토신 수용체 유전자들의 종류에 따라 사회적 정보에 대한 우리의 기본적 민감도도 달라진다. 예를 들어, 자폐증을 앓는 사람은 유전적 측면에서 가장 안 좋은 상태라고 볼 수 있다. 사람의 미소에서 그 어떤 보상의 의미도 찾아내지 못하며, 사람의 얼굴에서 그 어떤 특별함도 읽어내지 못한다.[17]

우리는 어른답게 행동하고 다른 사람에 대한 관심을 표명함으로써 사회적 교류에서 그 돈독함을 극대화할 수 있다. 사람들이 내 굵은 허벅지와 빈약한 통장 잔액, 그리고 얼굴 흉터에 대해 무슨 생각을 할지 신경 쓰인다고 해도, 다른 사람들도 나와 똑같이 복잡다단할 뿐 아니라 흥미로운 특성을 지닌 존재로서 주목할 가치가 있다는 것을 자각하고 그 관계에만 집중하는 것이 무엇보다 중요하다.[18] 긍정적인 사회적 교류를 만들어내기 위해서는 내가 같이할 때 사람들이 즐거워해야 한다. 그리고 어떤 일을 같이 도모하려면 내가 그들을 어떻게 생각할지에 대해 그들이 불안한 마음을 느끼지 않아야 한다.[19]

스타인버그는 이렇게 말했다. "다른 사람의 말에 귀를 기울이고, 겉만 보고 그들을 판단해서는 안 됩니다. 진정한 연민의 감정이 있어야 해요. 삶이 얼마나 고되고 외로울지 이해할 수 있어야 하죠. 사람에 대한 연민을 갖고 겉으로 보이는 것을 넘어서 '정말 흥미로운 사람일 수 있다'는 사실을 바라볼 수 있어야 합니다." 행운을 불러올 수 있는 정서적 지능은 진정한 겸손의 마음에서 비롯한다. 그리고 다른 사람 역시 복잡다단한 존재이자 주목할 가치가 있는 존재로 여길 수 있는 마음에서 비롯한다.

대화를 시작하는 가장 좋은 방법은 오로지 살가움으로만 해석될 수 있는 신호를 보내는 것이다. 상대가 거절의 충격을 감내하고자 오피오이드 수용체를 활성화할 필요가 없는 명료한 신호를 보내야 한다. 자신이 받아들여질 것이라는 기대감이 큰 사람들일수록 경계를 늦추고 더 따뜻하고 표현이 풍부한 비언어적 몸짓을 보여줄 것이며, 미소를 짓고 스스럼없는 행동을 하고 몸을 앞으로 기울여 관심을 표하는 것처럼 의심의 여지가 없는 호의와 관심의 신호를 보내줄 것이다. 오해의 여지가 없는 관심의 신호를 보내면 사람들은 경계심을 늦추게 된다. 미적인 요소를 제외하고 매력에 영향을 미치는 가장 중요한 요소는 다른 사람들의 호감이다.[20]

상대에게
'예스'라는 답을 듣는 법

20년 경력의 줄리아드 출신 피아니스트 차이 치아중Chia-Jung Tsay은 심사 과정에서 한 가지 이상한 점에 의문을 품기 시작했다.

그녀는 이렇게 말했다.[21] "나는 심사가 어떤 형태로 진행되는지, 예를 들어 오디오 녹음으로 제출하는지, 혹은 영상 녹화본을 제출하는지,

아니면 연주자가 직접 나와야 하는지에 따라 같은 연주자인데도 결과가 달라질 수 있다는 것을 알았다. 그래서 심사위원들에게 확실한 영향을 미치는 것이 무엇일까 궁금해졌다. 그것은 우리가 전혀 생각하지 못했던 것일 수도 있다." 차이는 실험을 했다. 클래식 음악에 대한 배경도 없고 관련 훈련을 받은 적도 없는 피실험자들에게 세 연주를 평가하게 했다. "이 세 연주자는 유명한 클래식 국제 콩쿠르에서 각각 최종 결선에 올랐던 후보"라는 설명을 덧붙이면서, 이 가운데 누가 실제로 우승했는지 맞혀보라는 것이었다.

피실험자들 일부에게는 오디오 녹음을 들려주었고, 다른 이들에게는 연주 영상을 보여주었다. 그리고 세 번째 피실험자들에게는 소리는 나오지 않고 연주하는 모습만 담긴 영상을 보여주었다. 이 초보 음악인들이 무성 동영상만 가지고 우승자를 맞힌 확률은 46.4퍼센트였다.[22] 평균 16.5년 동안 악기를 다뤄온 전문 음악인들에게 소리만 가지고 우승자를 맞혀보라고 했을 때, 맞힌 확률은 겨우 20.5퍼센트였다.

이것이 무엇을 의미하는지 생각해보자. 이는 전문가의 96.3퍼센트가 우승자를 결정할 때 소리가 가장 중요하다고 말하는데, 결국 그런 말을 한 사람들은 100퍼센트 틀렸다는 뜻이다. 소리만 가지고 연주를 평가할 때와 비교하여 전문가들이 시각적 단서만 가지고 콩쿠르 우승자를 맞힌 확률은 2.5배나 더 높았다.[23] 그들이 우승자를 점칠 수 있는 시각적 단서는 의상(전형적인 연주회 의상을 입었다면 우리가 생각하는 연주자상에 일치하므로 더 높은 점수를 받을 수 있다)이나 매력적인 얼굴이었다.

초보 음악인들은 포토샵 처리를 한 것처럼 연주자의 연주 모습과 몸동작만 남겨놓고 주변 배경에 관한 시각 정보는 다 제거한 짧은 영상을 보고서도 전문가들과 똑같은 결론을 내렸다. 클래식 음악에 대한 배경이 전혀 없는 음악의 문외한들은 6초간 연주자 실루엣만 보고서도 유명한 콩쿠르의 우승자를 전문가들만큼이나 정확히 맞혔다. 소리만 듣고 판단할 때보다 2.5배나 더 정확했다.

연구자 날리니 앰바디Nalini Ambady에 의해 유명해진 '단편 판단thin slicing'에 대한 연구에 따르면, 몇 초간 외과 의사의 목소리 톤을 듣는 것만으로도 오진 가능성을 예측할 수 있는 좋은 지표가 되었다. 마찬가지로 소리가 제거된 30초 짜리 강의 영상을 보는 것만으로도 학기 말 교수 평가를 예측하는 좋은 지표가 된다.[24]

수십 년간 첫인상을 연구해온 뉴욕 대학교 사회심리학자 짐 울레먼Jim Uleman에게 위와 같은 연구에 관해 질문했다. "그런 판단들은 반응성에 영향을 받아요. 그러니까 모두 관계 맺기에 관한 것이죠." (오늘날 숙고하고 싶은 실존적 딜레마가 필요하다면, 그는 이렇게 하라고 한다. "나는 예전과 달리 첫인상을 믿지 않는다.")[25] 진정한 열정, 관계 맺기, 관심은 카리스마를 하나하나 쌓아 올리는 벽돌과 같다. 카리스마는 표현력이 풍부하고 생생한 언어와 유연한 행동거지를 통해 발산된다. 그것은 공감을 나타내고, '우리'라는 표현에 기반한 포용력 있는 언어를 구사한다. 이 모든 것은 다른 사람의 생각에 공감하며, 그들에게 에너지와 행복을 북돋는 사회적 보상을 제공한다.

대화는 쌍방통행이다. 우리가 다른 사람에게 영향을 미치는 만큼 그들도 우리에게 영향을 미친다. 열정적이고 긍정적인 사람들의 감정은 온화한 비언어적 행동과 목소리로 나타나기 때문에 사회적 지지를 받는다. 음악, 영화, 이야기꾼, 교수, 지도자에 의한 일방적 대화에서도 마찬가지다. 긍정성이 담긴 이야기는 다른 사람들에게 행복을 안겨준다. 우리의 거울뉴런은 다른 사람의 감정과 의도를 보고 이해할 때 활성화된다. 사람들을 기분 좋고 편하게 만드는 것은 카리스마에서 가장 중요한 핵심이다. 우리가 진심으로 감동하고 열정적일 때 다른 사람의 마음도 움직일 수 있다. 따라서 정서 지능은 리더십을 가늠하는 강력한 지표가 된다.[26]

다른 사람들을 평가할 때 평가하는 사람들의 의견이 다른 것은 각자의 멍에가 다르기 때문이다. 예를 들어 단발에 안경을 쓰고 있는 여자처럼. 멍에는 보이지 않는 얼굴 흉터 같은 것인데, 사람들이 자꾸만 쳐다보는 것만 같다. '단편 판단' 연구를 통해 발견한 것은 바로 우리 눈앞에서 주어지는 확실한 보상이다. 매력적인 얼굴을 보면 커다란 '긍정'의 구슬을 저울에 올려놓게 되는 것처럼, 높은 평가를 받는 것들은 자연스레 보상이 주어지는 것들이다. 예를 들어 예쁘거나 잘생긴 미모, 설탕, 쉽게 이해할 수 있는 예술작품, 기분 좋은 움직임 등이다. 확실한 즐거움은 누구에게나 긍정적 감정을 불러일으키고 모두 한마음이 되게 한다. 이렇게 감정의 교류가 활발하면 사람들은 기꺼이 '예스'라고 말한다.[27]

새로운 인물이 나타나면
열정적으로 대하라

자제력이나 자신감 같은 안정적 특성은 미래의 결과를 내다볼 수 있는 창과 같다. 보는 사람이 없고 부담이 없을 때(이는 일시적인 과도기에 불과할지 모르지만 결국은 우리 삶 전체를 이루는 것이다), 어떤 행동을 할지 예측할 수 있기 때문이다.[28] 음악에 진정으로 마음이 움직일 때 콩쿠르에서 우승할 수 있는 것처럼, 사람에 진정으로 마음이 움직일 때 사회적 지지를 받을 수 있다. 흔히 외향적 요인이라고 말하는 사회성은 다른 사람에 대한 진심 어린 관심을 가리킨다. 이는 아름답고 흥미로운 사람들로 자신의 세계를 채우는 일이다.[29]

반응성으로 무생물과 생물을 나눌 수 있으며(단세포인 아메바도 빛에 반응한다), 이는 관계의 핵심이다.(배우 제임스 프랑코가 실제로 내 편지에 답을 하기 전까지는 엄밀히 말해 '관계'라는 것은 없는 상태다.) 반응성이란 미시적인 것에서 출발한다. 사람들이 우리에게 어떻게 반응하는지를 보여주는 아주 미세한 부분에 주목하는 것으로부터 시작된다.[30]

자기감시라 불리는 특성을 계발하면 다양한 사회적 관계를 구축하는 데 도움이 된다. 이 능력이란 다른 것이 아니라 사회라는 바다에 뛰어들기 전에 시간을 내서 그 바닷물 상태를 확인하는 것이다. 사회적 신호를 감지하여 그 집단이 받아들일 수 있는 것이 무엇인지 파악하고, 상황에 맞게 가장 잘 처신하는 모습을 보여주는 것이다. 그리고 집단이 나아가고자 하는 길에 방해가 되는 사람으로 비치지 않도록 실수를 하지 않는 것이다. '내가 싫으면 떠나라'라는 식으로 처신하지 않고 사회적 수완을 잘 발휘하는 사람들은 승진도 빠르고, 사람들로부터 많은 호감을 불러일으키고, 사회관계망에서 좋은 자리를 차지한다.[31]

낯선 사람과 다정하게 말을 주고받는 것은 사회적 능력을 키우고 사람들의 마음을 읽는 법을 배우기에 좋은 방법이다. 이는 마치 악보를 볼 줄 알면 음악인으로서 자신감이 생기고 다양한 곡을 연주할 줄 아는 것과 같다. 우리는 다른 사람과의 교류에서 자동으로 몸짓이라든가 말하는 방식에 영향을 받는다. 양쪽 다 행동을 비슷하게 하면 교류는 훨씬 수월하게 진행된다. 공감대를 만들기 위해 애쓸 필요가 없다는 말이다.

사람과 소통한다는 것은 서로 반응하고 조응한다는 것이며, 서로 관심을 갖고 대화가 강물처럼 흐르는 것을 말한다. 상대가 소통하는 방식에 주의를 기울이고 거기에 유연히 대처할 수 있다면 상대는 대화에 편한 마음으로 임할 수 있다.[32] 새로운 사회적 상황에 놓일 때, 친화력이 좋은 사람은 그 집단의 가치관을 파악하고 거기에 녹아들어가 걸맞은 처신을 하는 데 능하다. 집단의 목표를 존중하면서도 자기주장을 할 수 있다. 그는 시간을 내어 사람들이 원하는 바를 성취할 수 있도록 돕는다.[33]

작가이자 재무설계사인 칼 리처드Carl Richards는 〈뉴욕타임스〉에 다음과 같은 글을 기고했다. "내게는 운 좋은 친구가 한 명 있다. 여러분도 아는 사람일지 모른다. 〈뉴욕타임스〉가 선정한 베스트셀러를 몇 권이나 썼기 때문이다. 외견상 그가 이뤄낸 성과가 맞는다. 나는 그가 작가의 삶에서 운이 어떤 역할을 했다고 생각하는지 알고 싶었다. 주저 없이 그는 이렇게 답했다. '아, 운이 전부였지. 묻지도 따지지도 않고 순수한 행운이 작가로서의 내 삶에 큰 변화를 가져다준 경우를 꼽으라면, 적어도 열 번 이상이야.'

나는 믿을 수가 없었다. 그래서 물었다. '물론 운이야 따랐겠지. 그런데 그만큼 자네도 열심히 했잖아. 때로 방황도 하고 말이야. 안 그래?'

그는 이렇게 말했다. '아니, 순수한 의미에서의 운이야. 비행기에서 한 사람을 만났고, 전혀 모르는 사람이었는데 그 사람의 친구의 친구를 소개받았고, 그렇게 소개받은 사람이 유명한 출판 에이전트라는 식이지. 이런 운을 말하는 거야.'"[34]

잘 설계된 체육관에서 멋진 복근을 만들어낼 수 있는 것처럼 잘 설계된 공공 광장이나 개방형 사무실에서 마법같이 행운을 맞닥뜨릴 수 있는 것일까. 그렇지 않다. 중요한 것은 거기서 우리가 무엇을 하고 있느냐는 것이다.[35] 사회적 교류에서 더 많은 운이 따르려면, 일단 교류 자체가 많아야 한다. 그리고 얼마나 많은 관계를 맺고 있든 그것에 책임감을 가져야 한다. 그러나 진정한 행운은 우리가 사람을 만나 처음 안면을 트고 관계를 돈독히 이끄는 능력을 키울 수 있을 때 찾아온다.

나는《마인드셋Mindset》의 저자 캐롤 드웩에게 사회적 무력감을 극복할 수 있는 방법에 대해 물었다. 그녀는 이렇게 답했다.[36] "우리가 어떤 사람 옆에 앉게 될지 우리는 알 수 없어요." 그뿐 아니라 내 옆의 사람이 어떤 사람이 될지도 우리는 전혀 알 수 없다. "누구에게든 우리가 배울 것이 있기 마련입니다." 사람마다 민감한 부분이 다르고 아픈 상처도 다르기 때문에 그것을 어루만져줄 일반적 방법을 내가 제시할 수는 없다. 그러나 우리는 모두 자신의 모습 그대로 이해받고 인정받기를 원한다. 우리가 만나는 모든 사람이 아름답고 매력적이라고 생각하자. 이제 그것을 어떻게 찾아내느냐 하는 것은 우리 몫이다.

다른 사람들로 하여금 마음을 열고 받아들여준 것에 대한 사회적 보상을 하게 할 수 있는 사람은 어디를 가든 사람들을 빨리 사귄다.[37] 마음의 문을 여는 것은 그 마음의 문을 연 사람에게 주는 보상이 아니라 '듣는' 사람에게 주는 보상이다. 새로운 사회적 만남에 대해 긴장하거나 불안해하는 것은 이해할 수 있지만, 거기에는 의도치 않은 결과가 따른다. '즐거워하면서도 자신을 드러내지 않는' 식의 행동—스텝포드 (SF 소설《스텝포드 와이프The Stepford Wives》에서 유래한 표현이다. 스텝포드는 로봇처럼 순종적인 존재를 가리킨다 - 옮긴이)를 생각해보라—은 무해한 사회성으로 여겨질 수도 있다. 그러나 이런 행동은 대화 상대자를 "불편하게 하고 지루하게 하며 덜 호감이 가게" 만든다.[38]

취미(해리 포터를 좋아한다는 사실), 과거(열아홉 살 때 결혼하여 2주 만에 이혼 했다는 사실), 바람(화성으로 이주하고 싶다거나 덴마크어를 배우고 싶다는 꿈)을 이 야기하면 상대가 뻘쭘해할까 봐 자신을 드러내지 않는다면, 우리는 우 리의 인간적 면모를 온전히 보여주지 못한다. 그리고 대화 상대자가 진 심으로 반응하고 관계할 수 있는 여지를 주지 못한다. 더 나아가 그들의 저울에 우리가 흥미롭고 개성적인 사람이라는 구슬을 얹을 기회를 주 지 못한다. 상대를 무장해제하는 한 가지 방법은 당신에 대한 정보를 주 는 것이다. 서로가 상대에게 자신을 열어젖힐수록(마치 양파 껍질을 한 겹 씩 벗기듯) 친밀감이 형성된다. 그래서 '사랑에 빠지는 40가지 질문('프루 스트의 질문'이라는 이름으로 널리 알려진, 20세기 초 유럽 사교계에서 유행했던 설문이 있다. '사랑에 빠지는 40가지 질문'은 이를 오늘날 실정에 맞게 각색한 것이다 - 옮긴이)' 으로 처음 본 사람들이 쉽게 친구가 될 수 있는 것이다.[39]

운이 없는 사람들은 매력적인 사람들만이 누구를 만나든 일생일대 의 기회를 줄 수 있다고 잘못된 생각을 한다. 그러나 처음 만난 사람이 있다고 할 때 그와 나 사이에 개인적인 관계가 형성되어 그가 더는 이 방인이라는 느낌을 받지 않는다면, 나는 그에게 일생일대의 기회를 줄 수 있다. 여기에 '같은 경험에 의한 신속한 수용Fast Acceptance by Common Experience, FACE'이라고 불리는 지름길이 있다. 보통 우리는 나라의 반대편 끝에 있는 사람에 대해서는 신경을 덜 쓰게 된다. 그러나 그 사람과 내가 같은 곳에 있다면, 같이 세계를 여행하며 돈독해질 수 있다. 유사한 점이 있다는 것을 알게 되면 우리는 서로 더 가까워지고 서로에게 끌릴 수 있다.

저울과 구슬을 떠올려보자. 그것은 우리가 어디로 가야 할지 고민할 때 도움이 될 수 있다. 내가 어떤 사람에 대해 알게 된 각각의 사실(착하다, 사랑스럽다, 사람들과 잘 어울린다, 음악 취향이 고상하다, 중요하게 여기는 것이 비슷하다 등등)은 하나의 구슬이 된다. 나 자신에 대해 스스로 정말 마음에 드는 어떤 것이 있다고 하자. 상대가 '우리에게 이러이러한 공통점이 있다'는 구슬을 발견하게 되면 그는 나에게 유리한 쪽으로 저울에 그 구슬을 올려놓게 된다. 그리고 더 중요한 특징들이 발견될수록 더 묵직한 구슬이 올라가게 된다. 우리의 정체성이 다른 사람의 그것과 많이 겹친다고 느낄수록, 상대에게 좋은 일이 있을 때 우리 역시 더 행복한 감정을 느낀다.[40]

다양한 관계에서 오는
행운의 힘

1989년, 사회학자 캐서린 주프레는 뉴욕시에서 활동하는 사진작가들의 부침에 대해 조사하고 싶었다. 그녀는 이런 의문을 던졌다. "발전이라는 개념이 분명치 않은 예술의 세계에서 어떻게 작가로서 그 경력을 발전시킬 방법을 찾아낼 수 있을까? 아마도 사회적 관계가 거기서 중요한 역할을 하는 것 같다."[41]

어떤 사람이 미술계에서 정상에 올랐는지 알아보기 위해 주프레는 예술사진 작가들을 주목했다. 그녀는 〈아트 인 아메리카Art in America's〉라는 갤러리 연간 안내서와 국제사진예술중개인협회 회원 안내서 같은 미술 업계 자료를 가지고 1979년에 주요 갤러리에서 작품을 전시한 예술사진 작가들의 명단을 정리했다.

주프레는 그 후 10년간 한 편의 논문을 작성하듯 진지하면서도 꼼꼼하게 위의 자료들이 새로 나올 때마다 그것들을 조사했다. 그리고 작가들의 경력·전시물·갤러리 등을 추적했고, 같은 갤러리에 전시하는 다른 작가들에 대해서도 조사했다. (작가들은 판매 수익을 나누는 조건으로 작품의 영업과 판매에 관한 계약을 갤러리와 맺는다. 따라서 같은 갤러리에 전시한다는 것은 작가들끼리 매우 끈끈한 관계가 된다는 것을 의미한다. 즉 동료이자 재정적으로 한솥밥을 먹는 식구가 되는 셈이다.)

주프레는 1980년대 사진작가들의 사회적 관계를 정리하고 난 뒤, 경력의 궤적이 세 가지로 나뉜다는 것을 알았다. 많은 작가가 그녀가 '보이지 않는 조직'이라고 부르는 안정된 집단에 속해 있었다. 그리고 큐레이터와 갤러리 대표들을 알고 있는 예술계 종사자들과 서로서로 알고 있는 친구들과의 인맥을 계속 쌓아나가고 있었다. 자신의 작품만 가지고 스스로 어찌어찌 헤쳐나가는 작가들도 있긴 하지만, 그것만으로는 경력에 날개를 달기가 어려웠다.

주프레는 이렇게 말했다. "그런 작가들은 예술 평론지로부터 동일한 주목을 받지 못했다. 다른 작가들에 비해 받는 비평 수도 적고 주목도 덜 받았다. 그리고 동료들의 입에 많이 오르지도 못했다."

　주프레는 이와 같은 경력의 궤적을 가진 작가들을 가리켜 '분투하는 이들'이라고 불렀다. 그들은 막대한 예술학교 학자금 대출 상환을 한없이 유예해야 하는 존재로 유명해질지도 모르겠다.

　그런데 〈아트뉴스ART news〉, 〈아트 인 아메리카〉, 〈아트포럼Art-forum〉 같은 고급 미술 잡지로부터 각별한 주목을 받는 운 좋은 작가들도 있었다. 주프레는 다음과 같은 사실을 발견했다. "고만고만한 유대를 넓게 가져가는 작가들은 다른 집단과의 연결고리와 폭넓은 사회관계망을 가지고 있었다. 수적으로 그렇게 많지는 않지만, 그들의 관계망에는 아주 다양한 사람이 있었다." 그렇다. 그들도 아는 사람들이 있지만, 이보다 더 중요한 것은 훨씬 더 많은 사람과 연결되는 인맥이다.

　주프레는 이렇게 말했다. "이처럼 인맥으로 걸러지는 과정에서 뛰어난 작품도 많이 걸러진다. 그 작품이 믿을 수 없을 정도로 대단하고 영혼을 풍요롭게 하는 작품일 수 있지만, 작가의 사회적 관계는 부족한 것이다. 신뢰는 사회적 관계망에서 구축된다. 누군가 명성이 자자하다고 한다면, 그것이 무슨 의미일까? 내가 알고 있는 많은 사람이 이 사람과 관계를 맺고 있고, 그 사람에 대한 신뢰를 확인할 수 있다는 말이다. 내가 매번 수레바퀴를 발명해야 할 필요는 없다. 그저 어떤 사람을 믿으면 되는 것이다."

　다양한 인맥을 유지할 수 있다면 우리의 행운도 기하급수적으로 늘어날 수 있다.[42] 주프레가 조사한 가장 성공한 작가들을 보면 영향력 있는 여러 집단과 관계를 맺고 있었다. 그런 인맥의 영향으로 비평가들은 다양한 장르에 입각하여 그 작가들의 작품을 규정해준다. 다양한 토양에 사회적 뿌리를 내린 사람들은 자기 몫의 수확물을 거둘 수 있다. 그들의 인맥을 여러 경로로 뻗쳐놓으면 사람들과 만날 수 있는 다리가 기하급수적으로 늘기 때문이다.

이처럼 인맥이 광범위하고, 예측 불가능하며, 중복되지 않는다면 작품이 서로 다른 여러 경로를 통해 널리 알려져 엄청난 관심을 끌어낼 수 있다. 다른 사회적 공간에 살고 있는 사람들은 다양한 관계망을 서로 이어주는 역할을 하며 그들이 창조적으로 활용할 수 있는 특별한 정보에 접근할 수 있다. 주변의 다른 친구들이 고만고만한 인맥을 갖고 있으면, 나의 행운을 극대화하기는 어렵다.[43]

존 스튜어트 밀John Stewart Mill은 이렇게 말했다.[44] "사람들을 그들과 다른 부류, 즉 그들과 다른 사고와 행동을 하는 사람들과 어울리게 하는 것이 얼마나 가치 있는 일인지를 이루 다 말하기 어렵다." 우리가 알고 지내는 사람들의 도움으로 우리는 전혀 다른 사회집단이나 산업계 혹은 다른 지역이나 정보에 다가갈 수 있다. 따라서 다른 사람에 대해 호기심과 관심을 갖게 되면 장기적으로 우리의 행운이 늘어날 수 있다. 유대의 끈을 놓지 않는다는 것은 우리로서는 사회적 자본에 대한 장기적 투자인 셈이다.[45]

사회학자 앤드루 애벗Andrew Abbott은 이렇게 썼다. "최고가 되는 모든 코스를 다 밟아왔기에 최고의 경력을 쌓을 수 있었다고 생각하면 안 된다. 최고가 된 사람은 그가 올라탈 수 있는 미래의 코스를 가장 많이 가지고 있기에 그렇게 된 것일 수 있다."[46]

선택권이 많으면 최선의 것을 고를 수 있다. 이것이 바로 우리의 제리 맥과이어인 리 스타인버그에게 일어난 일이다. 스티브 바트코프스키가 아는 사람 가운데 대리인 역할을 맡아줄 만한 지인이 바로 그뿐이었기에 그는 법률 자문이 되었다. 프로그래밍의 세계와 독립 음악을 다 아는 데릭 시버스에게 일어난 일도 바로 그런 것이다. 따라서 뮤지션 친구들이 인터넷 세계로 발을 들여놓고자 할 때 그에게 가장 먼저 연락했다.

스타인버그는 내가 인터뷰에 만족하는지, 더 필요한 것은 없는지 주의 깊게 살피며 말했다.

"나는 두 가지 가치를 중요시하던 아버지 밑에서 자랐어요. 하나는 소중한 인간관계, 즉 가족이었고, 다른 하나는 세상에 기여하라는 것이었죠. 아버지는 나를 바라보면서 이렇게 말씀하시곤 했어요. '문제가 생겼을 땐 말이지, 뭔가 삐거덕거리며 잘 돌아가지 않는다 싶을 땐, 그것을 해결해줄 '그들'을 찾으라고. 그러면 그들이 해결해줄 거야. 누구라고 딱 집어 말하긴 어렵지만 '그들'이 해결해줄 거야. 아무튼 누군가 처리해줄 거란 말이지.' 아버지는 나를 계속 바라보며 말씀을 이어나갔어요. 그런데 '그들'이란 없어. '그들'은 바로 너니까'라고.

모든 사람을 친구처럼 대하고 모든 교류를 즐겁게 가져갈 수 있다면, 모두가 더 행복해질 것이다. 우리는 우리의 마음을 편하게 해주는 사람에게 끌린다.

사회적 관계가 어떻게 흘러갈지는 50퍼센트가 우리 몫이므로 우리는 '살가운 태도'를 취하거나 신뢰감을 줄 수 있는 인상을 남겨야 한다. 우리는 그들이 미소를 짓고, 더 많은 사회적 지지를 받을 수 있도록 도와주는 존재가 될 수 있다. 그러면서 자신의 긍정성을 키울 수 있다. 모든 사람과 알고 지내며, 사회적 유대를 통해 많은 기회를 얻을 수 있다. 그리고 입을 여는 순간 상대가 조건 없이 "믿는다"라고 말하는 그런 존재가 될 수 있다.[47]

70억 친구로부터 든든한 지원을 받고 싶은 당신에게

✔ 사회적 능력은 다른 능력과 마찬가지로 발전시킬 수 있다. 그러나 다른 능력과 마찬가지로 '이런들 달라질 게 있나'라는 구슬만 저울에 올리게 되면, 그것은 다른 사람들을 숨 막히게 할 수도 있다.

✔ 어떤 능력이든 발전시키려면 때에 걸맞고 유익한 피드백이 필요하다. 자신과 비슷한 사람에게서만 피드백을 받으면 우리의 사회적 능력은 정체될 수밖에 없다. 세상 모든 사람이 나를 냉소적이라고 보는데, 그런 사실도 모른 채 나와 내 친구는 서로 잘 지낼 수 있기 때문이다.

✔ 다른 사람들로부터 행운의 기회를 많이 얻어내고 당신의 사회적 능력을 발전시키고 싶으면, 연령대와 배경, 관심사가 다양한 사람들을 사귀어야 한다. 당신과 가까이 지내는 사람들에게서는 어떤 가치가 부족한지를 생각해야 한다. 자선 활동을 하고 싶은가? 그러면 봉사 활동을 하라. 로직을 알고 싶은가? 그러면 프로그래밍 강좌를 들어라. 모험을 하고 싶은가? 실내 암벽 등반 모임에 가입하든가, 여행을 떠나라.

✔ 우울증이 장밋빛 색안경을 끼고 미래를 볼 수 없는 것이라면, 사회적 불안은 장밋빛 색안경을 끼고 거울을 들여다보지 못하는 것이다.[48]

✔ 존재하지도 않는 얼굴 흉터에 집착하느니 다른 사람에게 반응하는 데

집중하라. 장밋빛 색안경을 끼고 사람들을 바라보라.

✓ 사람들의 시선에 너무 연연하는 사람들은 자신이 조금만 잘못해도 모두가 알아차릴 것이라고 생각한다. 그러나 그렇지 않다. 이런 말이 있다. "사람들이 얼마나 우리에게 무심한지 깨닫게 되면, 우리는 다른 사람들이 우리를 어떻게 생각하는지 그리 걱정하지 않게 된다."[49]

✓ 다른 사람을 만날 때, '내가 헤아려줘야 할 미래의 친구'라는 구슬을 저울에 올려놓도록 하자. 그들은 아름다운 사람이며, 우리가 하는 일이 잘 풀리게 해줄 사람이라고 생각하자.

✓ 반박의 여지 없이 누구나 좋아하는 것들, 예를 들어 웃는 아기, 설탕, 우아한 동작처럼 바로 그 자리에서 보상을 주는 것들은 긍정적 감정을 불러일으킨다. 이는 사람들의 공감대를 끌어낸다.[50] 카리스마의 핵심은 정서 지능 혹은 다른 사람의 행복에 대한 감수성이다. 표현하고 미소를 짓자. 솔직한 감정은 전염성을 띤다.

✓ 집 밖으로 나서자. 드웩은 이렇게 설명했다. "진공 상태에 있는 사람에게는 행운이 따르지 않는다. 행운을 찾아 집 밖으로 나서야 한다."[51]

✓ 다른 사람들과 사이좋게 꾸준히 연락하며 지내야 한다. 그리고 필요한 것은 없는지 물어야 한다. 그들에게 우리를 도울 수 있는 능력과 의지가 있고, 우리는 그들에게 도움을 청할 수도 있다.[52]

9 장

운명의 주사위를 훔치는
완벽한 방법

–

당신의 뇌에
믿음을 불어넣어라

월요일 아침 아홉 시. 우리는 뉴욕 대학교 폴리 인큐베이터 프로젝트라는 창업 지원 센터에 모였다. 인큐베이터는 벽돌 건물이 많은 거리에 있었다. 10년 전 이곳은 인적이 드문 곳이었다. 화물용 엘리베이터보다 조금 더 클까 싶은 크기에 바닥의 광을 심하게 낸 방에 사업가인 시안 피에르 리지스가 작은 탁자를 사이에 두고 벤처 투자자인 찰리 오도넬과 마주 앉아 있었다.

"돈과 흥미에 대한 얘기를 하던 참이었어요."

리지스라는 이름의 완벽한 남자는 손을 모은 채 몸을 숙였다. 리지스의 아버지는 아이티인 기술자였는데, 그의 말에 따르면 자신에게 아메리칸 드림에 걸맞은 직업윤리를 가르쳐 주었다고 한다. 영국인 어머니는 서비스 업계에서 오랫동안 종사했는데, 그를 창의성을 사랑하는 사람으로 키웠다고 한다. 스타인버그처럼 학생회장으로 뽑히기도 했던 리지스는 2006년에 콜게이트 대학교에서 사회학 학사 학위를 받고 졸업했다. 페이스북에서 수백만 개의 '좋아요'를 받는 온라인 콘텐츠 제공 사이트인 스웨거swagger에서 편집장으로 일하고 있는 그는 그 일이 아주 잘 맞는 듯했다. 늘 패션에 신경 쓴 듯 안 쓴 듯한 차림이었는데, 그날은 오른쪽 손목에는 팔찌를 하고 깃이 없는 블레이저 재킷을 걸치고 있었다. 그는 수십만 달러를 스웨거, 다시 말해 자신에게 투자해달라고 오도넬을 설득하는 중이었다.

세인트존스 대학교와 포덤 대학교를 졸업한 오도넬은 투자분석가로 일하다 벤처캐피털 회사인 유니언 스퀘어 벤처스로 자리를 옮겼고, 거기서 자신의 회사를 차려서 나왔다. 그는 830만 달러를 조성한 뒤, 브루클린 브리지 벤처스를 설립했다.[1] 경력이 제법 되는 마라토너이자 철인3종 경기 선수인 그는 항상 운동할 준비가 된 사람처럼 보였다. 오늘도 나이키 드라이핏 셔츠에 짙은 청바지를 걸치고 검은색 나이키 운동화를 신고 있었다. 그는 몸을 뒤로 기대고 온라인 콘텐츠 사업에 대한 이야기를 이어나갔다.

"그런데 재미있는 점은 성공의 층이라고 할 수 있는, 성공의 새로운 방편이 있다는 겁니다. 투자자들은 이를 흥미롭게 여기긴 하지만, 그 모델이 정확히 어떤 것인지에 대해서는 아직 확신하지 못하고 있어요. 그리고 애드밴시트Advancit처럼 미디어 업계에 정통한 집단이 있어요. 레슬 문베스Lesl Moonves's의 자식과도 같은데, 해당 업계를 아주 잘 아는 미디어예요."

"맞아요." 리지스가 몸을 앞으로 기울이며 말했다.

오도넬이 말했다. "사람들이 당신에게 투자하게 만들려면, 당신부터 이미 자신에게 투자를 해야죠. 콘텐츠를 어떻게 하면 확장할 수 있을까요? 〈허핑턴포스트The Huffington Post〉나 〈버즈피드BuzzFeed〉, 그들이 하는 걸 보세요."

"이런 조언을 듣는 것만으로도 내게는 30만 달러의 가치가 있습니다." 그 자리에 있다는 것만으로도 흥분된다는 듯 리지스는 고개를 끄덕이며 외쳤다.

"계획이 있어야 해요." 오도넬이 말했다. 리지스는 메모를 했는데 그는 이야기에 푹 빠진 눈치였다.

오도넬의 다음 약속은 토드 버거와 잡혀 있었다. 나로서는 이 사람에 대해 할 말이 없다. 다만, 그의 홍보가 '드라이'한 것과는 거리가 멀다고만 해두겠다.² 5분이 지났는데도 나는 이 사람이 어떤 일을 하는지조차 알 수 없었다. 그가 떠난 뒤, 오도넬과 나는 두 사람의 투자 유치 홍보에 대해 받은 인상을 이야기했다.

오도넬이 말했다. "나는 첫 번째 친구가 마음에 드는군요. 그는 진짜 사업을 어떻게 하는지 배우고 싶어 한다는 인상을 받았어요. 이런 식이죠. '알아둬야 할 게 있어. 그래서 사람들과 대화를 나누면서 뭔가를 배우는 거지'라고."

두 번째 친구에 대해 우리는 별로 확신이 서지 않았다. 그가 말했다. "호감이 가는 측면은 있어요. 그러니까 맥주 한잔 같이 하고싶다, 뭐 그 정도? 좋은 계획을 가지고 있을 수는 있지만, 글쎄요, 같이 일하고 싶을까요?" 투자자로서는 '맥주 한잔을 같이 하고싶다'는 것보다는 리지스가 보낸 것과 같은 신호를 보내는 사람과 일하고 싶어 한다.

어떤 스타트업에 투자할지 결정하는 벤처투자자들은 사실상 프로젝트에 투자를 하지는 않는다. 인터넷 문화에서 통용되는 초낙관적 언어를 빌리면, 스타트업은 절대 망하지 않는다. 길가에 버려진 아기나 예거마이스터를 몇 잔 걸친 뒤 한 결혼 서약처럼, 스타트업은 사람들이 완전히 포기해야만 그제야 망하는 것이다. 다시 말해, 피벗pivot(주로 스타트업 업계에서 쓰이는 용어로 초기 사업 계획이 실패로 돌아갔을 때 사업 방향을 바꾸는 것을 가리킨다 - 옮긴이)을 하거나 기존의 방식을 바꾸기만 해도 결코 망할 수 없다. 스타트업은 언제든 피벗을 할 수 있으므로 벤처투자자들은 일정하게 유지되는 부분에 투자를 한다. 즉 프로젝트에 투자를 하는 것이 아니라 사람에게 투자를 하는 것이다. 투자자들은 사업가들이 지금 하고 있는 일에 투자하려고 하지 않는다. 그 사업가들이 앞으로 한몫을 하게 될 것을 보고 거기에 투자를 하고자 한다. 벤처투자자들은 싸게 사들이고 비싸게 파는 사람들이다. 따라서 그들은 성공할 수 있는 사람에게 투자한다.

고급 사무실에서 MVP 트로피를 진열하고 있는데, 비서가 들어와 '대통령께서 또 전화를 주셨습니다'라고 말하는 것을 누군들 꿈꾸지 않을까. 물론 이런 꿈이야 모두 꾸지만, 실제로 그 꿈을 이루는 사람은 그중 일부에 지나지 않는다.[3] 그처럼 높은 목표에 이르기 위해 꾸준히 나아가려면 미쳤다고 할 정도로 낙관적이어야 하며, 그 과정에서 피할 수 없는 어려움과 좌절을 극복해나가야 한다. 높은 자존감이 필요하며, 자신은 성공을 쟁취할 수 있고 그럴 자격이 있다는 믿음을 가져야 한다. 한마디로 카니예 웨스트 같은 사람이 되어야 한다.

코미디언 데이브 샤펠은 대중이 미처 알아보기도 전에 카니예 웨스트가 유명해질 것이라고 생각한 연유를 이렇게 설명했다. "그는 전화를 받더니 이렇게 말했어요. '여보세요, 응? 뭐라고? 응. 못해. 못한다고. 지금 데이브 샤펠 쇼에 와서 그 누구도 본 적이 없는 공연을 보고 있다 고.' 그러고 나서 그는 이렇게 말했어요. '왜냐하면 난 약에 절어 살아왔 고, 지금 그 약을 하고 있는 거거든.' 그런 다음 그는 전화를 끊었어요."[4]

눈앞의 보상에 집중할 수 있는 자신감이 있다면 더 운 좋은 성과를 기대할 수 있다. 계속해서 좋은 것을 추구한다는 것은 그로 인해 나쁜 것을 피할 수 있을 뿐 아니라 인생의 목표를 향해 더 많은 시도를 할 수 있다는 말이기 때문이다. 장밋빛 미래를 꿈꾸고, 목표치를 더 높이 잡고, 더 큰 물에서 놀고, 그것을 위해 필요한 일을 기꺼이 감당하려고 하는 사람은 일부다. 자신을 떳떳이 변호하고 좌절을 감내하기 위해서는 정 신적 자원이 뒷받침되어야 한다. 이런 능력을 제대로 갖추려면 몇 가지 행운이 필요한데, 이런 행운은 운 좋은 소수에게는 쉬이 얻을 수 있는 것이다. 반면, 그 밖의 사람들은 이들로부터 뭔가를 얻어 배울 뿐이다.[5]

누군가에게 투자받으려면
먼저 스스로에게 투자해야 한다

당신이 최고가 될 자격이 있다고 생각하려면 어느 정도는 그런 경험을 직접 자주 해보아야 한다. 그동안 살면서 어떤 집단이든 자신이 속했던 곳에서 최고가 되었던 순간들을 통해, 우리는 '이런 것쯤이야'라는 구 슬을 저울에 올려놓으면서 인생의 계급구조에서 자신이 차지했던 위 치를 뇌리에 각인할 수 있다. 사회집단 안에서 우리는 리더를 따르게 된다. 리더란 그 지위에 걸맞은 특질을 가진 사람, 특정한 임무에 필요한 능력을 지니면서도 그 능력이 지위에 걸맞은 사람, 그리고 형태 놀이의 조건이 자신에게 불리해도 쉽게 이길 것 같은 사람, 이런 사람들의 혼합체다.

사회집단은 자신들이 따를 리더를 고를 때, 자연스레 그가 얼마나 일론 머스크를 닮았는가(키 크고, 매력적이고, 지적이고, 백인이고, 남자이고, 유명하고, 억만장자이고)를 따진다. 그 집단이 목표하는 것을 잘 이룰 수 있는 다른 특질을 가진 리더가 따로 있지 않은 한 말이다. 만약 나 자신과 나와 비슷하게 생긴 작고, 볼품없는 사람이 있다고 하자. 우리 둘은 공작꼬리 같은 것을 펼치며―자신감으로 가득 차 능력을 과시하고, 적극적인 행동과 은근한 신체적 암시로 우월성을 드러내며―서로 승패를 겨룰 것이다.[6]

낙관적이며 성공의 투지가 불타오르는 사람들 가운데 일부는 스스로를 자신의 보스로 삼을 것이다.

스타트업 창업자들에 대해 우리가 지니고 있는 전형적인 이미지에 들어맞는 사업가들(마크 저커버그, 스티브 잡스, 잭 도시)은 운이 좋은 것이다. 그런 사람들은 인생에서 좀 더 많은 선택권을 받았고, 그들과 비슷한 역할 모델들이 그들의 길라잡이 역할을 했다. 백인 남성 이성애자이면 이미 샌프란시스코 만안灣岸 지역에서 열리는 기술 콘퍼런스에 가 있다고 생각하는 것이 그리 어렵지 않다. 백인 남성 이성애자라는 사실은 도전을 쉽게 만드는 데도 영향을 미칠 뿐 아니라, 사람들이 그들의 노력을 평가하는 데도 영향을 미친다. 찰리 브루어 원리 덕분에 그들은 자신을 천부적으로 형태 놀이를 잘하는 사람으로 여긴다. 상대 평가를

받을 경우, 그들은 스트레스와 거절에 덜 영향받는다.[7]

사람들이 우리에 대해 무슨 말을 하고, 우리를 어떻게 대하는지는 미래에 대한 우리의 포부에 영향을 미친다. 그러나 그중에는 방해가 되는 것들이 있다.[8] 이런 불안한 요소를 피하기 위해 우리는 가장 바꾸기 쉬운 것을 바꾼다. 제약의 요소들을 선호하는 것으로 바꾸는 것이다.[9] 신디 하몬존스는 이렇게 말했다.[10] "만약 여러분이 태도를 바꿀 수 있다면, 그와 같은 의사 결정을 뒷받침할 수 있는 태도를 빠짐없이 갖출 수 있다면, 우리는 훨씬 더 일처리를 잘해나갈 수 있다." 그래서 세상은 우리에게 우리가 어느 특정한 형태 놀이를 잘한다는 얘기를 해주면서 그 재능으로 취할 수 있는 인생의 여러 여정을 제시한다. 모든 사람이 우리보고 잘한다고 박수칠 그런 여정을 말이다. 일단 우리가 어떤 존재가 될 수 있는지에 대해 흔들리지 않는 믿음을 갖게 되면, 우리는 적극적으로 앞으로 나아갈 수 있다.

이를 어리석은 꿈이라고 보는 사람도 있긴 하지만, 목표를 높이 두는 사람으로서는 운이 좋은 것이다. 보상이 좀 더 커 보이고 좀 더 손에 잡힐 것 같기 때문이다. D2 수용체를 넉넉히 가지고 있어서 운이 좋은 사람도 있다. 뇌의 '하지 마' 스위치가 잘 작동되는 사람이라면, 초콜릿 케이크를 앞에 두고도 참을 수 있다. 사람들의 유전적 차이는 더 큰 보상을 얻고자 노력을 기울이려는 의지에 큰 영향을 미친다. 도파민 체계의 차이가 좋은 것을 향해 나아가는 우리의 능력에 영향을 미친다. 예를 들어, D1 수용체—우리 뇌의 '해도 돼' 체계—에 차이가 있으면 기본적 활동성이 영향을 받는다. 좋은 것에 유독 민감한 사람들이 있다. DARPP-32는 우리 뇌의 동기부여 회로에 있는 단백질이다. 이 단백질의 차이에 따라 어떤 사람들은 긍정적 결과물로부터 더 많은 것을 배우기도 한다. 측좌핵[우리 뇌에서 '발언 막대기'(옛 아메리카 원주민들이 회의를 할 때, 이 막대기를 쥐고 발언을 하는 사람이 있으면 누구도 그의 말을 가로막을 수 없었다 – 옮긴이) 역할을 하는]에서 DARPP – 32 단백질의 수치가 높으면, 에너지가 많이 들지만 그만큼 보상이 큰 선택을 할 가능성이 높다.[11]

이런 것쯤이야,
안 될 게 뭐가 있겠어

인생은 대체로 우연의 결과이지만, 우리가 좌우할 수 있는 여지가 많다고 과대평가하는 편이 좋다. 우리의 이익을 생각한다면 이런 생각이 최선이다. 우리가 좌우할 수 없는 것이 있다고 생각하면 그 자체로 스트레스가 되기 때문이다. 스트레스가 쌓이면 우리의 건강, 인간관계, 사고력, 행동, 그리고 우리의 잠재력을 펼치는 데 악영향을 미친다. 스트레스는 항상성에 위협이 된다. 즉 앞으로 닥칠 일을 감당할 자원이 충분치 않다는 생각을 하게 된다. 일을 처리하는 자신의 능력에 대해 긍정적인 생각을 가질 수 있다면, 역경을 도약의 기회로 여기는 것은 그리 어려운 일이 아니다. 사회적 지지를 자각하고, 긍정적 감정을 많이 느끼고, 생의 목적의식을 갖는다면 스트레스를 적극적으로 이겨낼 수 있는 자원이 충분하다고 여긴다. 다시 말해, '이런 것쯤이야' 구슬을 저울에 올려놓게 된다.[12]

이는 정신적 강인함, 회복력, 인내력, 그릿 같은 개념의 이면에 존재하는 핵심이다. 이 모든 것은 쓰러져도 다시 일어나 우리가 원하는 것을 향해 나아갈 수 있는 능력을 말한다.[13]

우리의 적극적 행동도 결과에 직접적으로 영향을 미치지만(시험공부를 하면 성적이 오르는 것처럼) 미신, 행운의 부적, 기도, 그 밖의 종교적 의식 같은 비이성적 표지들도 실제로 우리 능력을 향상하는 데 도움이 된다. 우리의 불안감을 줄여주고 우리가 해야 할 바를 이룰 수 있다는 자신감을 북돋아줄 수 있기 때문이다. 자신이 할 수 있는 것이 멋진 일자리를 제안하는 전화가 오기를 기다리거나 모든 것은 우연의 게임이라는 식으로 생각하는 것이 고작이라면, 자신이 큰 업적을 쌓을 수 있을 만큼 운이 좋다거나 그럴 운명이라고 스스로 믿는 것은 현실성이 없는 착각이다. 자신에게 좋은 일이 생길 것이라고 믿는 것은 그로 인해 동기부여가 주어질 때 비로소 긍정적인 자기충족적 예언이 된다. 그리고 일을 하는 과정에서 자신이 더 나아질 수 있다는 믿음과 자신감을 갖게 해준다.[14]

여기서 핵심은 접근 지향적인 태도를 갖는 것이다. 자신에게 약점이 있다면 외면하는 것이 아니라 드러내고 극복하는 데 노력을 기울여야 한다. '이런 것쯤이야. 나라고 안 될 게 뭐 있어?'라고 생각해야 한다. 내적 통제력이 높은, 즉 운명의 주인은 자신이라고 굳게 믿는 사람은 삶에서 더 큰 보람을 얻는다.[15] 현상 유지 편향status quo bias이라고 알려진 긍정성의 환상은 현재에 대한 우리의 관점—이대로 더할 나위 없다—을 보호해주는데, 그러한 망상에 더 빠지기 좋은 방법은 늘 당당한 카니예 웨스트처럼 하는 것이다. 즉 우리 힘으로 무슨 일이든 해낼 수 있다면 미래는 우리의 것이라고 믿는 것이다.[16]

2013년 1월 26일, 트위터와 스퀘어의 억만장자 CEO 잭 도시Jack Dorsey는 이런 트윗을 날렸다. "성공은 결코 우연이 아니다." 이 트윗은 '이런 것쯤이야, 이건 일어날 일이야'의 거의 끝판왕인 셈이었다. 억만장자가 되고 보면 엄청난 에고ego를 갖게 된다는 말은 누구든 할 수 있다. 그러나 에고를 가진다는 것과 그 에고를 뒷받침할 수 있는 일을 한다는 것은 성공의 결과물인 동시에 성공의 원인이다.[17]

우리가 할 수 있다고 생각하는 것보다 높은 목표를 잡으면 우리는 불안해진다. 현재의 자아와 미래의 자아, 즉 '나라는 사람'과 '이런 종류의 일을 능수능란하게 처리할 줄 아는 사람' 사이에 갈등이 일어나기 때문이다. '하고 싶다'라는 이상적 형태의 미래 자아와 의무감을 갖게 되는 '해야만 한다'라는 자아 사이의 갈등을 대수롭지 않게 여기면 목표를 높게 잡을 수 있다.

장기 목표를 공유할 수 있다는 것은 인간관계가 오래 갈 수 있다는 것을 알려주는 중요한 지표 가운데 하나다. 마찬가지로 이는 우리가 이상적 미래를 향해 얼마나 오랫동안 전념할 수 있는지를 알려주는 중요한 지표 가운데 하나이기도 하다.[18]

여자들이 절망에 빠지는 흔한 한 가지 이유로 자신의 직업 커리어와 가정을 함께 지킬 수 없다는 사실이다. 여자들은 미래에 자신들이 자리에서 밀려나고 어려움을 겪게 되리라는 예상을 하게 된다. 우리는 다른 사람들이 일과 여가의 균형 문제에 어떻게 대처하는가를 보면서 그리고 그런 상황에 놓인 자신의 모습을 상상해보면서 미래를 가늠한다. 남자들은 이런 것들이 양립 불가능하다고 보지 않는다. 그들에게는 고급 사무실에서 일하는 것이 곧 가족을 부양하는 최선의 방법인 것이다.[19] 자신이 이리저리 끌려다닌다는 느낌을 받지 않을 때 혹은 예정된 삶의 궤적을 따르지 않아서 사람들이 실망한다고 생각하지 않을 때, 우리는 이상적 미래의 자아를 성취하기 위해 자신의 모든 에너지와 시간을 쏟아부을 수 있다. 그때 비로소 마법은 일어난다.

자신이 운이 없다고 생각하는 것은 자신감 결핍과 비슷하며, 이는 불안감을 야기하고 능력을 제대로 발휘할 수 없게 만든다.[20]

행운을 학습할 수 있을까? 위대한 성과를 내기 위해서는 내 안의 카니예 웨스트를 끌어안고 저 높고 원대한 목표를 세워야 한다. 남의 밑에 들어가지 않고 독자적으로 일을 하려면 위험을 감내할 줄 알아야 하며, 자신이 추구하는 목표와 완전한 한 몸이 되어야 한다.[21]

포기해야 할 때를 알 수 있는 사람은 없다. 책을 내고, 스타트업 투자금을 모으고, 영화를 만들고, 각광을 받는 사람들은 그저 미친 듯이 버텨낸 사람들이다. 죽음과 세금 말고 우리 인생에서 피할 수 없는 또 다른 것이 있다는 것을 기억하라. 그것은 실패다. 누구나 어느 순간 일이 잘못 돌아갈 수 있다. 실패는 쓰라린 것이지만, 자신의 감정과 좌절을 잘 다스려서, 누구에게나 닥칠 수 있는 이 어려움에 잘 대처할 수 있는 사람에게는 그 쓰라림이 덜할 것이다. 실패했다고 해서 다른 사람의 이목에 지나치게 신경 쓰고, 자신의 결점에 연연하고, 앞으로의 실수를 두려워하며, '현재의 나'와 '되고 싶은 나' 사이의 간극만 자꾸 의식해서는 안 된다. 오히려 자신에게 너그러워져야 한다. 그래야 저 높고 원대한 목표에 짓눌리지 않는다.

어디서 많이 듣던 말인가? '와, 보상이다!' 이것이 우리의 기본 태도다. 그러나 우리가 계급구조에서 그리 높은 위치에 있지도 않고 그나

마도 상황이 더 안 좋아질 여지가 있다는 것을 알게 될 때마다, 우리 뇌는 '지금 하고 있는 일에 조심해야 해'라는 쪽으로 이동하면서 실수와 그로 인한 처벌을 걱정한다. 자신에게 지나치게 비판적이면 어떤 일도 잘해내기가 어렵다. 스트레스, 피로, 우울, 불안만 더 가중할 뿐이다.[22]

유감스러운 일이지만, 오히려 살면서 겸손해야 한다는 말이나 자신감을 가지면 잘난 체하고 건방져 보인다는 말 따위를 들어오지 않았다면, 미래에 대해 우리는 더 자신감을 갖고 낙관적일 수 있었을 것이다. 사람들이 모두 너는 할 수 없다고 말하면, 우리는 그 말을 믿게 된다. 미친 사람처럼 반항하다 한생을 마감하느니 수긍하는 편이 더 속 편하기 때문이다.[23]

우리는 리더와 스타트업 창업자라면 으레 백인 남성을 떠올린다. 여기서도 백인 남성이 형태 놀이를 먼저 선점하는 것이다. UC 버클리 대학교의 경제학자 로스 레빈Ross Levine과 로나 루벤스타인Rona Rubenstein은 2013년 발표한 논문에서 기업가들의 공통점을 분석했다. 그랬더니 대부분이 백인에 남자에 고학력자였다.[24] 우리가 형태 놀이를 잘 못하는 팀에 속해 있다는 말을 듣게 되면, 불안해지고 미래의 가능성이 넘친다는 말을 믿기가 어려워진다. 그리고 사람들은 우리가 기울이는 노력을 더 가혹하게 평가한다.[25] 사람들이 모두 너는 할 수 없다고 말할 때 점점 그 말을 믿게 되는 것은, 세상 사람들의 모든 메시지를 일일이 다 무시하느니 차라리 내 생각을 바꾸는 것이 속 편하기 때문이다.

주변에 나와 같은 사람이 많아도, 내가 그 무리에 속해 있거나 받아들여지지 않았다고 느낀다면, 온전한 사고를 하기가 어려워진다.[26] 누가 자기 자리에서 겉돌며, 그 과정이 얼마나 평탄치 않은지는 쉽게 알 수 있다. 다음과 같은 곳에 누가 있는지를 보면 된다.

살림하는 아빠 중에 학부모 모임에 참석하는 사람이 몇이나 되는 가? 수학과 대학원이나 체력단련장에 여자들이 몇이나 되는가? 상원의 원 중 유색인종은 몇이나 되는가? 흑인 가운데 스타트업 창업자는 몇 명인지, 여자 과학자는 몇 명인지, 남자 유치원 교사는 몇 명인지, 트랜 스젠더 정치인은 몇 명인지,[27] 예순 살에 테니스를 치는 사람은 몇 명인 지, 리지스 같은 기업인은 몇 명인지 한번 세어 보라. 이런 틀에서 벗어 난 사람들은 자신들의 형태 놀이에서 다른 평가를 받아왔다. 그들은 잘 해도 그 능력에 의심을 받게 되는데, 사람들은 그들의 꼬투리를 잡으려 들고 다른 잣대를 들이댄다. 그들이 세상의 모든 찰리 브루어와 같은 수준에 도달하려면, 찰리 브루어가 겪었던 것과는 비교도 할 수 없는 온갖 반대와 방해를 무릅쓰고 살아남아야 했다.[28]

우리가 전형적인 틀에 들어맞지 않는 사람이라면, 우리는 세상의 모든 사람을 무시해야 한다. 즉 리지스처럼 자신이 정신적으로 얼마나 강한 사람인지를 보여주어야 한다. 바로 이것이 미래의 투자자들이 찾 는 덕목이다.

행운을 잡기 위해서는
유망한 신인이 되어라

'문지기'(83쪽 참고)들은 싸게 사서 비싸게 팔려고 한다. 그들은 잠재력 을 중시한다. 다음 차례의 대박을 노린다. 실험에서 피실험자들에게 한

NBA 선수의 5년치 통산 전적과 한 신인 선수의 5년치 실행 예측값을 나란히 제시해주고 나서 여섯 번째 시즌에 이 신인 선수가 어느 정도의 연봉을 받을 수 있는지 추정해보라고 했다. 피실험자들은 이 신인 선수가 해마다 100만 달러 이상을 더 받을 수 있다고 보고, 여섯 번째 시즌에는 많으면 525만 달러, 적으면 426만 달러 정도 받을 것이라고 예상했다.

이런 현상은 예술 분야에서도 나타났다. 피실험자들에게 두 개의 미술 작품, 하나는 주요 미술상을 받을 가능성이 있는 작가의 작품이고, 다른 하나는 수상 경력이 있는 작가의 작품을 보여주었다. 이런 상황에서 피실험자의 65퍼센트가 신인 작가의 작품을 더 좋아했다(작품을 무작위로 뽑되, 작품 중에는 수준 이하의 작품도 있으므로 그것을 감안했다). 전도유망한 신인 작가의 작품과 네 차례 수상 경력이 있는 작가의 작품 가운데 어느 쪽이 더 마음에 드느냐는 질문에도 사람들은 57퍼센트의 비율로 신인 작가의 작품을 선호했다.

'유망한 신예가 될 수 있다'고 비평가들이 평가하는 한 코미디언을 페이스북 광고로 접하고 나면, 우리는 비평가들이 '차세대 스타로 등극했다'고 평가하는 코미디언보다 그를 더 선호하게 된다. 식당이든, 요리사든, 박사든, 취업 지원자든, 코미디언이든 미래의 가능성이라는 점에서 우리는 유망한 신예를 더 좋아한다.[29]

줄리아드와 하버드에서 교육을 받았지만 제 능력을 십분 발휘하지 못했던 차이 치아중은 사람들이 다른 사람을 평가하는 방식에 호기심이 생겼다. 그녀의 가장 흥미로운 연구에서 103명의 전문 음악인들을 대상으로 실험을 했다. 장래가 촉망받는 음악가라고 하면서 그의 전기

한 토막을 읽게 한 다음, 스트라빈스키의 〈페트루슈카 3악장〉을 20초 간 들려주었다.

그러고 나서, 이제는 유명한 음악가에 대한 이야기라고 하면서 그의 전기 한 토막을 읽게 하고, 똑같은 음악을 또 한 번 20초간 들려주었다. 전문 음악가들은 장래가 촉망된다고 하는 피아니스트가 더 재능이 있고 성공할 것 같다고 했다. 그리고 음악인으로서 더 매력적이라고 보았다. 여기에 함정이 있다고 한다면, 피실험자들이 들은 두 연주는 모두 피아니스트 귀네스 첸이 연주한 스트라빈스키의 〈페트루슈카 3악장〉이라는 것이다. 그들이 들은 연주는 포장만 달리했을 뿐 같은 사람의 연주였다.[30]

차이는 이렇게 말했다. "사람들이 '이미 타고난 재능을 가지고 이 정도의 실력에 이르렀다면, 앞으로 더 크게 발전할 수 있지 않을까'라는 식으로 생각하는 건 충분히 이해할 수 있어요."[31]

사람은 가능성 그 자체이며, 우리의 미래는 완전한 미지다. 그리고 다른 사람들은 우리가 어떤 노력을 기울이는지 혹은 우리의 싹수가 어떻게 될지 전혀 알 수 없기 때문에, 우리는 자신을 가능성이 가득한 존재로 어필할 수 있다. 사람의 잠재력을 생각할 때, 우리는 그들을 '형태놀이에 타고난 재능을 가진 사람'이라고 여긴다. 그들의 미래와 타고난 재능에 대해 좋은 쪽으로 생각하는 것이다. 이때의 지위 편향은 90달러짜리 포도주를 마시기 전이든 예쁜 얼굴의 사람과 얘기를 나누기 전이든 그 평가에 수반되는 지위 편향과 같은 종류의 것이다.[32]

일단 믿어라,
자신의 성공을!

경제학자 로스 레빈은 온라인 경제지 〈쿼츠Quartz〉에서 이렇게 말했다. "가산家産이라는 형태로 돈을 갖고 있지 못하면, 사업가로 성공할 가능성은 급격히 떨어진다." 그러나 위험은 감당할 길이 있다면 그리 위험한 것이 아니다.[33]

성공한 사람들 가운데 쉽게 성공했다고 생각하는 사람은 없다. 우리가 가야 할 길은 험하고 바람도 매섭지만, 우리가 가진 특권은 눈에 띄지 않는다. 특권이란 정의상 아무런 느낌도 없다. 그것은 지배 집단을 위해 존재하도록 되어 있으므로, 다른 사람이 불편해하는 것을 헤아릴 도리가 없기 때문이다. 우리는 세상을 있는 그대로 볼 수 없다. 오른손잡이는 왼손잡이보다 자동차, 전자기기, 필기도구, 주방기구, 총, 운동기구 등을 사용하는 데 훨씬 유리하다. 왼손잡이는 일상에서 자잘한 불편을 감수해야 한다. 그러나 오른손잡이는 이를 모른다. 이처럼 특권이란 사람들이 얼마나 자주 상대평가의 대상이 되는지에 대해 무지할 수 있는 권한이다.[34]

수중에 돈이 없는 사람은 자신의 사회적 자본에 투자함으로써 행운을 키울 수 있다. 자신의 네트워크를 통해 다른 자원에 접근할 수 있었던 리지스처럼 말이다.[35] 앞 장에서 보았듯이, 바보가 아닌 바에야 그보다 쉬운 일은 없다. 좀 더 미소를 많이 지으면 자신의 세계를 만들어 나갈 수 있다. 그리고 항상 꿈꿔오던 자신의 모습을 향해 나아가는 데 보람을 느끼고 그에 전념할 수 있다면 거기에 가장 먼저 도착할 수 있는 정신적 자원(낙관주의, 자신감, 그릿, 희망, 회복력, 더 나아질 수 있다는 믿음)을 마련할 수 있다.[36]

리지스를 만났을 때, 나는 밝은 성격 덕분에 그가 잘나간다는 느낌을 받았다. 행복감을 느끼고 낙관적인 사람은 주변에서 얻을 수 있는 보상에 집중하고 그 보상으로부터 큰 힘을 얻는다. 자신은 지는 쪽에 있다는 생각에 너무 매몰되면, 능력을 제대로 발휘할 수 없고 넘어져도 쉽게 일어날 수 없다. 살면서 불가항력의 불행이 닥치더라도, 그것을 무시하는 것이 가장 이득이다.[37] 확고한 결단력을 가지고 발전할 수 있다는 믿음이 있고 그 과정에서 우리가 배워야 할 것을 배울 수 있다면, 우리는 우리에게 필요한 에너지를 스스로 공급할 수 있다. 기업가정신과 마찬가지로 외향성은 행동 활성화 체계와 깊은 상관성이 있다. 누가 계층 질서의 상단에 오를 것인지를 가장 잘 보여주는 외향성의 측면은 바로 지배력이다. 물러서지 않는 실험쥐처럼 말이다.

몇 년 전, 워싱턴 대학교의 첸 샤오핑은 대학에서 사용하는 교수 평가 방법이 투자 관련 예능인 〈드래곤스 덴Dragon's Den〉 같은 프로그램에서 투자자들이 스타트업 창업자들을 심사하는 방법과 놀랍도록 비슷하다는 사실을 알았다.[38] 첸은 이렇게 말했다. "우리가 사용하는 방법 가운데 하나가 이런 겁니다. 이 사람은 얼마나 열정적인가? 이 사람은 정말 온 마음을 다하고 있는가? 그들이 하는 말과 그 밖의 실마리를 통해 우리는 그 점을 알아낼 수 있어요. 항상 그와 같은 열정을 보인다는 게 중요합니다. 그래야 그 과정에서 아무리 힘든 일이 있어도 흔들리지 않고 나아갈 수 있으니까요."[39]

첸과 동료들은 벤처 투자자들이 최종 결정을 내릴 때 열정이 얼마나 큰 영향을 미치는지 연구했다. 열정의 정도는 감정과 행동을 가지고 측정했다. 앞 장에서 우리는 카리스마는 열의에서 비롯된다는 것을 알았다. 회전톱을 잡기 전에 버번을 한 모금 마신 초보 목수의 혈관처럼 진짜 흥분된 감정은 쉽게 억누를 수가 없다. 격렬히 무언가를 한다면, 우리의 행동과 생각과 감정에 그것은 드러나기 마련이다. 리지스의 열정은 그의 비언어적 행위 전반에 스며 있다. 그리고 거기서 다른 사람을 움직이게 하는 카리스마가 만들어진다. 그런데 흥미롭게도 첸은 연구를 통해 벤처 투자자들의 결정에 더 큰 영향을 미치는 열정의 또 다른 측면이 존재한다는 것을 발견했다.

첸은 "나는 그것을 '준비된' 인지적 열정이라고 부르려 한다"고 말했다. 준비성은 벤처 투자 여부에 긍정적 영향을 미치는데, 어떤 근본적인 부분에 대해 착각을 하게 만든다. 자신이 앞으로 될 수 있는 미래의 자아에 대한 믿음이 매우 확고하면 그것을 위한 로드맵을 작성할 수 있다는 것이다. 자신의 밝은 미래를 확신하여 관련 엑셀 자료를 쭉 뽑아서 보여줄 수 있다면 투자자들에게 자신이 그 미래에 대해 얼마나 잘 준비해 있고 자신감에 차 있는지를 보여줄 수 있다는 것이다. 벤처 투자, 일반 투자, 사업상의 결정 등은 미래의 청사진에 살고 죽는다. 그런데 투자자들이 어떤 기업인의 발전 가능성을 눈여겨보는 능력은 다음과 같은 찰리 브루어 원리에 기반한다. '그게 잘되었던 것 봤지? 그러니까 이것도, 그것처럼 처음부터 알려지진 않았지만, 앞날이 그와 비슷할 거야.'

5월 19일. 벤처 투자자인 찰리 오도넬이 '뉴욕시 혁신 커뮤니티 주간'이라는 뉴욕 기술 행사에 관한 주간 브리핑 자료를 발송하고 두 시간도 채 안 되어, 리지스는 한 친구로부터 그 자료를 전달받았다. 거기에는 다음과 같은 내용이 덧붙어 있었다. "이 벤처 투자자는 좀 '빡빡하긴' 한데, 네트워크가 좋아. '그가 만나고 싶다는' 4번 유형의 사람이 딱 너를 말하는 것 같아."

4) 킬러 콘텐츠 전문가들을 찾습니다. 글을 쓰는 사람이 아니라 에디터, UX 전략가, 콘텐츠 디자이너, 콘텐츠 마케터, 미디어 광고 영업 등을 할 수 있는 사람을 찾습니다. 최근 흥미로운 뉴미디어 비즈니스들—스릴리스트Thrillist, 바이스Vice, 허포HuffPo의 다음 주자들에 해당하는 업체들을 포함하여—을 많이 접할 기회가 있었습니다. 이 신생 업체들이 성장하려면 강력한 브랜드가 필요합니다. 그들의 사이트에서 정보를 공유하고, 상품을 홍보하고, 흥미로운 브랜드 경험을 선사하고, 사회관계망과 이메일을 통해 회원을 늘리는 등의 사이트 최적화를 할 필요가 있습니다. 콘텐츠를 중심으로 성장 기제를 구축한 경험이 있는 분이라면, 기꺼이 뵙고 싶습니다.

리지스는 이메일을 읽고 그 글이 자신을 두고 하는 말이자 몇 년 전 '때 이른 오춘기를 맞아' 파리를 방황하다 시작한 자신의 벤처 사업을 두고 하는 말이라는 것을 알았다. 거리 패션 웹사이트인 사토리얼리스트The Satorialist의 오랜 팬이었던 그는 도시를 걸어 다니는 사람들의 사진을 무작위로 찍은 뒤, 그들이 입은 옷에 대해 질문을 했다. 그러나 그는 옷감과 패턴에 대한 그들의 코디 원칙을 물어보는 것에 만족하지 않았다. 그는 더 많은 것을 알고 싶었다. 어떤 음악을 듣는지? 어떤 영화를 재미있게 보았는지? 어떤 유명인을 팔로우하고 있는지? 그래서 리지스는 약속을 잡고 오도넬 앞에서 자기 홍보를 하기로 했다. 그의 내적 동기가 충분히 느껴지는 대목이었다.

행사가 끝나고 며칠 뒤, 나는 이스트 빌리지에 있는 '파라다이스 투고'에서 리지스를 만났다. 그곳은 수제 커피 전문점으로 화장품 가게와 구두 수선점 사이에 끼어 있었고 폐선의 목재를 재활용하여 지어진 것처럼 보였다. 그는 롤링스톤스 티셔츠와 서프 숏팬츠에 끈 달린 검은색 샌들을 신고 있었다. 그는 함박웃음과 억센 포옹으로 나를 맞았다.

"나는 지금 계속 투자자들을 만나 얘기를 나누고 회의에 들어가고 있어요. 나는 이러죠. '아무래도 상관없어. 당신들이 내게 돈을 대든 말든. 어쨌든 난 자가용 제트기를 탈 테니까.'" 그는 파인애플 조각을 포크로 찌르며 웃으면서 말한다. "나는요. 내 마음 저 깊은 곳에, 내 자신이 성공할 거라는 믿음이 있어요. 지금 성공에 박차를 가하든 아니면 일 년 후가 되든, 언젠가 성공하리라는 거죠. 내 모든 부분에서 그걸 느껴요. 내가 진짜 빠져 있었던 건 대중문화 사회학이었어요. 늘 비디오자키를 꿈꿨는데, 목표치곤 참 근시안적이었죠." 그는 이렇게 말하면서 웃었다.

몇 달 후 페이스북에 들어갔더니 시안피에르 리지스의 사진이 내 피드에 떴다. 그는 텔레비전에서 누군가를 인터뷰하고 있었다. 나는 그가 인터뷰하고 있는 사람이 누군지 알 수 있었다. 바로 그 유명한 제니퍼 로페즈였다.

그로부터 몇 년 뒤, 리지스의 어머니가 갑자기 해고당했다. 지난 수십 년 동안 한 번도 일을 놓아본 적이 없던 그녀는 먹고살 일이 걱정이었다. 이에 리지스는 그간 싱글맘으로 자식 둘을 키우느라 할 엄두도

낼 수 없었던 버킷 리스트를 완성할 수 있도록 어머니를 돕기로 했다. 한때 수완이 뛰어난 저널리스트이기도 했던 리지스는 어머니의 이야기가 지닌 가치를 알아보고 자비를 들여 다큐멘터리를 찍기로 했다.

"사람들이 당신에게 투자하게 만들려면, 당신부터 이미 자신에게 투자를 해야죠." 오도넬은 이렇게 말한 적이 있다. 리지스는 언제나 그렇듯 크게 한판 벌일 게 아니면 아예 보따리 싸서 집에 가라는 식이었다.

그는 전문 트레일러 영상을 만들어 자신의 사회관계망에 뿌리고, 자신이 제작한 다큐멘터리 〈듀티 프리Duty Free〉가 킥스타터 클라우드 펀딩에서 목표 금액에 이를 때까지 계속해서 홍보를 몰아붙였다. 그는 거기서 멈추지 않았다. 그 후 ABC 뉴스에서 그를 봤는데, 그는 인터뷰를 하는 사람 중 하나가 되어 있었다.

**행운을 만들기 시작한
당신에게**

✔ 끊임없이 자기 자신에게 투자하고 자신의 미래에 이로운 것을 위해 헌신하는 사람은 마치 지칠 줄 모르고 달리는 차와 같다. 사람들은 그런 사람에게 기꺼이 투자하려 한다.

✔ 사람들이 당신과 당신의 미래에 투자하게 하려면, 한발 물러서서 당신이 그동안 어떻게 발전해왔는지를 볼 필요가 있다. 사람들이 당신의 잠재력을 염두에 두도록 만들어야 한다.[40]

✔ 가장 완벽한 당신의 모습을 머릿속에 그리고 그 모습에 대해 약 20분 간 글을 써본다. 그러면 당신의 미래에 대해 좀 더 낙관적이거나 장밋 빛 전망을 가질 수 있다.

모든 일이 당신이 바라는 대로 잘 풀렸을 때, 기분이 얼마나 좋을지 그 리고 당신의 인생은 어떻게 변했을지 상상해보라. 이러한 미래의 기 쁨을 미리 맛볼 수 있다면, 당신의 목표를 향해 열심히 노력할 수 있다. 목표를 이루는 데 필요한 것은 동기부여를 멈추지 않는 것뿐이다.[41]

✔ 장밋빛 미래를 상상한 뒤 카니예 웨스트가 되는 두 번째 기술은 자원 확보다. 물론 우리 집안에 돈이 많다면 문제가 더 쉬워지겠지만, 여기 서 더 중요한 것은 정신적 자원이다.

당신의 감정과 집중력을 잘 유지해야 한다. 가능한 신속하게 문제에 대처할 수 있도록 말이다.[42]

✔ 다시 일어서는 회복력과 맹목적 고집을 혼동해서는 안 된다. 좌절과 실패를 성공적으로 딛고 일어서려면 실수에서 배울 수 있어야 한다. UC 버클리 대학교의 통계학 교수인 데이비드 올더스 David Aldous는 말 했다. "실제 인생은 스포츠처럼 같은 일을 계속해서 반복할 수 있는 게 아닙니다." 같은 일을 반복하고 실패하는 것은 "동전을 세 번 던져 세 번 다 뒷면이 나오는 그런 게 아니에요. 실패에서 배우고 다음에는 더 잘해야 하는 것이죠. 실제 인생은 동전 던지기가 아니니까요."[43]

✔ 기대하는 바가 높으면 거기서 힘을 얻을 것이고, 낮으면 포기하게 될

것이다. 목표를 높이 잡고 이뤄 내는 과정에서 지치지 말아야 한다. 이때 핵심은 자신에게 너그러워지는 것이다.[44]

✔ 정말로 이 모든 것에 최선을 다하고 있는가? (힌트: 아니요.)

✔ 한 단계 더 높은 수준의 실력을 발휘할 수 있고, 더 큰 연못에서 헤엄을 칠 수 있다는 믿음을 가져야 한다. 좌절을 딛고 일어설 수 있다는 믿음을 가져야 한다. 우리라고 왜 안 되겠는가?

10 장

인생의 질문에
'예스'라고 답하라

–

호기심, 유연성, 열린 마음,
그리고
행운의 표면적을 넓히는 법칙[1]

자포스Zappos의 CEO 토니 셰이Tony Hsieh는 일리노이주에 거주하는 타이완 이민자 부부인 사회사업가 주디와 화공학자 리처드 사이에서 태어났다. 자서전《딜리버링 해피니스Delivering Happiness》에서 그는 이렇게 적었다. "부모님은 전형적인 아시아계 미국인 부모였다. 나와 두 남동생에게 학업 면에서 기대치가 아주 높으셨다."[2]

셰이는 여러 과목에 관심을 보이면서도 좋은 성적을 유지했다. "나는 고등학교 때 흥미로운 것들을 가능한 많이 경험해보려고 했다. 내지론은 많은 관점을 접할수록 더 발전할 수 있다는 것이었다."[3] 그는 중학교 때 베이직 컴퓨터 프로그래밍을 배웠고, 고등학교 때는 파스칼 프로그래밍 언어를 읽을 수 있었다. 그리고 외국어, 펜싱, 재즈 피아노를 배웠고 그림에도 잠시 관심을 가져서 필요한 미술 학점을 채우기도 했다. 그의 인생에서 일관되었던 것은 호기심과 새로운 아이디어에 주저

하지 않는 것이었다.

셰이가 기업가로서 첫 실패를 맛본 것은 부모가 그에게 벌레 한 상자를 사주었던 아홉 살 때였다. 그는 뒤뜰에 벌레 상자를 만든 뒤("바닥에 육각형 철망을 깔았다.") 그 안에 벌레들을 집어넣었다. 벌레들이 새끼를 낳으면 내다 팔 생각이었다. 그러나 벌레들이 철망 틈으로 모두 도망가는 바람에 계획은 수포로 돌아갔다. 그는 차고 세일을 열어 레모네이드도 팔고, 〈고블러The Gobbler(SF 애호가를 뜻한다 - 옮긴이)〉라는 자신이 만든 소식지에 들어갈 광고를 팔기도 했다. 그리고 통신판매를 통해 주문형 버튼 제작 사업도 했다. 하버드에 다닐 때에도 새로운 것을 시도하려는 그의 의지는 식을 줄 몰랐다. 영화 클럽에 가입하고, 소젖 짜는 법을 배우고, 바텐더 일을 배우고, 음식 서비스 일도 하고, 프로그래밍 일도 했다. 3학년과 4학년 때는 퀸시 하우스 그릴이라고 불리는 기숙사의 휴게실에 자리를 잡고 맥도날드에서 1달러에 사온 햄버거를 3달러에 팔았다.

그로부터 몇 년 후, 그는 링크익스체인지LinkExchange라는 회사를 세운 뒤 수백만 달러를 받고 팔았다. 그는 그 돈을 벤처캐피털 펀드이자 인큐베이터인 벤처 프로그스Venture Frogs의 종잣돈으로 집어넣었다. 그것을 통해 자신이 좋아하는 새로운 아이디어를 실현하고 자신의 인생을 만들어가기 위해서였다.

그러던 어느 날, 닉 스윈먼이라는 기업가가 찾아와 온라인에서 신발을 파는 아이디어로 투자를 받았으면 했다. 셰이는 두 발이 있었지만 신발에는 특별한 애정이 없었다. 그러나 그는 시장의 성장 가능성에 대한 얘기를 듣고 투자를 결정했다. 나중에 셰이는 CEO로 그 회사의 경영진이 되었고 링크익스체인지를 매각하고 받은 돈 전부를 자포스를 키우는 데 집어넣었다. 그리고 그는 기업 문화의 변화를 관리하면서 회사를 라스베이거스로 옮겼다. 10년 뒤, 아마존은 이 회사를 12억 달러에 인수했다.[4]

셰이는 돈을 버는 데 귀재라는 것을 입증했다. 그러나 부를 향한 그의 원동력은 그것으로 얻을 수 있는 자유라는 더 심오한 가치에서 비롯되었다. "내게 돈이란 나중에 내가 하고 싶은 것을 할 수 있는 자유를 갖는다는 것을 의미한다."[5]

그렇다. 셰이는 자신만만하고 집요하며 원대한 포부를 가지고 있다. 그리고 사람들과도 잘 어울린다. 하지만 그에게 가장 중요한 것은 저 너머의 것에 대한 지칠 줄 모르는 호기심과 그에 이르고자 하는 의지다. 이는 신경학자 제임스 오스틴이 말한 케터링 원리의 전형적인 예다. 케터링 원리는 말하자면, "기회는 움직이는 자를 좋아한다. 특정한 목적이 있지 않은 움직임에 에너지를 골고루 나눠 쓰면, 그 각각의 사건들이 모여 '행복한 우연'을 만들어내는 것이다."[6] 이 장을 통해 우리는 불확실성이 가득한 어두운 수렁을 과감히 걸어 나가는 사람들이 인생에서 어떻게 행운을 얻는지를 살펴볼 것이다.

호기심에 어떻게
행운이 깃드는가

1940년대, 연구자 도널드 헵Donald Hebb — "함께 활성화된 뉴런들은 서로 연결된다"는 유명한 말을 했다 — 은 그가 집으로 데려간 실험용 쥐들과 실험실에 남겨둔 쥐들이 성장에서 차이가 난다는 사실을 발견했다. 미로와 실험실 가운 속으로 다시 돌려보내기 전에 실험용 쥐들을 몇 주 동안 다양한 자극을 받을 수 있는 환경에 두자, 헵의 운 좋은 쥐들은 실험실에 남겨진 다른 쥐들보다 더 빠른 속도로 학습했다.[7]

몇 주간 다른 환경에 두었던 영향이 오래 가자 헵은 나중에 이렇게 썼다. "성장 과정에 있는 애완동물에게 풍부한 경험을 제공하면, 다 자란 뒤에는 새로운 경험을 활용할 줄 아는 능력이 더 좋아진다. 이것은 '똑똑한' 인간에게서도 볼 수 있는 특징 가운데 하나다."[8] 새로운 것을 경험한 쥐는 확실히 더 영리해졌다.

심리학자 콜린 드영은 "호기심은 개방성과 지능의 핵심"이라고 말했다.[9] 안정적인 성격은 우리 삶과 운과 미래의 결과에 영향을 미친다. 보는 사람도 없고 주변의 압박도 없을 때, 그 사람이 어떻게 처신할지 예측할 수 있기 때문이다. 그리고 미지의 것을 받아들이는 데 주저하지 않는다면 우리 앞에 새로운 기회가 펼쳐질 것이며, 시간이 흐르면서 우리는 전혀 다른 길을 개척할 수 있게 된다. 좋은 작동 기억과 호기심 그리고 새로운 생각을 반기는 태도가 서로 더해지면 지능에 긍정적 영향을 미친다.

한 평가에 따르면 그로 인한 개개인의 편차는 최고 24퍼센트 정도까지 난다고 한다.[10] 배움에 진정한 흥미를 갖는다면, 공부가 고역처럼 느껴지지 않으므로 성적이 향상될 수 있다. 그리고 그렇게 지식이 쌓이면, 혹은 다른 사람에게서 배우는 데 흥미를 갖게 되면 사람들과 관계를 맺는 우리의 능력도 향상될 수 있다.[11]

호기심은 새로운 것과 미지의 것을 받아들이는 데 주저함이 없는 것이다.[12] 새로운 아이디어와 새로운 사람에 늘 열려 있으면, 우리는 찰리 브루어 원리에서 처음 보았던 고상한 호기심이 빚어내는 순환 고리에 이르게 된다. 새로운 것을 경험하고 배움에 따라 우리가 활용할 수 있는 정신적 도구도 늘어나고, 주변의 사물들을 더 잘 엮어낼 수 있다. 당신이 디모인주에서 쭉 살아왔다면, 다음에 방문하게 되는 도시를 디모인과 비교할 것이다. 그러나 점점 여러 도시를 다니면서 세상 모든 도시의 비슷한 점을 보게 될 것이며, 이제 그 닮은꼴에서 재미를 찾게 될 것이다. 우리는 우리가 이해할 수 있는 것과 연결되는 것을 좋아하게 된다. 배워나갈수록 우리는 미지의 것을 두려워할 필요가 없다는 사실을 알게 된다.[13]

사물들을 서로 엮어낼 수 있다면, 그로 인해 우리는 행복해질 수 있다. 널리 미소를 지으면 우리의 세계가 만들어진다. 또한 우리의 세계를 만들어나가면 더 널리 미소를 지을 수 있다.[14] 사물들을 서로 연관 지을 수 있으면(이는 우주에 흩어진 점들을 연결하는 단순한 행위다), 사람들의 기분도 더 고조시킬 수 있다. 자신이 진정 즐기면서 할 수 있는 일을 찾으면 그 분야의 전문가가 되는 일이 어렵지 않듯이, 어떤 일에 보상이 주어질 거라는 믿음이 있으면 미지의 것을 헤쳐나가 성공하는 일도 어렵지 않다.

행동유전학자 댄 벨스키는 "시간이 지나면서 우리는 좀 더 우리 자신과 닮아간다"라고 말했다. 토니 셰이 같은 사람들은 자신들이 모르는 것을 대할 때 주저함이 없으므로 시간이 흐를수록 점점 더 운 좋은 사람이 된다. 그리고 우리는 우리가 알고 있는 것이 얼마나 적은지 잘 모른다.

삶이란
모험을 고르는 게임

미지의 것에 다가가는 것은 쉬운 일이 아니다. 콜린 드영은 이렇게 말했다. "미지의 것은 본질적으로 위협인 동시에 기회다. 서로 경쟁하게 되는 이 두 반응 사이에서 균형을 잡는 방법은 인간의 행동과 개개인의 편차를 이해하는 데 큰 도움이 된다."[15]

우리는 있는 그대로의 세상을 본다고 여기지만, 자신이 주변 상황에 얼마나 많은 영향을 미치고 보지 못하는 부분이 얼마나 많은지 잘 깨닫지 못할 때가 많다. 그래서 우리는 자신의 환경을 적극적으로 선택하고 만들어내야 한다. 처음의 작은 차이가 이후 삶의 궤적에서 아주 큰 차이를 빚어내기 때문이다.

우리는 우리를 받아주고 우리가 참여할 수 있다고 생각하는 경기장에 들어선다. 다른 사람의 행동을 해석하고 그런 예감이 맞는지 확인한다. 우리의 인생 궤적 그리고 행운은 서로 주고받는 역동적 상호작용에 영향을 받는다. 즉 우리는 환경에 영향을 미치고, 환경은 다시 우리에게 영향을 미친다. 이 과정에서 나라는 사람이 형성되고, 인생 궤적의 갈래가 나뉘며, 자아와 세계에 대한 인식이 공고해진다.

거절에 지나치게 민감한 사람들은 수줍어하며 사회적 상호작용에 뛰어들려고 하지 않는다. 여기에 공격적 성향까지 있는 사람들은 소소한 잘못에도 비난을 퍼붓고 상대가 소리를 지르거나 반발하거나 혹은 화에는 화로 대응하게 만든다.[16] 이런 사람들은 자신이 문제를 일으켰다고 생각하지 않고 상대만 공격적이라고 여긴다. 세상이 자기들을 못

잡아먹어서 안달이라고 굳게 믿는 그들은 스스로 옳다고 여기며 이런 패턴을 반복한다. 파괴적이며 반사회적이고 궁극적으로 세상에 역행하는 행동을 한다.

기질적으로 새로운 것을 꺼리는 경향이 있는 사람들은 어릴 때부터 낯선 환경에 적응하는 데 시간이 걸릴 수 있다. 새로운 것에 서투른 정도가 성인이 되어 더욱 심해지면, 미지의 것을 향해 나아가는 것을 더욱 어려워한다. 새로운 것을 잘 다룰 수 있다는 자기효능감을 별로 느끼지 못하므로 그들은 차라리 '싫다'라는 말로 그 상황을 넘어가려고 한다. 이 음식도 싫고, 이 식당도 싫고, 오늘 나들이도 싫다. 이렇게 싫다는 말 한마디 한마디는 변화에 적응하는 법을 배울 기회를 상실하게 만든다. 세상에 대한 자신만의 감각을 넓힐 기회를 놓치게 한다.

행동 패턴이란 잘 바뀌지 않는다. 결국 우리는 자신과 비슷한 생각을 하는 사람들이 있는 모임에나 들어간다. 그 모임 안에서 우리는 우리가 기대하는 대로 대접받고 인정받는다. 인생을 계획할 때 우리는 대회 마지막 날 밤의 타투 심사위원처럼 행동한다. 실제 세상이 얼마나 큰지도 모르고 눈앞에 주어진 선택권만 지나치게 크게 바라보는 것이다.

살아 있는 존재라면 세상을 이해하고 다룰 수 있는 것으로 보아야 한다. 이 모든 것의 이면에는 미지의 것에 대한 두려움—살아 있는 존재들을 지배하는 단 하나의 두려움—이 깔려 있다.[17] 사람들은 학습된 무기력을 힘든 상황이 계속될 때 나타나는 비정상적 반응이라고 생각해왔다. 그러나 지금 우리는 현재의 상태를 수동적으로 받아들이는 것이 존재의 기본적 반응이라는 사실을 알고 있다. 감옥에 갇혔더라도 탈

출을 궁리하는 것보다 그냥 가만히 있으려는 것이다. 우리 삶을 개선하기 위한 유연하면서도 적극적인 접근 방식을 배워서 그것을 뇌리에 깊이 심어놓아야 한다. 왜냐하면 규칙이란 상황에 따라 바뀌기 마련이고, 빠져나갈 구멍은 언제나 존재하기 마련이다.

불확실성에 대하여 곧바로 '그러거나 말거나' 구슬을 올려놓는 행동은 운 좋은 결과를 얻기 힘들게 만든다. 우리에게 미지의 것을 성공적으로 다룰 자원이 있는지 알 수 없어 안전에 위협이 될 것을 일단 피하고 보는 실수를 저지른다.[18] 그렇다면 우리의 운에 영향을 미칠 수 있는 미지의 외부 요인(우리의 통제 범위를 벗어난 것들)에 대해 살펴보자.

불운은 승자를 결정짓는 요인이 능력과 무관한 것일 때 겪는 패배의 쓰라림 같은 것이다. 잘하는 것과 무관한 것의 예를 들자면, 순번 효과(올림픽 경기에서 마지막 출전자가 금메달을 딸 때처럼), '안경 쓴 차가운 여자' 효과 혹은 '각자 짊어진 멍에' 효과, '그의 이력서가 마음에 안 들어' 효과, 그리고 '장군감처럼 생겼네' 효과 등이 있다. 그리고 '이 일을 하기엔 너무 예뻐' 효과, '그녀가 안 좋은 타이밍에 뜬 프로필을 본' 효과, '시험 보기 전에 자신의 인종을 표기해야 하는' 효과 등은 우리가 실패하거나 거절을 당한 것이 우리의 능력 때문이 아님을 이해할 수 있게 하는 표본 사례다. 우리는 이런 식의 판단을 개인적으로 받아들이지 않는 법을 배워야 한다. 그래야 실패를 딛고 일어설 수 있는 회복력을 기르고 감정적으로 안정된 상태를 유지할 수 있다. 금메달리스트에게서 우리가 배워야 하는 것은 그들이 기량 향상에만 집중하고, 실력을 키우면서 목표를 향해 다가갈 때 느끼는 희열에만 집중했다는 점이다.

우리는 자신의 장점에 주목하고, 우리를 삐딱하게 바라보는 시각을 교정하고, 더 나은 몸 상태를 만들 수 있다. 우리는 어려울 때를 대비해 저축할 수 있고, 무언가에 도전해보려는 자신감을 키울 수 있고, 배울 수 있는 것은 무엇이든 배우고, 스트레스 수치를 낮출 수 있다.

우리는 사회적 지지가 삶의 모든 부분에서 아주 중요한 방호책이라는 사실을 알기에 우리의 사회적 뿌리가 땅속 더 멀리 퍼질 수 있도록 꾸준히 다른 사람들을 만나고 그들을 도와줄 수 있다. 우리가 우리 자신에게 투자할 의지와 자원이 있다는 것을 보여줌으로써 다른 사람들이 우리의 일을 지지하도록 만들 수 있다.

다시 말해, 미지의 것에 적극적으로 다가가는 데 필요한 개인적 자원을 개발하고, 우리의 행동 활성화 체계를 '보상을 찾아라'라는 쪽으로 맞춰 '이런 것쯤이야'라고 말할 수 있다면 우리는 더 큰 자신감을 가지고 미지의 것을 마주할 수 있다. 세상이 어떻게 돌아가는지 정확하게 예측할 수 있다면, 우리는 무엇을 기대해야 하며 어떤 계획을 세워야 할지 알 수 있다. 미래를 감당할 준비가 안 됐다고 느끼면, 우리는 불안해진다. 내가 교통사고를 당하고 나서 몇 달 동안 집 밖으로 나서는 것에 불안해했던 것은 놀라운 일도 아니다. 밖에 나서는 순간 금방이라도 모든 것이 지옥의 나락으로 떨어질 것만 같았다. 정말로 그랬다. 내가 그렇게 느꼈던 것은 그 어떤 것도 제대로 할 수 없을 것 같아서였다.

나는 갑자기 많은 인맥을 상실했다. 의료비 때문에 파산 선고를 했고, 돈도 신용도 하나도 남지 않았다. 뇌수술을 받고 몇 달 동안 집중도 생각도 제대로 할 수 없었다. 무언가를 배우기는커녕 간단한 것조차 할 자신감이 사라졌다. 나는 아는 사람도 없고, 이용할 수 있는 교통수단도 없는 동네에서 살았다.

나쁜 결과를 피할 도리가 없다고 믿으면, 어떤 노력도 헛되어 보인다. '그러거나 말거나' 구슬을 쌓아 올리면서, 세상 속으로 들어가려는 동기를 상실하고 만다.

일이 뜻대로 되지 않는 데 분노하며 거기서 헤어나오지 못하게 되면, 상황을 다른 관점에서 볼 수도 없고, 현재 벌어지고 있는 일에서 교훈을 얻을 수도 없다. 거기에 꽂혀서 자꾸만 되씹게 되면 우리는 더 우울한 상태가 된다. 연구자 모셰 바Moshe Bar는 이는 "폭넓은 연상적 사고와는 정반대"라고 말했다. "그렇게 되면 계속해서 같은 문제에 봉착하게 됩니다. 우울해질 때까지 우리의 뉴런을 갈아 넣게 되는 것이죠."[19] 그러나 문제가 있었다고 해서 언제나 우울해할 필요는 없다. 거기에서 회복할 수 있는 능력은 의미를 찾는 능력에 달렸다. 의미를 찾아낼 수 있다면 우리는 이런 경험으로부터 더 성장할 수 있다.[20]

우물은 언제나
여러 개를 파라

셰이 같은 사람들은 새로운 갈림길에 서면 판단을 유보한 채 관심을 갖고 갈림길을 대한다. 그리고 이때의 관심은 앞으로 어떤 일이 펼쳐질 것인가에 대한 자신의 인식을 끊임없이 확장해주는 자극제다.[21] 우리 삶에 의미 있는 영향을 미칠 수 있는 새로운 정보를 받아들이고, 그를 통해 새로운 인생의 궤적을 그릴 수 있다면 비로소 진정한 마법은 시작된다.[22] 이것이야말로 적응력의 핵심적 요소이며, 사람들이 새로운 만남과 정보와 사건과 과정을 그들에게 이로운 방식으로 얼마나 잘 활용하는지를 보여주는 척도다. 데릭 시버스는 어릴 때부터 독립 뮤지션들의 음악을 온라인으로 팔고 싶어 했던가? 세라 페일린은 처음부터 공화당 부통령 후보로 나갈 작정이었던가? 리 스타인버그는 스포츠 에이전트가 될 마음이 있었던가? 아니다. 그들은 그쪽으로 길이 열렸을 때 그 기회를 받아들였을 뿐이다.[23]

사회학자 댄 챔블리는 이렇게 말했다. "전문적 역량을 집중적으로 키우는 것이 자신이 잘하는 것을 찾아내는 방법이다. 그릿에 관한 더크워스의 얘기에서 문제가 되는 부분이 이것이다. 그녀는 한동안 특정 대상을 계속 공략할 것을 강조한다. 그러나 문제는 내가 엉뚱한 대상을 공략할 수 있다는 것이다. 계속하고 또 하라고 말하지만, 그것은 잘못된 방법이다. 한 번 더 해보고, 주변을 둘러봐야 한다. 자신이 맞는 대상을 골랐는지 확인해야 하는 것이다."[24]

우리는 오로지 한 우물만 판다는 생각에 다른 길, 다른 직업, 다른 관계, 다른 기회를 고려조차 하지 않을 수 있다. 내가 어떤 존재인지, 내가 무엇을 할 수 있는지, 내가 어떤 계획을 따라야 하는지에 대해 마치 하나의 고정관념과 결혼 서약이라도 한 듯이, 무의식적으로 행운의 가능성으로부터 자신을 차단한다. 우리의 관점은 유일한 것도 아니고 가장 좋은 것도 아니며, 그저 가장 익숙한 것일 뿐이다. 갈림길에 들어선다고 해서 그동안 걸어왔던 시간이 헛된 것은 아니다. 처음의 그 길은 우리가 이전에는 몰랐던 더 좋은 것 혹은 더 좋은 사람으로 우리를 인도하기 위한 것이었는지도 모른다.

짐은 더 가볍게,
여행은 더 멀리

우리의 삶을 민첩하고 유연하게 가져갈 수 있을 때, 주어지는 기회를 더 잘 활용할 수 있다. 당신은 어떤 행운을 극대화하고 싶은가? 뜻밖의 우연한 조우(미래의 영혼의 배우자, 완벽한 직장, 횡재, 새로운 주거 환경, 몇 년 전에 잃어버렸던 티켓)를 우리가 계획할 수는 없지만, 이런 일들이 일어날 가능성이 큰 장소를 찾아감으로써 그 조우의 가능성을 높일 수는 있다. 우리는 신뢰에 기반한 네트워크와 시장을 통해 넘쳐나는 정보들을 관리할 수 있다. 즉 우리가 찾는 그림은 온라인보다 아트페어에서 발견할 가능성이 크다. 문화행사(테크크런치, SXSW, 칸 같은 영화제와 컨벤션)를 인터넷이 대체할 수는 없다. 왜냐하면 이런 문화행사도 게임을 주도적으로 이끌고 가는 사람들에게는 네트워크를 형성하고 정보를 공유할 수 있는 장을 마련해주기 때문이다. 그런 콘퍼런스에 참여한다든가 자신의 업종에서 일자리가 있는 도시로 가기 위해 필요한 것은 실행에 옮기는 것이다. 우리를 짓누르는 것이 많지 않을 때 원하는 것을 실행하는 일은 그리 어렵지 않다.[25]

좀 더 윤택해진 삶에 익숙해지는 것은 이른바 '쾌락의 러닝머신 hedonic treadmill(경제학자 대니얼 코언은 인간의 행복 추구 행위를 '쾌락의 러닝머신' 위에 올라타는 것에 비유했다 – 옮긴이)'으로 알려진 현상이다. 무슨 말인가 하면, 소소하게 느는 월급은 별것 아닌 것처럼 보이고, 50대가 되어 몇 달 동안 호스텔에서 자면서 유럽 배낭여행을 할 생각이라고 하면 대부분의 사람이 비웃는다는 것이다. 20대 때는 그토록 하고 싶었던 일을 말이다.

아무리 중독 지경에 이르렀다고 해도, 가진 것이 아무것도 없을 때는 호텔에 묵고, 유기농 음식을 먹고, 룰루레몬에서 옷을 사는 일은 하지 않게 된다. 삶의 틀에 대한 집착을 내려놓고 더 나은 기회를 위한 여지를 만들어줄 때, 기회는 삶이라는 그림 안으로 들어올 수 있다. 짐을 덜 꾸릴수록, 우리는 여행을 더 많이 할 수 있다. 필요한 것이 적을수록 우리는 더 많은 것을 할 수 있다.[26]

한 개의 꿈과 한 개의 가방만 가지고 도시를 향해 떠난다는 것은 아메리칸 드림의 전형이다. "벤저민 프랭클린이라는 젊은 수습생은 두 개의 커다란 롤빵을 옆구리에 끼고 필라델피아 식민촌으로 주춤주춤 들어섰는데, 이미 빵의 3분의 1은 그의 목구멍으로 넘어간 뒤였다."[27] 밝은 미래를 꿈꾸는 데 나이 제한이 있는 것도 아니며, 새로운 것을 시작하는 데 마감 시한이 있는 것도 아니다.

유연함은 연애에도 도움이 된다. 나는 고급 결혼 정보 업체인 스텔라 히치의 크리스티나 모라라를 산타모니카에 있는 호텔 카사 델 마르에서 만나 차를 한잔 했다. 그녀는 자신이 한 고객을 위해 얼마나 많은 일을 했으며, 그 고객의 짝을 찾아주기 위해 지구 곳곳을 얼마나 뒤지고 다녔는지 말해주었다. 마침내 그녀는 삶에 대한 생각과 가치관 등에서 고객과 일치하는 남자를 찾아냈다. 그녀가 찾던 모든 것을 갖춘 남자였다. 아, 그런데 여기서 한 가지 걸리는 게 있었다.

모라라가 고개를 저으며 말했다. "남자의 키가 1인치 더 작았어요. 나는 이렇게 말했죠. '당신의 진정한 사랑이 될 수 있는 남자예요. 고작 1인치 때문에 당신을 행복하게 해줄 사람을 만날 기회를 차버리진 마세요.' 그녀는 자신이 외출도 자주 하고 사진 찍히는 것을 좋아하기 때문에 자기가 힐을 신었을 때 남자의 키가 더 커야 한다고 말했어요. 그녀는 '사진만 생각해보세요. 모양새가 안 좋잖아요'라고 말하더군요."[28] 대니얼 카너먼은 이런 편향을 가리켜 '초점 착각 focusing illusion'이라고 불렀다. 어안 렌즈로 세상을 바라보면, 일시적으로 우리 관심을 끄는 모든 것이 왜곡된다는 것이다. 어떤 것이 우리 눈앞에 있으면, 우리는 그것이 이 세상에서 가장 소중한 양 행동한다. 바로 그 순간, 그것이 우리 눈앞에 있다는 이유로 말이다.

관계의 문제를 연구하는 폴 이스트윅 Paul Eastwick은 이렇게 말했다. "실생활에서 누가 호감이 가고, 누가 호감이 안 가는지에 대해 의견이 일치되기는 어렵습니다. 우리는 사람들이 서로 알고 지내다 관계를 맺기 시작한다는 사실을 오랫동안 깨닫지 못했습니다. 그들이 처음 함께하게 될 때는 이미 1년 이상 서로 알고 지내던 사이였던 겁니다. 짝이 되는 대부분의 사람은 친구이거나 지인이었던 것이죠."

나는 그에게 조언을 부탁했다. "자신이 끌리는 성별의 사람 가운데서 오랫동안 우정을 유지할 수 있는 친구나 지인을 많이 만드세요. 그런 다음 어떤 화학반응이 일어날지는 두고 봐야죠."[29]

우리가 안다고 생각하는
모든 것

확실하다는 것은 위안이 된다. 벽난로 장작 타는 소리와 쌀쌀한 가을 저녁의 따뜻한 코코아 한 잔처럼 따뜻한 위안이 된다. 우리가 누구이며,

어떤 삶을 살아왔고, 어떤 존재인지를 아는 것도 위안이 된다. 우리는 세상 돌아가는 흐름을 안다. 우리는 다음과 같은 생각을 기꺼이 받아들일 것이다. 우연한 만남과 예기치 않은 기회를 많이 얻고 싶다면 더 많은 호기심과 유연성을 갖춰야 한다. 그러나 새로운 것을 통해 우리 삶에 어떤 의미 있는 영향을 주지 않는다면 행운은 비롯되지 않으리라는 것을.[30]

당신의 정체성과 당신을 '당신'으로 만들어주는 모든 것이 복잡하고 변덕스럽다는 사실을 아는 일은 정신 건강에 매우 중요한 요소 가운데 하나다.[31] 진정 당신의 삶에서 행운을 극대화하고 싶다면, 삶에서 주어지는 모든 것에 열린 마음과 유연성을 가져야 한다. 이를 위해 당신이 해야 할 것은 다음과 같은 한 가지 작은 사실을 받아들이는 것이다. 당신이 당신 자신과 세상에 대해 알고 있다고 생각하는 그 모든 것이 틀렸다.[32]

글로리아 스타이넘Gloria Steinem은 이렇게 썼다. "낡은 패턴은, 그것이 제아무리 부정적이고 고통스러운 것일지라도, 놀라울 정도의 자력을 가지고 있다. 왜냐하면 우리는 그 패턴을 너무 익숙하게 여기기 때문이다."[33] 살면서 우리는 어디를 가든 우리 자신을 끌고 다녔다. 우리가 무엇에 주목하고 세상의 모든 것을 어떻게 해석하느냐 하는 것은 우리의 선택, 세상이 돌아가는 방식에 대해 어떻게 생각하고, 우리가 할 수 있는 것은 무엇이고, 미래에 어떤 일이 일어날 것이라고 생각하는지, 이 모든 것에 영향을 미쳐왔다. 우리는 어떤 보상을 좇을지, 그리고 그 과정에서 얼마나 끈질기게 임해야 할지를 선택할 수 있다. 우리는 자신도 모르게 두려움에 짓눌려 선택권을 줄일 수 있다.

우리가 세상과 상호작용을 할 때 나타나는 뿌리 깊은 습관은 우리가 지금 처한 처지에 영향을 미쳤다. 우리 자신이 우리의 인생 패턴을 만든 유일한 원천이다.[34]

구슬을 선택적으로 취하면 세상일을 좀 더 빨리 처리하는 데 도움이 될 것이다. 그러나 그것은 새로운 아이디어를 완강히 거부하는 일이 되어, 좀 더 좋은 것(사람, 기회, 세상과 상호작용을 하는 방식 등)이 나타나도 그것을 받아들이지 않게 만들 수 있다.

삶과 세계관을 다시 생각하는 것을 우리는 위협으로 여긴다. 왜냐하면 우리 자신과 세상에 대한 정보를 모을 때 사용하던 저울에서 구슬을 빼내야 하기 때문이다.

지난 수십 년 동안, 자아에 관해 여러 중요한 저작물을 펴낸 바 있는 윌리엄 스완William Swann은 이렇게 기술했다. "일관되지 않은 피드백은 때로 붕괴불안disintegration anxiety, 즉 자아가 붕괴한다는 두려움을 야기할 수 있다."[35]

기존의 것을 이용하되
새로운 것을 찾기

스키 타는 법을 배우면서 올림픽 출전을 꿈꾸는 아이처럼, 어릴 때는 '제2의 드롭박스나 트위터 창업자로 성공할 것'이라는 꿈을 쉽게 꾼다. 그러나 전문성을 연구하는 사람들은 경고한다. 나이가 들면 많은 사람이 이런 식의 생각을 하게 된다는 것이다. "이미 지나간 것이다", "내가 어떤 것에 아주 뛰어났다면, 지금쯤 그게 뭔지는 알았을 것이다", "내가 배우기에는 좀 늦은 것 같다."[36]

나이를 먹으면서 우리는 새로운 것을 찾는 일을 멈추게 된다. 사실, 우리 뇌에서 '이것은 잘 돌아가지 않는다'라는 신호를 보낸다면, 그것은 힘든 일을 택했다는 신호일 수도 있다. 누군들 자신이 잘못된 선택을 한 것이 아닐까 하는 기분을 좋아할까. 따라서 우리는 확실한 것에 집중함으로써 꺼림칙한 기분이 들 여지를 피하려 한다. 이제 우리의 목표는 가능성이 있는 미래를 탐구하는 것에서 현상 유지와 이미 이룩한 것에 만족하는 것으로 바뀐다.[37] 가족들이 다 같이 TV 보는 것을 좋아한다면, 퇴근 후에 뭔가를 배우러 다니기 어려워진다.[38] 다른 사람들에게 어떤 일이 일어나고 그들이 어떤 부분에서 실패했는지를 보면서, 그리하여 어떤 길들을 포기하게 되면서, 우리는 자신도 모르게 '그러거나 말거나' 구슬을 모으는 사람이 된다. 나쁜 결과가 나올 수밖에 없다고 생각하면 우리는 더 이상 동기부여를 받을 수 없다. 이는 우울증 상태와 마찬가지다.

하지만 희망은 있다. 가지를 뻗치고 새로운 것을 시작할 시간은 충분하다. 존 크라카우어는 이렇게 말했다. "꾸준히 갈고닦는 사람은 늦더라도 아주 놀라운 존재가 될 것이다." 자신이 좋아하는 것을 찾고, 그 과정이 쉬우면 우리는 그것을 그저 취미로 치부하고 나이에 맞게 처신하라고 말하는 실수를 범할 수 있다. 그러나 나이가 일흔이 되어서도 열정을 기울일 것을 찾았다면 감사한 마음으로 받아들이고 해나가야 한다. 너무 늦은 때라는 것은 결코 없다.

우리는 배낭 하나 달랑 메고 인생이라는 해안에 당도했다. 차곡차

곡 구슬을 모으면서, 그리고 세상과 자신에 대해 하나씩 배워나가면서 우리가 좋아하는 것을 찾아나가고 발견해나간다. 마법처럼 우리 삶은 습관, 좋아하는 것들, 책임감, 목표, 활동, 사람 등으로 채워진다. 마치 조류에 밀려와 저절로 쌓인 유목들 같다. 그러나 이런 것들 때문에 해안의 조그마한 한 귀퉁이를 떠나지 못한다. 우리는 정체성과 자신에 대한 묘사를 단정 지어 설명함으로써 틀 안에 갇히고 세상이 돌아가는 방식에 대해 잘못 알고 있었던 것은 아닌가 하는 느낌이 들면 몹시 불편해한다. 핵심은 겸손함이다. 나와는 다른 아이디어, 나의 반대편에 있는 견해에도 마음을 열어야 한다. 우리는 미래를 정확히 예측할 수도 없고 전지전능한 존재도 아니라는 사실을 받아들여야 한다.[39]

우리의 관점은 단지 정보의 한 원천일 뿐이다. 고등학교 때 셰이는 자신의 생각을 꾸준히 확장하는 것이 얼마나 중요한지를 알고 있었다. "내 지론은 많은 관점을 접할수록 더 발전할 수 있다는 것이었다."[40]

예측할 수 없는 미래에 대비하는
최선의 조언

예측할 수 없는 필연적 미래에 대해 최선의 조언을 한다면, 유연성을 키우라는 것이다.[41] 변화하는 상황에 적응하는 것은 모든 종의 생존 기제다. 왜 인간은 여기서 예외라고 생각하는가? 적응 변화가 빠른 종은 격변하는 상황에서 상당히 유리한 위치를 차지한다. 계획된 것이 아닐지라도 어떤 변화의 노력이 격변의 과정에서도 잘 살아남을 수 있다는 안정감을 준다면, 변화의 노력을 아예 하지 않는 것보다 낫다. 외부의 변화는 불가피한 것이지만, 거기에 맞추는 적응력은 그렇지 않다.

침울하면서도 분노에 가득 찬 무신론자가 세상은 우연의 연속이라는 근거를 찾기 위해 책을 읽기 시작했는데, 결국 낙관주의 신봉자로 변했다면 어떻게 될까? 모든 일은 결국 잘 풀린다는 확고한 믿음이 필요했다는 사실을 깨닫게 되면 어떻게 될까? 자신이 노력해서 할 수 있는 일, 즉 낙관, 회복력, 연민, 자제력, 자기효능, 자기견제, 열린 마음과 같은 능력을 계발하여 기여도를 최대치로 끌어올리는 일을 다 한다면? 어떤 일이 닥치든 거기에 대처할 수 있다는 자신감을 갖는다면?[42]

믿음은 적응성을 최고로 높일 수 있는 긍정적 환상일 수 있다. 초월적인 거대한 무언가가 존재한다는 생각이 들면 우리는 경외감을 느끼고, 나 자신도 다른 인간과 마찬가지로 얼마나 하찮은 존재인지를 깨닫는다. 모든 사람을 내집단의 한 사람으로 보게 된다면 연민과 겸양의 마음이 우러난다. 친절한 태도를 유발하는 이런 감정은 사람들 간의 유대를 돈독히 하고 인류 공존에 이바지하게 한다. 신성한 존재가 우리를 더욱 인간적으로 만들어주는 것이다.

추가적으로 다른 어떤 힘들이 우리를 도와주리라는 믿음이 있다면 (우리가 가진 자원을 활용하고, 인내심을 발휘하고, 결과물에 대해 그것을 유연하게 받아들일 줄 안다면), 그리하여 장애물쯤이야 우리가 충분히 극복할 수 있는 어려움이라고 여기는 습관을 지녔다면, 우리는 행복해질 수 있다.[43] 그것은 삶 자체를 보상이라고 여기는 여정에서 누릴 수 있는 기쁨을 우리에게 안겨준다.[44] 이 트로피, 저 성과, 그 사람으로부터의 인정과 같이 행운을 좁은 의미로만 정의한다면 인생을 뒤바꿀 정도로 좋은 것들이 나올 수 있는 잠재적 원천을 없애버리는 것과 같다. 결과에서 의미를 끌어낼 줄 알고 감사의 마음을 가질 줄 안다면 우리는 더 행복해질 것이고, 그 행복은 모든 일을 수월하게 만들어줄 것이다.

자신을 만사 즐겁고 긍정적인 사람으로 생각한다면, 그것이 가장 위대한 자기충족적 예언일 수도 있다. 바로 그런 이유로, 펼쳐진 길을 따라가는 데 열린 마음을 유지할 수 있는 셰이 같은 사람들은 끊임없이 더 많은 가능성에 자신을 노출시키면서 행운이 깃들 수 있는 표면적을 기하급수적으로 넓혀간다.

운이 좋으려면 인생이 던지는 질문들에 '예스'라고 답해야 한다.

아르헨티나에서 몇 년을 지내고 미국에 돌아왔더니 당시 미국은 금융위기의 절정이었고, 나는 일자리를 찾을 수 없어 어머니 집 소파에서 생활하는 우울한 나날을 보냈다. 그때 나는 행운에 대한 연구를 시작했다. 그렇게 몇 년간 연구하고 배운 것을 적용했고, 이제 나는 업무차 억만장자를 만나 리큐어 퍼넷까지 한잔하기에 이르렀다.

나는 죽다 살아난 사람이기에 살아 있다는 그 자체가 얼마나 행운인지를 사람들에게 말할 수 있다. 나는 살아 있기에, 그리고 삶이 좋기에 운이 좋은 사람이다.

선택권이 많은 올림픽이나 〈아메리칸 아이돌〉 같은 무대에서 심사위원들이 피곤하다는 이유로 이미 마음의 결정을 해버린다. 이는 단순히 문 닫을 시간에 사람들이 더 매력적으로 보이고, 경연 마지막 날 타투가 더 멋지게 보이고, 다른 선수보다 맨 나중에 연기를 펼친 피겨 선수가 더 잘한 것처럼 보이고, 자기가 알고 있는 프로그래머가 좀 더 잘

할 것 같기 때문만은 아니다. 우리의 운에 영향을 미치는 수많은 요소가 자의적이기 때문이다. 많은 사람이 포기하고 스스로를 과소평가하는 것은 다른 사람들이 그들의 가치에 대해 내린 결정(게으름과 두려움 때문에 내린 결정)을 객관적 평가라고 생각하기 때문이다. 부정적 피드백을 새롭게 시작할 기회로 삼지 않기 때문이다.

운 좋은 사람이 되고 싶고 선택받는 사람이 되고 싶다면, 어느 길이 우리에게 최선의 기회를 줄 것인지 알아내야 하고, 어떤 사람이 진정으로 하고 싶어 하는 일에 뜻을 같이한다고 나설 줄 알아야 하며, 그리고 어떤 일이든 그것에 열린 마음이 되어야 한다. 그래야 사람들이 결정을 내려야 할 그 순간에 당신이 그에 대한 해결책으로 등장할 수 있다.

**운 좋은 사람이 될
당신에게**

✔ 우리는 처리하기 쉬운 정보를 옳다고 속단하는 경향이 있다. 자신의 정체성과 인생의 궤적에 대한 정보도 마찬가지다. 따라서 우리 자신을 정의할 때는 복잡한 말을 동원해야 한다. 그래야 우울과 불안에 빠지지 않도록 보호해줄 수 있다. 또한 가능성과 행운이 더 쉽게 찾아온다.

✔ 동물 가운데 99퍼센트는 멸종했다. 운 좋게 살아남으려면 자원이 많이 필요하지 않다. 다만, 변화에 적응할 수 있어야 한다. 적응을 하지 못하면 도태된다.

✔ 행운이 언제, 어떻게 올지 우리가 제어할 수는 없다. 가능한 삶을 민첩하게 준비함으로써 어떤 기회든 그 기회가 주어지면 그것을 이용해야 한다. 경상비를 최소화하고 만일의 경우를 대비하여 돈을 모아놓아야 한다. 자신의 일정을 더 철저히 통제해야 한다. 되도록 활기를 띠는 곳에 자주 찾아가야 한다.

✔ 어떤 구슬을 고를지 까다롭게 굴면 우리는 빠른 속도로 세상을 헤쳐나갈 수도 있지만, 보석을 바닥에 흘려서 세상을 바라보는 우리 시각에 새로운 정보를 제공하지 못할 수도 있다.

완고함은 새로운 것을 배우는 데 방해가 되지만, 그것은 겸손(내가 똑똑하긴 해도 모든 것을 아는 것은 아니다)과 자기연민(자신을 용서하고, 거기서 교훈을 얻고 앞으로 나아가는 것. 인생은 짧으니까)을 통해 극복할 수 있다. 오류나 실수를 멍청한 탓으로 돌리지 않고 새롭게 배우는 계기로 삼는다면, 못할 것이 없다.

✔ 우리가 관심을 두는 일과 그 일을 이해하는 방식은 전적으로 우리 몫이다. 작은 것을 대하는 방식은 큰 것을 대하는 방식에 영향을 미친다. 환경에서 긍정적 측면에 집중하고, 중립적인 대상을 긍정적으로 해석하며, 부정적인 것은 무시하거나 빨리 고쳐서 털고 일어나야 한다. 자신의 환경을 긍정적으로 평가하는 것은 회복력의 핵심 요소다.

✔ 왜 다른 사람들과 자신의 미래를 좋은 쪽으로 보지 못하는가? 결국 좋은 쪽으로 드러날 수 있지 않을까? 그 사람이 나의 든든한 후원자가 될

수 있지 않을까? 단순히 태도만 바꿔도 우리에게 이로움을 줄 수 있는
데 이를 거부하는 것은 비논리적이지 않은가?

✔ 미지의 것을 향해 나아가 거기서 보상을 찾는 일을 당신의 사명으로
여겨라.

✔ 항상 호기심을 품고, 허기를 간직하고, 겸손해야 한다.

✔ 그리고 '예스'라고 말해야 한다.

참고문헌

서문

1 Hugh Barclay, *The Journal of Jurisprudence,* vol. 29. T.& T. Clark, Law Booksellers, George Street (Edinburgh, 1885); Stanley A. Sidmon. "Act of God." *St. Louis Law Review* 8, no. 2 (1923): 124–28; Hermann Loimer and Michael Guarnieri, "Accidents and Acts of God: A History of the Terms," *American Journal of Public Health* 86, no. 1 (1996): 101–7.

2 Andy Clark, "Whatever Next? Predictive Brains, Situated Agents, and the Future of Cognitive Science," *Behavioral and Brain Sciences* 36 (2013): 181–253.

3 Jacob B. Hirsh, Raymond A. Mar, and Jordan B. Peterson, "Psychological Entropy: A Framework for Understanding Uncertainty- Related Anxiety," *Psychological Review* 119, no. 2 (2012): 304–20; Aaron C. Kay et al., "Compensatory Control: Achieving Order Through the Mind, Our Institutions, and the Heavens," *Current Directions in Psychological Science* 18, no. 5 (2009): 264–68; Eva Jonas et al., "Threat and Defense: From Anxiety to Approach," *Advances in Experimental Social Psychology* 49 (2014): 219–86; Martin Lang et al., "Effects of Anxiety on Spontaneous Ritualized Behavior," *Current Biology* 25, no. 14 (2015): 1,892–97; Alexa M. Tullett, Aaron C. Kay, and Michael Inzlicht, "Randomness Increases Self- Reported Anxiety and Neurophysiological Correlates of Performance Monitoring," *Social Cognitive and Affective Neuroscience* 10, no. 5 (2015): 628–35.

4 Andreas Wilke and Peter M. Todd, "The Evolved Foundations of Decision Making," in *Judgment and Decision Making as a Skill: Learning, Development, and Evolution,* ed. Mandeep K. Dhami, Anne Schlottmann, and Michael R. Waldmann (Cambridge, U.K.: Cambridge University Press, 2012), 3–27.

5 Quoted in Martin E. Seligman and Steven F. Maier, "Failure to Escape Traumatic Shock," *Journal of Experimental Psychology* 74, no. 1 (1967): 1–9. Recap of the original learned helplessness studies taken from Vincent M. LoLordo and J. Bruce Overmier, "Trauma, Learned Helplessness, Its Neuroscience, and Implications for Posttraumatic Stress Disorder," in *Associative Learning and Conditioning Theory: Human and Non- human Applications,* ed. Todd R. Schachtman and Steve Reilly (New York: Oxford University Press, 2011), 121–51. 다음의 내용도 참조. Steven F. Maier and Martin E. P. Seligman, "Learned Helplessness at Fifty: Insights from Neuroscience," *Psychological Review* 123, no. 4 (2016): 349–67.

6 Harry Smit, *The Social Evolution of Human Nature: From Biology to Language* (New York: Cambridge University Press, 2014), 31.

7 Michael Tomasello, *A Natural History of Human Thinking* (Cambridge, MA: Harvard University Press, 2014), 34– 36; Andrew Whiten, "Culture and the Evolution of Interconnected Minds," in *Understanding Other Minds: Perspectives from Developmental Social Neuroscience*, ed. Simon Baron-Cohen, Helen Tager Flusberg, and Michael V. Lombardo (New York: Oxford University Press, 2013), 432; Daniel Sol, "The Cognitive- Buffer Hypothesis for the Evolution of Large Brains," in *Cognitive Ecology II*, ed. Reuven Dukas and John M. Ratcliffe (Chicago: University of Chicago Press, 2009), 114–15; Michael Tomasello et al., "Understanding and Sharing Intentions: The Origins of Cultural Cognition," *Behavioral and Brain Sciences* 28, no. 5 (2005): 675– 91.

8 Jennifer E. Stellar et al., "Self- Transcendent Emotions and Their Social Functions: Compassion, Gratitude, and Awe Bind Us to Others Through Prosociality," *Emotion Review* 9, no. 3 (2017): 200–7; Kenneth I. Pargament and Annette Mahoney, "Spirituality: The Search for the Sacred," in *The Oxford Handbook of Positive Psychology*, ed. C. R. Snyder and Shane J. Lopez (New York: Oxford University Press, 2009), 616; Kenneth I. Pargament and Annette Mahoney, "Spirituality: Discovering and Conserving the Sacred," in *Handbook of Positive Psychology*, ed. C. R. Snyder and Shane J. Lopez (New York: Oxford University Press, 2002), 646–59; Scott Atran and Joseph Henrich, "The Evolution of Religion: How Cognitive ByProducts, Adaptive Learning Heuristics, Ritual Displays, and Group Competition Generate Deep Commitments to Prosocial Religions," *Biological Theory* 5, no. 1 (2010): 18– 30. It's the culture I was raised in: Claude S. Fischer, *Made in America: A Social History of American Culture and Character* (Chicago: University of Chicago Press, 2010): 210–14.

9 Richard Donkin, *The History of Work* (New York: Palgrave Macmillan, 2010), 46– 47. Redemptive community: Jack P. Greene, *The Intellectual Construction of America: Exceptionalism and Identity from 1492 to 1800* (Chapel Hill: University of North Carolina, 1993), 55; Mary K. Geiter and W. A. Speck, *Colonial America: From Jamestown to Yorktown* (New York: Palgrave Macmillan, 2002), 12– 13; Avihu Zakai, *Exile and Kingdom: History and Apocalypse in the Puritan Migration to America* (Cambridge, U.K.: Cambridge University Press, 1992); Eric Luis Uhlmann and Jeffrey Sanchez- Burks, "The Implicit Legacy of American Protestantism," *Journal of Cross- Cultural Psychology* 45, no. 6 (2014): 992– 1,006; Fischer, *Made in America*.

10 Karen Halttunen, *Confidence Men and Painted Women* (New Haven, Conn.: Yale University Press, 1982), 201– 2; Geiter and Speck, *Colonial America*, 12– 13.

11 *The Laws and Liberties of Massachusetts, Reprinted from the Copy of the 1648 Edition in the Henry G.*

Huntington Library (1929). Quotation taken from Lawrence Meir Friedman, *A History of American Law*, 2nd ed. (New York: Touchstone, 1985), 81.

12   Richard Weiss, *The American Myth of Success: From Horatio Alger to Norman Vincent Peale* (New York: Basic Books, 1969; repr., Illini Books, 1988); Lawrence Stone, *The Family, Sex, and Marriage in England, 1500– 1800* (New York: Harper & Row, 1977), 260; David M. Potter, *People of Plenty: Economic Abundance and the American Character* (Chicago: University of Chicago Press, 1954), 86– 90; Matthew Hutson, "Still Puritan After All These Years," *New York Times*, Aug. 3, 2012.

13   Stephen J. McNamee and Robert K. Miller, *The Meritocracy Myth*, 2nd ed. (Lanham, MD.: Rowman & Littlefield, 2009), 160.

14   Halttunen, *Confidence Men and Painted Women*, 206.

15   Stephanie Coontz, *The Way We Never Were: American Families and the Nostalgia Trap* (New York: Basic Books, 1992), 70– 71.

16   George W. Pierson, "The MFactor in American History," *American Quarterly* 14 (Summer 1962): 275– 89. Quotation on p. 286.

17   Weiss, *American Myth of Success*, 101.

18   Cf. Brian Roberts, *American Alchemy: The California Gold Rush and Middle- Class Culture* (Chapel Hill: University of North Carolina Press, 2000), 45– 47.

19   Warren Susman, *Culture as History: The Transformation of American Society in the 20th Century* (1973; repr., Washington, D.C.: Smithsonian Institution Press, 2003); Fischer, *Made in America*.

20   Jackson Lears, *Something for Nothing: Luck in America* (New York: Viking, 2003); Janette Thomas Greenwood, *The Gilded Age: A History in Documents* (New York: Oxford University Press, 2000).

21   통제의 원천을 밖에서 찾느냐 혹은 안에서 찾느냐 하는 것에 대한 논의의 발상은 줄리안 B. 로터가 잘 소개하고 있다. 그의 연구 작업을 개괄하고자 한다면, 다음을 참고하라. David F. Barone, James E. Maddux, and C. R. Snyder, *Social Cognitive Psychology: History and Current Domains* (New York: Springer Science + Business Media New York, 1997), 52– 54. 이것도 참조할 것. Julian B. Rotter, *Social Learning and Clinical Psychology* (New York: Prentice- Hall, 1954); Julian B. Rotter, "Generalized Expectancies for Internal Versus External Control of Reinforcement," *Psychological Monographs: General and Applied* 80, no. 1 (1966): 1– 28. 이 논문의 핵심은 다음과 같다. "간단하게 말하자면, 우리의 기본 전제는 자신의 행동에 가해지는 강화를 상관있다고 여기면, 유사한 상황이 발생할 경우 긍정 혹은 부정의 강화는 행동을 취할 여지를 더 굳건하게 만들어주거나 혹은 약화한다는 것이다. 강화를 자신

의 통제력을 벗어난, 다시 말해 상관없는 것으로 본다면—이런 태도는 행운, 운명, 강력한 타자 그리고 예측할 수 없는 무언가에 기댄다—행동은 앞의 경우보다 굳건해지지도 않고, 약화되지도 않는다." Julian B. Rotter, "Some Problems and Misconceptions Related to the Construct of Internal Versus External Control of Reinforcement," *Journal of Consulting and Clinical Psychology* 43 (1975): 56– 67; Julian B. Rotter, "Internal Versus External Control of Reinforcement: A Case History of a Variable," *American Psychologist* 45 (1990): 489– 93; Catherine E. Ross and John Mirowsky, "Social Structure and Psychological Functioning: Distress, Perceived Control, and Trust," in *Handbook of Social Psychology,* ed. John DeLamater (New York: Kluwer Academic/ Plenum, 2003), 411– 47; C. W. Korn et al., "Depression Is Related to an Absence of Optimistically Biased Belief Updating about Future Life Events," *Psychological Medicine* 44, no. 3 (2014): 579– 92.

22 James Austin, *Chase, Chance, and Creativity: The Lucky Art of Novelty* (Cambridge, MA: MIT Press, 2003), 70; Françoys Gagné and Robin M. Schader, "Chance and Talent Development," *Roeper Review* 28, no. 2 (2005): 88– 90; Helena Matute, "Learned Helplessness and Superstitious Behavior as Opposite Effects of Uncontrollable Reinforcement in Humans," *Learning and Motivation* 25, no. 2 (1994): 216– 32.

1장

1 Cf. Thomas J. Palmeri and Garrison W. Cottrell, "Modeling Perceptual Expertise," in *Perceptual Expertise: Bridging Brain and Behavior,* ed. Isabel Gauthier, Michael J. Tarr, and Daniel Bub (New York: Oxford University Press, 2010), 197– 244; Claudio Babiloni et al., " 'Neural Efficiency' of Experts' Brain During Judgment of Actions: A High- Resolution EEG Study in Elite and Amateur Karate Athletes," *Behavioural Brain Research* 207, no. 2 (2010): 466– 75; Grit Herzmann and Tim Curran, "Experts' Memory: An ERP Study of Perceptual Expertise Effects on Encoding and Recognition," *Memory and Cognition* 39, no. 3 (2011): 412– 32; Claudio Babiloni et al., "Judgment of Actions in Experts: A High- Resolution EEG Study in Elite Athletes," *NeuroImage* 45, no. 2 (2009): 512– 21; Nigel Harvey, "Learning Judgment and Decision Making from Feedback," in *Judgment and Decision Making as a Skill,* ed. Mandeep K. Dhami, Anne Schlottmann, and Michael R. Waldman (Cambridge, U.K.: Cambridge University Press, 2012), 200.

2 D. A. Houston, S. J. Sherman, and S. M. Baker, "The Influence of Unique Features and Direction of Comparison on Preferences," *Journal of Experimental Social Psychology* 25 (1989): 121– 41; D. A. Houston and S. J. Sherman, "Cancellation and Focus: The Role of Shared and Unique Features in the Choice Process," *Journal of Experimental Social Psychology* 31 (1995): 357– 78.

3 예를 들면 Wändi Bruine de Bruin, "Save the Last Dance for Me: Unwanted Serial Position Effects in Jury Evaluations," *Acta Psychologica* 118 (2005): 245– 60; Wändi Bruine de Bruin, "Save the Last Dance II: Unwanted Serial Position Effects in Figure Skating Judgments," *Acta Psychologica* 123 (2006): 299– 311; J. K. Scheer, "Effect of Placement in the Order of Competition on Scores of Nebraska High School Students," *Research Quarterly* 44 (1973): 79– 85.

4 Mike Penner, "Blithe Lipinski Flies to Gold in Figure Skating: Olympics: Adrenaline Is Great Equalizer as 15Year- Old Upsets Michelle Kwan of Torrance," *Los Angeles Times,* Feb. 21, 1998, articles.latimes.com/ 1998/ feb/ 21/ news/ mn21416. See video commentary, www.youtube.com/ watch? v= Fz3VOFuQNg. First Communion quotation: Jeré Longman, "Birds of a Feather Wear Bad Costumes Together," *New York Times,* Jan. 16, 2010, www.nytimes.com/ 2010/ 01/ 17/ sports/ olympics/ 17longman.html?_ r= 0.

5 Christian Unkelbach et al., "A Calibration Explanation of Serial Position Effects in Evaluative Judgments," *Organizational Behavior and Human Decision Processes* 119, no. 1 (2012): 103– 13.

6 Bruine de Bruin, "Save the Last Dance for Me," 245– 60; V. E. Wilson, "Objectivity and Effect of Order of Appearance in Judging of Synchronized Swimming Meets," *Perceptual and Motor Skills* 44 (1977): 295– 98; R. G. Flôres Jr. and V. A. Ginsburgh, "The Queen Elisabeth Musical Competition: How Fair Is the Final Ranking?," *Statistician* 45 (1996): 97– 104; Ye Li and Nicholas Epley, "When the Best Appears to Be Saved for Last: Serial Position Effects on Choice," *Journal of Behavioral Decision Making* 22 (2009): 378– 89.

7 여기서 '손에 잡힌다'거나 '끄집어내다'와 같은 말은 심사와 판정 그리고 인지 연구에서 다양한 의미로 사용되어 왔다. Susan T. Fiske and Shelley E. Taylor make this comment in *Social Cognition: From Brains to Culture,* 2nd ed. (London: Sage, 2013), 74. 독자 여러분의 가독성을 위해 나는 "마음에 떠오르는 것", "의사 결정 순간에 뇌리를 휘감는 것" 혹은 "골라잡기 쉬운 구슬" 등의 의미가 쉽게 연상되도록 "손에 잡힌다"거나 "끄집어내다"와 같은 말을 서로 섞어가면서 사용하고 있다. Amos Tversky, "Features of Similarity," *Psychological Review* 84 (1977): 327– 52; Norbert Schwarz et al., "Accessibility Revisited," in *Foundations of Social Cognition: A Festschrift in Honor of Robert S. Wyer Jr,* ed. Galen V. Bodenhausen and Alan J. Lambert (New York: Psychology Press, 2003), 51– 77.

8 Lysann Damisch, Thomas Mussweiler, and Henning Plessner, "Olympic Medals as Fruits of Comparison? Assimilation and Contrast in Sequential Performance Judgments," *Journal of Experimental Psychology: Applied* 12, no. 3 (2006): 166– 78; Thomas Mussweiler and Lysann

Damisch, "Going Back to Donald: How Comparisons Shape Judgmental Priming Effects," Journal of Personality and Social Psychology 95, no. 6 (2008): 1,295– 315; Fritz Strack, Štěpán Bahník, and Thomas Mussweiler, "Anchoring: Accessibility as a Cause of Judgmental Assimilation," Current Opinion in Psychology 12 (2016): 67– 70; Wändi Bruine de Bruin and Gideon Keren, "Order Effects in Sequentially Judged Options Due to the Direction of Comparison," Organizational Behavior and Human Decision Processes 92 (2003): 91– 101.

9 Shai Danziger, Jonathan Levav, and Liora Avnaim- Pesso, "Extraneous Factors in Judicial Decisions," *Proceedings of the National Academy of Sciences* 108, no. 17 (2011): 6,889– 92.

10 Roy F. Baumeister et al., "Ego Depletion: Is the Active Self a Limited Resource?," *Journal of Personality and Social Psychology* 74, no. 5 (1998): 1,252– 65.

11 Mark Muraven, Dianne M. Tice, and Roy F. Baumeister, "Self-Control as a Limited Resource: Regulatory Depletion Patterns," *Journal of Personality and Social Psychology* 74, no. 3 (1998): 774– 89.

12 Barone, Maddux, and Snyder, *Social Cognitive Psychology,* 42; Alfred H. Fuchs and Katharine S. Milar, "Psychology as a Science," in *Handbook of Psychology,* vol. 1, *History of Psychology,* ed. Donald K. Freedheim (Hoboken, NJ: John Wiley and Sons, 2003), 18– 19. 물리학을 동경한 나머지 빚어진 안 좋은 예. Thomas Hardy Leahey, "Cognition and Learning," in Freedheim, *Handbook of Psychology,* vol. 1, *History of Psychology,* 121– 24.

13 물론 농담이지만, 그렇다고 헐의 연구가 들인 시간이나 영향력 면에서 '최소의 노동'을 했다는 것은 아니다. John A. Mills, "The Behaviorist as Research Manager: Clark L. Hull and the Writing of Principles of Behavior," in *Control: A History of Behavioral Psychology* (New York: New York University Press, 1998), 103– 22.

14 Clark L. Hull, *Principles of Behavior* (New York: Appleton- Century, 1943), 294.

15 대니얼 카너먼은 《생각에 관한 생각》에서 이렇게 말한 적이 있다. "동일한 목표를 성취하는 방법이 여러 가지 있다고 할 때, 사람들은 품이 덜 드는 쪽을 택하게 마련이다. (…) 게으름은 우리 본성 깊숙이 자리하고 있다." Daniel Kahneman, *Thinking, Fast and Slow* (New York: Farrar, Straus and Giroux, 2011), 57.

16 Travis Proulx, Michael Inzlicht, and Eddie Harmon- Jones, "Understanding All Inconsistency Compensation as a Palliative Response to Violated Expectations," *Trends in Cognitive Sciences* 16, no. 5 (2012): 285– 91.

17 Amitai Shenhav, Matthew M. Botvinick, and Jonathan D. Cohen, "The Expected Value of Control: An Integrative Theory of Anterior Cingulate Cortex Function," *Neuron* 79, no. 2 (2013): 217– 40; Markus Ullsperger, Claudia Danielmeier, and Gerhard Jocham, "Neurophysiology of

Performance Monitoring and Adaptive Behavior," *Physiological Reviews* 94, no. 1 (2014): 35– 79; Clay B. Holroyd and Michael G. H. Coles, "The Neural Basis of Human Error Processing: Reinforcement Learning, Dopamine, and the Error- Related Negativity," *Psychological Review* 109, no. 4 (2002): 679– 709.

18 Adele Diamond, "Executive Functions," *Annual Review of Psychology* 64 (2013): 135– 68; Todd S. Braver, Michael W. Cole, and Tal Yarkoni, "Vive les Differences! Individual Variation in Neural Mechanisms of Executive Control," *Current Opinion in Neurobiology* 20 (2010): 242– 50; Timothy David Noakes, "Fatigue Is a Brain- Derived Emotion That Regulates the Exercise Behavior to Ensure the Protection of Whole Body Homeostasis," *Frontiers in Psychology* 3, no. 82 (2012), doi:10.3389/fphys.2012.00082.

19 Robert Schnuerch and Henning Gibbons, "Social Proof in the Human Brain: Electrophysiological Signatures of Agreement and Disagreement with the Majority," *Psychophysiology* 52, no. 10 (2015): 1,328– 42; Leonie Koban and Gilles Pourtois, "Brain Systems Underlying the Affective and Social Monitoring of Actions: An Integrative Review," *Neuroscience and Biobehavioral Reviews* 46 (2014): 71– 84.

20 Bertrand Russell, *Sceptical Essays* (1928; London: Routledge Classics, 2004), 2.

21 저자가 진행한 브라우놀러와의 인터뷰에서 발췌한 일화. Jan. 8, 2016, and "What I Did for Love," *This American Life,* Feb. 10, 2012, www.thisamericanlife.org/ radio- archives/ episode/ 457/ transcript.

22 James W. Pennebaker et al., "Don't the Girls Get Prettier at Closing Time: A Country and Western Application to Psychology," *Personality and Social Psychology Bulletin* 5, no. 1 (1979): 122– 25.

23 저자의 인터뷰.

24 Jerome R. Busemeyer and Peter D. Bruza, "Order Effects on Inference," in *Quantum Models of Cognition and Decision* (New York: Cambridge University Press, 2012), 131– 42; Seah Chang, Chai- Youn Kim, and Yang Seok Cho, "Sequential Effects in Preference Decision: Prior Preference Assimilates Current Preference," *PLoS ONE* 12, no. 8 (2017): e0182442; Christian Unkelbach and Daniel Memmert, "Serial- Position Effects in Evaluative Judgments," *Current Directions in Psychological Science* 23, no. 3 (2014): 195– 200.

25 Alison P. Lenton et al., "The Heart Has Its Reasons: Social Rationality in Mate Choice," in *Simple Heuristics in a Social World,* ed. Ralph Hertwig, Ulrich Hoffrage, and the ABC Research Group (New York: Oxford University Press, 2013), 445.

26 Stephanie S. Spielmann et al., "Settling for Less out of Fear of Being Single," *Journal of Personality and Social Psychology* 105, no. 6 (2013): 1,049–73.

27 Lionel Page and Katie Page, "Last Shall Be First: A Field Study of Biases in Sequential Performance Evaluation on the Idol Series," *Journal of Economic Behavior and Organization* 73, no. 2 (2010): 186–98. 〈아메리칸 아이돌〉 같은 쇼에서 우리는 심사 과정을 연구하는 데 필요한 최적의 시나리오를 얻을 수 있다. 특히, 심사 과정에서 국가 혹은 문화적 차이가 어떻게 나타나는지를 보고자 할 때는 더할 나위 없다.

28 Heidi Grant and Laura Gelety, "Goal Content Theories: Why Differences in What We Are Striving for Matter," in *The Psychology of Goals,* ed. Gordon B. Moskowitz and Heidi Grant (New York: Guilford Press, 2009), 83–84; Charles S. Carver and Michael F. Scheier, "Self- Regulation of Action and Affect," in *Handbook of Self- Regulation,* ed. K. D. Vohs and R. F. Baumeister, 2nd ed. (New York: Guilford Press, 2011), 1:3–21.

2장

1 저자의 인터뷰, May 1, 2015; Amitai Shenhav and Randy L. Buckner, "Neural Correlates of Dueling Affective Reactions to Win- Win Choices," Proceedings of the National Academy of Sciences 111, no. 30 (2014): 10,978–83.

2 J. O'Doherty et al., "Abstract Reward and Punishment Representations in the Human Orbitofrontal Cortex," Nature Neuroscience 4, no. 1 (2001): 95–102; Jay A. Gottfried, John O'Doherty, and Raymond J. Dolan, "Encoding Predictive Reward Value in Human Amygdala and Orbitofrontal Cortex," Science 301, no. 5636 (2003): 1,104–7; Morten L. Kringelbach, "The Human Orbitofrontal Cortex: Linking Reward to Hedonic Experience," Nature Reviews Neuroscience 6, no. 9 (2005): 691–702; Camillo Padoa- Schioppa and John A. Assad, "Neurons in Orbitofrontal Cortex Encode Economic Value," Nature 441, no. 7090 (2006): 223–26; H. Plassmann, John O'Doherty, and Antonio Rangel, "Orbitofrontal Cortex Encodes Willingness to Pay in Everyday Economic Transactions," Journal of Neuroscience 27 (2007): 9,984–88; Antonio Rangel, Colin Camerer, and P. Read Montague, "A Framework for Studying the Neurobiology of Value- Based Decision Making," Nature Reviews Neuroscience 9, no. 7 (2008): 545–56; Anthony J. Porcelli and Mauricio R. Delgado, "Reward Processing in the Human Brain: Insights from fMRI," in Handbook of Reward and Decision- Making, ed. Jean- Claude Dreher and Léon Tremblay (Burlington, MA: Academic Press, 2009), 165–84; Thomas H. B. FitzGerald, Ben Seymour, and Raymond J. Dolan, "The Role of Human Orbitofrontal Cortex in Value Comparison for Incommensurable Objects," *Journal of Neuroscience* 29, no. 26 (2009): 8,388– 95.

3 Jacqueline Gottlieb et al., "Information Seeking, Curiosity, and Attention: Computational and Neural Mechanisms," *Trends in Cognitive Science* 17, no. 11 (2013): 585– 93.

4 K. Carrie Armel, Aurelie Beaumel, and Antonio Rangel, "Biasing Simple Choices by Manipulating Relative Visual Attention," *Judgment and Decision Making* 3, no. 5 (2008): 396– 403; Ian Krajbich and Antonio Rangel, "Multialternative Drift- Diffusion Model Predicts the Relationship Between Visual Fixations and Choice in Value- Based Decisions," *Proceedings of the National Academy of Sciences* 108, no. 33 (2011): 13,852– 57.

5 이 책에서는 저울의 어느 한쪽에 올려놓을 구슬을 모으는 과정을 의사 결정, 태도 형성 그리고 평가 조건 형성의 표류 확산 모델에 대한 하나의 은유로 사용한다. 다음의 내용을 참조하라. Sudeep Bhatia, "Associations and the Accumulation of Preference," Psychological Review 120, no. 3 (2013): 522– 43; Milica Milosavljevic et al., "The Drift Diffusion Model Can Account for the Accuracy and Reaction Time of Value- Based Choices under High and Low Time Pressure," Judgment and Decision Making 5, no. 6 (2010): 437– 49; Gerd Gigerenzer, Anja Dieckmann, and Wolfgang Gaissmaier, "Efficient Cognition Through Limited Search," in Ecological Rationality: Intelligence in the World, ed. Peter M. Todd and Gerd Gigerenzer (New York: Oxford University Press, 2012); Peter Fischer et al., "The Cognitive Economy Model of Selective Exposure: Integrating Motivational and Cognitive Accounts of Confirmatory Information Search," in Social Judgment and Decision Making, ed. Joachim I. Krueger (New York: Psychology Press, 2012), 21– 39. 부연: 참으로 기발하게도 판단과 의사 결정을 연구하는 학자들은 우리가 '탐색을 중단하는' 시점을 '정류장'이라고 부른다.

6 Rolf Reber, Piotr Winkielman, and Norbert Schwarz, "Effects of Perceptual Fluency on Affective Judgments," *Psychological Science* 9, no. 1 (1998): 45– 48; cf. Daniel M. Oppenheimer, "The Secret Life of Fluency," *Trends in Cognitive Sciences* 12, no. 6 (2008): 237– 41; Christian Unkelbach and Rainer Greifeneder, "A General Model of Fluency Effects in Judgment and Decision Making," in *The Experience of Thinking: How the Fluency of Mental Processes Influences Cognition and Behavior,* ed. Christian Unkelbach and Rainer Greifeneder (New York: Psychology Press, 2013), 11– 32; Piotr Winkielman and David E. Huber, "Dynamics and Evaluation: The Warm Glow of Processing Fluency," in *Encyclopedia of Complexity and Systems Science,* ed. Robert A. Meyers (New York: Springer Reference, 2009), 2,242– 53; Piotr Winkielman et al., "Fluency of Consistency: When Thoughts Fit Nicely and Flow Smoothly," in *Cognitive Consistency: A Fundamental Principle in Social*

Cognition, ed. Bertram Gawronski and Fritz Strack (New York: Guilford Press, 2012), 89– 111; P. H. Tannenbaum, "Is Anything Special about Consistency?," in *Theories of Cognitive Consistency: A Sourcebook,* ed. R. P. Abelson et al. (Chicago: Rand McNally, 1968), 343– 46.

7 Silvia Galdi, Luciano Arcuri, and Bertram Gawronski, "Automatic Mental Associations Predict Future Choices of Undecided Decision- Makers," *Science* 321 (2008): 1,100– 102; Silvia Galdi et al., "Selective Exposure in Decided and Undecided Individuals: Differential Relations to Automatic Associations and Conscious Beliefs," *Personality and Social Psychology Bulletin* 38, no. 5 (2012): 559– 69. 암묵적 연상 검사와 그외 자동적 태도 검사에 대해 잘 개괄한 것을 보려면 다음을 보라. Susan T. Fiske and Michael S. North, "Measures of Stereotyping and Prejudice: Barometers of Bias," in *Measures of Personality and Social Psychological Constructs,* ed. Gregory J. Boyle, Donald H. Saklofske, and Gerald Matthews (New York: Elsevier, 2015), 684– 718.

8 저자의 인터뷰, May 8, 2013.

9 Merryn D. Constable et al., "Self- Generated Cognitive Fluency as an Alternative Route to Preference Formation," *Consciousness and Cognition* 22, no. 1 (2013): 47– 52.

10 Leon Festinger, Kurt W. Back, and Stanley Schachter, *Social Pressures in Informal Groups: A Study of Human Factors in Housing,* vol. 3 (Stanford, CA: Stanford University Press, 1950).

11 Robert B. Zajonc, "Attitudinal Effects of Mere Exposure," *Journal of Personality and Social Psychology Monograph Supplement* 9, no. 2 (1968).

12 저자의 인터뷰, March 30, 2015; Richard L. Moreland and S. R. Beach, "Exposure Effects in the Classroom: The Development of Affinity among Students," *Journal of Experimental Social Psychology* 28, no. 3 (1992): 255– 76.

13 Quoted in Lauren Eskreis- Winkler et al., "The Grit Effect: Predicting Retention in the Military, the Workplace, School, and Marriage," *Frontiers in Psychology* 5, no. 36 (2014).

14 Ralph Adolphs, "The Social Brain: Neural Basis of Social Knowledge," *Annual Review of Psychology* 60 (2009): 693– 716; Ralph Adolphs, "Cognitive Neuroscience of Human Social Behaviour," *Nature Reviews Neuroscience* 4 (2003): 165– 78; Shelly L. Gable and Elliot T. Berkman, "Making Connections and Avoiding Loneliness: Approach and Avoidance Social Motives and Goals," in *Handbook of Approach and Avoidance Motivation,* ed. Andrew J. Elliot (New York: Taylor & Francis, 2008), 203– 16; Jana Nikitin and Simone Schoch, "Social Approach and Avoidance Motivations," in *The Handbook of Solitude: Psychological Perspectives on Social Isolation, Social Withdrawal, and Being Alone,* ed. Robert J. Coplan and Julie C. Bowker, 1st ed. (West Sussex, U.K.: John Wiley & Sons,

2014), 202– 23.

15 Thomas F. Pettigrew and Linda R. Tropp, "A Meta- analytic Test of Intergroup Contact Theory," *Journal of Personality and Social Psychology* 90, no. 5 (2006): 751– 83; Leslie A. Zebrowitz and Yi Zhang, "Neural Evidence for Reduced Apprehensiveness of Familiarized Stimuli in a Mere Exposure Paradigm," *Social Neuroscience* 7, no. 4 (2012): 347– 58.

16 Kristen A. Lindquist et al., "The Brain Basis of Emotion: A Meta- analytic Review," *Behavioral and Brain Sciences* 35 (2012): 121– 202; cf. William A. Cunningham, Jay J. Van Bavel, and Ingrid R. Johnsen, "Affective Flexibility: Evaluative Processing Goals Shape Amygdala Activity," *Psychological Science* 19, no. 2 (2008): 152– 60; Adolphs, "Social Brain"; Sandra L. Ladd and John D. E. Gabrieli, "Trait and State Anxiety Reduce the Mere Exposure Effect," *Frontiers in Psychology* 6 (2015).

17 Shelley McKeown and John Dixon, "The 'Contact Hypothesis': Critical Reflections and Future Directions," *Social and Personality Psychology Compass* 11, no. 1 (2017); Miles Hewstone and Hermann Swart, "Fifty- Odd Years of Inter-group Contact: From Hypothesis to Integrated Theory," *British Journal of Social Psychology* 50, no. 3 (2011): 374– 86.

18 Zajonc, "Attitudinal Effects of Mere Exposure"; Christian Unkelbach et al., "Good Things Come Easy: Subjective Exposure Frequency and the Faster Processing of Positive Information," *Social Cognition* 28, no. 4 (2010): 538– 55; Daniel Perlman and Stuart Oskamp, "The Effects of Picture Content and Exposure Frequency on Evaluations of Negroes and Whites," *Journal of Experimental Social Psychology* 7, no. 5 (1971): 503– 14.

19 Linda Baker, "Streetless in Seattle," *Metropolis*, May 1, 2006, www.metropolismag.com/ uncategorized/ streetlessinseattle/.

20 Daniel Harris, "Age and Occupational Factors in the Residential Propinquity of Marriage Partners," *Journal of Social Psychology* 6 (1935): 257– 61; Alvin M. Katz and Reuben Hill, "Residential Propinquity and Marital Selection: A Review of Theory, Method, and Fact," *Marriage and Family Living* 20, no. 1 (1958): 27– 35.

21 Beverley Fehr, "Friendship Formation," in *Handbook of Relationship Initiation*, ed. Susan Sprecher, Amy Wenzel, and John Harvey (New York: Psychology Press, 2008), 29– 32.

22 Mady Wechsler Segal, "Alphabet and Attraction: An Unobtrusive Measure of the Effect of Propinquity in a Field Setting," *Journal of Personality and Social Psychology* 30, no. 5 (1974): 654– 57.

23 Ray Reagans, "Close Encounters: Analyzing How Social Similarity and Propinquity Contribute to Strong Network Connections," *Organization Science* 22, no. 4 (2011): 835– 49.

24 Yvonne H. M. van den Berg and Antonius H. N. Cillessen, "Peer Status and Classroom Seating Arrangements: A Social Relations Analysis," *Journal of Experimental Child Psychology* 130 (2015): 19–34.

25 Mitja D. Back, Stefan C. Schmukle, and Boris Egloff, "Becoming Friends by Chance," *Psychological Science* 19, no. 5 (2008): 439–40.

26 Felichism W. Kabo et al., "Proximity Effects on the Dynamics and Outcomes of Scientific Collaborations," *Research Policy* 43, no. 9 (2014): 1,469–85.

27 Pieter A. Gautier, Michael Svarer, and Coen N. Teulings, "Marriage and the City: Search Frictions and Sorting of Singles," *Journal of Urban Economics* 67 (2010): 206–18.

28 Jerker Denrell and Gaël Le Mens, "Social Judgments from Adaptive Samples," in Krueger, *Social Judgment and Decision Making*, 151–69; Harry T. Reis et al., "Familiarity Does Indeed Promote Attraction in Live Interaction," *Journal of Personality and Social Psychology* 101, no. 3 (2011): 557–70.

29 저자와 나눈 이메일, Aug. 1, 2014.

30 태도를 형성하고 사물에 대한 자신의 생각이 어떤 것인지 자각하는 것을 가리켜 평가 조건 형성이라고 한다. 이는 학습 과정의 일종이다. Richard E. Petty, Duane T. Wegener, and Leandre R. Fabrigar, "Attitudes and Attitude Change," *Annual Review of Psychology* 48, no. 1 (1997): 609–47; Piotr Winkielman et al., "The Hedonic Marking of Processing Fluency: Implications for Evaluative Judgment," in *The Psychology of Evaluation: Affective Processes in Cognition and Emotion*, ed. J. Musch and K. C. Klauer (Mahwah, NJ: Lawrence Erlbaum, 2003), 189–217; Jan De Houwer, Sarah Thomas, and Frank Baeyens, "Association Learning of Likes and Dislikes: A Review of 25 Years of Research on Human Evaluative Conditioning," *Psychological Bulletin* 127, no. 6 (2001): 853–69; Wilhelm Hofmann et al., "Evaluative Conditioning in Humans: A Meta-analysis," *Psychological Bulletin* 136, no. 3 (2010): 390–421.

31 Moshe Bar, "The Proactive Brain: Memory for Predictions," *Philosophical Transactions of the Royal Society of London B: Biological Sciences* 364, no. 1521 (2009): 1,235–43; Moshe Bar, "A Cognitive Neuroscience Hypothesis of Mood and Depression," *Trends in Cognitive Sciences* 13, no. 11 (2009): 456–63; Tad T. Brunyé et al., "Happiness by Association: Breadth of Free Association Influences Affective States," *Cognition* 127, no. 1 (2013): 93–98; Sabrina Trapp et al., "Human Preferences Are Biased Towards Associative Information," *Cognition and Emotion* 29, no. 6 (2015): 1,054–68.

32 저자의 인터뷰, March 30, 2015.

33 Noola K. Griffiths, " 'Posh Music Should Equal Posh Dress': An Investigation into the Concert

Dress and Physical Appearance of Female Soloists," *Psychology of Music* 38 (2010): 159– 77.

34 Heesu Chung et al., "Doctor's Attire Influences Perceived Empathy in the Patient- Doctor Relationship," Patient Education and Counseling 89 (2012): 387– 91; cf. Yoann Bazin and Clémence Aubert- Tarby, "Dressing Professional, an Aesthetic Experience of Professions," Society and Business Review 8, no. 3 (2013): 251– 68;Y. Kwon and A. Farber, "Attitudes Toward Appropriate Clothing in Perception of Occupational Attributes," Perceptual and Motor Skills 74 (1992): 163– 68.

35 저자의 인터뷰, May 21, 2015.

36 Michael I. Norton, Joseph A. Vandello, and John M. Darley, "Casuistry and Social Category Bias," *Journal of Personality and Social Psychology* 87, no. 6 (2004): 817– 31.

37 더불어 다음 문헌도 참조. Norbert Schwarz, "FeelingsasInformation Theory," in *Handbook of Theories of Social Psychology,* ed. P. Van Lange, A. Kruglanski, and E. Tory Higgins (New York: Sage Knowledge, 2013); Amanda J. Koch, Susan D. D'Mello, and Paul R. Sackett, "A Meta- analysis of Gender Stereotypes and Bias in Experimental Simulations of Employment Decision Making," *Journal of Applied Psychology* 100, no. 1 (2015): 128– 61; Lindsay Rice and Joan M. Barth, "A Tale of Two Gender Roles: The Effects of Implicit and Explicit Gender Role Traditionalism and Occupational Stereotype on Hiring Decisions," *Gender Issues* 34, no. 1 (2017): 86– 102.

38 저자의 인터뷰, March 25, 2015.

39 Alex Mesoudi, *Cultural Evolution: How Darwinian Theory Can Explain Human Culture and Synthesize the Social Sciences* (Chicago: University of Chicago Press, 2011); Lewis G. Dean et al., "Human Cumulative Culture: A Comparative Perspective," *Biological Reviews* 89, no. 2 (2014), 284– 301; Stefan Voigt and Daniel Kiwit, "The Role and Evolution of Beliefs, Habits, Moral Norms, and Institutions," in *Merits and Limits of Markets*, ed. H Giersch (Heidelberg, Germany: Springer- Verlag Berlin, 1998), 83– 110.

40 Eric Sundstrom, *Work Places: The Psychology of the Physical Environment in Offices and Factories* (Cambridge, U.K.: Cambridge University Press, 1986), 33. 다음의 문헌에서 인용되었다. Nikil Saval, *Cubed: A Secret History of the Workplace* (New York: Knopf, 2014) Kindle edition.

41 William H. Leffingwell, *Office Management: Principles and Practice* (New York: A. W. Shaw, 1925), 620– 21; quoted in Saval, *Cubed*.

42 Warren Thorngate, Robyn M. Dawes, and Margaret Foddy, *Judging Merit* (New York: Psychology Press, 2008), 32– 33.

43 더불어 다음 문헌도 참조. Vincent Y. Yzerbyt and Stéphanie Demoulin, "Metacognition in

Stereotypes and Prejudice," in *Social Metacognition,* ed. Pablo Briñol and Kenneth G. DeMarree (New York: Taylor & Francis, 2012), 243– 62.

44 Eric Luis Uhlmann and Geoffrey L. Cohen, "Constructed Criteria: Redefining Merit to Justify Discrimination," *Psychological Science* 16, no. 6 (2005): 474– 80.

45 저자의 인터뷰, March 24, 2015.

46 저자의 인터뷰, Sept. 24, 2014.

47 저자의 인터뷰, May 13, 2015; Eddie Harmon- Jones, David M. Amodio, and Cindy Harmon-Jones, "Action- Based Model of Dissonance: A Review, Integration, and Expansion of Conceptions of Cognitive Conflict," in Advances in Experimental Social Psychology, ed. Mark P. Zanna (Burlington, MA: Academic Press, 2009), 41:119– 66.

48 Lara Mayeux, John J. Houser, and Karmon D. Dyches, "Social Acceptance and Popularity: Two Distinct Forms of Peer Status," in *Popularity in the Peer System,* ed. Antonius H. N. Cillessen, David Schwartz, and Lara Mayeux (New York: Guilford Press, 2011): 87.

3장

1 Paul Russell, "Actor Breakdowns over Breakdowns: Part 1," *Backstage,* July 9, 2009, www.backstage.com/ advice- for- actors/ getting- cast/ actor- breakdowns- over- breakdowns- part1/.

2 Ethan S. Bromberg- Martin and Okihide Hikosaka, "Midbrain Dopamine Neurons Signal Preference for Advance Information about Upcoming Rewards," *Neuron* 63 (2009): 119– 26.

3 Clark, "Whatever Next?"

4 Robert L. Goldstone and Ji Yun Son, "Similarity," in *The Oxford Handbook of Thinking and Reasoning,* ed. Keith J. Holyoak and Robert G. Morrison (New York: Oxford University Press, 2012), 155–76.

5 W. V. Quine, "Natural Kinds," in *Ontological Relativity, and Other Essays,* ed. W. V. Quine (New York: Columbia University Press, 1969), 116.

6 Brooks King- Casas et al., "Getting to Know You: Reputation and Trust in a Two- Person Economic Exchange," *Science* 308 (2005): 78– 83. 의사 결정에 사용되는 신뢰 게임과 그 밖의 경제학 게임에 대한 개괄을 하고 싶다면, 다음을 보라. Daniel Houser and Kevin McCabe, "Experimental Economics and Experimental Game Theory," in *Neuroeconomics: Decision Making and the Brain,* ed. Paul W. Glimcher and Ernst Fehr, 2nd ed. (London: Elsevier, 2014), 19– 34.

7 Lasana T. Harris and Susan T. Fiske, "Neural Regions That Underlie Reinforcement Learning

Are Also Active for Social Expectancy Violations," *Social Neuroscience* 5, no. 1 (2010): 76– 91; Jasmin Cloutier et al., "An fMRI Study of Violations of Social Expectations: When People Are Not Who We Expect Them to Be," *NeuroImage* 57, no. 2 (2011): 583– 88.

8 Michelle de Haan and Margriet Groen, "Neural Bases of Infants' Processing of Social Information in Faces," in *The Development of Social Engagement: Neurobiological Perspectives,* ed. Peter J. Marshall and Nathan A. Fox (New York: Oxford University Press, 2005).

9 Michael J. Tarr and Isabel Gauthier, "FFA: A Flexible Fusiform Area for Subordinate- Level Visual Processing Automatized by Expertise," Nature Neuroscience 3 (2000): 764– 70; Gauthier, Tarr, and Bub, Perceptual Expertise; C. Neil Macrae and Susanne Quadflieg, "Perceiving People," in Handbook of Social Psychology, ed. Susan T. Fiske, Daniel T. Gilbert, and Gardner Lindzey, 5th ed. (Hoboken, NJ: John Wiley & Sons, 2010), 428– 63; Cindy M. Bukach, Isabel Gauthier, and Michael J. Tarr, "Beyond Faces and Modularity: The Power of an Expertise Framework," Trends in Cognitive Sciences 10, no. 4 (2006): 159– 66.

10 Zoe Liberman, Amanda L. Woodward, and Katherine D. Kinzler, "Origins of Social Categorization," Trends in Cognitive Sciences 21, no. 7 (2017): 556– 68; Kristina R. Olson and Yarrow Dunham, "The Development of Implicit Social Cognition," in Handbook of Implicit Social Cognition: Measurement, Theory, and Applications, ed. Bertram Gawronski and B. Keith Payne (New York: Guilford Press, 2010), 241– 54; Larisa Heiphetz, Elizabeth S. Spelke, and Mahzarin R. Banaji, "The Formation of Belief- Based Social Preferences," Social Cognition 32, no. 1 (2014): 22– 47; Andrew S. Baron, "Constraints on the Development of Implicit Intergroup Attitudes," Child Development Perspectives 9, no. 1 (2015): 50– 54; J. Kiley Hamlin, Karen Wynn, and Paul Bloom, "Social Evaluation by Preverbal Infants," Nature 450, no. 7169 (2007): 557– 59; Katherine D. Kinzler et al., "Accent Trumps Race in Guiding Children's Social Preferences," Social Cognition 27, no. 4 (2009): 623– 34.

11 Samuel G. Goodrich [Peter Parley], *What to Do, and How to Do It; or, Morals and Manners Taught by Examples* (New York: Lamport, Blakeman and Law, 1844), 28, as quoted in Halttunen, *Confidence Men and Painted Women,* 40– 41; Allan Mazur, *Biosociology of Dominance and Deference* (Lanham, MD.: Rowman & Littlefield, 2005), 67.

12 Jamil Zaki, "Cue Integration: A Common Framework for Social Cognition and Physical Perception," *Perspectives on Psychological Science* 8, no. 3 (2013): 296– 312; Gordon B. Moskowitz and Michael J. Gill, "Person Perception," in *The Oxford Handbook of Cognitive Psychology,* ed. Daniel

Reisberg (New York: Oxford University Press, 2013), 918– 42.

13 저자의 인터뷰, July 17, 2013.

14 Susan M. Andersen and Serena Chen, "The Relational Self: An Interpersonal Social- Cognitive Theory," *Psychological Review* 109, no. 4 (2002): 619– 45. 특히, 인간관계의 질과 관련된 문제일 경우, 상대가 폴로셔츠를 입었든 안 입었든, 키가 훤칠하든 아니든 그런 것은 아무런 상관이 없다.

15 Nathaniel Rich, "Silicon Valley's StartUp Machine," *New York Times Magazine*, May 2, 2013, www.nytimes.com/ 2013/ 05/ 05/ magazine/ ycombinator- silicon- valleys- startupmachine.html? pagewanted= all&_ r= 2.

16 훗날 그레이엄은 그것은 농담이었다고 거듭 말했다(paulgraham.com/tricked.html). 그의 말을 그대로 옮기면 이렇다. "사람들이 계속해서 그 말을 인용하긴 할 텐데, 여전히 그 말을 인용하는 사람이 있다면, 그것은 (a) 그들 스스로 그 사실에 대해 알아보지 않았거나 아니면 (b) 이데올로기적 측면에서 다른 속셈이 있거나 둘 중 하나일 것이다.

17 Pawel Lewicki, "Nonconscious Biasing Effects of Single Instances on Subsequent Judgments," *Journal of Personality and Social Psychology* 48, no. 3 (1985): 563– 74.

18 Gül Günaydin et al., "I Like You but I Don't Know Why: Objective Facial Resemblance to Significant Others Influences Snap Judgments," *Journal of Experimental Social Psychology* 48 (2012): 350– 53.

19 Goodrich, *What to Do, and How to Do It,* 28, as quoted in Halttunen, *Confidence Men and Painted Women*, 40– 41; Mazur, *Biosociology of Dominance and Deference*, 67. [Quote: "If the heart is habitually exercised . . ."] Edward Smedley et al., *The Occult Sciences: Sketches of the Traditions and Superstitions of Past Times, and the Marvels of the Present Day* (London: Richard Griffin, 1855); *The Encyclopedia of Occult Sciences* (New York: Robert M. McBride, 1939); Vicki Bruce and Andy Young, *Face Perception* (New York: Psychology Press, 2012), 135– 36; Daniel E. Re and Nicholas O. Rule, "Appearance and Physiognomy," in *APA Handbook of Nonverbal Communication,* ed. David Matsumoto, Hyisung C. Hwang, and Mark G. Frank (Washington, D.C.: American Psychological Association, 2016), 221– 56; Alexander Todorov et al., "Social Attributions from Faces: Determinants, Consequences, Accuracy, and Functional Significance," *Annual Review of Psychology* 66 (2015): 519– 45.

20 Unkelbach and Greifeneder, "General Model of Fluency Effects in Judgment and Decision Making"; Winkielman et al., "Fluency of Consistency."

21 Michael A. Olson and Russell H. Fazio, "Implicit Attitude Formation Through Classical Conditioning," *Psychological Science* 12, no. 5 (2001): 413– 17; De Houwer, Thomas, and Baeyens,

"Association Learning of Likes and Dislikes," 853; Gerd Bohner and Nina Dickel, "Attitudes and Attitude Change," *Annual Review of Psychology* 62 (2011): 391– 417; Galen V. Bodenhausen and Bertram Gawronski, "Attitude Change," in Reisberg, *Oxford Handbook of Cognitive Psychology*, 957– 69; William A. Cunningham and Philip David Zelazo, "Attitudes and Evaluations: A Social Cognitive Neuroscience Perspective," *Trends in Cognitive Sciences* 11, no. 3 (2007): 97– 104; Christopher R. Jones, Michael A. Olson, and Russell H. Fazio, "Evaluative Conditioning: The 'How' Question," *Advances in Experimental Social Psychology* 43 (2010): 205– 55.

22 Donald G. Dutton and Arthur P. Aron, "Some Evidence for Heightened Sexual Attraction under Conditions of High Anxiety," *Journal of Personality and Social Psychology* 30, no. 4 (1974): 510– 17; Lawrence E. Williams and John A. Bargh, "Experiencing Physical Warmth Promotes Interpersonal Warmth," *Science* 322, no. 5901 (2008): 606– 7; David R. Kille, Amanda L. Forest, and Joanne V. Wood, "Tall, Dark, and Stable: Embodiment Motivates Mate Selection Preferences," *Psychological Science* 24, no. 1 (2013): 112– 14.

23 Mark P. Mattson, "Energy Intake and Exercise as Determinants of Brain Health and Vulnerability to Injury and Disease," *Cell Metabolism* 16, no. 6 (2012): 706– 22; Alison P. Lenton and Marco Francesconi, "How Humans Cognitively Manage an Abundance of Mate Options," *Psychological Science* 21, no. 4 (2010): 528– 33; cf. Gül Günaydin, Emre Selcuk, and Cindy Hazan, "Finding the One: A Process Model of Human Mate Selection," in *Human Bonding,* ed. Cindy Hazan and M. Campa (New York: Guilford Press, 2013), 103– 31.

24 저자의 인터뷰, Feb. 25, 2015.

25 Christian Rudder, Dataclysm: Who We Are When We Think No One's Looking (New York: Crown, 2014), 117– 23. See also: life.

26 Ibid., 90.

27 저자의 인터뷰, April 30, 2015.

28 Nassim Nicholas Taleb, *The Black Swan: The Impact of the Highly Improbable* (New York: Random House, 2007), 102– 5.

29 Thorngate, Dawes, and Foddy, *Judging Merit,* 32– 33.

30 저자의 인터뷰, Feb. 23, 2015.

31 토핀과 함께한 저자의 인터뷰, May 22, 2014.

32 Russell, *Sceptical Essays,* 2.

33 Bertram Gawronski, Eva Walther, and Hartmut Blank, "Cognitive Consistency and the Formation of Interpersonal Attitudes: Cognitive Balance Affects the Encoding of Social Information," *Journal of Experimental Social Psychology* 41, no. 6 (2005): 618– 26; Eva Walther, "Guilty by Mere Association: Evaluative Conditioning and the Spreading Attitude Effect," *Journal of Personality and Social Psychology* 82, no. 6 (2002): 919– 34; Robert B. Zajonc, "Feeling and Thinking: Preferences Need No Inferences," *American Psychologist* 35 (1980): 151– 75; Robert B. Zajonc, "Feeling and Thinking: Closing the Debate over the Independence of Affect," in *Feeling and Thinking: The Role of Affect in Social Cognition,* ed. J. P. Forgas (New York: Cambridge University Press, 2000), 31– 58; Matthew M. Botvinick, Jonathan D. Cohen, and Cameron S. Carter, "Conflict Monitoring and Anterior Cingulate Cortex: An Update," *Trends in Cognitive Sciences* 8, no. 12 (2004): 539– 46; Nick Yeung, Matthew M. Botvinick, and Jonathan D. Cohen, "The Neural Basis of Error Detection: Conflict Monitoring and the Error- Related Negativity," *Psychological Review* 111, no. 4 (2004): 931– 59.

34   Thomas W. Dougherty, Daniel B. Turban, and John C. Callender, "Confirming First Impressions in the Employment Interview: A Field Study of Interviewer Behavior," *Journal of Applied Psychology* 79, no. 5 (1994), 659– 65; Thomas W. Dougherty and Daniel B. Turban, "Behavioral Confirmation of Interviewer Expectations," in *The Employment Interview Handbook*, ed. R. W. Eder and M. M. Harris (Thousand Oaks, CA: Sage: 1999), 217– 29; Mark Snyder and Arthur A. Stukas Jr., "Interpersonal Processes: The Interplay of Cognitive, Motivational, and Behavioral Activities in Social Interaction," *Annual Review of Psychology* 50, no. 1 (1999), 273– 303; Edgar E. Kausel, Satoris S. Culbertson, and Hector P. Madrid, "Overconfidence in Personnel Selection: When and Why Unstructured Interview Information Can Hurt Hiring Decisions," *Organizational Behavior and Human Decision Processes* 137 (2016), 27– 44.

35   저자의 인터뷰, March 10, 2015.

36   Theodore D. Satterthwaite et al., "Being Right Is Its Own Reward: Load and Performance Related Ventral Striatum Activation to Correct Responses During a Working Memory Task in Youth," *NeuroImage* 61, no. 3 (2012): 723– 29; Gilles Pourtois et al., "Errors Recruit Both Cognitive and Emotional Monitoring Systems: Simultaneous Intracranial Recordings in the Dorsal Anterior Cingulate Gyrus and Amygdala Combined with fMRI," *Neuropsychologia* 48, no. 4 (2010): 1,144– 59; Greg Hajcak and Dan Foti, "Errors Are Aversive: Defensive Motivation and the Error- Related Negativity," *Psychological Science* 19, no. 2 (2008): 103– 8.

37   Daniel N. Albohn and Reginald B. Adams Jr., "Social Vision: At the Intersection of Vision and Person Perception," in *Neuroimaging Personality, Social Cognition, and Character,* ed. John R. Absher and Jasmin Cloutier (San Diego: Elsevier, 2016), 159– 86; Jeffrey A. Brooks and Jonathan B. Freeman, "The Psychology and Neuroscience of Person Perception," in *Stevens' Handbook of Experimental Psychology and Cognitive Neuroscience,* ed. John T. Wixted, 4th ed. (Newark, NJ: Wiley & Sons, 2018), psych.nyu.edu/ freemanlab/ pubs/ Brooks_ Freeman_ Handbook.pdf; Alex Todorov, "Evaluating Faces on Social Dimensions," in *Social Neuroscience: Toward Understanding the Under-pinnings of the Social Mind,* ed. Alexander Todorov, Susan T. Fiske, and D. Prentice (Oxford: Oxford University Press, 2011), 54– 76; Reginald B. Adams Jr., Ursula Hess, and Robert E. Kleck, "The Intersection of Gender- Related Facial Appearance and Facial Displays of Emotion," *Emotion Review* 7, no. 1 (2015): 5– 13; Ursula Hess et al., "Face Gender and Emotion Expression: Are Angry Women More like Men?," *Journal of Vision* 9, no. 12 (2009): 19.

38 Allan Mazur, "A Biosocial Model of Status in FacetoFace Groups," in *Evolutionary Perspectives on Social Psychology,* ed. Virgil Zeigler- Hill, Lisa L. M. Welling, and Todd K. Shackelford (New York: Springer, 2015), 303– 15; Allan Mazur, Julie Mazur, and Caroline Keating, "Military Rank Attainment of a West Point Class: Effects of Cadets' Physical Features," *American Journal of Sociology* 90, no. 1 (1984): 125– 50; Allan Mazur, "A Biosocial Model of Status in FacetoFace Primate Groups," *Social Forces* 64, no. 2 (1985): 377– 402; Alan Booth et al., "Testosterone, and Winning and Losing in Human Competition," *Hormones and Behavior* 23, no. 4 (1989): 556– 71; Ulrich Mueller and Allan Mazur, "Facial Dominance of West Point Cadets as a Predictor of Later Military Rank," *Social Forces* 74, (1996): 823– 50.

39 Ulrich Mueller and Allan Mazur, "Facial Dominance in Homo Sapiens as Honest Signaling of Male Quality," *Behavioral Ecology* 8, no. 5 (1997): 569– 79.

40 Mary Ann Collins and Leslie A. Zebrowitz, "The Contributions of Appearance to Occupational Outcomes in Civilian and Military Settings," *Journal of Applied Social Psychology* 25, no. 2 (1995): 129– 63; Leslie A. Zebrowitz and Joann M. Montepare, "Impressions of Babyfaced Individuals Across the Life Span," *Developmental Psychology* 28, no. 6 (1992): 1,143; Carmen E. Lefevre et al., "Telling Facial Metrics: Facial Width Is Associated with Testosterone Levels in Men," *Evolution and Human Behavior* 34, no. 4 (2013): 273– 79; Mazur, *Biosociology of Dominance and Deference*; Anthony C. Little and S. Craig Roberts, "Evolution, Appearance, and Occupational Success," *Evolutionary Psychology* 10, no. 5 (2012): 782– 801; Mazur, Mazur, and Keating, "Military Rank Attainment of a West Point Class"; Nicholas O. Rule and Nalini Ambady, "Judgments of Power from College Yearbook Photos and Later Career Success," *Social Psychological and Personality Science* 2, no. 2 (2011): 154– 58; Christopher D. Watkins and Benedict C. Jones, "Competition- Related Factors Directly Influence Preferences for Facial Cues of Dominance in Allies," *Behavioral Ecology and Sociobiology* 70, no. 12 (2016): 2,071– 79; Margaret E. Ormiston, Elaine M. Wong, and Michael P. Haselhuhn, "Facial- WidthtoHeight Ratio Predicts Perceptions of Integrity in Males," *Personality and Individual Differences* 105 (2017): 40– 42; Bradley D. Mattan, Jennifer T. Kubota, and Jasmin Cloutier, "How Social Status Shapes Person Perception and Evaluation: A Social Neuroscience Perspective," *Perspectives on Psychological Science* 12, no. 3 (2017): 468– 507; Re and Rule, "Appearance and Physiognomy."

41 Claire O'Callaghan et al., "Predictions Penetrate Perception: Converging Insights from Brain, Behaviour, and Disorder," *Consciousness and Cognition* 47 (2017): 63– 74; Moshe Bar, "The Proactive Brain: Using Analogies and Associations to Generate Predictions," *Trends in Cognitive Sciences* 11, no. 7 (2007): 280– 89; Christopher Y. Olivola, Friederike Funk, and Alexander Todorov, "Social Attributions from Faces Bias Human Choices," *Trends in Cognitive Sciences* 18, no. 11 (2014): 566–70; Alexander Todorov et al., "Social Attributions from Faces: Determinants, Consequences, Accuracy, and Functional Significance," *Annual Review of Psychology* 66 (2015): 519– 45.

42 Leslie A. Zebrowitz, P. Matthew Bronstad, and Joann M. Montepare, "An Ecological Theory of Face Perception," in *The Science of Social Vision,* ed. Reginald B. Adams et al. (New York: Oxford University Press, 2011), 3– 30; Joann M. Montepare, " 'Cue, View, Action': An Ecological Approach to Person Perception," in *Social Psychology of Visual Perception,* ed. Emily Balcetis and G. Daniel Lassiter (New York: Psychology Press, 2010), 299– 323.

4장

1 Michael Joseph Gross, "Sarah Palin: The Sound and the Fury," *Vanity Fair,* Sept. 1, 2010, www.vanityfair.com/ news/ 2010/ 10/ sarah- palin- 201010/; Nick Allen, "Beauty Queen Who Beat Sarah Palin in Miss Alaska Aims for Political Career," *Telegraph,* May 1, 2010, www.telegraph.co.uk/ news/ worldnews/ sarah- palin/ 7661230/ Beauty- queen- who- beat- Sarah- PalininMiss- Alaska- aims- for- political- career.html. 히스에 대해 물어보자, 블랙번은 기자에게 이렇게 대답했다. "모두가 그를 좋아하긴 했는데, 제가 볼 때는 매우 계산적이었어요. 성공하기 위해서 무엇을 하면 좋을지 늘 꼬치꼬치 캐묻고 다니곤 했죠." Sarah Palin's biography taken from www.biography.com/ people/ sarah- palin- 360398#early- life. Jonathan Martin, "The Story Behind the Palin Surprise," *Politico,* Aug. 29, 2008, www.politico.com/ story/ 2008/ 08/ the- story- behind- the- palin- surprise- 012988; Jane Mayer,

(참고문헌)

"The Insiders: How John McCain Came to Pick Sarah Palin," *New Yorker,* Oct. 27, 2008, www. newyorker.com/ maga zine/ 2008/ 10/ 27/ the- insiders; Leonard Doyle, "In Alaska, Reputation of Palin Is Still Whiter than White," *Independent,* Sept. 3, 2008, www.independent.co.uk/ voices/ commentators/ leonard- doyleinalaska- reputationofpalinisstill- whiter- than- white- 918066.html; Tom Kizzia, "Rising Star," *Anchorage Daily News,* Oct. 23, 2006, www.webcitation.org/ 60oWlVgHw? url= http:// www.adn.com/ 2006/ 10/ 23/ 510447/ part1- fresh- face- launched- carries.html.

2 www.youtube.com/ watch? v= UioYqnnBf3Y.

3 Gross, "Sarah Palin."

4 Todd Purdum, "It Came from Wasilla," *Vanity Fair,* June 30, 2009, www.vanity fair.com/ news/ 2009/ 08/ sarah- palin200908. See also Andrew Edward White and Douglas T. Kenrick, "Why Attractive Candidates Win," *New York Times,* Nov. 1, 2013, www.nytimes.com/ 2013/ 11/ 03/ opinion/ sunday/ health- beauty- and- the- ballot.html? hp& rref= opinion&_ r= 1&.

5 Madeline E. Heilman and Lois R. Saruwatari, "When Beauty Is Beastly: The Effects of Appearance and Sex on Evaluations of Job Applicants for Managerial and Nonmanagerial Jobs," *Organizational Behavior and Human Performance* 23, no. 3 (1979): 360– 72; Madeline E. Heilman and Melanie H. Stopeck, "Being Attractive, Advantage or Disadvantage? Performance- Based Evaluations and Recommended Personnel Actions as a Function of Appearance, Sex, and Job Type," *Organizational Behavior and Human Decision Processes* 35, no. 2 (1985): 202– 15; Alice H. Eagly and Steven J. Karau, "Role Congruity Theory of Prejudice Toward Female Leaders," *Psychological Review* 109, no. 3 (2002): 573– 98.

6 이 장에서 다루는 대부분의 연구는 다음 문헌에 언급된 것들이다. Alice H. Eagly et al., "What Is Beautiful Is Good, But: A Meta- analytic Review of Research on the Physical Attractiveness Stereotype," *Psychological Bulletin* 110, no. 1 (1991): 109– 28; Alan Feingold, "Good Looking People Are Not What We Think," *Psychological Bulletin* 111, no. 2 (1992): 304– 41; Judith H. Langlois et al., "Maxims or Myths of Beauty? A Meta- analytic and Theoretical Review," *Psychological Bulletin* 126, no. 3 (2000): 390– 423; Anthony C. Little and David I. Perrett, "Facial Attractiveness," in Adams et al., *Science of Social Vision;* Macrae and Quadflieg, "Perceiving People"; Ray Bull and Nichola Rumsey, *The Social Psychology of Facial Appearance* (New York: Springer, 1988); Gordon L. Patzer, *The Physical Attractiveness Phenomena* (New York: Plenum Press, 1985); Nancy Etcoff, *Survival of the Prettiest: The Science of Beauty* (New York: Doubleday, 1999); Anthony C. Little and Benedict C. Jones, "The Evolutionary Cognitive Neuropsychology of Face Preferences," in *Foundations in Evolutionary*

Cognitive Neuroscience, ed. Steven M. Platek and Todd K. Shackelford (Cambridge, U.K.: Cambridge University Press, 2009), 175– 204; Deborah L. Rhode, *The Beauty Bias: The Injustice of Appearance in Life and Law* (New York: Oxford University Press, 2010); Daniel S. Hamermesh, *Beauty Pays: Why Attractive People Are More Successful* (Princeton, NJ: Princeton University Press, 2011); Bruce and Young, *Face Perception*; Nichola Rumsey and Diana Harcourt, *The Psychology of Appearance* (New York: Open University Press, 2005); J. L. Rennels, "Physical Attractiveness Stereotyping," in *Encyclopedia of Body Image and Human Appearance* (Boston: Elsevier, 2012), 2:636– 43; Dario Maestripieri, Andrea Henry, and Nora Nickels, "Explaining Financial and Prosocial Biases in Favor of Attractive People: Interdisciplinary Perspectives from Economics, Social Psychology, and Evolutionary Psychology," *Behavioral and Brain Sciences* (2017), doi:10.1017/ S0140525X16000340, e19.

7 D. R. Osborn, "Measurement and Stability of Physical Attractiveness Judgments," in *Encyclopedia of Body Image and Human Appearance,* vol. 2, doi:10.1016/ B978- 0- 12- 384925- 0.00080- 8.

8 골턴에 대해 더 알고 싶으면 다음을 보라. Nicholas W. Gillham, *A Life of Sir Francis Galton: From African Exploration to the Birth of Eugenics* (New York: Oxford University Press, 2001); Wade E. Pickren and Alexandra Rutherford, *A History of Modern Psychology in Context* (Hoboken, NJ: John Wiley & Sons, 2010); Gregory J. Feist, *The Psychology of Science and the Origins of the Scientific Mind* (New Haven, CT: Yale University Press, 2006), 23, 72, 115.

9 Francis Galton, "Composite Portraits, Made by Combining Those of Many Different Persons into a Single Resultant Figure," *Journal of the Anthropological Institute of Great Britain and Ireland* 8 (1879): 132– 44.

10 Thomas Gilovich et al., *Social Psychology* (New York: W. W. Norton, 2013), 374. See also Rolf Reber, Norbert Schwarz, and Piotr Winkielman, "Processing Fluency and Aesthetic Pleasure: Is Beauty in the Perceiver's Processing Experience?," *Personality and Social Psychology Review* 8, no. 4 (2004): 364– 82; Judith H. Langlois and L. A. Roggman, "Attractive Faces Are Only Average," *Psychological Science* 1 (1990): 115– 21.

11 Logan T. Trujillo, Jessica M. Jankowitsch, and Judith H. Langlois, "Beauty Is in the Ease of the Beholding: A Neurophysiological Test of the Averageness Theory of Facial Attractiveness," *Cognitive, Affective, and Behavioral Neuroscience* 14, no. 3 (2014): 1,061– 76; Winkielman et al., "Fluency of Consistency."

12 Doug Jones and Kim Hill, "Criteria of Facial Attractiveness in Five Populations," *Human Nature* 4 (1993): 271– 96; Jamin Halberstadt and Gillian Rhodes, "The Attractiveness of Nonface Averages:

Implications for an Evolutionary Explanation of the Attractiveness of Average Faces," *Psychological Science* 11, no. 4 (2000): 285– 89.

13 Alan Slater et al., "Newborn Infants Prefer Attractive Faces," *Infant Behavior and Development* 21 (1998): 345– 54; Alan Slater et al., "Newborn Infants' Preference for Attractive Faces: The Role of Internal and External Facial Features," *Infancy* 1, no. 2 (2000): 265– 74; Jennifer L. Ramsey et al., "Origins of a Stereotype: Categorization of Facial Attractiveness by 6Month- Old Infants," *Developmental Science* 7, no. 2 (2004): 201– 11; T. M. Field et al., "Mother- Stranger Face Discrimination by the Newborn," *Infant Behavior and Development* 7 (1984): 19– 25.

14 Rebecca A. Hoss and Judith H. Langlois, "Infants Prefer Attractive Faces," in *The Development of Face Processing in Infancy and Early Childhood,* ed. Olivier Pascalis and Alan Slater (Hauppauge, NY: Nova Science, 2003), 27– 38; Judith H. Langlois et al., "Infant Preferences for Attractive Faces: Rudiments of a Stereotype?," *Developmental Psychology* 23, no. 3 (1987): 363– 69.

15 Anthony C. Little, "Attraction and Human Mating," in Zeigler- Hill, Welling, and Shackelford, Evolutionary Perspectives on Social Psychology, 319– 32.

16 David A. Puts, "Beauty and the Beast: Mechanisms of Sexual Selection in Humans," *Evolution and Human Behavior* 31 (2010): 157– 75; David A. Puts, Benedict C. Jones, and Lisa M. DeBruine, "Sexual Selection on Human Faces and Voices," *Journal of Sex Research* 49 (2012): 227– 43; R. Thornhill and S. W. Gangestad, "Human Facial Beauty: Averageness, Symmetry, and Parasite Resistance," *Human Nature* 4 (1993): 237– 69; R. Thornhill and S. W. Gangestad, "Facial Attractiveness," *Trends in Cognitive Sciences* 3 (1999): 452– 60.

17 Gillian Rhodes, "The Evolutionary Psychology of Facial Beauty," *Annual Review of Psychology* 57 (2006): 199– 226; Joanna E. Scheib, Steven W. Gangestad, and Randy Thornhill, "Facial Attractiveness, Symmetry, and Cues of Good Genes," *Proceedings of the Royal Society of London B: Biological Sciences* 266, no. 1431 (1999): 1,913– 17; cf. Little and Perrett, "Facial Attractiveness."

18 Michael L. Platt and Hilke Plassmann, "Multistage Valuation Signals and Common Neural Currencies," in *Neuroeconomics: Decision Making and the Brain,* ed. Paul W. Glimcher and Ernst Fehr, 2nd ed. (London: Elsevier, 2014), 237– 58; Christian C. Ruff and Ernst Fehr, "The Neurobiology of Rewards and Values in Social Decision Making," *Nature Reviews Neuroscience* 15, no. 8 (2014): 549– 62; Benedetto De Martino et al., "The Neurobiology of Reference- Dependent Value Computation," *Journal of Neuroscience* 29, no. 12 (2009): 3,833– 42. FWIW, you should always go to the birthday party. Porcelli and Delgado, "Reward Processing in the Human Brain"; Kringelbach, "Human

Orbitofrontal Cortex"; Rangel, Camerer, and Montague, "Framework for Studying the Neurobiology of Value- Based Decision Making."

19 Jasmin Cloutier et al., "Are Attractive People Rewarding? Sex Differences in the Neural Substrates of Facial Attractiveness," *Journal of Cognitive Neuroscience* 20, no. 6 (2008): 941– 51.

20 Guillaume Sescousse, Jérôme Redouté, and Jean- Claude Dreher, "The Architecture of Reward Value Coding in the Human Orbitofrontal Cortex," *Journal of Neuroscience* 30, no. 39 (2010): 13,095– 104.

21 E. T. Rolls, Z. J. Sienkiewicz, and S. Yaxley, "Hunger Modulates the Responses to Gustatory Stimuli of Single Neurons in the Caudolateral Orbitofrontal Cortex of the Macaque Monkey," *European Journal of Neuroscience* 1 (1989): 53– 60; M. L. Kringelbach et al., "Activation of the Human Orbitofrontal Cortex to a Liquid Food Stimulus Is Correlated with Its Subjective Pleasantness," *Cerebral Cortex* 13 (2003): 1,064– 71.

22 Owen Hargie, Skilled Interpersonal Communication: Research, Theory, and Practice, 5th ed. (New York: Routledge, 2010), 84– 85; cf. Ingrid R. Olson and Christy Marshuetz, "Facial Attractiveness Is Appraised at a Glance," Emotion 5 (2005): 186– 201; M. L. Van Leeuwen and C. N. Macrae, "Is Beautiful Always Good? Implicit Benefits of Facial Attractiveness," Social Cognition 22 (2004): 637– 49. See also social exchange theory, J. Thibaut and H. H. Kelley, The Social Psychology of Groups (New York: Wiley, 1959); G. Homans, Social Behavior: Its Elementary Forms (New York: Harcourt, Brace & World, 1961).

23 Paul W. Eastwick et al., "Implicit and Explicit Preferences for Physical Attractiveness in a Romantic Partner: A Double Dissociation in Predictive Validity," *Journal of Personality and Social Psychology* 101, no. 5 (2011): 993; Sascha Krause et al., "Implicit Interpersonal Attraction in Small Groups: Automatically Activated Evaluations Predict Actual Behavior Toward Social Partners," *Social Psychological and Personality Science* 5, no. 6 (2014): 671– 79. More cognitive resources: Laura K. Morgan and Michael A. Kisley, "The Effects of Facial Attractiveness and Perceiver's Mate Value on Adaptive Allocation of Central Processing Resources," *Evolution and Human Behavior* 35 (2014): 96– 102.

24 Ladd Wheeler and Youngmee Kim, "What Is Beautiful Is Culturally Good: The Physical Attractiveness Stereotype Has Different Content in Collectivist Cultures," *Personality and Social Psychology Bulletin* 23 (1997): 795– 800.

25 Judith H. Langlois et al., "Infant Attractiveness Predicts Maternal Behaviors and Attitudes,"

Developmental Psychology 31, no. 3 (1995): 464– 72. 우리는 본능적으로 미운 아기를 좋아하지 않는다. 우울하기 짝이 없는 제목을 가진 논문 가운데 하나가 그 점을 뒷받침하고 있다. Stevie S. Schein and Judith H. Langlois, "Unattractive Infant Faces Elicit Negative Affect from Adults," *Infant Behavior and Development* 38 (2015): 130– 34.

26 Rick K. Wilson and Catherine C. Eckel, "Judging a Book by Its Cover: Beauty and Expectations in the Trust Game," *Political Research Quarterly* 59, no. 2 (2006): 189– 202.

27 S. Michael Kalick, "Physical Attractiveness as a Status Cue," *Journal of Experimental Social Psychology* 24, no. 6 (1988): 469– 89.

28 Peter L. Benson, Stuart A. Karabenick, and Richard M. Lerner, "Pretty Pleases: The Effects of Physical Attractiveness, Race, and Sex on Receiving Help," *Journal of Experimental Social Psychology* 12, no. 5 (1976): 409– 15.

29 Debra Umberson and Michael Hughes, "The Impact of Physical Attractiveness on Achievement and Psychological Well- Being," *Social Psychology Quarterly* 50, no. 3 (1987): 227– 36.

30 G. P. Elovitz and J. Salvia, "Attractiveness as a Biasing Factor in the Judgments of School Psychologists," *Journal of School Psychology* 20 (1982): 339– 45.

31 Pamela Kenealy, Neil Frude, and William Shaw, "Influence of Children's Physical Attractiveness on Teacher Expectations," *Journal of Social Psychology* 128, no. 3 (1988): 373– 83; Pamela Kenealy, Neil Frude, and William Shaw, "Teacher Expectations as Predictors of Academic Success," *Journal of Social Psychology* 131, no. 2 (1991): 305– 6; M. T. French et al., "Effects of Physical Attractiveness, Personality, and Grooming on High School GPA," *Labour Economics* 16, no. 4 (2009): 373– 82; David Landy and Harold Sigall, "Beauty Is Talent: Task Evaluation as a Function of the Performer's Physical Attractiveness," *Journal of Personality and Social Psychology* 29, no. 3 (1974): 299– 304.

32 Shawn Bauldry et al., "Attractiveness Compensates for Low Status Background in the Prediction of Educational Attainment," *PLoS ONE* 11, no. 6 (2016): e0155313, doi:10.1371/ journal.pone.0155313.

33 Daniel S. Hamermesh and Jeff E. Biddle, "Beauty and the Labor Market," *American Economic Review* 84, no. 5 (1994): 1,174– 94; Markus M. Mobius and Tanya S. Rosenblat, "Why Beauty Matters," *American Economic Review* 96 (2006): 222– 35; J. M. Fletcher, "Beauty vs. Brains: Early Labor Market Outcomes of High School Graduates," *Economics Letters* 105 (2009): 321– 25.

34 Michael Ahearne, Thomas W. Gruen, and Cheryl Burke Jarvis, "If Looks Could Sell:

Moderation and Mediation of the Attractiveness Effect on Salesperson Performance," *International Journal of Research in Marketing* 16, no. 4 (1999): 269– 84; Elaine Hatfield, "Physical Attractiveness in Social Interaction," in *The Psychology of Cosmetic Treatments* (New York: Praeger, 1985), 77– 92; Cameron Anderson et al., "Who Attains Social Status? Effects of Personality and Physical Attractiveness in Social Groups," *Journal of Personality and Social Psychology* 81, no. 1 (2001): 116– 32; Michael G. Efran, "The Effect of Physical Appearance on the Judgment of Guilt, Interpersonal Attraction, and Severity of Recommended Punishment in a Simulated Jury Task," *Journal of Research in Personality* 8, no. 1 (1974): 45– 54; Harold Sigall and Nancy Ostrove, "Beautiful but Dangerous: Effects of Offender Attractiveness and Nature of the Crime on Juridic Judgment," *Journal of Personality and Social Psychology* 31, no. 3 (1975): 410– 14; Tammy L. Anderson et al., "Aesthetic Capital: A Research Review on Beauty Perks and Penalties," *Sociology Compass* 4, no. 8 (2010): 564– 75; C. Green, "Effects of Counselor and Subject Race and Counselor Physical Attractiveness on Impressions and Expectations of a Female Counselor," *Journal of Counseling Psychology* 33 (1986): 349– 52; S. Romano and J. Bordiere, "Physical Attractiveness Stereotypes and Students' Perceptions of College Professors," *Psychological Reports* 64 (1989): 1,099– 102; Daniel S. Hamermesh and Amy Parker, "Beauty in the Classroom: Instructors' Pulchritude and Putative Pedagogical Productivity," *Economics of Education Review* 24, no. 4 (2005): 369– 76; Todd C. Riniolo et al., "Hot or Not: Do Professors Perceived as Physically Attractive Receive Higher Student Evaluations?," *Journal of General Psychology* 133, no. 1 (2006): 19– 35.

35 Mark Snyder, Elizabeth Decker Tanke, and Ellen Berscheid, "Social Perception and Interpersonal Behavior: On the Self- Fulfilling Nature of Social Stereotypes," *Journal of Personality and Social Psychology* 35, no. 9 (1977): 656– 66; Mark Snyder, "When Belief Creates Reality," *Advances in Experimental Social Psychology* 18 (1984): 247– 305; Olivier Klein and Mark Snyder, "Stereotypes and Behavioral Confirmation: From Interpersonal to Intergroup Perspectives," *Advances in Experimental Social Psychology* 35 (2003): 153– 234.

36 저자의 인터뷰, Feb. 20, 2015; cf. Tor D. Wager and Lauren Y. Atlas, "The Neuroscience of Placebo Effects: Connecting Context, Learning, and Health," *Nature Reviews Neuroscience* 16 (2015): 403– 18.

37 Katharina A. Schwarz, Roland Pfister, and Christian Büchel, "Rethinking Explicit Expectations: Connecting Placebos, Social Cognition, and Contextual Perception," *Trends in Cognitive Sciences* 20, no. 6 (2016): 469– 80.

38 James J. Gibson, *The Ecological Approach to Visual Perception* (New York: Psychology Press, 1986).

39 제임스 코언의 통찰에 감사하며 Lane Beckes and James A. Coan, "Social Baseline Theory: The Role of Social Proximity in Emotion and Economy of Action," *Social and Personality Psychology Compass* 5, no. 12 (2011): 976– 88; Lane Beckes and James A. Coan, "Toward an Integrative Neuroscience of Relationships," in *The Oxford Handbook of Close Relationships,* ed. Jeffry Simpson and Lorne Campbell (New York: Oxford University Press, 2013), 684– 710; James A. Coan and David A. Sbarra, "Social Baseline Theory: The Social Regulation of Risk and Effort," *Current Opinion in Psychology* 1 (2015): 87– 91; James A. Coan, Casey L. Brown, and Lane Beckes, "Our Social Baseline: The Role of Social Proximity in Economy of Action," in *Mechanisms of Social Connection: From Brain to Group,* ed. Mario Mikulincer and Phillip R. Shaver (Washington, D.C.: American Psychological Association, 2014), 89– 104.

40 Rodolfo Mendoza- Denton and Özlem Ayduk, "Personality and Social Interaction: Interpenetrating Processes," in *The Oxford Handbook of Personality and Social Psychology,* ed. Kay Deaux and Mark Snyder (New York: Oxford University Press, 2012), doi:10.1093/ oxfordhb/ 9780195398991.001.0001.

41 Roy F. Baumeister and Mark R. Leary, "The Need to Belong: Desire for Interpersonal Attachments as a Fundamental Human Motivation," *Psychological Bulletin* 117 (1995): 497– 529; cf. Leslie A. Zebrowitz and Joann M. Montepare, "Social Psychological Face Perception: Why Appearance Matters," *Social and Personality Psychology Compass* 2 (2008): 1,497– 517; White and Kenrick, "Why Attractive Candidates Win."

42 Zebrowitz and Montepare, "Social Psychological Face Perception"; White and Kenrick, "Why Attractive Candidates Win."

43 Cecilia L. Ridgeway and Sandra Nakagawa, "Status," in *Handbook of the Social Psychology of Inequality,* ed. Jane D. McLeod, Edward J. Lawler, and Michael Schwalbe (New York: Springer, 2014), 3– 26.

44 Sigall and Ostrove, "Beautiful but Dangerous."

45 James Andreoni and Ragan Petrie, "Beauty, Gender, and Stereotypes: Evidence from Laboratory Experiments," *Journal of Economic Psychology* 29 (2008): 73– 93; Sunyoung Lee et al., "When Beauty Helps and When It Hurts: An Organizational Context Model of Attractiveness Discrimination in Selection Decisions," *Organizational Behavior and Human Decision Processes* 128

(2015): 15– 28; Anderson et al., "Aesthetic Capital."

46 Rotem Kowner, "Susceptibility to Physical Attractiveness Comparison on the Role of Attributions in Protecting Self- Esteem," Psychologia 39 (1996): 150– 62; Maria Agthe, Matthias Spörrle, and Jon K. Maner, "Does Being Attractive Always Help? Positive and Negative Effects of Attractiveness on Social Decision Making," Personality and Social Psychology Bulletin 37, no. 8 (2011): 1,042– 54; Maria Agthe et al., "Looking up versus Looking down: Attractiveness- Based Organizational Biases Are Moderated by Social Comparison Direction," Journal of Applied Social Psychology 44, no. 1 (2014): 40– 45.

47 저자의 인터뷰, Oct. 18, 2013.

48 Anderson et al., "Who Attains Social Status?"; Kalick, "Physical Attractiveness as a Status Cue"; Anne Haas and Stanford W. Gregory, "The Impact of Physical Attractiveness on Women's Social Status and Interactional Power," Sociological Forum 20, no. 3 (2005): 449– 71; Tonya K. Frevert and Lisa Slattery Walker, "Physical Attractiveness and Social Status," Sociology Compass 8, no. 3 (2014): 313– 23.

49 저자의 인터뷰, Aug. 9, 2015.

50 Ridgeway and Nakagawa, "Status."

51 Jacob L. Moreno, Who Shall Survive? (Washington, D.C.: Nervous and Mental Disease Publishing Company, 1934). For an introduction to Moreno, see Willard W. Hartup, "Critical Issues and Theoretical Viewpoints," in Handbook of Peer Interactions, Relationships, and Groups, ed. Kenneth H. Rubin, William M. Bukowski, and Brett Laursen (New York: Guilford Press, 2009), 3– 19. Shelley Hymel et al., "Social Status among Peers: From Sociometric Attraction to Peer Acceptance to Perceived Popularity," in The Wiley- Blackwell Handbook of Childhood Social Development, ed. Peter K. Smith and Craig H. Hart, 2nd ed. (Malden, MA.: Blackwell, 2011), 375– 92; Janice R. Kelly, Megan K. McCarty, and Nicole E. Iannone, "Interaction in Small Groups," in Handbook of Social Psychology, ed. John DeLamater and Amanda Ward, 2nd ed. (New York: Springer, 2013), 413– 38.

52 Timothy A. Judge, Charlice Hurst, and Lauren S. Simon, "Does It Pay to Be Smart, Attractive, or Confident (or All Three)? Relationships among General Mental Ability, Physical Attractiveness, Core Self- Evaluations, and Income," Journal of Applied Psychology 94, no. 3 (2009): 742– 55; Mary E. Gifford- Smith and Celia A. Brownell, "Childhood Peer Relationships: Social Acceptance, Friendships, and Peer Networks," Journal of School Psychology 41 (2003): 235– 84.

53 Hymel et al., "Social Status among Peers." 자부심이 있으면 언제나 안정된 모습을 보여준다.

(참고문헌)

Abraham Tesser, "Self- Esteem," in *Blackwell Handbook of Social Psychology: Intraindividual Processes*, ed. Abraham Tesser and Norbert Schwarz (Hoboken, NJ: Blackwell, 2001), 479– 98.

54 사회적 비교 과정이 자아 개념에 어떤 영향을 미치는지 그에 대한 논의가 궁금하면, 다음 문헌을 참고하라.Ulrich Trautwein and Jens Möller, "Self- Concept: Determinants and Consequences of Academic Self- Concept in School Contexts," in *Psychosocial Skills and School Systems in the 21st Century: Theory, Research, and Applications*, ed. A. Lipnevich, F. Preckel, and R. Roberts (Berlin: Springer, 2016), 187– 214.

55 Mark R. Leary et al., "Self- Esteem as an Interpersonal Monitor: The Sociometer Hypothesis," *Journal of Personality and Social Psychology* 68, no. 3 (1995): 518– 30; Mark R. Leary and Jennifer Guadagno, "The Sociometer, Self- Esteem, and the Regulation of Interpersonal Behavior," in *Handbook of Self- Regulation: Research, Theory, and Applications*, ed. Kathleen D. Vohs and Roy F. Baumeister, 2nd ed. (New York: Guilford Press, 2011), 339– 54.

56 저자의 인터뷰, March 30, 2015.

57 Genevieve L. Lorenzo, Jeremy C. Biesanz, and Lauren J. Human, "What Is Beautiful Is Good and More Accurately Understood: Physical Attractiveness and Accuracy in First Impressions of Personality," *Psychological Science* 21, no. 12 (2010): 1,777– 82; Edward P. Lemay, Margaret S. Clark, and Aaron Greenberg, "What Is Beautiful Is Good Because What Is Beautiful Is Desired: Physical Attractiveness Stereotyping as Projection of Interpersonal Goals," *Personality and Social Psychology Bulletin* 36, no. 3 (2010): 339– 53.

58 Ryan T. McKay and Daniel C. Dennett, "The Evolution of Misbelief," *Behavioral and Brain Sciences* 32 (2009): 493– 561. 다음의 문헌도 참고하라. Constantine Sedikides and Mark D. Alicke, "Self- Enhancement and Self- Protection Motives," in *The Oxford Handbook of Human Motivation*, ed. Richard M. Ryan (New York: Oxford University Press, 2013); Peter Sheridan Dodds et al., "Human Language Reveals a Universal Positivity Bias," *Proceedings of the National Academy of Sciences* 112, no. 8 (2015): 2,389– 94; Tali Sharot, *The Optimism Bias: A Tour of the Irrationally Positive Brain* (New York: Vintage, 2011).

59 Raffael Kalisch, Marianne B. Müller, and Oliver Tüscher, "A Conceptual Framework for the Neurobiological Study of Resilience," *Behavioral and Brain Sciences* 38 (2015): e92; William Von Hippel and Robert Trivers, "The Evolution and Psychology of Self- Deception," *Behavioral and Brain Sciences* 34, no. 1 (2011): 1– 16; Shelley E. Taylor and Jonathon D. Brown, "Illusion and Well- Being: A Social Psychological Perspective on Mental Health," *Psychological Bulletin* 103, no. 2 (1988): 193–

210; Michael F. Scheier and Charles S. Carver, "Effects of Optimism on Psychological and Physical Well- Being: Theoretical Overview and Empirical Update," *Cognitive Therapy and Research* 16, no. 2 (1992): 201– 28; Shelley E. Taylor et al., "Psychological Resources, Positive Illusions, and Health," *American Psychologist* 55, no. 1 (2000): 99– 109.

60 Lars Penke et al., "How Self- Assessments Can Guide Human Mating Decisions," in Mating Intelligence: New Insights into Intimate Relationships, Human Sexuality, and the Mind's Reproductive System, ed. G. Geher and G. F. Miller (Mahwah, NJ: Lawrence Erlbaum, 2007), 37– 75; Peter M. Todd and Geoffrey F. Miller, "From Pride and Prejudice to Persuasion: Satisficing in Mate Search," in Simple Heuristics That Make Us Smart, ed. Gerd Gigerenzer, Peter M. Todd, and the ABC Research Group (New York: Oxford University Press, 1999), 287– 308; Peter M. Todd, "Coevolved Cognitive Mechanisms in Mate Search: Making Decisions in a Decision- Shaped World," in Evolution and the Social Mind: Evolutionary Psychology and Social Cognition, ed. J. P. Forgas, M. G. Haselton, and W. von Hippel (New York: Psychology Press, 2007), 145– 59; A. Feingold, "Matching for Attractiveness in Romantic Partners and Same- Sex Friends: A Meta- analysis and Theoretical Critique," Psychological Bulletin 104 (1988): 226– 35; Peter M. Todd, Skyler S. Place, and Robert I. Bowers, "Simple Heuristics for Mate Choice Decisions," in Krueger, Social Judgment and Decision Making, 193– 207; Lenton et al., "Heart Has Its Reasons," 433– 57; Matthew S. Sullivan, "Mate Choice as an Information Gathering Process under Time Constraint: Implications for Behaviour and Signal Design," Animal Behaviour 47, no. 1 (1994): 141– 51.

61 Gable and Berkman, "Making Connections and Avoiding Loneliness"; Nikitin and Schoch, "Social Approach and Avoidance Motivations"; Taishi Kawamoto, Mitsuhiro Ura, and Hiroshi Nittono, "Intrapersonal and Interpersonal Processes of Social Exclusion," *Frontiers in Neuroscience* 9 (2015): 62; Christopher G. Davey et al., "Being Liked Activates Primary Reward and Midline Self- Related Brain Regions," *Human Brain Mapping* 31, no. 4 (2010): 660– 68.

62 Peter Belmi and Margaret Neale, "Mirror, Mirror on the Wall, Who's the Fairest of Them All? Thinking That One Is Attractive Increases the Tendency to Support Inequality," *Organizational Behavior and Human Decision Processes* 124, no. 2 (2014): 133– 49.

63 Judge, Hurst, and Simon, "Does It Pay to Be Smart, Attractive, or Confident (Or All Three)?"; Kali H. Trzesniewski, M. Brent Donnellan, and Richard W. Robins, "Development of Self- Esteem," in *Self- Esteem,* ed. Virgil Zeigler- Hill (New York: Psychology Press, 2013), 60– 79; Jennifer Crocker and Connie T. Wolfe, "Contingencies of Self- Worth," *Psychological Review* 108, no. 3 (2001): 593–

623; Jennifer Crocker and Lora E. Park, "Contingencies of Self- Worth," in *Handbook of Self and Identity,* ed. Mark Leary and June Price Tangney, 2nd ed. (New York: Guilford Press, 2012), 309– 26; Lora E. Park and Jennifer Crocker, "Contingencies of Self- Worth and Responses to Negative Interpersonal Feedback," *Self and Identity* 7, no. 2 (2008): 184– 203; Jennifer Crocker and Katherine M. Knight, "Contingencies of Self- Worth," *Current Directions in Psychological Science* 14, no. 4 (2005): 200– 3; Tom Pyszczynski et al., "Why Do People Need Self- Esteem? A Theoretical and Empirical Review," *Psychological Bulletin* 130, no. 3 (2004): 435– 68; Jennifer Crocker and Lora E. Park, "The Costly Pursuit of Self- Esteem," *Psychological Bulletin* 130 (2004): 392– 414; John P. Hewitt, "The Social Construction of Self- Esteem," in Snyder and Lopez, *Handbook of Positive Psychology,* 135– 47.

64 Paul W. Eastwick and Lucy L. Hunt, "Relational Mate Value: Consensus and Uniqueness in Romantic Evaluations," Journal of Personality and Social Psychology 106, no. 5 (2014): 728– 51; Gary W. Lewandowski Jr., Arthur Aron, and Julie Gee, "Personality Goes a Long Way: The Malleability of Opposite- Sex Physical Attractiveness," Personal Relationships 14 (2007): 571– 85; Lucy L. Hunt, Paul W. Eastwick, and Eli J. Finkel, "Leveling the Playing Field: Longer Acquaintance Predicts Reduced Assortative Mating on Attractiveness," Psychological Science 26, no. 7 (2015): 1,046– 53.

65 저자의 인터뷰, July 17, 2013.

66 Samantha Kwan and Mary Nell Trautner, "Beauty Work: Individual and Institutional Rewards, the Reproduction of Gender, and Questions of Agency," *Sociology Compass* 3, no. 1 (2009): 49– 71; Mark D. Alicke, Richard H. Smith, and M. L. Klotz, "Judgments of Physical Attractiveness: The Role of Faces and Bodies," *Personality and Social Psychology Bulletin* 12, no. 4 (1986): 381– 89; Jaclyn S. Wong and Andrew M. Penner, "Gender and the Returns to Attractiveness," *Research in Social Stratification and Mobility* 44 (2016): 113– 23.

67 Olga Khazan, "The Makeup Tax: Women Who Wear Makeup Earn More and Are Treated Better. This Has Steep Costs, in Both Money and Time," *Atlantic,* Aug. 5, 2015, www.theatlantic. com/ business/ archive/ 2015/ 08/ the- makeup- tax/ 400478/; Wong and Penner, "Gender and the Returns to Attractiveness."

68 Brian P. Meier et al., "Are Sociable People More Beautiful? A Zero- Acquaintance Analysis of Agreeableness, Extraversion, and Attractiveness," *Journal of Research in Personality* 44, no. 2 (2010): 293– 96.

69 Anderson et al., "Aesthetic Capital."

70 Ben Child, "Carrie Fisher Blasts Star Wars Body Shamers on Twitter," *The Guardian*, Dec. 30, 2015, www.theguardian.com/ film/ 2015/ dec/ 30/ carrie- fisher- blasts- star- wars- body- shamers- twitter- social- media.

5장

1 이 책을 준비하면서 나는 뉴욕 학부모 모임에 가입하여 수 년에 걸쳐 입학사정회, 학교설명회, 패널 토론 등에 참여했다. 자식에게 도움을 주고자 그곳에 참석하려고 했던 사람들의 신분을 보호하기 위해 한 가지 확실한 경우만 제외하고 여기에 소개하는 일화는 다양한 사례에서 짜깁기하였고 구체적인 내용은 다르게 바꾸었다. 관련 내력을 알고 싶다면 다음을 참조하라. "The Parents League: Its Place in Time," Parent's League of New York, www.parents league.org/ about_ us/ history/ index.aspx.

2 "Nursery School Scandal," *ABC News*, Jan. 5, 2006, abcnews.go.com/ 2020/ story? id= 123782& page= 1; Jane Gross, "No Talking out of Preschool; Favoritism in Nursery School Entrance? No Comment," *New York Times*, Nov. 15, 2002, www.nytimes.com/ 2002/ 11/ 15/ nyregion/ notalking- outofpreschool- favoritisminnursery- school- entrancenocomment.html; Rebecca Mead, "Tales out of Preschool," *New Yorker*, Dec. 2, 2002, www.newyorker.com/ magazine/ 2002/ 12/ 02/ tales- outofpreschool; Chloe Malle, "Stock- Goosing Grubman to Sell Townhouse for $19.6 M," *New York Observer*, March 16, 2010, observer.com/ 2010/ 03/ stockgoosing- grubmantosell- townhouse- for- 196– m/. 다음의 내용도 참조 (…) 이메일 내용은 다음과 같다. "사람들은 제가 [AT&T Wireless]가 유리하도록 [AT&T]의 주식 등급을 올린 것으로 알고 있는데 전혀 그렇지 않습니다. 저는 샌디를 이용해서 제 아이를 92번가의 Y 유치원에 입학시켰던 겁니다. (이는 하버드 대학에 보내는 것보다 더 어렵습니다.) 그리고 샌디는 이사회 최종 표결에서 리드를 누르려면 암스트롱의 표가 필요했던 것이고, 서로 발각될 염려는 없다는 확신이 들자(샌디는 표결에서 승리했고 우리 아이는 입학 승인을 받았으니까요.) 저는 [AT&T]에 대해서 원래의 부정적 입장으로 돌아왔습니다. 암스트롱은 우리가[샌디와 제가] 그를 갖고 놀았다는 것을 전혀 알 도리가 없었죠."

3 Winnie Hu and Kyle Spencer, "Your 4Year- Old Scored a 95? Better Luck Next Time: Abandoning E.R.B. Test May Also Put End to a Status Symbol," *New York Times*, Sept. 25, 2013, www.nytimes.com/ 2013/ 09/ 26/ education/ onentrance- test- whose- days- appear- numbereda95– just- wasnt- good- enough.html?_ r= 2&#_ jmp0_.

4 패널 토론 녹취록. Oct. 1, 2014.

5 저자의 인터뷰, Dec. 5, 2017.

6 Jenny Anderson and Rachel Ohmjan, "Bracing for $40,000 at New York City Private Schools,"

New York Times, Jan. 27, 2012, www.nytimes.com/ 2012/ 01/ 29/ nyregion/ scraping- the- 40000- ceilingatnew- york- city- private- schools.html.

7 솔직히 말해서, 그때 나는 크라코스키가 줄 맨 앞에 가 있었다는 것 말고는 어떻게 된 일인지 아직도 납득하지 못하고 있다.

8 McKay and Dennett, "Evolution of Misbelief"; Corey L. M. Keyes and Shane J. Lopez, "Toward a Science of Mental Health: Positive Directions in Diagnosis and Interventions," in Snyder and Lopez, *Handbook of Positive Psychology,* 49; Daniel Campbell- Meiklejohn and Chris D. Frith, "Social Factors and Preference Change," in *Neuroscience of Preference and Choice,* ed. Raymond J. Dolan and Tali Sharot (New York: Academic Press, 2012), 181- 82; Dominic D. P. Johnson and James H. Fowler, "The Evolution of Overconfidence," *Nature* 477, no. 7364 (2011): 317- 20; Cameron Anderson et al., "A Status- Enhancement Account of Overconfidence," *Journal of Personality and Social Psychology* 103, no. 4 (2012): 718- 35.

9 McKay and Dennett, "Evolution of Misbelief"; Keyes and Lopez, "Toward a Science of Mental Health," 49; Campbell- Meiklejohn and Frith, "Social Factors and Preference Change," 181- 82; Johnson and Fowler, "Evolution of Overconfidence"; Anderson et al., "Status- Enhancement Account of Overconfidence"; Stephen M. Fleming and Nathaniel D. Daw, "Self- Evaluation of Decision- Making: A General Bayesian Framework for Metacognitive Computation," *Psychological Review* 124, no. 1 (2017): 91- 114; cf. Holroyd and Coles, "Neural Basis of Human Error Processing"; Melle J. W. Vander Molen, "Fear of Negative Evaluation Modulates Electrocortical and Behavioral Responses When Anticipating Social Evaluative Feedback," *Frontiers in Human Neuroscience* 7, no. 936 (2014), doi:10.3389/ fnhum.2013.00936; Koban and Pourtois, "Brain Systems Underlying the Affective and Social Monitoring of Actions"; Rongjun Yu, "Choking under Pressure: The Neuropsychological Mechanisms of Incentive- Induced Performance Decrements," *Frontiers in Behavioral Neuroscience* 9, no. 19 (2014), doi:10.3389/ fnbeh.2015.00019.

10 John D. Salamone, Michael S. Cousins, and Sherri Bucher, "Anhedonia or Anergia? Effects of Haloperidol and Nucleus Accumbens Dopamine Depletion on Instrumental Response Selection in a TMaze Cost/ Benefit Procedure," *Behavioural Brain Research* 65 (1994): 221- 29; John D. Salamone, "The Involvement of Nucleus Accumbens Dopamine in Aversive Motivation," *Behavioural Brain Research* 61 (1994): 117- 33; J. E. Aberman and John D. Salamone, "Nucleus Accumbens Dopamine Depletions Make Rats More Sensitive to High Ratio Requirements but Do Not Impair Primary Food Reinforcement," *Neuroscience* 92 (1999) 545- 52; John D. Salamone and Merce

Correa, "Motivational Views of Reinforcement: Implications for Understanding the Behavioral Functions of Nucleus Accumbens Dopamine," *Behavioural Brain Research* 137 (2002): 3– 25; John D. Salamone et al., "Nucleus Accumbens Dopamine and the Regulation of Effort in Food- Seeking Behavior: Implications for Studies of Natural Motivation, Psychiatry, and Drug Abuse," *Journal of Pharmacology and Experimental Therapeutics* 305, no. 1 (2003): 1– 8; Michael T. Treadway et al., "Dopaminergic Mechanisms of Individual Differences in Human Effort- Based Decision- Making," *Journal of Neuroscience* 32, no. 18 (2012): 6,170– 76; John D. Salamone et al., "The Pharmacology of Effort- Related Choice Behavior: Dopamine, Depression, and Individual Differences," *Behavioural Processes* 127 (2016) 3– 17.

11   McKay and Dennett, "Evolution of Misbelief"; Keyes and Lopez, "Toward a Science of Mental Health," 49; Campbell- Meiklejohn and Frith, "Social Factors and Preference Change," 181– 82; Johnson and Fowler, "Evolution of Overconfidence"; Anderson et al., "Status- Enhancement Account of Overconfidence."

12   Rodica Ioana Damian et al., "Can Personality Traits and Intelligence Compensate for Background Disadvantage? Predicting Status Attainment in Adulthood," *Journal of Personality and Social Psychology* 109, no. 3 (2015): 473– 89; Michael J. Shanahan et al., "Personality and the Reproduction of Social Class," *Social Forces* 93, no. 1 (2014): 209– 40; Andrew J. Elliot and Martin V. Covington, "Approach and Avoidance Motivation," *Educational Psychology Review* 13, no. 2 (2001): 73– 92; Colin G. DeYoung, "Cybernetic Big Five Theory," *Journal of Research in Personality* 56 (2015): 33– 58. General discussion of cybernetics and personality: Gordon B. Moskowitz, "The Representation and Regulation of Goals," in *Goal- Directed Behavior,* ed. Henk Aarts and Andrew J. Elliot (New York: Psychology Press, 2012), 1– 47.

13   Luke D. Smillie, Natalie J. Loxton, and Rachel E. Avery, "Reinforcement Sensitivity Theory, Research, Applications, and Future," in *The Wiley- Blackwell Handbook of Individual Differences,* ed. Tomas Chamorro- Premuzic, Sophie von Stumm, and Adrian Furnham (Malden, MA: Wiley- Blackwell, 2011), 101– 31; O. C. Schultheiss and M. M. Wirth, "Biopsychological Aspects of Motivation," in *Motivation and Action,* ed. Jutta Heckhausen and Heinz Heckhausen (Cambridge, U.K.: Cambridge University Press, 2012), 256– 58; P. J. Corr, "Reinforcement Sensitivity Theory (RST): Introduction," in *The Reinforcement Sensitivity Theory of Personality,* ed. P. L. Corr (Cambridge, U.K.: Cambridge University Press, 2008), 1– 43; Andrew J. Elliot and Todd M. Thrash, "Approach- Avoidance Motivation in Personality: Approach and Avoidance Temperaments and Goals," *Journal of*

Personality and Social Psychology 82, no. 5 (2002): 804– 18; Elliot, *Handbook of Approach and Avoidance Motivation*. Jeffrey Gray and his coconspirator McNaughton revised the BAS/ BIS model in 2000, upon publication of the second edition of *The Neuropsychology of Anxiety: An Enquiry into the Functions of the Septo- Hippocampal System,* to include FFFS, the fight/ flight/ freeze system. FFFS responds to fear. In his old model, all behavior could be explained through differences in the behavioral activation system and the behavioral inhibition system. In the new model, the BAS responds to good things, the FFFS responds to bad things, and the BIS puts the brakes on your behavior until you figure out what the heck you're going to do.

14 Cameron Anderson, John Angus D. Hildreth, and Laura Howland, "Is the Desire for Status a Fundamental Human Motive? A Review of the Empirical Literature," *Psychological Bulletin* 141, no. 3 (2015): 574– 601.

15 Ann Marie T. Russell and Susan T. Fiske, "Power and Social Perception," in *The Social Psychology of Power,* ed. Ana Guinote and Theresa K. Vescio (New York: Guilford Press, 2010), 231; Keely A. Muscatell et al., "Social Status Modulates Neural Activity in the Mentalizing Network," *NeuroImage* 60, no. 3 (2012): 1,771– 77; Cameron Anderson, Oliver P. John, and Dacher Keltner, "The Personal Sense of Power," *Journal of Personality* 80, no. 2 (2012): 313– 44; Pamela K. Smith et al., "Lacking Power Impairs Executive Functions," *Psychological Science* 19, no. 5 (2008): 441– 47; Pamela K. Smith and Yaacov Trope, "You Focus on the Forest When You're in Charge of the Trees: Power Priming and Abstract Information Processing," *Journal of Personality and Social Psychology* 90, no. 4 (2006): 578– 96; Yaacov Trope and N. Liberman, "Temporal Construal," *Psychological Review* 110 (2003): 403– 21; Joe C. Magee and Adam D. Galinsky, "Social Hierarchy: The Self-Reinforcing Nature of Power and Status," *Academy of Management Annals* 2, no. 1 (2008): 351– 98; Joe C. Magee and Pamela K. Smith, "The Social Distance Theory of Power," *Personality and Social Psychology Review* 17, no. 2 (2013): 158– 86; Michael W. Kraus et al., "Social Class, Solipsism, and Contextualism: How the Rich Are Different from the Poor," *Psychological Review* 119, no. 3 (2012): 546; Martin Reimann et al., "Embodiment in Judgment and Choice," *Journal of Neuroscience, Psychology, and Economics* 5, no. 2 (2012): 104– 23; Aaron W. Lukaszewski et al., "The Role of Physical Formidability in Human Social Status Allocation," *Journal of Personality and Social Psychology* 110, no. 3 (2016): 385– 406; Hugo Toscano et al., "Physical Strength as a Cue to Dominance: A Data- Driven Approach," *Personality and Social Psychology Bulletin* 42, no. 12 (2016): 1,603– 16.

16 Laura Van Berkel et al., "Hierarchy, Dominance, and Deliberation: Egalitarian Values Require

Mental Effort," *Personality and Social Psychology Bulletin* 41, no. 9 (2015): 1,207– 22; Nir Halevy, Eileen Y. Chou, and Adam D. Galinsky, "A Functional Model of Hierarchy: Why, How, and When Vertical Differentiation Enhances Group Performance," *Organizational Psychology Review* 1, no. 1 (2011): 32– 52; Larissa Z. Tiedens and Alison R. Fragale, "Power Moves: Complementarity in Dominant and Submissive Nonverbal Behavior," *Journal of Personality and Social Psychology* 84, no. 3 (2003): 558– 68; Emily M. Zitek and Larissa Z. Tiedens, "The Fluency of Social Hierarchy: The Ease with Which Hierarchical Relationships Are Seen, Remembered, Learned, and Liked," *Journal of Personality and Social Psychology* 102, no. 1 (2012): 98– 115; Daniel A. McFarland, Dan Jurafsky, and Craig Rawlings, "Making the Connection: Social Bonding in Courtship Situations," *American Journal of Sociology* 118, no. 6 (2013): 1,596– 649; Roy F. Baumeister and Kathleen D. Vohs, "Sexual Economics: Sex as Female Resource for Social Exchange in Heterosexual Interactions," *Personality and Social Psychology Review* 8, no. 4 (2004): 339– 63.

17 저자의 인터뷰, Nov. 10, 2015.

18 Van Berkel et al., "Hierarchy, Dominance, and Deliberation"; Halevy, Chou, and Galinsky, "Functional Model of Hierarchy"; Tiedens and Fragale, "Power Moves"; Zitek and Tiedens, "Fluency of Social Hierarchy"; McFarland, Jurafsky, and Rawlings, "Making the Connection"; Baumeister and Vohs, "Sexual Economics."

19 Pierre Bourdieu, *Distinction: A Social Critique of the Judgement of Taste* (Cambridge, Mass.: Harvard University Press, 1984).

20 Bourdieu, *Distinction*; Adam Howard, *Learning Privilege: Lessons of Power and Identity in Affluent Schooling* (New York: Taylor & Francis, 2008); William H. Sewell and Vimal P. Shah, "Social Class, Parental Encouragement, and Educational Aspirations," *American Journal of Sociology* 73, no. 5 (1968): 559– 72; Susan T. Fiske and Hazel Rose Markus, eds., *Facing Social Class: How Societal Rank Influences Interaction* (New York: Russell Sage Foundation, 2012); Jessi Streib, "Class Reproduction by Four Year Olds," *Qualitative Sociology* 34, no. 2 (2011): 337– 52; Bernice Lott, "The Social Psychology of Class and Classism," *American Psychologist* 67, no. 8 (2012): 650– 58; Daniel Potter and Josipa Roksa, "Accumulating Advantages over Time: Family Experiences and Social Class Inequality in Academic Achievement," *Social Science Research* 42, no. 4 (2013): 1,018– 32; S. Michael Gaddis, "The Influence of Habitus in the Relationship Between Cultural Capital and Academic Achievement," *Social Science Research* 42, no. 1 (2013): 1– 13; Nicole M. Stephens, Hazel Rose Markus, and L. Taylor Phillips, "Social Class Culture Cycles: How Three Gateway Contexts

(참고문헌)

Shape Selves and Fuel Inequality," *Annual Review of Psychology* 65 (2014): 611– 34; Annette Lareau,

"Cultural Knowledge and Social Inequality," *American Sociological Review* 80, no. 1 (2015): 1– 27;

Anthony Abraham Jack, "(No) Harm in Asking: Class, Acquired Cultural Capital, and Academic

Engagement at an Elite University," *Sociology of Education* 89, no. 1 (2016): 1– 19; Mads Meier Jæger

and Richard Breen, "A Dynamic Model of Cultural Reproduction," *American Journal of Sociology*

121, no. 4 (2016): 1,079– 115; Sue Ellen Henry, "Bodies at Home and at School: Toward a Theory

of Embodied Social Class Status," *Educational Theory* 63, no. 1 (2013): 1– 16; Omar Lizardo, "The

Cognitive Origins of Bourdieu's Habitus," *Journal for the Theory of Social Behaviour* 34, no. 4 (2004):

375– 401.

21 John M. Darley and Paget H. Gross, "A Hypothesis- Confirming Bias in Labeling Effects,"

Journal of Personality and Social Psychology 44, no. 1 (1983): 20– 33; Gloria B. Solomon, "Improving

Performance by Means of Action- Cognition Coupling in Athletes and Coaches," in Performance

Psychology: Perception, Action, Cognition, and Emotion, ed. Markus Raab et al. (San Diego:

Academic Press, 2016), 87– 101.

22 Lisa Dawn Hamilton et al., "Social Neuroendocrinology of Status: A Review and Future

Directions," *Adaptive Human Behavior and Physiology* 1 (2015): 202– 30; Kathleen V. Casto and David

A. Edwards, "Testosterone, Cortisol, and Human Competition," *Hormones and Behavior* 82 (2016):

21– 37; Peter B. Gray, Timothy S. McHale, and Justin M. Carré, "A Review of Human Male Field

Studies of Hormones and Behavioral Reproductive Effort," *Hormones and Behavior* (2016); Matthew J.

Fuxjager et al., "Winning Territorial Disputes Selectively Enhances Androgen Sensitivity in Neural

Pathways Related to Motivation and Social Aggression," *Proceedings of the National Academy of Sciences* 107, no. 27 (2010): 12,393– 98; Justin M. Carré et al., "Changes in Testosterone Mediate the

Effect of Winning on Subsequent Aggressive Behaviour," *Psychoneuroendocrinology* 38, no. 10 (2013):

2,034– 41; Neha A. John- Henderson et al., "The Role of Interpersonal Processes in Shaping

Inflammatory Responses to Social- Evaluative Threat," *Biological Psychology* 110 (2015): 134– 37;

A. B. Losecaat Vermeer, I. Riečanský, and C. Eisenegger, "Competition, Testosterone, and Adult

Neurobehavioral Plasticity," *Progress in Brain Research* 229 (2016): 213– 38; Julie L. Hall, Steven J.

Stanton, and Oliver C. Schultheiss, "Biopsychological and Neural Processes of Implicit Motivation,"

in *Implicit Motives,* ed. Oliver Schultheiss and Joachim Brunstein (New York: Oxford University

Press, 2010); Erik L. Knight and Pranjal H. Mehta, "Hormones and Hierarchies," in *The Psychology*

of Social Status, ed. Joey T. Cheng, Jessica L. Tracy, and Cameron Anderson (New York: Springer,

2014), 269– 301.

23   Cameron Anderson et al., "The Local- Ladder Effect: Social Status and Subjective Well-Being," *Psychological Science* 23, no. 7 (2012): 764– 71; Fred Luthans, Carolyn M. Youssef- Morgan, and Bruce J. Avolio, *Psychological Capital and Beyond* (New York: Oxford University Press, 2015), 45– 78.

24   Eva Ranehill et al., "Assessing the Robustness of Power Posing: No Effect on Hormones and Risk Tolerance in a Large Sample of Men and Women," *Psychological Science* 26, no. 5 (2015): 653– 56; Andrew Gelman and Kaiser Fung, "The Power of the 'Power Pose': Amy Cuddy's Famous Finding Is the Latest Example of Scientific Overreach," *Slate,* Jan. 19, 2016, www.slate.com/articles/ health_ and_ science/ sci ence/ 2016/ 01/ amy_ cuddy_ s_ power_ pose_ research_ is_ the_ latest_ example_ of_ sci entific_ overreach.html. Dana Carney's paper refuting power poses is available at faculty.haas.berkeley.edu/ dana_ carney/ pdf_ My% 20position% 20on% 20power% 20poses.pdf. Booth et al., "Testosterone, and Winning and Losing in Human Competition."

25   Robert M. Sapolsky, "The Influence of Social Hierarchy on Primate Health," *Science* 308, no. 5722 (2005): 648– 52. See also Erik L. Knight and Pranjal H. Mehta, "Hierarchy Stability Moderates the Effect of Status on Stress and Performance in Humans," *Proceedings of the National Academy of Sciences* 114, no. 1 (2017): 78– 83.

26   K. Dedovic, C. D'Aguiar, and J. C. Pruessner, "What Stress Does to Your Brain: A Review of Neuroimaging Studies," *Canadian Journal of Psychiatry* 54 (2009): 6– 15; J. Amat et al., "Previous Experience with Behavioral Control over Stress Blocks the Behavioral and Dorsal Raphe Nucleus Activating Effects of Later Uncontrollable Stress: Role of the Ventral Medial Prefrontal Cortex," *Journal of Neuroscience* 26 (2006): 13,264– 72; Sally S. Dickerson and Margaret E. Kemeny, "Acute Stressors and Cortisol Responses: A Theoretical Integration and Synthesis of Laboratory Research," *Psychological Bulletin* 130, no. 3 (2004): 355– 91; Robert M. Sapolsky, "Stress and the Brain: Individual Variability and the InvertedU," *Nature Neuroscience* 18, no. 10 (2015): 1,344– 46; J. John Mann et al., "Neurobiology of Severe Mood and Anxiety Disorders," in *Basic Neurochemistry: Principles of Molecular, Cellular, and Medical Neurobiology,* ed. Scott T. Brady et al., 8th ed. (Waltham, MA: Academic Press, 2012), 1,021– 36.

27   Arthur M. Glenberg, "Embodiment as a Unifying Perspective for Psychology," *Wiley Interdisciplinary Reviews: Cognitive Science* 1, no. 4 (2010): 586– 96.

28   Andrei Cimpian, Yan Mu, and Lucy C. Erickson, "Who Is Good at This Game? Linking an

Activity to a Social Category Undermines Children's Achievement," *Psychological Science* 23, no. 5 (2012): 533– 41.

29   Jaap J. A. Denissen, Marcel A. G. van Aken, and Brent W. Roberts, "Personality Development Across the Life Span," in Chamorro- Premuzic, von Stumm, and Furnham, *Wiley- Blackwell Handbook of Individual Differences,* 86; A. Cimpian and E. M. Markman, "The Generic/ Nongeneric Distinction Influences How Children Interpret New Information about Social Others," *Child Development* 82, no. 2 (2011): 471– 92; Michael S. North and Susan T. Fiske, "Social Categories Create and Reflect Inequality: Psychological and Sociological Insights," in Cheng, Tracy, and Anderson, *Psychology of Social Status,* 243– 65; Mark R. Leary, Katrina P. Jongman- Sereno, and Kate J. Diebels, "The Pursuit of Status: A Self- Presentational Perspective on the Quest for Social Value," in Cheng, Tracy, and Anderson, *Psychology of Social Status*; Dana H. Lindsley, Daniel J. Brass, and James B. Thomas, "Efficacy- Performing Spirals: A Multilevel Perspective," *Academy of Management Review* 20, no. 3 (1995): 645– 78.

30   Daeun Park et al., "How Do Generic Statements Impact Performance? Evidence for Entity Beliefs," *Developmental Science* (2016): 1– 8.

31   Carol Dweck, *Mindset: The New Psychology of Success* (New York: Random House, 2006); Lisa S. Blackwell, Kali H. Trzesniewski, and Carol Dweck, "Implicit Theories of Intelligence Predict Achievement across an Adolescent Transition: A Longitudinal Study and an Intervention," *Child Development* 78, no. 1 (2007): 246– 63; Claudia M. Mueller and Carol S. Dweck, "Praise for Intelligence Can Undermine Children's Motivation and Performance," *Journal of Personality and Social Psychology* 75, no. 1 (1998): 33– 52; Andrei Cimpian, "The Impact of Generic Language about Ability on Children's Achievement Motivation," *Developmental Psychology* 46, no. 5 (2010): 1,333– 40.

32   Andrei Cimpian and Erika Salomon, "The Inherence Heuristic: An Intuitive Means of Making Sense of the World, and a Potential Precursor to Psychological Essentialism," *Behavioral and Brain Sciences* 37, no. 5 (2014): 461–80.

33   다음 내용을 참조. Carol Lynn Martin, "Children's Use of Gender- Related Information in Making Social Judgments," *Developmental Psychology* 25, no. 1 (1989): 80– 88.

34   Cecilia Ridgeway, "The Social Construction of Status Value: Gender and Other Nominal Characteristics," *Social Forces* 70, no. 2 (1991): 367– 86; Susan T. Fiske, "Interpersonal Stratification: Status, Power, and Subordination," in Fiske, Gilbert, and Lindzey, *Handbook of Social Psychology,* 941– 82; Noah P. Mark, Lynn Smith- Lovin, and Cecilia L. Ridgeway, "Why Do Nominal Characteristics

Acquire Status Value? A Minimal Explanation for Status Construction," *American Journal of Sociology* 115, no. 3 (2009): 832– 62.

35 Matthias Sutter and Daniela Glätzle- Rützler, "Gender Differences in the Willingness to Compete Emerge Early in Life and Persist," *Management Science* 61, no. 10 (2014): 2,339– 54; Anna Dreber, Emma von Essen, and Eva Ranehill, "Gender and Competition in Adolescence: Task Matters," *Experimental Economics* 17, no. 1 (2014): 154– 72.

36 Karen P. Maruska, "Social Transitions Cause Rapid Behavioral and Neuroendocrine Changes," *Integrative and Comparative Biology* 55, no. 2 (2015): 294– 306; Wendy Wood and Alice H. Eagly, "Biosocial Construction of Sex Differences and Similarities in Behavior," *Advances in Experimental Social Psychology* 46, no. 1 (2012): 55– 123; Aïna Chalabaev et al., "The Influence of Sex Stereotypes and Gender Roles on Participation and Performance in Sport and Exercise: Review and Future Directions," *Psychology of Sport and Exercise* 14, no. 2 (2013): 136– 44; Wendy Wood and Alice H. Eagly, "Biology or Culture Alone Cannot Account for Human Sex Differences and Similarities," *Psychological Inquiry* 24, no. 3 (2013): 241– 47; Janet Shibley Hyde, "Gender Similarities and Differences," *Annual Review of Psychology* 65 (2014): 373– 98; Sari M. van Anders, Jeffrey Steiger, and Katherine L. Goldey, "Effects of Gendered Behavior on Testosterone in Women and Men," *Proceedings of the National Academy of Sciences* 112, no. 45 (2015): 13,805– 10.

37 Ridgeway and Nakagawa, "Status."

38 저자의 인터뷰, Aug. 9, 2015.

39 Pranjal H. Mehta and Robert A. Josephs, "Testosterone and Cortisol Jointly Regulate Dominance: Evidence for a Dual- Hormone Hypothesis," *Hormones and Behavior* 58, no. 5 (2010): 898– 906; Pranjal H. Mehta, Amanda C. Jones, and Robert A. Josephs, "The Social Endocrinology of Dominance: Basal Testosterone Predicts Cortisol Changes and Behavior Following Victory and Defeat," *Journal of Personality and Social Psychology* 94, no. 6 (2008): 1,078– 93; Justin M. Carré and Pranjal H. Mehta, "Importance of Considering Testosterone- Cortisol Interactions in Predicting Human Aggression and Dominance," *Aggressive Behavior* 37, no. 6 (2011): 489– 91.

40 Arline T. Geronimus et al., " 'Weathering' and Age Patterns of Allostatic Load Scores among Blacks and Whites in the United States," *American Journal of Public Health* 96, no. 5 (2006): 826– 33; George A. Bonanno et al., "Psychological Resilience after Disaster: New York City in the Aftermath of the September 11th Terrorist Attack," *Psychological Science* 17, no. 3 (2006): 181– 86; George A. Bonanno et al., "What Predicts Psychological Resilience after Disaster? The Role of Demographics, Resources, and Life Stress," *Journal of Consulting and Clinical Psychology* 75, no. 5 (2007): 671– 82; Robert- Paul Juster, Bruce S. McEwen, and Sonia J. Lupien, "Allostatic Load Biomarkers of Chronic Stress and Impact on Health and Cognition," *Neuroscience and Biobehavioral Reviews* 35, no. 1 (2010): 2– 16; Clyde Hertzman and Tom Boyce, "How Experience Gets under the Skin to Create Gradients in Developmental Health," *Annual Review of Public Health* 31 (2010): 329– 47; Bruce S. McEwen, "Brain on Stress: How the Social Environment Gets under the Skin," *Proceedings of the National Academy of Sciences* 109, no. S2 (2012): 17,180– 85; S. Jay Olshansky et al., "Differences in Life Expectancy Due to Race and Educational Differences Are Widening, and Many May Not Catch Up," *Health Affairs* 31, no. 8 (2012): 1,803– 13; Pilyoung Kim et al., "Effects of Childhood Poverty and Chronic Stress on Emotion Regulatory Brain Function in Adulthood," *Proceedings of the National Academy of Sciences* 110, no. 46 (2013): 18,442– 47; Bruce S. McEwen et al., "Mechanisms of Stress in the Brain," *Nature Neuroscience* 18, no. 10 (2015): 1,353– 63; Rachel E. Norman et al., "Trait Anxiety Moderates the Relationship between Testosterone Responses to Competition and Aggressive Behavior," *Adaptive Human Behavior and Physiology* 1, no. 3 (2015): 312– 24; Jon K. Maner et al., "Dispositional Anxiety Blocks the Psychological Effects of Power," *Personality and Social Psychology Bulletin* 38, no. 11 (2012): 1,383– 95; Lorenz Goette et al., "Stress Pulls Us Apart: Anxiety Leads to Differences in Competitive Confidence under Stress," *Psychoneuroendocrinology* 54 (2015): 115– 23; Vander Molen, "Fear of Negative Evaluation Modulates Electrocortical and Behavioral Responses When Anticipating Social Evaluative Feedback"; E. R. Montoya et al., "Cortisol Administration Induces Global Down- Regulation of the Brain's Reward Circuitry," *Psychoneuroendocrinology* 47 (2014): 31– 42.

41 Roland G. Fryer and Steven D. Levitt, "An Empirical Analysis of the Gender Gap in Mathematics," *American Economic Journal: Applied Economics* 2, no. 2 (2010): 210– 40.

42 Angelica Moè and Francesca Pazzaglia, "Following the Instructions! Effects of Gender Beliefs in Mental Rotation," *Learning and Individual Differences* 16 (2006): 369– 77; Tuulia M. Ortner and Monika Sieverding, "Where Are the Gender Differences? Male Priming Boosts Spatial Skills in Women," *Sex Roles* 59, no. 3 (2008): 274– 81; Angelica Moè, "Are Males Always Better than Females in Mental Rotation? Exploring a Gender Belief Explanation," *Learning and Individual Differences* 19, no. 1 (2009): 21– 27; Zachary Estes and Sydney Felker, "Confidence Mediates the Sex Difference in Mental Rotation Performance," *Archives of Sexual Behavior* 41 (2012): 557– 70; Sarah Neuburger et al., "A Threat in the Classroom: Gender Stereotype Activation and Mental- Rotation Performance in Elementary- School Children," *Zeitschrift für Psychologie* (2015). See also Michelle G., "Picture Yourself as a Stereotypical Male," MIT Admissions Blog, mitadmissions.org/ blogs/ entry/ picture-yourselfasastereotypical- male.

43 Emily R. Kaskan and Ivy K. Ho, "Microaggressions and Female Athletes," *Sex Roles* 74, no. 7- 8 (2016): 275- 87; Aïna Chalabaev et al., "Can Stereotype Threat Affect Motor Performance in the Absence of Explicit Monitoring Processes? Evidence Using a Strength Task," *Journal of Sport and Exercise Psychology* 35, no. 2 (2013): 211- 15; Caroline Heidrich and Suzete Chiviacowsky, "Stereotype Threat Affects the Learning of Sport Motor Skills," *Psychology of Sport and Exercise* 18 (2015): 42- 46; Johanna M. Hermann and Regina Vollmeyer, " 'Girls Should Cook, Rather than Kick!'— Female Soccer Players under Stereotype Threat," *Psychology of Sport and Exercise* 26 (2016): 94- 101.

44 Steven J. Spencer, Christine Logel, and Paul G. Davies, "Stereotype Threat," *Annual Review of Psychology* 67 (2016): 415- 37; Michael Inzlicht et al., "Lingering Effects: Stereotype Threat Hurts More than You Think," *Social Issues and Policy Review* 5, no. 1 (2011): 227- 56; Wendy Berry Mendes and Jeremy Jamieson, "Embodied Stereotype Threat: Exploring Brain and Body Mechanisms Underlying Performance Impairments," *Stereotype Threat: Theory, Process, and Application* (2011): 51- 68; Colleen M. Ganley et al., "An Examination of Stereotype Threat Effects on Girls' Mathematics Performance," *Developmental Psychology* 49, no. 10 (2013): 1,886- 97; Anne M. Koenig and Alice H. Eagly, "Stereotype Threat in Men on a Test of Social Sensitivity," *Sex Roles* 52, no. 7- 8 (2005): 489- 96; Neil A. Lewis and Denise Sekaquaptewa, "Beyond Test Performance: A Broader View of Stereotype Threat," *Current Opinion in Psychology* 11 (2016): 40- 43; Lana J. Ozen and Myra A. Fernandes, "Effects of 'Diagnosis Threat' on Cognitive and Affective Functioning Long after Mild Head Injury," *Journal of the International Neuropsychological Society* 17, no. 2 (2011): 219- 29.

45 Vincent Pillaud, David Rigaud, and Alain Clémence, "The Influence of Chronic and Situational Social Status on Stereotype Susceptibility," *PLoS ONE* 10, no. 12 (2015): e0144582; Sandra Ludwig, Gerlinde Fellner- Röhling, and Carmen Thoma, "Do Women Have More Shame than Men? An Experiment on Self- Assessment and the Shame of Overestimating Oneself," *European Economic Review* 92 (2017): 31- 46.

46 격식을 갖춘 복장에 대해서는 다음을 참조하라. Hajo Adam and Adam Galinsky, "Enclothed Cognition," *Journal of Experimental Social Psychology* 48 (2012): 918- 25; Sandra Blakeslee, "Mind Games: Sometimes a White Coat Isn't Just a White Coat," *New York Times,* April 2, 2012, www. nytimes.com/ 2012/ 04/ 03/ science/ clothes- and- self- perception.html; Michael L. Slepian et al.,

"The Cognitive Consequences of Formal Clothing," *Social Psychological and Personality Science* 6, no. 6 (2015): 661– 68.

47 Judee K. Burgoon and Norah E. Dunbar, "Nonverbal Expressions of Dominance and Power in Human Relationships," *The Sage Handbook of Nonverbal Communication,* ed. Valerie Manusov and Miles L. Patterson (New York: Sage, 2006), 279– 99.

48 Cameron Anderson and Gavin J. Kilduff, "Why Do Dominant Personalities Attain Influence in FacetoFace Groups? The Competence- Signaling Effects of Trait Dominance," *Journal of Personality and Social Psychology* 96, no. 2 (2009): 491– 503.

49 Alison Wood Brooks, "Get Excited: Reappraising Pre- performance Anxiety as Excitement," *Journal of Experimental Psychology: General* 143, no. 3 (2014): 1,144– 58; Jeremy P. Jamieson, Wendy Berry Mendes, and Matthew K. Nock, "Improving Acute Stress Responses: The Power of Reappraisal," *Current Directions in Psychological Science* 22, no. 1 (2013): 51– 56; Neha A. John- Henderson, Michelle L. Rheinschmidt, and Rodolfo Mendoza- Denton, "Cytokine Responses and Math Performance: The Role of Stereotype Threat and Anxiety Reappraisals," *Journal of Experimental Social Psychology* 56 (2015): 203– 6; Adam L. Alter et al., "Rising to the Threat: Reducing Stereotype Threat by Reframing the Threat as a Challenge," *Journal of Experimental Social Psychology* 46, no. 1 (2010): 166– 71.

50 Caroline F. Keating, "Why and How the Silent Self Speaks Volumes: Functional Approaches to Nonverbal Impression Management," in Manusov and Patterson, *Sage Handbook of Nonverbal Communication,* 321– 40; Caroline F. Keating, "Charismatic Faces: Social Status Cues Put Face Appeal in Context," in *Facial Attractiveness: Evolutionary, Cognitive, and Social Perspectives,* ed. G. Rhodes and L. A. Zebrowitz (Westport, CT: Ablex, 2002), 153– 92.

51 저자의 인터뷰, Aug. 9, 2015.

52 Derald Wing Sue, *Microaggressions in Everyday Life: Race, Gender, and Sexual Orientation* (Hoboken, NJ: John Wiley & Sons, 2010); Derald Wing Sue et al., "Racial Microaggressions in Everyday Life: Implications for Clinical Practice," *American Psychologist* 62, no. 4 (2007): 271– 86; Mesmin Destin and Régine Debrosse, "Upward Social Mobility and Identity," *Current Opinion in Psychology* 18 (2017): 99– 104.

53 C. D. Hardin and E. Tory Higgins, "Shared Reality: How Social Verification Makes the Subjective Objective," in *Handbook of Motivation and Cognition,* ed. R. M. Sorrentino and E. Tory Higgins (New York: Guilford Press, 1996), 28– 84; Ivy Yee- Man Lau, Chi- Yue Chiu, and Sau- Lai

Lee, "Communication and Shared Reality: Implications for the Psychological Foundations of Culture," *Social Cognition* 19, no. 3 (2001): 350– 71; William Samuelson and Richard Zeckhauser, "Status Quo Bias in Decision Making," *Journal of Risk and Uncertainty* 1, no. 1 (1988): 7– 59; Young Eun Huh, Joachim Vosgerau, and Carey K. Morewedge, "Social Defaults: Observed Choices Become Choice Defaults," *Journal of Consumer Research* 41, no. 3 (2014): 746– 60. See discussion in Mkael Symmonds and Raymond J. Dolan, "The Neurobiology of Preferences," in Dolan and Sharot, *Neuroscience of Preference and Choice*, 3– 31; Cimpian and Salomon, "The Inherence Heuristic"; Scott Eidelman and Christian S. Crandall, "Bias in Favor of the Status Quo," *Social and Personality Psychology Compass* 6, no. 3 (2012): 270– 81; Daniel Kahneman, Jack L. Knetsch, and Richard H. Thaler, "Anomalies: The Endowment Effect, Loss Aversion, and Status Quo Bias," *Journal of Economic Perspectives* 5, no. 1 (1991): 193– 206; Scott Eidelman and Christian S. Crandall, "A Psychological Advantage for the Status Quo," in *Social and Psychological Bases of Ideology and System Justification*, ed. John T. Jost, Aaron C. Kay, and Hulda Thorisdottir (New York: Oxford University Press, 2009), 85– 106; Carolyn L. Hafer and Becky L. Choma, "Belief in a Just World, Perceived Fairness, and Justification of the Status Quo," in Jost, Kay, and Thorisdottir, *Social and Psychological Bases of Ideology and System Justification*, 107– 25.

54 Emily Pronin, Daniel Y. Lin, and Lee Ross, "The Bias Blind Spot: Perceptions of Bias in Self versus Others," *Personality and Social Psychology Bulletin* 28, no. 3 (2002): 369– 81; Emily Pronin, "Perception and Misperception of Bias in Human Judgment," *Trends in Cognitive Sciences* 11, no. 1 (2007): 37– 43; cf. Emily Pronin, "Perception and Misperception of Bias in Human Judgment," *Trends in Cognitive Science* 11, no. 1 (2006); Glenn D. Reeder, "Attribution as a Gateway to Social Cognition," in *The Oxford Handbook of Social Cognition*, ed. Donal E. Carlston (New York: Oxford University Press, 2013), 95– 117.

55 Monica Biernat and Diane Kobrynowicz, "Gender- and Race- Based Standards of Competence: Lower Minimum Standards but Higher Ability Standards for Devalued Groups," *Journal of Personality and Social Psychology* 72, no. 3 (1997): 544– 57; Christian S. Crandall and Amy Eshleman, "A Justification- Suppression Model of the Expression and Experience of Prejudice," *Psychological Bulletin* 129, no. 3 (2003): 414– 46; Uhlmann and Cohen, "Constructed Criteria"; Emilio J. Castilla, "Gender, Race, and Meritocracy in Organizational Careers," *American Journal of Sociology* 113, no. 6 (2008): 1,479– 526; Monica Biernat, *Standards and Expectancies: Contrast and Assimilation in Judgments of Self and Others* (New York: Psychology Press, 2005); Ridgeway and

Nakagawa, "Status"; Steven Foy et al., "Emotions and Affect as Source, Outcome, and Resistance to Inequality," in McLeod, Lawler, and Schwalbe, *Handbook of the Social Psychology of Inequality*, 295– 324; Monica Biernat, "Stereotypes and Shifting Standards," in *Handbook of Prejudice, Stereotyping, and Discrimination*, ed. Todd D. Nelson (New York: Psychology Press, 2009), 137– 52; Gregory M. Walton and Geoffrey L. Cohen, "A Question of Belonging: Race, Social Fit, and Achievement," *Journal of Personality and Social Psychology* 92, no. 1 (2007): 82– 96; Magee and Galinsky, "Social Hierarchy"; Devah Pager, Bruce Western, and Bart Bonikowski, "Discrimination in a Low- Wage Labor Market: A Field Experiment," *American Sociological Review* 74, no. 5 (2009): 777– 99; Martha Foschi, "Double Standards for Competence: Theory and Research," *Annual Review of Sociology* 26 (2000): 21– 42; Monica Biernat and Kathleen Fuegen, "Shifting Standards and the Evaluation of Competence: Complexity in Gender- Based Judgment and Decision Making," *Journal of Social Issues* 57, no. 4 (2001): 707– 24; Emilio J. Castilla and Stephen Benard, "The Paradox of Meritocracy in Organizations," *Administrative Science Quarterly* 55, no. 4 (2010): 543– 676.

56 Shannon K. McCoy and Brenda Major, "Priming Meritocracy and the Psychological Justification of Inequality," *Journal of Experimental Social Psychology* 43 (2007): 341– 51; Miguel M. Unzueta, Brian S. Lowery, and Eric D. Knowles, "How Believing in Affirmative Action Quotas Protects White Men's Self- Esteem," *Organizational Behavior and Human Decision Processes* 105, no. 1 (2008): 1– 13; Michael I. Norton and Samuel R. Sommers, "Whites See Racism as a Zero- Sum Game That They Are Now Losing," *Perspectives on Psychological Science* 6, no. 3 (2011): 215– 18; Eric D. Knowles and Brian S. Lowery, "Meritocracy, Self- Concerns, and Whites' Denial of Racial Inequity," *Self and Identity* 11, no. 2 (2012): 202– 12; Jennifer Katherine Bosson et al., "American Men's and Women's Beliefs about Gender Discrimination: For Men, It's Not Quite a Zero- Sum Game," *Masculinities and Social Change* 1, no. 3 (2012): 210– 39; Clara L. Wilkins, Joseph D. Wellman, and Cheryl R. Kaiser, "Status Legitimizing Beliefs Predict Positivity Toward Whites Who Claim Anti- white Bias," *Journal of Experimental Social Psychology* 49, no. 6 (2013): 1,114– 19; Shannon K. McCoy et al., "Is the Belief in Meritocracy Palliative for Members of Low Status Groups? Evidence for a Benefit for Self- Esteem and Physical Health via Perceived Control," *European Journal of Social Psychology* 43 (2013): 307– 18; Clara L. Wilkins and Cheryl R. Kaiser, "Racial Progress as Threat to the Status Hierarchy: Implications for Perceptions of Anti- white Bias," *Psychological Science* 25, no. 2 (2014): 439– 46; Miguel M. Unzueta, Benjamin A. Everly, and Angélica S. Gutiérrez, "Social Dominance Orientation Moderates Reactions to Black and White Discrimination Claimants," *Jour-*

nal of Experimental Social Psychology 54 (2014): 81– 88; Christopher W. Bauman, Sophie Trawalter, and Miguel M. Unzueta, "Diverse According to Whom? Racial Group Membership and Concerns about Discrimination Shape Diversity Judgments," *Personality and Social Psychology Bulletin* 40, no. 10 (2014): 1,354– 72; Evelyn R. Carter and Mary C. Murphy, "Group- Based Differences in Perceptions of Racism: What Counts, to Whom, and Why?," *Social and Personality Psychology Compass* 9, no. 6 (2015): 269– 80.

57 Shai Davidai and Thomas Gilovich, "The Headwinds/ Tailwinds Asymmetry: An Availability Bias in Assessments of Barriers and Blessings," *Journal of Personality and Social Psychology* 111, no. 6 (2016): 835– 51; Peggy McIntosh, "White Privilege: Unpacking the Invisible Knapsack," in *Revisioning Family Therapy: Race, Culture, and Gender in Clinical Practice,* ed. Monica McGoldrick (New York: Guilford Press, 1998), 147– 52; L. Taylor Phillips and Brian S. Lowery; "The Hard- Knock Life? Whites Claim Hardships in Response to Racial Inequity," *Journal of Experimental Social Psychology* 61 (2015): 12– 18; Isaac F. Young and Daniel Sullivan, "Competitive Victimhood: A Review of the Theoretical and Empirical Literature," *Current Opinion in Psychology* 11 (2016): 30– 34.

58 Roy F. Baumeister et al., "Bad Is Stronger than Good," *Review of General Psychology* 5, no. 4 (2001): 323– 70; Clara L. Wilkins et al., "You Can Win but I Can't Lose: Bias against High- Status Groups Increases Their Zero- Sum Beliefs about Discrimination," *Journal of Experimental Social Psychology* 57 (2015): 1– 14; Tessa L. Dover, Brenda Major, and Cheryl R. Kaiser, "Members of High- Status Groups Are Threatened by Pro- diversity Organizational Messages," *Journal of Experimental Social Psychology* 62 (2016): 58– 67.

59 Jessica E. Koski, Hongling Xie, and Ingrid R. Olson, "Understanding Social Hierarchies: The Neural and Psychological Foundations of Status Perception," *Social Neuroscience* 10, no. 5 (2015): 527– 50; Maarten A. S. Boksem et al., "Social Status Determines How We Monitor and Evaluate Our Performance," *Social Cognitive and Affective Neuroscience* 7, no. 3 (2012): 304– 13; Michael W. Kraus and Jun W. Park, "The Undervalued Self: Social Class and Self- Evaluation," *Frontiers in Psychology* 5, no. 1404 (2014); Jie Hu et al., "Low Social Status Decreases the Neural Salience of Unfairness," *Frontiers in Behavioral Neuroscience* 8, no. 402 (2014); Jie Hu et al., "Social Status Modulates the Neural Response to Unfairness," *Social Cognitive and Affective Neuroscience* 11, no. 1 (2016): 1– 10.

60 Laurie T. O'Brien and Christian S. Crandall, "Perceiving Self- Interest: Power, Ideology, and Maintenance of the Status Quo," *Social Justice Research* 18, no. 1 (2005): 1– 24.

61   Michael E. McCullough et al., "Rumination, Fear, and Cortisol: An In Vivo Study of Interpersonal Transgressions," *Health Psychology* 26, no. 1 (2007): 126– 32; Louisa C. Michl et al., "Rumination as a Mechanism Linking Stressful Life Events to Symptoms of Depression and Anxiety: Longitudinal Evidence in Early Adolescents and Adults," *Journal of Abnormal Psychology* 122, no. 2 (2013): 339– 52; Hannes Rakoczy, Felix Warneken, and Michael Tomasello, "The Sources of Normativity: Young Children's Awareness of the Normative Structure of Games," *Developmental Psychology* 44, no. 3 (2008): 875– 81; Joshua W. Buckholtz, "Social Norms, Self- Control, and the Value of Antisocial Behavior," *Current Opinion in Behavioral Sciences* 3 (2015): 122– 29; Rick O'Gorman, David Sloan Wilson, and Ralph R. Miller, "An Evolved Cognitive Bias for Social Norms," *Evolution and Human Behavior* 29, no. 2 (2008): 71– 78; Julie C. Coultas and Edwin J. C. van Leeuwen, "Conformity: Definitions, Types, and Evolutionary Grounding," in Zeigler- Hill, Welling, and Shackelford, *Evolutionary Perspectives on Social Psychology,* 189– 202; Michael Tomasello and Amrisha Vaish, "Origins of Human Cooperation and Morality," *Annual Review of Psychology* 64 (2013): 231– 55.

62   Gardner Lindzey, Martin Manosevitz, and Harvey Winston, "Social Dominance in the Mouse," *Psychonomic Science* 5, no. 11 (1966): 451– 52; G. J. Syme, "Competitive Orders as Measures of Social Dominance," *Animal Behaviour* 22, no. 4 (1974): 931– 40; Serge Guimond et al., "Social Comparison, Self- Stereotyping, and Gender Differences in Self- Construals," *Journal of Personality and Social Psychology* 90, no. 2 (2006): 221– 42; Wendy Wood and Alice H. Eagly, "Biosocial Construction of Sex Differences and Similarities in Behavior;" Katherine E. Powers, Robert S. Chavez, and Todd F. Heatherton, "Individual Differences in Response of Dorsomedial Prefrontal Cortex," *Social Cognitive and Affective Neuroscience* (2015); Anderson, John, and Keltner, "Personal Sense of Power"; Christopher von Rueden, "The Roots and Fruits of Social Status in Small- Scale Human Societies," in Cheng, Tracy, and Anderson, *Psychology of Social Status,* 180– 81.

63   Guimond et al., "Social Comparison, Self- Stereotyping, and Gender Differences in Self- Construals"; Wood and Eagly, "Biosocial Construction of Sex Differences and Similarities in Behavior"; Koski, Xie, and Olson, "Understanding Social Hierarchies"; Peter Mende- Siedlecki, Yang Cai, and Alexander Todorov, "The Neural Dynamics of Updating Person Impressions," *Social Cognitive and Affective Neuroscience* 8, no. 6 (2013): 623– 31; Powers, Chavez, and Heatherton, "Individual Differences in Response of Dorsomedial Prefrontal Cortex"; Anderson, John, and Keltner, "Personal Sense of Power"; von Rueden, "Roots and Fruits of Social Status in Small- Scale Human Societies," 180– 81.

64 Amber R. Massey- Abernathy, Jennifer Byrd- Craven, and CaSandra L. Swearingen, "The Biological Diary of a Woman: Physiological Consequences of Status and Social Evaluative Threat," *Evolutionary Psychological Science* 1, no. 1 (2015): 37– 43.

65 저자와 주고받은 이메일, Sept. 18, 2015.

66 Patrick M. Egan and Edward R. Hirt, "Flipping the Switch: Power, Social Dominance, and Expectancies of Mental Energy Change," *Personality and Social Psychology Bulletin* 41, no. 3 (2015): 336– 50; Barbara L. Fredrickson and Tomi- Ann Roberts, "Objectification Theory: Toward Understanding Women's Lived Experiences and Mental Health Risks," *Psychology of Women Quarterly* 21, no. 2 (1997): 173– 206; Bonnie Moradi and YuPing Huang, "Objectification Theory and Psychology of Women: A Decade of Advances and Future Directions," *Psychology of Women Quarterly* 32, no. 4 (2008): 377– 98; Keely A. Muscatell et al., "Social Status Modulates Neural Activity in the Mentalizing Network," *NeuroImage* 60, no. 3 (2012): 1,771– 77.

67 Toscano et al., "Physical Strength as a Cue to Dominance"; William B. Strean and Joseph P. Mills, "The Body and Performance," in *The Oxford Handbook of Sport and Performance Psychology*, ed. Shane M. Murphy (New York: Oxford University Press, 2012); Michael M. Kasumovic and Jeffrey H. Kuznekoff, "Insights into Sexism: Male Status and Performance Moderates Female-Directed Hostile and Amicable Behaviour," *PLoS ONE* 10, no. 7 (2015): e0131613; Eftychia Stamkou et al., "How Norm Violations Shape Social Hierarchies: Those on Top Block Norm Violators from Rising Up," *Group Processes and Intergroup Relations* 19, no. 5 (2016): 608– 29; Park and Crocker, "Contingencies of Self- Worth and Responses to Negative Interpersonal Feedback."

68 Joseph A. Vandello and Jennifer K. Bosson, "Hard Won and Easily Lost: A Review and Synthesis of Theory and Research on Precarious Manhood," *Psychology of Men and Masculinity* 14, no. 2 (2013): 101– 13; Kevin S. Weaver and Theresa K. Vescio, "The Justification of Social Inequality in Response to Masculinity Threats," *Sex Roles* 72 (2015): 521– 35; Ekaterina Netchaeva, Maryam Kouchaki, and Leah D. Sheppard, "A Man's (Precarious) Place: Men's Experienced Threat and Self-Assertive Reactions to Female Superiors," *Personality and Social Psychology Bulletin* 41, no. 9 (2015): 1,247– 59.

69 Geoffrey L. Cohen et al., "Reducing the Racial Achievement Gap: A Social- Psychological Intervention," *Science* 313, no. 5791 (2006): 1,307– 10. List of values available at science.sciencemag.org/ content/ suppl/ 2006/ 08/ 29/ 313.5791.1307.DC1.

70 Karen O'Leary, Siobhan O'Neill, and Samantha Dockray, "A Systematic Review of the Effects of Mindfulness Interventions on Cortisol," Journal of Health Psychology 21, no. 9 (2016): 2,108– 21.

6장

1 David Epstein, *The Sports Gene: Inside the Science of Extraordinary Athletic Performance* (New York: Current/ Penguin, 2013), 27– 33.

2 K. Anders Ericsson and Robert Pool, *Peak: Secrets from the New Science of Expertise* (New York: Houghton Mifflin Harcourt, 2016).

3 Joseph Durso, "Fearless Fosbury Flops to Glory," *New York Times,* Oct. 20, 1968, www.nytimes. com/ packages/ html/ sports/ year_ in_ sports/ 10.20.html; Simon Burnton, "50 Stunning Olympic Moments No. 28: Dick Fosbury Introduces 'the Flop,' " *Guardian,* May 8, 2012, www.theguardian. com/ sport/ blog/ 2012/ may/ 08/ 50– stunning- olympic- moments- dick- fosbury.

4 Peter M. McGinnis, *Biomechanics of Sport and Exercise,* 3rd ed. (Champaign, IL: Human Kinetics, 2013), 149– 50.

5 Fernand Gobet and Morgan H. Ereku, "Checkmate to Deliberate Practice: The Case of Magnus Carlsen," *Frontiers in Psychology* 5, no. 878 (2014): 148.

6 저자의 인터뷰, Aug. 8, 2016.

7 Michael D. Roberts and Chad M. Kerksick, "Vitamins/ Minerals: Invaluable Cellular Components for Optimal Physiological Function," in *Nutrient Timing: Metabolic Optimization for Health, Performance, and Recovery,* ed. Chad M. Kerksick (Boca Raton, FL: CRC Press, 2012), 81; D. G. MacArthur and K. N. North, "Genes and Human Elite Athletic Performance," *Human Genetics* 116, no. 5 (2005): 331– 39; Claude Bouchard and Robert M. Malina, "Genetics of Physiological Fitness and Motor Performance," *Exercise and Sport Sciences Reviews* 11, no. 1 (1983): 306; Nir Eynon et al., "Genes and Elite Athletes: A Roadmap for Future Research," *Journal of Physiology* 589, no. 13 (2011): 3,063– 70; S. Voisin et al., "Exercise Training and DNA Methylation in Humans," *Acta Physiologica* 213, no. 1 (2015): 39– 59; Ildus I. Ahmetov et al., "Genes and Athletic Performance: An Update," in *Genetics and Sports,* ed. M. Posthumus and M. Collins, 2nd ed. (Basel: Karger, 2016), 41– 54; Marleen H. M. De Moor et al., "Genome- Wide Linkage Scan for Athlete Status in 700 British Female DZ Twin Pairs," *Twin Research and Human Genetics* 10, no. 6 (2007): 812– 20.

8 Tim Rees et al., "The Great British Medalists Project: A Review of Current Knowledge on the Development of the World's Best Sporting Talent," *Sports Medicine* 46, no. 8 (2016): 1,041– 58; Ildus I. Ahmetov and Olga N. Fedotovskaya, "Current Progress in Sports Genomics," *Advances in Clinical*

Chemistry 70 (2015): 247– 314.

9 Ahmetov et al., "Genes and Athletic Performance."

10 Sharon A. Plowman and Denise L. Smith, *Exercise Physiology for Health, Fitness, and Performance*, 4th ed. (Baltimore: Lippincott Williams & Wilkins, 2014), 528– 36.

11 Naotaka Sakai and Satoshi Shimawaki, "Measurement of a Number of Indices of Hand and Movement Angles in Pianists with Overuse Disorders," *Journal of Hand Surgery, European Volume* 35, no. 6 (2010): 494– 98; C. H. Wagner, "The Pianist's Hand: Anthropometry and Biomechanics," *Ergonomics* 31, no. 1 (1988): 97– 131.

12 Shinichi Furuya et al., "Secrets of Virtuoso: Neuromuscular Attributes of Motor Virtuosity in Expert Musicians," *Scientific Reports* 5, no. 15750 (2015): 1– 8, doi:10.1038/ srep15750.

13 Daniel F. Chambliss, "The Mundanity of Excellence: An Ethnographic Report on Stratification and Olympic Swimmers," *Sociological Theory* 7, no. 1 (1989): 70– 86.

14 저자의 인터뷰, Sept. 15, 2016.

15 Davidai and Gilovich, "Headwinds/ Tailwinds Asymmetry"; Robert H. Frank, "Why Luck Matters More Than You Might Think," *The Atlantic*, May 2016, http:// www.theatlantic.com/ magazine/ archive/ 2016/ 05/ why- luck- matters- more- than- you- might- think/ 476394/; Jesse Singal, "Why Americans Ignore the Role of Luck in Everything," *New York*, May 12, 2016, http:// nymag.com/ scienceofus/ 2016/ 05/ why- americans- ignore- the- roleofluckineverything.html.

16 저자의 인터뷰, Aug. 12, 2016.

17 Halttunen, *Confidence Men and Painted Women*, 206.

18 Neil Charness et al., "The Role of Deliberate Practice in Chess Expertise," *Applied Cognitive Psychology* 19, no. 2 (2005): 151– 65.

19 Miriam A. Mosing et al., "Practice Does Not Make Perfect: No Causal Effect of Music Practice on Music Ability," *Psychological Science* 25, no. 9 (2014): 1,795– 803.

20 Karl Anders Ericsson, Ralf T. Krampe, and Clemens Tesch- Römer, "The Role of Deliberate Practice in the Acquisition of Expert Performance," *Psychological Review* 100, no. 3 (1993): 363– 406. Stops at the age of six: Plowman and Smith, *Exercise Physiology for Health, Fitness, and Performance*, 83, 528– 36.

21 저자의 인터뷰, Sept. 15, 2016.

22 Tilmann A. Klein et al., "Genetically Determined Differences in Learning from Errors," *Science* 318, no. 5856 (2007): 1,642– 45; Sylvia M. L. Cox et al., "Striatal D1 and D2 Signaling Differentially

Predict Learning from Positive and Negative Outcomes," *NeuroImage* 109 (2015): 95– 101; Jean-Claude Dreher et al., "Variation in Dopamine Genes Influences Responsivity of the Human Reward System," *Proceedings of the National Academy of Sciences* 106, no. 2 (2009): 617– 22; Dara G. Ghahremani et al., "Striatal Dopamine D2/ D3 Receptors Mediate Response Inhibition and Related Activity in Frontostriatal Neural Circuitry in Humans," *Journal of Neuroscience* 32, no. 21 (2012): 7,316– 24.

23 Donny M. Camera, William J. Smiles, and John A. Hawley, "Exercise- Induced Skeletal Muscle Signaling Pathways and Human Athletic Performance," *Free Radical Biology and Medicine* 98 (2016): 131– 43; N. Jones et al., "A Genetic- Based Algorithm for Personalized Resistance Training," *Biology of Sport* 33, no. 2 (2016): 117– 26.

24 Paul Farhi, "Where the Rich and Elite Meet to Compete," *Washington Post,* Feb. 5, 2006, www.washingtonpost.com/ wpdyn/ content/ article/ 2006/ 02/ 03/ AR2006020302280.html.

25 Chambliss, "Mundanity of Excellence."

26 Adele Diamond and Daphne S. Ling, "Conclusions about Interventions, Programs, and Approaches for Improving Executive Functions That Appear Justified and Those That, Despite Much Hype, Do Not," *Developmental Cognitive Neuroscience* 18 (2016): 34– 48; Duarte Araújo et al., "The Role of Ecological Constraints on Expertise Development," *Talent Development and Excellence* 2, no. 2 (2010): 165– 79.

27 Gregory D. Myer et al., "Sport Specialization, Part I: Does Early Sports Specialization Increase Negative Outcomes and Reduce the Opportunity for Success in Young Athletes?," *Sports Health* 7, no. 5 (2015): 437– 42; Gregory D. Myer et al., "Sports Specialization, Part II: Alternative Solutions to Early Sport Specialization in Youth Athletes," *Sports Health* 8, no. 1 (2016): 65– 73; Robert F. LaPrade et al., "AOSSM Early Sport Specialization Consensus Statement," *Orthopaedic Journal of Sports Medicine* 4, no. 4 (2016).

28 Rhodri S. Lloyd et al., "National Strength and Conditioning Association Position Statement on Long- Term Athletic Development," *Journal of Strength and Conditioning Research* 30, no. 6 (2016): 1,491– 509.

29 Thomas Lin, "How Badminton Helped Federer's Game," *New York Times,* May 29, 2009, straightsets.blogs.nytimes.com/ 2009/ 05/ 29/ not- just- tennis/?_ r= 1.

30 Ericsson, Krampe, and Tesch- Romer, "Role of Deliberate Practice in the Acquisition of Expert Performance." Additional data on percentage of winning: Joanne Ruthsatz et al., "Becoming an

Expert in the Musical Domain: It Takes More than Just Practice," *Intelligence* 36, no. 4 (2008): 330–38.

31 Ethan Zell, Mark D. Alicke, and Jason E. Strickhouser, "Referent Status Neglect: Winners Evaluate Themselves Favorably Even When the Competitor Is Incompetent," *Journal of Experimental Social Psychology* 56 (2015): 18– 23; cf. Hamilton et al., "Social Neuroendocrinology of Status": Casto and Edwards, "Testosterone, Cortisol, and Human Competition"; Gray, McHale, and Carré, "Review of Human Male Field Studies of Hormones and Behavioral Reproductive Effort"; Fuxjager et al., "Winning Territorial Disputes Selectively Enhances Androgen Sensitivity in Neural Pathways Related to Motivation and Social Aggression"; Carré et al., "Changes in Testosterone Mediate the Effect of Winning on Subsequent Aggressive Behaviour"; John- Henderson et al., "Role of Interpersonal Processes in Shaping Inflammatory Responses to Social- Evaluative Threat"; Losecaat Vermeer, Riečanský, and Eisenegger, "Competition, Testosterone, and Adult Neurobehavioral Plasticity"; Hewitt, "Social Construction of Self- Esteem."

32 Clay B. Holroyd et al., "When Is an Error Not a Prediction Error? An Electrophysiological Investigation," *Cognitive, Affective, and Behavioral Neuroscience* 9, no. 1 (2009): 59– 70. Interested in outcomes: Nick Yeung, Clay B. Holroyd, and Jonathan D. Cohen, "ERP Correlates of Feedback and Reward Processing in the Presence and Absence of Response Choice," *Cerebral Cortex* 15, no. 5 (2005): 535– 44; Matthew M. Walsh and John R. Anderson, "Learning from Experience: Event-Related Potential Correlates of Reward Processing, Neural Adaptation, and Behavioral Choice," *Neuroscience and Biobehavioral Reviews* 36, no. 8 (2012): 1,870– 84; Ullsperger, Danielmeier, and Jocham, "Neurophysiology of Performance Monitoring and Adaptive Behavior."

33 L. Verburgh et al., "The Key to Success in Elite Athletes? Explicit and Implicit Motor Learning in Youth Elite and Non- elite Soccer Players," *Journal of Sports Sciences* 34, no. 18 (2016): 1,782–90; Patrícia Coutinho, Isabel Mesquita, and António M. Fonseca, "Talent Development in Sport: A Critical Review of Pathways to Expert Performance," *International Journal of Sports Science and Coaching* 11, no. 2 (2016): 279– 93; Pablo Greco, Daniel Memmert, and Juan C. P. Morales, "The Effect of Deliberate Play on Tactical Performance in Basketball," *Perceptual and Motor Skills* 110, no. 3 (2010): 849– 56; Paul R. Ford et al., "The Role of Deliberate Practice and Play in Career Progression in Sport: The Early Engagement Hypothesis," *High Ability Studies* 20, no. 1 (2009): 65–75.

34 Matt Richtel, "How Big Data Is Playing Recruiter for Specialized Workers," *New York Times,*

April 27, 2013, www.nytimes.com/ 2013/ 04/ 28/ technology/ how- big- dataisplaying- recruiter- for- specialized- workers.html? pagewanted= all&_ r= 1&#_ jmp0_; Adam Sandel, "Vivienne Ming: The Transformative Power of Being Yourself," *Advocate*, Nov. 26, 2013, www.advocate. com/ business/ 2013/ 11/ 26/ vivienne- ming- transformative- power- being- yourself/; Zach Church, "Facing Down Employment Discrimination with an Algorithm: Vivienne Ming on Where Meritocracy Fails, and How Big Data Might Help," *MIT*, Oct. 13, 2016, mitsloan.mit.edu/ newsroom/ articles/ facing- down- employment- discrimination- withanalgorithm/; Becky Catherine Harris, "This Man Changed His Name from José to Joe and Immediately Got More Job Interviews," *Buzz-Feed*, Aug. 30, 2014, www.buzzfeed.com/ beckycath erineharris/ josevsjoe; Jenny Anderson, "A Scientist Calculated the Cost of Not Being a Straight Man, and She Wants a Tax Cut," *Quartz*, March 7, 2016, qz.com/ 631455/ ascientist- cacluated- the- costofnot- beingastraight- man- and- she- wantsatax- cut/.

35 저자의 인터뷰, March 24, 2015.

36 Zell, Alicke, and Strickhouser, "Referent Status Neglect"; cf. Hamilton et al., "Social Neuroendocrinology of Status"; Casto and Edwards, "Testosterone, Cortisol, and Human Competition"; Gray, McHale, and Carré, "Review of Human Male Field Studies of Hormones and Behavioral Reproductive Effort"; Fuxjager et al., "Winning Territorial Disputes Selectively Enhances Androgen Sensitivity in Neural Pathways Related to Motivation and Social Aggression"; Carré et al., "Changes in Testosterone Mediate the Effect of Winning on Subsequent Aggressive Behaviour"; John- Henderson et al., "Role of Interpersonal Processes in Shaping Inflammatory Responses to Social- Evaluative Threat"; Losecaat Vermeer, Riečanský, and Eisenegger, "Competition, Testosterone, and Adult Neurobehavioral Plasticity"; Hewitt, "Social Construction of Self- Esteem."

37 Coutinho, Mesquita, and Fonseca, "Talent Development in Sport"; Araújo et al., "Role of Ecological Constraints on Expertise Development"; Megan A. Rendell et al., "Implicit Practice for Technique Adaptation in Expert Performers," *International Journal of Sports Science and Coaching* 6, no. 4 (2011): 553– 66.

38 저자의 인터뷰, Aug. 8, 2016.

39 Mathieu Roy, Daphna Shohamy, and Tor D. Wager, "Ventromedial Prefrontal Subcortical Systems and the Generation of Affective Meaning," *Trends in Cognitive Sciences* 16, no. 3 (2012): 147– 56.

40 Amy Winecoff et al., "Ventromedial Prefrontal Cortex Encodes Emotional Value," *Journal of Neuroscience* 33, no. 27 (2013): 11,032– 39; Andreja Bubic and Anna Abraham, "Neurocognitive Bases of Future Oriented Cognition," *Review of Psychology* 21, no. 1 (2014): 3– 15; Yaacov Trope and N. Liberman, "Temporal Construal"; Roland G. Benoit, Karl K. Szpunar, and Daniel L. Schacter, "Ventromedial Prefrontal Cortex Supports Affective Future Simulation by Integrating Distributed Knowledge," *Proceedings of the National Academy of Sciences* 111, no. 46 (2014): 16,550– 55. See also Schultheiss and Wirth, "Biopsychological Aspects of Motivation."

41 저자의 인터뷰, Feb. 23, 2015.

42 Brent L. Hughes and Jamil Zaki, "The Neuroscience of Motivated Cognition," *Trends in Cognitive Sciences* 19, no. 2 (2015): 62– 64; Clayton R. Critcher and Melissa J. Ferguson, " 'Whether I Like It or Not, It's Important': Implicit Importance of Means Predicts Self- Regulatory Persistence and Success," *Journal of Personality and Social Psychology* 110, no. 6 (2016): 818– 39.

43 James E. Maddux, "Self- Efficacy: The Power of Believing You Can," in Snyder and Lopez, Oxford Handbook of Positive Psychology, 335– 43; Albert Bandura, "Self- Efficacy: Toward a Unifying Theory of Behavioral Change," Psychological Review 84, no. 2 (1977): 191– 215; Albert Bandura, "Self- Efficacy Mechanism in Human Agency," American Psychologist 37, no. 2 (1982): 122– 47; Alexander D. Stajkovic and Fred Luthans, "Self- Efficacy and Work- Related Performance: A Meta- analysis," Psychological Bulletin 124, no. 2 (1998): 240– 61; Barry J. Zimmerman, "Self- Efficacy: An Essential Motive to Learn," Contemporary Educational Psychology 25, no. 1 (2000): 82– 91; Mark R. Beauchamp, Ben Jackson, and Katie L. Morton, "Efficacy Beliefs and Human Performance: From Independent Action to Interpersonal Functioning," in Murphy, Oxford Handbook of Sport and Performance Psychology, 273– 93.

44 Andrei Cimpian et al., "Subtle Linguistic Cues Affect Children's Motivation," *Psychological Science* 18, no. 4 (2007): 314– 16; Gabriele Wulf and Rebecca Lewthwaite, "Optimizing Performance through Intrinsic Motivation and Attention for Learning: The Optimal Theory of Motor Learning," *Psychonomic Bulletin and Review* 23, no. 5 (2016): 1– 33.

45 Kristin L. Sommer and Roy F. Baumeister, "Self- Evaluation, Persistence, and Performance Following Implicit Rejection: The Role of Trait Self- Esteem," *Personality and Social Psychology Bulletin* 28, no. 7 (2002): 926– 38; Roy F. Baumeister et al., "Does High Self- Esteem Cause Better Performance, Interpersonal Success, Happiness, or Healthier Lifestyles?," *Psychological Science in the Public Interest* 4, no. 1 (2003): 1– 44; Tiffiny Bernichon, Kathleen E. Cook, and Jonathon D.

Brown, "Seeking Self- Evaluative Feedback: The Interactive Role of Global Self- Esteem and Specific Self- Views," *Journal of Personality and Social Psychology* 84, no. 1 (2003): 194– 204; Jennifer Crocker and Amy Canevello, "Self and Identity: Dynamics of Persons and Their Situations," in Deaux and Snyder, *Oxford Handbook of Personality and Social Psychology,* 263– 86.

46 David Shenk, "The 32Million Word Gap," *Atlantic,* March 9, 2010, www.theatlan tic.com/ technology/ archive/ 2010/ 03/ the32million- word- gap/ 36856/.

47 Jason Weaver, Jennifer Filson Moses, and Mark Snyder, "Self- Fulfilling Prophecies in Ability Settings," *Journal of Social Psychology* 156, no. 2 (2016): 179– 89; Gloria B. Solomon, "The Influence of Coach Expectations on Athlete Development," *Journal of Sport Psychology in Action* 1, no. 2 (2010): 76– 85; Marcia A. Wilson and Dawn E. Stephens, "Great Expectations: An Examination of the Differences between High and Low Expectancy Athletes' Perception of Coach Treatment," *Journal of Sport Behavior* 30, no. 3 (2007): 358– 73; Athanasios Mouratidis et al., "The Motivating Role of Positive Feedback in Sport and Physical Education: Evidence for a Motivational Model," *Journal of Sport and Exercise Psychology* 30, no. 2 (2008): 240– 68.

48 Gabriele Wulf, Charles Shea, and Rebecca Lewthwaite, "Motor Skill Learning and Performance: A Review of Influential Factors," *Medical Education* 44 (2010): 75– 84.

49 Kaitlin Woolley and Ayelet Fishbach, "Immediate Rewards Predict Adherence to Long- Term Goals," Personality and Social Psychology Bulletin 43, no. 2 (2017): 151– 62; Kaitlin Woolley and Ayelet Fishbach, "Harnessing Immediate Rewards to Increase Intrinsic Motivation," in The Motivation- Cognition Interface: From the Lab to the Real World, ed. C. Kopetz and Ayelet Fishbach (New York: Routledge, 2017), home.uchicago.edu/~kwoolley/ IntrinsicMotivationChapter.pdf; Julius Kuhl, Markus Quirin, and Sander L. Koole, "Being Someone: The Integrated Self as a Neuropsychological System," Social and Personality Psychology Compass 9, no. 3 (2015): 115– 32; Nora H. Hope et al., "The Humble Path to Progress: Goal- Specific Aspirational Content Predicts Goal Progress and Goal Vitality," Personality and Individual Differences 90 (2016): 99– 107.

50 Charles S. Carver and Michael F. Scheier, "Goals and Emotion," in Handbook of Cognition and Emotion, ed. Michael D. Robinson, Edward R. Watkins, and Eddie Harmon- Jones (New York: Guilford Press, 2013), 176– 95; A. Fishbach, J. Steinmetz, and Y. Tu, "Motivation in a Social Context: Coordinating Personal and Shared Goal Pursuits with Others," in Advances in Motivation Science (New York: Elsevier, 2016), 3:35– 79.

51 J. Richard Eiser and Russell H. Fazio, "How Approach and Avoidance Decisions Influence

Attitude Formation and Change," in Elliot, *Handbook of Approach and Avoidance Motivation.*

7장

1 Interviews with Sivers at CD Baby in Portland, Oregon, Sept. 2007; Eliot Van Buskirk, "Derek Sivers Sold CD Baby for $22 Million, Giving Most of It Away," *Wired,* Oct. 24, 2008, www.wired.com/2008/ 10/ derek- siversso/.

2 Everett M. Rogers, *Diffusion of Innovations,* 5th ed. (New York: Free Press, 2003).

3 Angela Lee Duckworth and Eli Tsukayama, "Domain- Specificity in Self- Control," in *Character: New Directions from Philosophy, Psychology, and Theology,* ed. Christian B. Miller et al. (New York: Oxford University Press, 2015), 393– 411.

4 Kira O. McCabe and William Fleeson, "Are Traits Useful? Explaining Trait Manifestations as Tools in the Pursuit of Goals," *Journal of Personality and Social Psychology* 110, no. 2 (2016): 287– 301. 벼락치기의 효과에 대해 잘 소개한 글을 보려면 다음을 참조하라. Sendhil Mullainathan and Eldar Shafir, *The New Science of Having Less and How It Defines Our Lives* (New York: Picador, 2014).

5 DeYoung, "Cybernetic Big Five Theory." 사이버네틱스와 성격에 대한 일반적 논의: Moskowitz, "Representation and Regulation of Goals."

6 Elliot T. Berkman, "SelfRegulation Training," in *Handbook of Self- Regulation: Research, Theory, and Applications,* ed. K. D. Vohs and R. F. Baumeister, 3rd ed. (New York: Guilford Press, 2016): 440– 57; Carver and Scheier, "Self- Regulation of Action and Affect." See also Giulio Costantini and Marco Perugini, "The Network of Conscientiousness," *Journal of Research in Personality* 65 (2016): 68– 88.

7 Eva Krapohl et al., "The High Heritability of Educational Achievement Reflects Many Genetically Influenced Traits, Not Just Intelligence," *Proceedings of the National Academy of Sciences* 111, no. 42 (2014): 15,273– 78.

8 비인지적 특성이라고 처음 소개한 것은 다음 문헌에서다. Samuel Bowles and Herbert Gintis, *Schooling in Capitalist America* (New York: Basic Books, 1976), 57: 135. 다음 문헌에서 지적된 부분. George Farkas, "Cognitive Skills and Noncognitive Traits and Behaviors in Stratification Processes," *Annual Review of Sociology* 29 (2003): 541– 62. 다음 문헌도 참조. Arthur E. Poropat, "A Meta- analysis of the Five- Factor Model of Personality and Academic Performance," *Psychological Bulletin* 135, no. 2 (2009): 322– 38; Daniel A. Briley, Matthew Domiteaux, and Elliot M. Tucker- Drob, "Achievement-Relevant Personality: Relations with the Big Five and Validation of an Efficient Instrument,"

Learning and Individual Differences 32 (2014) 26– 39; Erik E. Noftle and Richard W. Robins, "Personality Predictors of Academic Outcomes: Big Five Correlates of GPA and SAT Scores," *Journal of Personality and Social Psychology* 93, no. 1 (2007): 116– 30; Marcus Credé and Nathan R. Kuncel, "Study Habits, Skills, and Attitudes: The Third Pillar Supporting Collegiate Academic Performance," *Perspectives on Psychological Science* 3, no. 6 (2008): 425– 53; Terrie E. Moffitt et al., "A Gradient of Childhood Self- Control Predicts Health, Wealth, and Public Safety," *Proceedings of the National Academy of Sciences* 108, no. 7 (2011): 2,693– 98. Grit doesn't add anything beyond conscientiousness: Kaili Rimfeld et al., "True Grit and Genetics: Predicting Academic Achievement from Personality," *Journal of Personality and Social Psychology* 111, no. 5 (2016): 780– 89; Barbara Dumfart and Aljoscha C. Neubauer, "Conscientiousness Is the Most Powerful Noncognitive Predictor of School Achievement in Adolescents," *Journal of Individual Differences* 37, no. 1 (2016): 8– 15.

9 Marcus Credé, Michael C. Tynan, and Peter D. Harms, "Much Ado About Grit: A Meta- analytic Synthesis of the Grit Literature," *Journal of Personality and Social Psychology* 113, no. 3 (2017): 492– 511; Angela L. Duckworth and Martin E. P. Seligman, "The Science and Practice of Self- Control," *Perspectives on Psychological Science* 12, no. 5 (2017): 715– 18.

10 Chambliss, "Mundanity of Excellence."

11 Daniel J. Ozer and Veronica Benet- Martinez, "Personality and the Prediction of Consequential Outcomes," *Annual Review of Psychology* 57 (2006): 401– 21; Carver and Scheier, "Self- Regulation of Action and Affect." See also Costantini and Perugini, "Network of Conscientiousness"; David J. Bridgett et al., "Intergenerational Transmission of Self- Regulation: A Multidisciplinary Review and Integrative Conceptual Framework," *Psychological Bulletin* 141, no. 3 (2015): 602– 54.

12 Francesca Righetti and Catrin Finkenauer, "If You Are Able to Control Yourself, I Will Trust You: The Role of Perceived Self- Control in Interpersonal Trust," *Journal of Personality and Social Psychology* 100, no. 5 (2011): 874– 86.

13 Christopher F. Chabris et al., "The Fourth Law of Behavior Genetics," *Current Directions in Psychological Science* 24, no. 4 (2015): 304– 12.

14 Walter Mischel, Yuichi Shoda, and Monica I. Rodriguez, "Delay of Gratification in Children," *Science* 244, no. 4907 (1989): 933– 38.

15 Jean- Claude Dreher et al., "Variation in Dopamine Genes Influences Responsivity of the Human Reward System," *Proceedings of the National Academy of Sciences* 106, no. 2 (2009): 617– 22;

Konstantin A. Pavlov, Dimitry A. Chistiakov, and Vladimir P. Chekhonin, "Genetic Determinants of Aggression and Impulsivity in Humans," *Journal of Applied Genetics* 53, no. 1 (2012): 61– 82; Catharine A. Winstanley et al., "Double Dissociation Between Serotonergic and Dopaminergic Modulation of Medial Prefrontal and Orbitofrontal Cortex During a Test of Impulsive Choice," *Cerebral Cortex* 16, no. 1 (2006): 106– 14; David Goldman, *Our Genes, Our Choices: How Genotype and Gene Interactions Affect Behavior* (New York: Academic Press, 2012), 21– 23; Aaron A. Duke et al., "Revisiting the Serotonin- Aggression Relation in Humans: A Meta- analysis," *Psychological Bulletin* 139, no. 5 (2013): 1,148– 72; Benjamin T. Saunders and Terry E. Robinson, "Individual Variation in Resisting Temptation: Implications for Addiction," *Neuroscience and Biobehavioral Reviews* 37, no. 9 (2013): 1,955– 75; Pierre Trifilieff and Diana Martinez, "Imaging Addiction: D2 Receptors and Dopamine Signaling in the Striatum as Biomarkers for Impulsivity," *Neuropharmacology* 76 (2014): 498– 509; Marci R. Mitchell and Marc N. Potenza, "Recent Insights into the Neurobiology of Impulsivity," *Current Addiction Reports* 1, no. 4 (2014): 309– 19; Bridgett et al., "Intergenerational Transmission of Self- Regulation."

16 B. J. Casey et al., "Behavioral and Neural Correlates of Delay of Gratification 40 Years Later," *Proceedings of the National Academy of Sciences* 108, no. 36 (2011): 14,998– 15,003.

17 E. Tory Higgins et al., "Achievement Orientations from Subjective Histories of Success: Promotion Pride versus Prevention Pride," *European Journal of Social Psychology* 31, no. 1 (2001): 3– 23; Jason P. Mitchell et al., "Medial Prefrontal Cortex Predicts Intertemporal Choice," *Journal of Cognitive Neuroscience* 23, no. 4 (2011): 857– 66.

18 저자의 인터뷰, Aug. 29, 2016; Daniel W. Belsky et al., "The Genetics of Success: How Single-Nucleotide Polymorphisms Associated with Educational Attainment Relate to Life- Course Development," *Psychological Science* 27, no. 7 (2016): 957– 72; Mitchell et al., "Medial Prefrontal Cortex Predicts Intertemporal Choice."

19 저자의 인터뷰, Aug. 29, 2016.

20 Walter Mischel and Ervin Staub, "Effects of Expectancy on Working and Waiting for Larger Reward," *Journal of Personality and Social Psychology* 2, no. 5 (1965): 625– 33.

21 Richard T. Walls and Tennie S. Smith, "Development of Preference for Delayed Reinforcement in Disadvantaged Children," *Journal of Educational Psychology* 61, no. 2 (1970): 118– 23.

22 Laura Michaelson et al., "Delaying Gratification Depends on Social Trust," *Frontiers in Psychology* 4, no. 355 (2013), doi:10.3389/ fpsyg.2013.00355.

(참고문헌)

23 저자의 인터뷰, Oct. 18, 2013.

24 Jutta Beckmann and Heinz Heckhausen, "Motivation as a Function of Expectancy and Incentive," in Heckhausen and Heckhausen, *Motivation and Action,* 101.

25 Paola Giuliano and Antonio Spilimbergo, "Growing up in a Recession," *Review of Economic Studies* 81, no. 2 (2014): 787– 817.

26 John J. Ray, "Locus of Control as a Moderator of the Relationship between Level of Aspiration and Achievement Motivation," *Journal of Social Psychology* 124, no. 1 (1984): 131– 32; David L. Palenzuela, "Refining the Theory and Measurement of Expectancy of Internal vs External Control of Reinforcement," *Personality and Individual Differences* 9, no. 3 (1988): 607– 29; Hielke Buddelmeyer and Nattavudh Powdthavee, "Can Having Internal Locus of Control Insure against Negative Shocks? Psychological Evidence from Panel Data," *Journal of Economic Behavior and Organization* 122 (2016): 88– 109; Korn et al., "Depression Is Related to an Absence of Optimistically Biased Belief Updating about Future Life Events."

27 Cendri A. Hutcherson et al., "Cognitive Regulation during Decision Making Shifts Behavioral Control between Ventromedial and Dorsolateral Prefrontal Value Systems," *Journal of Neuroscience* 32, no. 39 (2012): 13,543– 54; Ian C. Ballard et al., "Dorsolateral Prefrontal Cortex Drives Mesolimbic Dopaminergic Regions to Initiate Motivated Behavior," *Journal of Neuroscience* 31, no. 28 (2011): 10,340– 46; Todd A. Hare, Shabnam Hakimi, and Antonio Rangel, "Activity in dlPFC and Its Effective Connectivity to vmPFC Are Associated with Temporal Discounting," *Frontiers in Neuroscience* 8 (2014): 50.

28 Todd A. Hare, Colin F. Camerer, and Antonio Rangel, "Self- Control in Decision- Making Involves Modulation of the vmPFC Valuation System," *Science* 324, no. 5927 (2009): 646– 48; Todd A. Hare, Jonathan Malmaud, and Antonio Rangel, "Focusing Attention on the Health Aspects of Foods Changes Value Signals in vmPFC and Improves Dietary Choice," *Journal of Neuroscience* 31, no. 30 (2011): 11,077– 87; Antonio Rangel, "Regulation of Dietary Choice by the Decision- Making Circuitry," *Nature Neuroscience* 16, no. 12 (2013): 1,717– 24; Nicolette Sullivan et al., "Dietary Self- Control Is Related to the Speed with Which Attributes of Healthfulness and Tastiness Are Processed," *Psychological Science* 26, no. 2 (2015): 122– 34; Martin Weygandt et al., "Impulse Control in the Dorsolateral Prefrontal Cortex Counteracts Post- diet Weight Regain in Obesity," *NeuroImage* 109 (2015): 318– 27.

29 저자의 인터뷰, Aug. 5, 2016.

30 주: 생리학적 메커니즘 때문에 우리는 뇌를 24시간 돌릴 수 없다. Niels Birbaumer, Sergio Ruiz, and Ranganatha Sitaram, "Learned Regulation of Brain Metabolism," *Trends in Cognitive Sciences* 17, no. 6 (2013): 295– 302; Giulio Tononi and Chiara Cirelli, "Sleep and the Price of Plasticity: From Synaptic and Cellular Homeostasis to Memory Consolidation and Integration," *Neuron* 81, no. 1 (2014): 12– 34; David Attwell and Alasdair Gibb, "Neuroenergetics and the Kinetic Design of Excitatory Synapses," *Nature Reviews Neuroscience* 6, no. 11 (2005): 841– 49. See section on "transient hypofrontality" in Arne Dietrich and Oliver Stoll, "Effortless Attention, Hypofrontality, and Perfectionism," in *Effortless Attention: A New Perspective in the Cognitive Science of Attention and Action,* ed. Brian Bruya (Cambridge, MA: MIT Press, 2010), 159– 78; Tom Verguts, Eliana Vassena, and Massimo Silvetti, "Adaptive Effort Investment in Cognitive and Physical Tasks: A Neurocomputational Model," *Frontiers in Behavioral Neuroscience* 9, no. 57 (2015); Adele Diamond, "Executive Functions," *Annual Review of Psychology* 64 (2013): 135– 68; Akira Miyake and Naomi P. Friedman, "The Nature and Organization of Individual Differences in Executive Functions: Four General Conclusions," *Current Directions in Psychological Science* 21, no. 1 (2012): 8– 14.

31 Lulu Xie et al., "Sleep Drives Metabolite Clearance from the Adult Brain," *Science* 342, no. 6156 (2013): 373– 77; Akira Ishii, Masaaki Tanaka, and Yasuyoshi Watanabe, "Neural Mechanisms of Mental Fatigue," *Reviews in the Neurosciences* 25, no. (2014): 469– 79; Romain Meeusen and Bart Roelands, "Fatigue: Is It All Neurochemistry?," *European Journal of Sport Science* 18, no. 1 (2018): 1– 10; Timothy David Noakes, "Fatigue Is a Brain- Derived Emotion That Regulates the Exercise Behavior to Ensure the Protection of Whole Body Homeostasis," *Frontiers in Psychology* 3, no. 82 (2012), doi:10.3389/ fphys.2012.00082.

32 Koban and Pourtois, "Brain Systems Underlying the Affective and Social Monitoring of Actions"; Wouter Kool et al., "Neural and Behavioral Evidence for an Intrinsic Cost of Self- Control," *PLoS ONE* 8, no. 8 (2013): e72626; Andrew Westbrook and Todd S. Braver, "Cognitive Effort: A Neuroeconomic Approach," *Cognitive, Affective, and Behavioral Neuroscience* 15, no. 2 (2015): 395– 415; Hiroki P. Kotabe and Wilhelm Hofmann, "On Integrating the Components of Self- Control," *Perspectives on Psychological Science* 10, no. 5 (2015): 618– 38; S. Thomas Christie and Paul Schrater, "Cognitive Cost as Dynamic Allocation of Energetic Resources," *Frontiers in Neuroscience* 9 (2015); William M. Kelley, Dylan D. Wagner, and Todd F. Heatherton, "In Search of a Human Self- Regulation System," *Annual Review of Neuroscience* 38 (2015): 389– 411.

33 Kristien Aarts, Jan De Houwer, and Gilles Pourtois, "Evidence for the Automatic Evaluation of Self- Generated Actions," *Cognition* 124, no. 2 (2012): 117– 27; Ullsperger, Danielmeier, and Jocham, "Neurophysiology of Performance Monitoring and Adaptive Behavior"; Koban and Pourtois, "Brain Systems Underlying the Affective and Social Monitoring of Actions"; cf. Amy F. T. Arnsten, "Stress Weakens Prefrontal Networks: Molecular Insults to Higher Cognition," *Nature Neuroscience* 18, no. 10 (2015): 1,376– 85; Amy F. T. Arnsten, "Stress Signalling Pathways That Impair Prefrontal Cortex Structure and Function," *Nature Reviews Neuroscience* 10, no. 6 (2009): 410– 22; Jamil P. Bhanji, Eunbin S. Kim, and Mauricio R. Delgado, "Perceived Control Alters the Effect of Acute Stress on Persistence," *Journal of Experimental Psychology: General* 145, no. 3 (2016): 356– 65.

34 본 스펄링과 가진 저자의 인터뷰, July 24, 2013, and Aug. 2, 2013.

35 Irmgard Tischner and Helen Malson, "Understanding the 'Too Fat' Body and the 'Too Thin' Body: A Critical Psychological Perspective," in *Oxford Handbook of the Psychology of Appearance*, ed. Nichola Rumsey and Diana Harcourt (New York: Oxford University Press, 2012); Henry, "Bodies at Home and at School"; Lizardo, "Cognitive Origins of Bourdieu's Habitus"; Kate Cregan, *The Sociology of the Body: Mapping the Abstraction of Embodiment* (London: SAGE, 2006); Eve Shapiro, "Social Psychology and the Body," in *Handbook of Social Psychology*, ed. John DeLamater and Amanda Ward, 2nd ed. (New York: Springer, 2013), 191– 224.

36 Catherine F. Moore et al., "Neuroscience of Compulsive Eating Behavior," *Frontiers in Neuroscience* 11 (2017): 469; David Mathar et al., "Failing to Learn from Negative Prediction Errors: Obesity Is Associated with Alterations in a Fundamental Neural Learning Mechanism," *Cortex* 95 (2017): 222– 37; Rea Lehner et al., "Food- Predicting Stimuli Differentially Influence Eye Movements and Goal- Directed Behavior in Normal- Weight, Overweight, and Obese Individuals," *Frontiers in Psychiatry* 8 (2017); Lieneke K. Janssen et al., "Loss of Lateral Prefrontal Cortex Control in Food- Directed Attention and Goal- Directed Food Choice in Obesity," *NeuroImage* 146 (2017): 148– 56.

37 Katrin E. Giel et al., "Stigmatization of Obese Individuals by Human Resource Professionals: An Experimental Study," *BMC Public Health* 12 (2012): 525, www.biomedcentral.com/ 1471– 2458/ 12/ 525. BMI와 대학 진학의 상관관계에 대한 논의. Rebecca Puhl and Kelly D. Brownell, "Bias, Discrimination, and Obesity," *Obesity Research* 9, no. 12 (2001): 788– 805; Regina Pingitore et al., "Bias against Overweight Job Applicants in a Simulated Employment Interview," *Journal of Applied Psychology* 79, no. 6 (1994): 909– 17; Jens Agerström and Dan- Olof Rooth, "The Role of Automatic Obesity Stereotypes in Real Hiring Discrimination," *Journal of Applied Psychology* 96, no. 4 (2011):

790– 805; M. R. Hebl and L. M. Mannix, "The Weight of Obesity in Evaluating Others: A Mere Proximity Effect," *Personality and Social Psychology Bulletin* 29, no. 1 (2003): 28– 38.

38 Timothy A. Judge and Daniel M. Cable, "When It Comes to Pay, Do the Thin Win? The Effect of Weight on Pay for Men and Women," *Journal of Applied Psychology* 96, no. 1 (2011): 95– 112.

39 Lenny R. Vartanian and Keri M. Silverstein, "Obesity as a Status Cue: Perceived Social Status and the Stereotypes of Obese Individuals," *Journal of Applied Social Psychology* 43 (2013): E319– E328; Lindsay McLaren, "Socioeconomic Status and Obesity," *Epidemiologic Reviews* 29, no. 1 (2007): 29– 48; Fred C. Pampel, Patrick M. Krueger, and Justin T. Denney, "Socioeconomic Disparities in Health Behaviors," *Annual Review of Sociology* 36 (2010): 349– 70; Karen A. Matthews and Linda C. Gallo, "Psychological Perspectives on Pathways Linking Socioeconomic Status and Physical Health," *Annual Review of Psychology* 62 (2011): 501– 30; Jacqueline J. Rivers and Robert A. Josephs, "Dominance and Health: The Role of Social Rank in Physiology and Illness," in Guinote and Vescio, *Social Psychology of Power,* 87– 112; N. E. Adler et al., "Relationship of Subjective and Objective Social Status with Psychological and Physiological Functioning: Preliminary Data in Healthy White Women," *Health Psychology: Official Journal of the Division of Health Psychology, American Psychological Association* 19, no. 6 (2000): 586– 92.

40 Marina Milyavskaya and Michael Inzlicht, "What's So Great about Self- Control? Examining the Importance of Effortful Self- Control and Temptation in Predicting Real- Life Depletion and Goal Attainment," *Social Psychological and Personality Science* (2017); Michelle R. VanDellen et al., "In Good Company: Managing Interpersonal Resources That Support Self- Regulation," *Personality and Social Psychology Bulletin* 41, no. 6 (2015): 869– 82; Michael R. Ent, Roy F. Baumeister, and Dianne M. Tice, "Trait Self- Control and the Avoidance of Temptation," *Personality and Individual Differences* 74 (2015): 12– 15; Angela L. Duckworth, Tamar Szabó Gendler, and James J. Gross, "Situational Strategies for Self- Control," *Perspectives on Psychological Science* 11, no. 1 (2016): 35– 55; Michelle R. vanDellen, Matthew K. Meisel, and Bridget P. Lynch, "Dynamics of Self- Control in Egocentric Social Networks," *Personality and Individual Differences* 106 (2017): 196– 202; Gráinne M. Fitzsimons, Eli J. Finkel, and Michelle R. vanDellen, "Transactive Goal Dynamics," *Psychological Review* 122, no. 4 (2015): 648– 73; Tila M. Pronk and Francesca Righetti, "How Executive Control Promotes Happy Relationships and a Well- Balanced Life," *Current Opinion in Psychology* 1 (2015): 14– 17; Denise de Ridder et al., "Taking Stock of Self- Control: A Meta- analysis of How Trait Self- Control Relates to a Wide Range of Behaviors," *Personality and Social Psychology Review* 16, no. 1 (2012): 76– 99;

Traci Mann, Denise de Ridder, and Kentaro Fujita, "Self- Regulation of Health Behavior: Social Psychological Approaches to Goal Setting and Goal Striving," *Health Psychology* 32, no. 5 (2013): 487– 98.

41 Righetti and Finkenauer, "If You Are Able to Control Yourself, I Will Trust You."

42 Milyavskaya and Inzlicht, "What's So Great about Self- Control?"; vanDellen et al., "In Good Company"; Ent, Baumeister, and Tice, "Trait Self- Control and the Avoidance of Temptation"; vanDellen, Meisel, and Lynch, "Dynamics of Self- Control in Egocentric Social Networks"; Fitzsimons, Finkel, and vanDellen, "Transactive Goal Dynamics"; Christy Zhou Koval et al., "The Burden of Responsibility: Interpersonal Costs of High Self- Control," *Journal of Personality and Social Psychology* 108, no. 5 (2015): 750; Jeni L. Burnette et al., "Mind- Sets Matter: A Meta- analytic Review of Implicit Theories and Self- Regulation," *Psychological Bulletin* 139, no. 3 (2013): 655– 701.

43 Duckworth, Gendler, and Gross, "Situational Strategies for Self- Control"; Bhatia, "Associations and the Accumulation of Preference"; Todd F. Heatherton and Dylan D. Wagner, "Cognitive Neuroscience of Self- Regulation Failure," *Trends in Cognitive Sciences* 15, no. 3 (2011): 132– 39.

44 Elliot T. Berkman et al., "Self- Control as Value- Based Choice," *Current Directions in Psychological Science* 26, no. 5 (2017): 422– 28; Hare, Camerer, and Rangel, "Self- Control in Decision- Making Involves Modulation of the vmPFC Valuation System"; Hare, Malmaud, and Rangel, "Focusing Attention on the Health Aspects of Foods Changes Value Signals in vmPFC and Improves Dietary Choice"; Rangel, "Regulation of Dietary Choice by the Decision- Making Circuitry"; Hutcherson et al., "Cognitive Regulation during Decision Making Shifts Behavioral Control Between Ventromedial and Dorsolateral Prefrontal Value Systems"; Sullivan et al., "Dietary Self- Control Is Related to the Speed with Which Attributes of Healthfulness and Tastiness Are Processed"; Weygandt et al., "Impulse Control in the Dorsolateral Prefrontal Cortex Counteracts Post- diet Weight Regain in Obesity"; Walid Briki, "Trait Self- Control: Why People with a Higher Approach (Avoidance) Temperament Can Experience Higher (Lower) Subjective Wellbeing," *Personality and Individual Differences* 120 (2018): 112– 17.

45 Woolley and Fishbach, "Immediate Rewards Predict Adherence to Long- Term Goals"; Patty Van Cappellen et al., "Positive Affective Processes Underlie Positive Health Behaviour Change," *Psychology and Health* 33, no. 1 (2018): 77– 97; Dominika Kwasnicka et al., "Theoretical Explanations for Maintenance of Behaviour Change: A Systematic Review of Behaviour Theories," *Health Psychol-*

ogy Review 10, no. 3 (2016): 277– 96; Denise de Ridder and Marleen Gillebaart, "Lessons Learned from Trait Self- Control in Well- Being: Making the Case for Routines and Initiation as Important Components of Trait Self- Control," *Health Psychology Review* 11, no. 1 (2017): 89– 99.

46 Christine Haughney, "Every Penny Counts," *New York Times,* July 29, 2007, www.nytimes.com/ 2007/ 07/ 29/ realestate/ 29cov.html.

47 Crystal L. Park et al., "Daily Stress and Self- Control," *Journal of Social and Clinical Psychology* 35, no. 9 (2016): 738– 53; Patrick L. Hill and Joshua J. Jackson, "The Invest- and- Accrue Model of Conscientiousness," *Review of General Psychology* 20, no. 2 (2016): 141– 54.

48 vanDellen et al., "In Good Company"; Ent, Baumeister, and Tice, "Trait Self- Control and the Avoidance of Temptation"; vanDellen, Meisel, and Lynch, "Dynamics of Self- Control in Egocentric Social Networks"; Fitzsimons, Finkel, and vanDellen, "Transactive Goal Dynamics"; Zhou Koval et al., "Burden of Responsibility"; Hanna Suh, Philip B. Gnilka, and Kenneth G. Rice, "Perfectionism and Well- Being: A Positive Psychology Framework," *Personality and Individual Differences* 111 (2017): 25– 30. Marriage: Brent W. Roberts and Timothy Bogg, "A Longitudinal Study of the Relationships between Conscientiousness and the Social- Environmental Factors and Substance- Use Behaviors That Influence Health," *Journal of Personality* 72, no. 2 (2004): 325– 54.

49 저자의 인터뷰, Sept. 15, 2016.

50 June P. Tangney, Roy F. Baumeister, and Angie Luzio Boone, "High Self- Control Predicts Good Adjustment, Less Pathology, Better Grades, and Interpersonal Success," *Journal of Personality* 72, no. 2 (2004): 271– 324.

51 Hester R. Trompetter, Elian de Kleine, and Ernst T. Bohlmeijer, "Why Does Positive Mental Health Buffer against Psychopathology? An Exploratory Study on Self- Compassion as a Resilience Mechanism and Adaptive Emotion Regulation Strategy," *Cognitive Therapy and Research* 41, no. 3 (2017): 459– 68; Suh, Gnilka, and Rice, "Perfectionism and Well- Being."

52 저자의 인터뷰, Aug. 29, 2016; Belsky et al., "Genetics of Success."

53 Hargie, *Skilled Interpersonal Communication,* 100; Barone, Maddux, and Snyder, *Social Cognitive Psychology,* 52– 54; Rotter, "Generalized Expectancies for Internal versus External Control of Reinforcement"; Rotter, "Some Problems and Misconceptions Related to the Construct of Internal versus External Control of Reinforcement"; Rotter, "Internal versus External Control of Reinforcement"; Korn et al., "Depression Is Related to an Absence of Optimistically Biased Belief Updating about Future Life Events."

54 Adam B. Cohen and Michael E. W. Varnum, "Beyond East vs. West: Social Class, Region, and Religion as Forms of Culture," *Current Opinion in Psychology* 8 (2016): 5– 9; Adam B. Cohen, "Many Forms of Culture," *American Psychologist* 64, no. 3 (2009): 194– 204; Heejung S. Kim and Joni Y. Sasaki, "Cultural Neuroscience: Biology of the Mind in Cultural Contexts," *Annual Review of Psychology* 65 (2014): 487– 514; Michèle Lamont, Stefan Beljean, and Matthew Clair, "What Is Missing? Cultural Processes and Causal Pathways to Inequality," *Socio- economic Review* 12, no. 3 (2014): 573– 608.

55 Tomasello, *Natural History of Human Thinking*, 7.

56 Brent W. Roberts, Patrick L. Hill, and Jordan P. Davis, "How to Change Conscientiousness: The Sociogenomic Trait Intervention Model," *Personality Disorders: Theory, Research, and Treatment* 8, no. 3 (2017): 199– 205; Marleen Gillebaart and Denise de Ridder, "Effortless Self- Control: A Novel Perspective on Response Conflict Strategies in Trait Self- Control," *Social and Personality Psychology Compass* 9, no. 2 (2015): 88– 99.

8장

1 스타인버그의 여러 일화는 2014년 6월 26일 그와 진행한 인터뷰와 그의 책 《수퍼 에이전트》에서 발췌한 것이다. (New York: St. Martin's Press, 2014). Kathleen E. Mitchell, Al S. Levin, and John D. Krumboltz, "Planned Happenstance: Constructing Unexpected Career Opportunities," *Journal of Counseling and Development* 77, no. 2 (1999): 115– 24; Tom Pelissero, "Leigh Steinberg: Can He Return to Superagent Status?," *USA Today*, Oct. 4, 2013, www.usatoday.com/ story/ sports/ nfl/ 2013/ 10/ 04/ leigh- steinberg- agent- comeback/ 2919259/; Jessica Iavazzi, "Bartkowski: 'Guys Are Crying for Help,' " *Columbia Sports Journalism*, columbiasports journalism.com/ 2014/ 03/ 12/ steve- bartkowski- guys- are- crying- for- help/.

2 애초에 저자가 스타인버그와 인터뷰를 한 것은 이 책의 10장을 집필하기 위해서였다.

3 Morten L. Kringelbach and Kent C. Berridge, "Brain Mechanisms of Pleasure: The Core Affect Component of Emotion," in *The Psychological Construction of Emotion*, ed. Lisa Feldman Barrett and James A. Russell (New York: Guilford Press, 2015), 230; cf. A. Bartels and S. Zeki, "The Neural Correlates of Maternal and Romantic Love," *NeuroImage* 21, no. 3 (2004): 1,155– 66.

4 Ruth Feldman, "The Neurobiology of Human Attachments," *Trends in Cognitive Sciences* 21, no. 2 (2017): 80– 99; Coan and Sbarra, "Social Baseline Theory"; Inga D. Neumann and David A. Slattery, "Oxytocin in General Anxiety and Social Fear: A Translational Approach," *Biological Psychiatry* 79, no. 3 (2016): 213– 21; Markus Heinrichs et al., "Social Support and Oxytocin Interact to Suppress Cortisol and Subjective Responses to Psychosocial Stress," *Biological Psychiatry* 54, no. 12 (2003): 1,389– 98; Sidney Cobb, "Social Support as a Moderator of Life Stress," *Psychosomatic Medicine* 38, no. 5 (1976): 300– 314; Bert N. Uchino, "Social Support and Health: A Review of Physiological Processes Potentially Underlying Links to Disease Outcomes," *Journal of Behavioral Medicine* 29, no. 4 (2006): 377– 87; John T. Cacioppo et al., "The Neuroendocrinology of Social Isolation," *Annual Review of Psychology* 66 (2015): 733– 67.

5 제임스 A. 코언의 통찰에 감사하며. Lane Beckes and James A. Coan, "Social Baseline Theory: The Role of Social Proximity in Emotion and Economy of Action," *Social and Personality Psychology Compass* 5, no. 12 (2011): 976– 88; Lane Beckes and James A. Coan, "Toward an Integrative Neuroscience of Relationships," in *The Oxford Handbook of Close Relationships*, ed. Jeffry Simpson and Lorne Campbell (New York: Oxford University Press, 2013), 684– 710; James A. Coan and David A. Sbarra, "Social Baseline Theory: The Social Regulation of Risk and Effort," *Current Opinion in Psychology* 1 (2015): 87– 91; James A. Coan, Casey L. Brown, and Lane Beckes, "Our Social Baseline: The Role of Social Proximity in Economy of Action," in *Mechanisms of Social Connection: From Brain to Group*, ed. Mario Mikulincer and Phillip R. Shaver (Washington, D.C.: American Psychological Association, 2014), 89– 104.

6 Kyle Nash et al., "Muted Neural Response to Distress among Securely Attached People," *Social Cognitive and Affective Neuroscience* 9, no. 8 (2013): 1,239– 45.

7 Valentina Colonnello et al., "Positive Social Interactions in a Lifespan Perspective with a Focus on Opioidergic and Oxytocinergic Systems: Implications for Neuroprotection," *Current Neuropharmacology* 15, no. 4 (2017): 543– 61; A. J. Machin and R. I. M. Dunbar, "The Brain Opioid Theory of Social Attachment: A Review of the Evidence," *Behaviour* 148, no. 9 (2011): 985– 1,025; Lauri Nummenmaa et al., "Adult Attachment Style Is Associated with Cerebral μOpioid Receptor Availability in Humans," *Human Brain Mapping* 36, no. 9 (2015): 3,621– 28; Adrienne Santiago, Chiye Aoki, and Regina M. Sullivan, "From Attachment to Independence: Stress Hormone Control of Ecologically Relevant Emergence of Infants' Responses to Threat," *Current Opinion in Behavioral Sciences* 14 (2017): 78– 85.

8 Jennifer A. Bartz et al., "Social Effects of Oxytocin in Humans: Context and Person Matter," *Trends in Cognitive Sciences* 15, no. 7 (2011): 301– 9; Ruth Feldman et al., "Evidence for a Neuroendocrinological Foundation of Human Affiliation: Plasma Oxytocin Levels across Pregnancy and the Postpartum Period Predict Mother- Infant Bonding," *Psychological Science* 18, no. 11 (2007): 965– 70; M. Bonenberger et al., "Polymorphism in the μOpioid Receptor Gene (OPRM1) Modulates Neural Processing of Physical Pain, Social Rejection, and Error Processing," *Experimental Brain Research* (2015), doi:10.1007/ s00221– 015– 4322– 9. A118G 사람들이 쉬이 사회적으로 고립되거나 배척되며 약물 중독에 빠진다는 사실은 중독을 사회적 관계의 관점에서 바라보게 만들었다. 그렇다면 중독 문제를 해결하는 한 가지 방안은 풍요로운 환경을 만들어주는 것이다. 모르핀에 노출되었던 실험쥐에게 풍요로운 환경을 제공했더니 쥐는 모르핀을 취하지 않았다. 결국, 사회적 접촉이 단절되었을 때 쥐는 약물 중독에 빠지게 되었던 것이다.

9 Hymel et al., "Social Status Among Peers"; Kelly, McCarty, and Iannone, "Interaction in Small Groups"; Davey et al., "Being Liked Activates Primary Reward and Midline Self- Related Brain Regions"; Julie Wargo Aikins and Scott D. Litwack, "Prosocial Skills, Social Competence, and Popularity," in *Popularity in the Peer System,* ed. Antonius H. N. Cillessen, David Schwartz, and Lara Mayeux (New York: Guilford Press, 2011), 151– 52; Ville- Juhani Ilmarinen et al., "Why Are Extraverts More Popular? Oral Fluency Mediates the Effect of Extraversion on Popularity in Middle Childhood," *European Journal of Personality* 29, no. 2 (2015): 138– 51.

10 Robert E. Kleck and Angelo Strenta, "Perceptions of the Impact of Negatively Valued Physical Characteristics on Social Interaction," Journal of Personality and Social Psychology 39, no. 5 (1980): 861– 73.

11 저자의 인터뷰, Aug. 7, 2015.

12 Carrie A. Bredow, Rodney M. Cate, and Ted L. Huston, "Have We Met Before? A Conceptual Model of First Romantic Encounters," in Sprecher, Wenzel, and Harvey, *Handbook of Relationship Initiation,* 3– 28; Geraldine Downey et al., "The Self- Fulfilling Prophecy in Close Relationships: Rejection Sensitivity and Rejection by Romantic Partners," *Journal of Personality and Social Psychology* 75, no. 2 (1998): 545– 60.

13 이스트만과의 저자 인터뷰, July 15, 2013.

14 Fiske, "Interpersonal Stratification," 946.

15 Carolyn C. Morf and Frederick Rhodewalt, "Unraveling the Paradoxes of Narcissism: A Dynamic Self- Regulatory Processing Model," *Psychological Inquiry* 12, no. 4 (2001): 177– 96; W. Keith Campbell and Joshua D. Miller, eds., *The Handbook of Narcissism and Narcissistic Personality Disorder: Theoretical Approaches, Empirical Findings, and Treatments* (Hoboken, NJ: John Wiley & Sons, 2011); Ashton C. Southard, Amy Noser, and Virgil Zeigler- Hill, "Do Narcissists Really Love

Themselves as Much as It Seems? The Psychodynamic Mask Model of Narcissistic Self- Worth," in *Handbook of the Psychology of Narcissism: Diverse Perspectives,* ed. Avi Besser (New York: Nova Science, 2014), 3– 22; Anna Z. Czarna et al., "Do Narcissism and Emotional Intelligence Win Us Friends? Modeling Dynamics of Peer Popularity Using Inferential Network Analysis," *Personality and Social Psychology Bulletin* 42, no. 11 (2016): 1,588– 99.

16   Danu Anthony Stinson, Jessica J. Cameron, and Kelley J. Robinson, "The Good, the Bad, and the Risky: Self- Esteem, Rewards and Costs, and Interpersonal Risk Regulation during Relationship Initiation," *Journal of Social and Personal Relationships* 32, no. 8 (2015): 1,109– 36; Mark R. Leary, "Affiliation, Acceptance, and Belonging: The Pursuit of Interpersonal Connection," in Fiske, Gilbert, and Lindzey, *Handbook of Social Psychology,* 864– 97; Eli J. Finkel and Roy F. Baumeister, "Attraction and Rejection," in *Advanced Social Psychology: The State of the Science,* ed. Roy F. Baumeister and Eli J. Finkel (New York: Oxford University Press, 2010), 419– 59.

17   Michael Kosfeld et al., "Oxytocin Increases Trust in Humans," Nature 435 (2005): 673– 76; René Hurlemann and Dirk Scheele, "Dissecting the Role of Oxytocin in the Formation and Loss of Social Relationships," Biological Psychiatry 79, no. 3 (2016): 185– 93; Radhika Vaidyanathan and Elizabeth A. D. Hammock, "Oxytocin Receptor Dynamics in the Brain across Development and Species," Developmental Neurobiology 77, no. 2 (2017): 143– 57; Michaela Pfundmair et al., "Oxytocin Promotes Attention to Social Cues Regardless of Group Membership," Hormones and Behavior 90 (2017): 136– 40; Gül Dölen, "Autism: Oxytocin, Serotonin, and Social Reward," Social Neuroscience 10, no. 5 (2015): 450– 65; Gül Dölen et al., "Correction of Fragile X Syndrome in Mice," Neuron 56, no. 6 (2007): 955– 62; Simone G. Shamay- Tsoory et al., "Intranasal Administration of Oxytocin Increases Envy and Schadenfreude (Gloating)," Biological Psychiatry 66, no. 9 (2009): 864– 70; Simone G. Shamay- Tsoory and Ahmad Abu- Akel, "The Social Salience Hypothesis of Oxytocin," Biological Psychiatry 79, no. 3 (2016): 194– 202.

18   Linda Tickle- Degnen, "Nonverbal Behavior and Its Functions in the Ecosystem of Rapport," in Manusov and Patterson, *Sage Handbook of Nonverbal Communication,* 381– 99; Keating, "Why and How the Silent Self Speaks Volumes"; Keating, "Charismatic Faces"; I. Altman and D. Taylor, *Social Penetration: The Development of Interpersonal Relationships* (New York: Holt, Rinehart & Winston, 1973); Linda Tickle- Degnen and Robert Rosenthal, "The Nature of Rapport and Its Nonverbal Correlates," *Psychological Inquiry* 1, no. 4 (1990): 285– 93; Maggie Shiffrar, Martha D. Kaiser, and Areti Chouchourelou, "Seeing Human Movement as Inherently Social," in Adams et al., *Science of*

Social Vision; Brooks and Freeman, "Psychology and Neuroscience of Person Perception."

19   Konstantin O. Tskhay et al., "Charisma in Everyday Life: Conceptualization and Validation of the General Charisma Inventory," *Journal of Personality and Social Psychology* 114, no. 1 (2018): 131–52.

20   Danu A. Stinson et al., "Deconstructing the 'Reign of Error': Interpersonal Warmth Explains the Self- Fulfilling Prophecy of Anticipated Acceptance," *Personality and Social Psychology Bulletin* 35, no. 9 (2009): 1,165– 78; Danu Anthony Stinson et al., "Rewriting the Self- Fulfilling Prophecy of Social Rejection: Self- Affirmation Improves Relational Security and Social Behavior up to 2 Months Later," *Psychological Science* 22, no. 9 (2011): 1,145– 49; Danielle Gaucher et al., "Perceived Regard Explains Self- Esteem Differences in Expressivity," *Personality and Social Psychology Bulletin* 38, no. 9 (2012): 1,144– 56; Miranda Giacomin and Christian H. Jordan, "How Implicit Self- Esteem Influences Perceptions of Self- Esteem at Zero and Non- zero Acquaintance," *Self and Identity* 16, no. 6 (2016): 1– 23; Stinson, Cameron, and Robinson, "The Good, the Bad, and the Risky"; Leary, "Affiliation, Acceptance, and Belonging"; Finkel and Baumeister, "Attraction and Rejection."

21   저자의 인터뷰, March 24, 2015.

22   Chia- Jung Tsay, "Sight over Sound in the Judgment of Music Performance," *Proceedings of the National Academy of Sciences* 110, no. 36 (2013): 14,580– 85.

23   Katherine A. Burson, Richard P. Larrick, and Joshua Klayman, "Skilled or Unskilled, but Still Unaware of It: How Perceptions of Difficulty Drive Miscalibration in Relative Comparisons," *Journal of Personality and Social Psychology* 90, no. 1 (2006): 60– 77; Richard E. Nisbett and Timothy D. Wilson, "Telling More than We Can Know: Verbal Reports on Mental Processes," *Psychological Review* 84, no. 3 (1977): 231– 59.

24   Nalini Ambady and Robert Rosenthal, "Thin Slices of Expressive Behavior as Predictors of Interpersonal Consequences: A Meta- analysis," Psychological Bulletin 111, no. 2 (1992): 256– 74; Nalini Ambady, Frank J. Bernieri, and Jennifer A. Richeson, "Toward a Histology of Social Behavior: Judgmental Accuracy from Thin Slices of the Behavioral Stream," in Advances in Experimental Social Psychology, ed. Mark P. Zanna (San Diego: Academic Press, 2000), 32:201– 71; Nalini Ambady et al., "Surgeons' Tone of Voice: A Clue to Malpractice History," Surgery 132, no. 1 (2002): 5– 9; Nalini Ambady and Robert Rosenthal, "Half a Minute: Predicting Teacher Evaluations from Thin Slices of Nonverbal Behavior and Physical Attractiveness," *Journal of Personality and Social Psychology* 64, no. 3 (1993): 431– 41.

25 저자의 인터뷰, Aug. 7, 2013; Gaucher et al., "Perceived Regard Explains Self- Esteem Differences in Expressivity"; Giacomin and Jordan, "How Implicit Self- Esteem Influences Perceptions of Self- Esteem at Zero and Non- zero Acquaintance."

26 Eric R. Kandel et al., eds., *Principles of Neural Science,* 5th ed. (New York: McGraw- Hill, 2013), 888; Sook- Lei Liew and Lisa Aziz- Zadeh, "The Human Mirror Neuron System and Social Cognition," in *From DNA to Social Cognition,* ed. Richard Ebstein, Simone Shamay- Tsoory, and Soo Hong Chew, 1st ed. (New York: Wiley- Blackwell, 2011), 63– 80; Tskhay et al., "Charisma in Everyday Life"; Cécile Emery, "Uncovering the Role of Emotional Abilities in Leadership Emergence: A Longitudinal Analysis of Leadership Networks," *Social Networks* 34, no. 4 (2012): 429– 37; Melissa S. Cardon, "Is Passion Contagious? The Transference of Entrepreneurial Passion to Employees," *Human Resource Management Review* 18, no. 2 (2008): 77– 86; Thomas Sy, Stéphane Côte, and Richard Saavedra, "The Contagious Leader: Impact of the Leader's Mood on the Mood of Group Members, Group Affective Tone, and Group Processes," *Journal of Applied Psychology* 90, no. 2 (2005): 295– 305; Thomas Sy, Jin Nam Choi, and Stefanie K. Johnson, "Reciprocal Interactions between Group Perceptions of Leader Charisma and Group Mood through Mood Contagion," *Leadership Quarterly* 24, no. 4 (2013): 463– 76; Sigal G. Barsade, "The Ripple Effect: Emotional Contagion and Its Influence on Group Behavior," *Administrative Science Quarterly* 47, no. 4 (2002): 644– 75; Joyce E. Bono and Remus Ilies, "Charisma, Positive Emotions, and Mood Contagion," *Leadership Quarterly* 17 (2006): 317– 34; Kristi Lewis Tyran, "Tell Me a Story: Emotional Responses to Emotional Expression during Leader 'Storytelling,' " in *Group Dynamics and Emotional Expression,* ed. Ursula Hess and Pierre Philippot (Cambridge, U.K.: Cambridge University Press, 2007), 118– 39; Gerben A. Van Kleef et al., "Emotion Is for Influence," *European Review of Social Psychology* 22, no. 1 (2011): 114– 63; Ronald E. Riggio and Rebecca J. Reichard, "The Emotional and Social Intelligences of Effective Leadership: An Emotional and Social Skill Approach," *Journal of Managerial Psychology* 23, no. 2 (2008): 169– 85; Stéphane Côté et al., "Emotional Intelligence and Leadership Emergence in Small Groups," *Leadership Quarterly* 21, no. 3 (2010): 496– 508; Kyongsik Yun, Katsumi Watanabe, and Shinsuke Shimojo, "Interpersonal Body and Neural Synchronization as a Marker of Implicit Social Interaction," *Scientific Reports* 2, no. 959 (2012); Riitta Hari et al., "Synchrony of Brains and Bodies during Implicit Interpersonal Interaction," *Trends in Cognitive Sciences* 17, no. 3 (2013): 105– 6; Lauri Nummenmaa et al., "Emotions Promote Social Interaction by Synchronizing Brain Activity across Individuals," *Proceedings of the National Academy of Sciences* 109, no. 24 (2012): 9,599– 604.

27 Nummenmaa et al., "Emotions Promote Social Interaction by Synchronizing Brain Activity across Individuals"; Piotr Winkielman et al., "Embodiment of Cognition and Emotion," in *APA Handbook of Personality and Social Psychology,* vol. 1, *Attitudes and Social Cognition,* ed. M. Mikulincer and P. R. Shaver (Washington, D.C.: American Psychological Association, 2015), 151– 75.

28 Edward P. Lemay Jr. and Rachel B. Venaglia, "Relationship Expectations and Relationship Quality," *Review of General Psychology* 20, no. 1 (2016): 57– 70.

29 Tomas Chamorro- Premuzic, *Personality and Individual Differences,* 2nd ed. (West Sussex, U.K.: John Wiley & Sons, 2011), 42– 62; Richard A. Depue, "Interpersonal Behavior and the Structure of Personality: Neurobehavioral Foundation of Agentic Extraversion and Affiliation," in *Biology of Personality and Individual Differences,* ed. Turhan Canli (New York: Guilford Press, 2006), 60– 92; Benjamin M. Wilkowski and Elizabeth Louise Ferguson, "Just Loving These People: Extraverts Implicitly Associate People with Reward," *Journal of Research in Personality* 53 (2014): 93– 102; cf. Edward P. Lemay and Noah R. Wolf, "Projection of Romantic and Sexual Desire in Opposite- Sex Friendships: How Wishful Thinking Creates a Self- Fulfilling Prophecy," *Personality and Social Psychology Bulletin* 42, no. 7 (2016): 864– 78; Stinson et al., "Rewriting the Self- Fulfilling Prophecy of Social Rejection"; Gaucher et al., "Perceived Regard Explains Self- Esteem Differences in Expressivity"; Giacomin and Jordan, "How Implicit Self- Esteem Influences Perceptions of Self- Esteem at Zero and Non- zero Acquaintance"; Stinson, Cameron, and Robinson, "The Good, the Bad, and the Risky"; Leary, "Affiliation, Acceptance, and Belonging."

30 Joseph P. Forgas, "Feeling and Speaking: Affective Influences on Communication Strategies and Language Use," in *Social Cognition and Communication,* ed. Joseph P. Forgas, Orsolya Vincze, and János László (New York: Psychology Press, 2014); J. Salmi et al., "The Brains of High Functioning Autistic Individuals Do Not Synchronize with Those of Others," *NeuroImage: Clinical* 3 (2013): 489– 97; Ishabel M. Vicaria and Leah Dickens, "Meta- analyses of the Intra- and Interpersonal Outcomes of Interpersonal Coordination," *Journal of Nonverbal Behavior* 40, no. 4 (2016): 335– 61; Wolfgang Tschacher, Georg M. Rees, and Fabian Ramseyer, "Nonverbal Synchrony and Affect in Dyadic Interactions," *Frontiers in Psychology* 5, no. 1,323 (2014), journal.frontiersin.org/ article/ 10.3389/ fpsyg.2014.01323/ full; Koban and Pourtois, "Brain Systems Underlying the Affective and Social Monitoring of Actions"; Linda Rose- Krasnor, "The Nature of Social Competence: A Theoretical Review," *Social Development* 6, no. 1 (1997): 111– 35; Valerie Manusov and Miles L. Patterson, "Nonverbal Skills and Abilities," in Manusov and Patterson, *Sage Handbook of Nonverbal*

Communication.

31 Cameron Anderson and Jon Cowan, "Personality and Status Attainment: A Micropolitics Perspective," in Cheng, Tracy, and Anderson, *Psychology of Social Status,* 99– 117; M. Brent Donnellan and Richard W. Robins, "Development of Personality across the Lifespan," in *The Cambridge Handbook of Personality Psychology,* ed. Philip J. Corr and Gerald Matthews (New York: Cambridge University Press, 2012), 191– 204. Leaders are better self- monitors: Ronald E. Riggio, "Business Applications of Nonverbal Communication," in *Applications of Nonverbal Communication,* ed. Ronald E. Riggio and Robert S. Feldman (Mahwah, NJ: Lawrence Erlbaum, 2005), 125; Cheri Ostroff and Yujie Zhan, "Person- Environment Fit in the Selection Process," in *The Oxford Handbook of Personnel Assessment and Selection,* ed. Neal Schmitt (New York: Oxford University Press, 2012), 267; Mark Snyder and Steve Gangestad, "On the Nature of Self- Monitoring: Matters of Assessment, Matters of Validity," *Journal of Personality and Social Psychology* 51, no. 1 (1986): 125– 39; Steven W. Gangestad and Mark Snyder, "Self- Monitoring: Appraisal and Reappraisal," *Psychological Bulletin* 126, no. 4 (2000): 530– 55; Mark Snyder, "Self- Monitoring of Expressive Behavior," *Journal of Personality and Social Psychology* 30, no. 4 (1974): 526– 37; Ajay Mehra, Martin Kilduff, and Daniel J. Brass, "The Social Networks of High and Low Self- Monitors: Implications for Workplace Performance," *Administrative Science Quarterly* 46, no. 1 (2001): 121– 46; Martin Kilduff and David V. Day, "Do Chameleons Get Ahead? The Effects of Self- Monitoring on Managerial Careers," *Academy of Management Journal* 37, no. 4 (1994): 1,047– 60; Hongseok Oh and Martin Kilduff, "The Ripple Effect of Personality on Social Structure: Self- Monitoring Origins of Network Brokerage," *Journal of Applied Psychology* 93, no. 5 (2008): 1,155– 64; Ruolian Fang et al., "Integrating Personality and Social Networks: A Meta- analysis of Personality, Network Position, and Work Outcomes in Organizations," *Organization Science* 26, no. 4 (2015): 1,243– 60; Davide Ponzi et al., "Social Network Centrality and Hormones: The Interaction of Testosterone and Cortisol," *Psychoneuroendocrinology* 68 (2016): 6– 13; Taylor S. Bolt et al., "Integrating Personality/ Character Neuroscience with Network Analysis," in Absher and Cloutier, *Neuroimaging Personality, Social Cognition, and Character,* 51– 69.

32 Forgas, "Feeling and Speaking"; Salmi, "Brains of High Functioning Autistic Individuals Do Not Synchronize with Those of Others"; Vicaria and Dickens, "Meta- Analyses of the Intra- and Interpersonal Outcomes of Interpersonal Coordination"; Tschacher, Rees, and Ramseyer, "Nonverbal Synchrony and Affect in Dyadic Interactions"; Koban and Pourtois, "Brain Systems

Underlying the Affective and Social Monitoring of Actions"; Rose- Krasnor, "Nature of Social Competence"; Manusov and Patterson, "Nonverbal Skills and Abilities."

33 R. Matthew Montoya and Robert S. Horton, "A Two- Dimensional Model for the Study of Interpersonal Attraction," *Personality and Social Psychology Review* 18, no. 1 (2014): 59– 86; Kenneth H. Rubin, William M. Bukowski, and Jeffrey G. Parker, "Peer Interactions, Relationships, and Groups," in *Handbook of Child Psychology, vol. 3, Social, Emotional, and Personality Development*, ed. N. Eisenberg (Hoboken, NJ: John Wiley & Sons, 2006), 609.

34 Carl Richards, "Stop and Acknowledge How Much Luck Has to Do with Your Success," *New York Times*, Jan. 9, 2017, www.nytimes.com/ 2017/ 01/ 09/ your- money/ stop- and- acknowledge- how- much- luck- hastodowith- your- success.html.

35 Albert Bandura, "The Psychology of Chance Encounters and Life Paths," *American Psychologist* 37, no. 7 (1982): 747– 55; Gifford- Smith and Brownell, "Childhood Peer Relationships."

36 저자의 인터뷰, Aug. 18, 2009.

37 Cameron Anderson, Dacher Keltner, and Oliver P. John, "Emotional Convergence between People over Time," *Journal of Personality and Social Psychology* 84, no. 5 (2003): 1,054– 68; Miller McPherson, Lynn Smith- Lovin, and James M. Cook, "Birds of a Feather: Homophily in Social Networks," *Annual Review of Sociology* 27 (2001): 415– 44; David Cwir et al., "Your Heart Makes My Heart Move: Cues of Social Connectedness Cause Shared Emotions and Physiological States among Strangers," *Journal of Experimental Social Psychology* 47, no. 3 (2011): 661– 64; Rowland S. Miller, "Social Anxiousness, Shyness, and Embarrassability," in *Handbook of Individual Differences in Social Behavior*, ed. Mark R. Leary and Rick H. Hoyle (New York: Guilford Press, 2009), 176– 91; cf. Leary, "Affiliation, Acceptance, and Belonging"; Owen Hargie, "Effects of Self- Disclosure Role on Liking, Closeness, and Other Impressions in Get- Acquainted Interactions," *Skilled Interpersonal Communication: Research, Theory, and Practice*, 5th ed. (New York: Routledge, 2010); Jean- Philippe Laurenceau et al., "Intimacy as an Interpersonal Process: Current Status and Future Directions," in *Handbook of Closeness and Intimacy*, ed. Debra J. Mashek and Arthur Aron (Mahwah, NJ: Lawrence Erlbaum, 2004), 61– 78; Constantine Sedikides et al., "The Relationship Closeness Induction Task," *Representative Research in Social Psychology* 23 (1999): 1– 4; Susan Sprecher et al., "Taking Turns: Reciprocal Self- Disclosure Promotes Liking in Initial Interactions," *Journal of Experimental Social Psychology* 49, no. 5 (2013): 860– 66.

38 Joanne V. Wood and Amanda L. Forest, "Seeking Pleasure and Avoiding Pain in Interpersonal

Relationships," in *Handbook of Self- Enhancement and Self- Protection,* ed. Mark D. Alicke and Constantine Sedikides (New York: Guilford Press, 2011), 258– 78. Quotation on p. 269.

39 Anderson, Keltner, and John, "Emotional Convergence Between People over Time"; McPherson, Smith- Lovin, and Cook, "Birds of a Feather"; Cwir et al., "Your Heart Makes My Heart Move"; Miller, "Social Anxiousness, Shyness, and Embarrassability"; Leary, "Affiliation, Acceptance, and Belonging"; Hargie, "Effects of Self- Disclosure Role on Liking, Closeness, and Other Impressions in Get- Acquainted Interactions"; Laurenceau et al., "Intimacy as an Interpersonal Process"; Sedikides et al., "Relationship Closeness Induction Task"; Sprecher et al., "Taking Turns."

40 R. Matthew Montoya, Robert S. Horton, and Jeffrey Kirchner, "Is Actual Similarity Necessary for Attraction? A Meta- analysis of Actual and Perceived Similarity," *Journal of Social and Personal Relationships* 25, no. 6 (2008): 889– 922; R. Matthew Montoya and Robert S. Horton, "A Meta- analytic Investigation of the Processes Underlying the Similarity- Attraction Effect," *Journal of Social and Personal Relationships* 30, no. 1 (2012): 64– 94; Bhatia, "Associations and the Accumulation of Preference"; Tina Strombach, "Social Discounting Involves Modulation of Neural Value Signals by Temporoparietal Junction," *Proceedings of the National Academy of Sciences* 112, no. 5 (2015): 1,619– 24; D. Mobbs et al., "A Key Role for Similarity in Vicarious Reward," *Science* 324, no. 5929 (2009): 900. Perceived similarity fosters coordination: Tim Cole and J. C. Bruno Teboul, "Non- zero- sum Collaboration, Reciprocity, and the Preference for Similarity: Developing an Adaptive Model of Close Relational Functioning," *Personal Relationships* 11, no. 2 (2004): 135– 60.

41 Katherine Giuffre, "Sandpiles of Opportunity: Success in the Art World," Social Forces 77, no. 3 (1999): 815– 32.

42 Chamorro- Premuzic, *Personality and Individual Differences,* 42– 62; Depue, "Interpersonal Behavior and the Structure of Personality"; Wilkowski and Ferguson, "Just Loving These People"; cf. Lemay and Wolf, "Projection of Romantic and Sexual Desire in Opposite- Sex Friendships"; Stinson et al., "Rewriting the Self- Fulfilling Prophecy of Social Rejection"; Gaucher et al., "Perceived Regard Explains Self- Esteem Differences in Expressivity"; Giacomin and Jordan, "How Implicit Self- Esteem Influences Perceptions of Self- Esteem at Zero and Non- zero Acquaintance"; Stinson, Cameron, and Robinson, "The Good, The Bad, and The Risky"; Leary, "Affiliation, Acceptance, and Belonging."

43 Katherine Giuffre, "Mental Maps: Social Networks and the Language of Critical Reviews," *So-*

ciological Inquiry 71, no. 3 (2001): 381– 93; Richard Swedberg, "Economic Sociology," in *Encyclopedia of Sociology*, ed. Edgar F. Borgatta and Rhonda J. V. Montgomery, 2nd ed. (New York: Macmillan, 2000), 737; Yuval Kalish, "Bridging in Social Networks: Who Are the People in Structural Holes and Why Are They There?," *Asian Journal of Social Psychology* 11, no. 1 (2008): 53– 66; Matthew S. Bothner, Edward Bishop Smith, and Harrison C. White, "A Model of Robust Positions in Social Networks," *American Journal of Sociology* 116, no. 3 (2010): 943– 92; Ronald S. Burt, "The Network Structure of Social Capital," *Research in Organizational Behaviour* 22 (2000): 345– 423; Zhen Zhang et al., "The Genetic Basis of Entrepreneurship: Effects of Gender and Personality," *Organizational Behavior and Human Decision Processes* 110, no. 2 (2009): 93– 107.

44 Michael Woolcock, "The Place of Social Capital in Understanding Social and Economic Outcomes," *Canadian Journal of Policy Research* 2, no. 1 (2001): 11– 17.

45 Mark S. Granovetter, "The Strength of Weak Ties," *American Journal of Sociology* 78, no. 6 (1973): 1,360– 80; Ronald S. Burt, "Bridge Decay," *Social Networks* 24, no. 4 (2002): 333– 63; J. L. Martin and K. Yeung, "Persistence of Close Personal Ties over a 12Year Period," *Social Networks* 28, no. 4 (2006): 331– 62; A. Zaheer and G. Soda, "Network Evolution: The Origins of Structural Holes," *Administrative Science Quarterly* 54, no. 1 (2009): 1– 31; Z. Sasovova et al., "Network Churn: The Effects of Self- Monitoring Personality on Brokerage Dynamics," *Administrative Science Quarterly* 55, no. 4 (2010): 639– 70; E. Quintane et al., "How Do Brokers Broker: An Investigation of the Temporality of Structural Holes," *Academy of Management Proceedings* (Jan. 2012).

46 Andrew Abbott, *Time Matters: On Theory and Method* (Chicago: University of Chicago Press, 2001), 247. Also quoted in Bothner, Smith, and White, "Model of Robust Positions in Social Networks."

47 Matthew A. Andersson, "Dispositional Optimism and the Emergence of Social Network Diversity," *Sociological Quarterly* 53, no. 1 (2012): 92– 115; Gillian M. Sandstrom and Elizabeth W. Dunn, "Social Interactions and Well- Being: The Surprising Power of Weak Ties," *Personality and Social Psychology Bulletin* 40, no. 7 (2014): 910– 22; Ian Brissette, Michael F. Scheier, and Charles S. Carver, "The Role of Optimism in Social Network Development, Coping, and Psychological Adjustment during a Life Transition," *Journal of Personality and Social Psychology* 82, no. 1 (2002): 102– 11.

48 Susan M. Bögels and Warren Mansell, "Attention Processes in the Maintenance and Treatment of Social Phobia: Hypervigilance, Avoidance, and Self- Focused Attention," *Clinical Psy-*

chology Review 24, no. 7 (2004): 827– 56; David M. Clark and Adrian Wells, "A Cognitive Model of Social Phobia," in *Social Phobia: Diagnosis, Assessment, and Treatment,* ed. Richard G. Heimberg et al. (New York: Guilford Press, 1995), 69– 93; Colette R. Hirsch and David M. Clark, "Information-Processing Bias in Social Phobia," *Clinical Psychology Review* 24, no. 7 (2004): 799– 825; Stefan G. Hofmann, "Cognitive Factors That Maintain Social Anxiety Disorder: A Comprehensive Model and Its Treatment Implications," *Cognitive Behaviour Therapy* 36, no. 4 (2007): 193– 209; Todd B. Kashdan, "Social Anxiety Spectrum and Diminished Positive Experiences: Theoretical Synthesis and Meta-analysis," *Clinical Psychology Review* 27, no. 3 (2007): 348– 65; Bethany A. Teachman and Joseph P. Allen, "Development of Social Anxiety: Social Interaction Predictors of Implicit and Explicit Fear of Negative Evaluation," *Journal of Abnormal Child Psychology* 35, no. 1 (2007): 63– 78; Luke T. Schultz and Richard G. Heimberg, "Attentional Focus in Social Anxiety Disorder: Potential for Interactive Processes," *Clinical Psychology Review* 28, no. 7 (2008): 1,206– 21; Brandon L. Pearson, D. Caroline Blanchard, and Robert J. Blanchard, "Social Stress Effects on Defensive Behavior and Anxiety," in *The Handbook of Stress: Neuropsychological Effects on the Brain,* ed. Cheryl D. Conrad, 1st ed. (West Sussex, U.K.: Blackwell, 2011), 369– 87; Alexandre Heeren et al., "Biased Cognitions and Social Anxiety: Building a Global Framework for Integrating Cognitive, Behavioral, and Neural Processes," *Frontiers in Human Neuroscience* 8, no. 538 (2014); Stephanie Cacioppo, Stephen Balogh, and John T. Cacioppo, "Implicit Attention to Negative Social, in Contrast to Nonsocial, Words in the Stroop Task Differs between Individuals High and Low in Loneliness: Evidence from Event- Related Brain Microstates," *Cortex* 70 (2015): 213– 33; Hussain Y. Khdour et al., "Generalized Anxiety Disorder and Social Anxiety Disorder, but Not Panic Anxiety Disorder, Are Associated with Higher Sensitivity to Learning from Negative Feedback: Behavioral and Computational Investigation," *Frontiers in Integrative Neuroscience* 10, no. 20 (2016); Marcel Badra et al., "The Association between Ruminative Thinking and Negative Interpretation Bias in Social Anxiety," *Cognition and Emotion*, 31, no. 6 (2016): 1– 9.

49 David A. Moscovitch, Thomas L. Rodebaugh, and Benjamin D. Hesch, "How Awkward! Social Anxiety and the Perceived Consequences of Social Blunders," *Behaviour Research and Therapy* 50, no. 2 (2012): 142–9.

50 Nummenmaa et al., "Emotions Promote Social Interaction by Synchronizing Brain Activity across Individuals"; Winkielman et al., "Embodiment of Cognition and Emotion."

51 저자의 인터뷰, Aug. 18, 2009.

52 R. Matthew Montoya and Robert S. Horton, "A Two- Dimensional Model for the Study of Interpersonal Attraction," Personality and Social Psychology Review 18, no. 1 (2014): 59–86.

9장

1 오도넬에 대해서는 다음을 참조하라. "This Is Going to Be Big," Charlie O'Donnell (blog), www. thisisgoingtobebig.com/ blog/ 2014/ 5/ 12/ the- economicsofasmallvcfund.html, accessed June 6, 2014.

2 실명이 아니다.

3 Anderson, Hildreth, and Howland, "Is the Desire for Status a Fundamental Human Motive?"; Waclaw Bak, "Self- Standards and Self- Discrepancies: A Structural Model of Self- Knowledge," Current Psychology 33, no. 2 (2014): 155– 73; E. Tory Higgins, "Self- Discrepancy: A Theory Relating Self and Affect," Psychological Review 94, no. 3 (1987): 319– 40; Edward L. Deci and Richard M. Ryan, "A Motivational Approach to Self: Integration in Personality," in Nebraska Symposium on Motivation: Perspectives on Motivation (Lincoln: University of Nebraska Press, 1991), 237– 88; Allan Wigfield and Jacquelynne S. Eccles, "Expectancy- Value Theory of Achievement Motivation," Contemporary Educational Psychology 25, no. 1 (2000): 68– 81; Robert J. Vallerand, "Toward a Hierarchical Model of Intrinsic and Extrinsic Motivation," Advances in Experimental Social Psychology 29 (1997): 271– 360; Ellen J. Langer, "The Illusion of Control," Journal of Personality and Social Psychology 32, no. 2 (1975): 311– 28.

4 참조. www.youtube.com/ watch? v= 9gtIHcWa6HU.

5 Noreen Y. R. Geenen et al., "BIS and BAS: Biobehaviorally Rooted Drivers of Entrepreneurial Intent," Personality and Individual Differences 95 (2016): 204– 13; Shelley E. Taylor et al., "Neural Bases of Moderation of Cortisol Stress Responses by Psychosocial Resources," Journal of Personality and Social Psychology 95, no. 1 (2008): 197– 211; Zhou Jiang, "Core Self- Evaluation and Career Decision Self- Efficacy: A Mediation Model of Value Orientations," Personality and Individual Differences 86 (2015): 450– 54; Keith M. Hmieleski and Robert A. Baron, "Entrepreneurs' Optimism and New Venture Performance: A Social Cognitive Perspective," Academy of Management Journal 52, no. 3 (2009): 473– 88; Timothy A. Judge, Amir Erez, and Joyce E. Bono, "The Power of Being Positive: The Relation between Positive Self- Concept and Job Performance," Human Performance 11, no. 2– 3 (1998): 167– 87; Brissette, Scheier, and Carver, "Role of Optimism in Social Network Development, Coping, and Psychological Adjustment during a Life Transition"; Shelley E. Taylor and Annette L. Stanton, "Coping Resources, Coping Processes, and Mental Health," *Annual Review of Clinical Psychology* 3 (2007): 377– 401; Emma Mosley and Sylvain Laborde, "Performing under Pressure: Influence of Personality- Trait- Like Individual Differences," in Raab et al., *Performance Psychology,* 291– 308.

6 Anderson and Cowan, "Personality and Status Attainment"; Carlos J. Torelli et al., "Cultural Determinants of Status: Implications for Workplace Evaluations and Behaviors," *Organizational Behavior and Human Decision Processes* 123, no. 1 (2014): 34– 48; David Melamed, "Do Magnitudes of Difference on Status Characteristics Matter for Small Group Inequalities?," *Social Science Research* 42, no. 1 (2013): 217– 29; Cecilia L. Ridgeway and Joseph Berger, "Expectations, Legitimation, and Dominance Behavior in Task Groups," *American Sociological Review* 51, no. 5 (1986): 603– 17.

7 Biernat and Kobrynowicz, "Gender- and Race- Based Standards of Competence"; Crandall and Eshleman, "Justification- Suppression Model of the Expression and Experience of Prejudice"; Uhlmann and Cohen, "Constructed Criteria"; Castilla, "Gender, Race, and Meritocracy in Organizational Careers"; Biernat, *Standards and Expectancies*; C. Neil Macrae and Galen V. Bodenhausen, "Social Cognition: Thinking Categorically about Others," *Annual Review of Psychology* 51 (2000): 93– 120; Foy et al., "Emotions and Affect as Source, Outcome, and Resistance to Inequality"; Biernat, "Stereotypes and Shifting Standards"; Walton and Cohen, "Question of Belonging"; Magee and Galinsky, "Social Hierarchy"; Kimberly A. Quinn and Harriet E. S. Rosenthal, "Categorizing Others and the Self: How Social Memory Structures Guide Social Perception and Behavior," *Learning and Motivation* 43, no. 4 (2012): 247– 58; Pager, Western, and Bonikowski, "Discrimination in a Low- Wage Labor Market"; Foschi, "Double Standards for Competence"; Biernat and Fuegen, "Shifting Standards and the Evaluation of Competence"; Castilla and Benard, "Paradox of Meritocracy in Organizations."

8 Jessica M. Nolan et al., "Normative Social Influence Is Underdetected," *Personality and Social Psychology Bulletin* 34, no. 7 (2008): 913– 23; P. Wesley Schultz, Jennifer J. Tabanico, and Tania Rendón, "Normative Beliefs as Agents of Influence: Basic Processes and Real- World Applications," in *Attitudes and Attitude Change,* ed. William D. Crano and Radmila Prislin (New York: Psychology Press, 2008), 385– 410.

9 Alex Mesoudi, Andrew Whiten, and Robin Dunbar, "A Bias for Social Information in Human Cultural Transmission," *British Journal of Psychology* 97, no. 3 (2006): 405– 23; Stefan Voigt and Daniel Kiwit, "The Role and Evolution of Beliefs, Habits, Moral Norms, and Institutions," in *Merits*

(참고문헌)

and Limits of Markets, ed. Herbert Giersch (Heidelberg: Springer, 1998), 83– 106.

10 저자의 인터뷰, May 13, 2015.

11 Treadway et al., "Dopaminergic Mechanisms of Individual Differences in Human Effort- Based Decision- Making"; Michael J. Frank, Lauren C. Seeberger, and Randall C. O'Reilly, "By Carrot or by Stick: Cognitive Reinforcement Learning in Parkinsonism," *Science* 306, no. 5703 (2004): 1,940– 43; Bradley B. Doll and Michael J. Frank, "The Basal Ganglia in Reward and Decision Making: Computational Models and Empirical Studies," in Dreher and Tremblay, *Handbook of Reward and Decision- Making,* 399– 425; Jan Wacker et al., "DopamineD2Receptor Blockade Reverses the Association between Trait Approach Motivation and Frontal Asymmetry in an Approach- Motivation Context," *Psychological Science* 24, no. 4 (2013): 489– 97; Cox et al., "Striatal D1 and D2 Signaling Differentially Predict Learning from Positive and Negative Outcomes"; David M. Hughes et al., "Asymmetric Frontal Cortical Activity Predicts Effort Expenditure for Reward," *Social Cognitive and Affective Neuroscience* 10, no. 7 (2015): 1,015– 19.

12 Richard Contrada and Andrew Baum, ed., *The Handbook of Stress Science: Biology, Psychology, and Health* (New York: Springer, 2011); Barry S. Oken, Irina Chamine, and Wayne Wakeland, "A Systems Approach to Stress, Stressors, and Resilience in Humans," *Behavioural Brain Research* 282 (2015): 144– 54; McEwen, "Brain on Stress"; Juster, McEwen, and Lupien, "Allostatic Load Biomarkers of Chronic Stress and Impact on Health and Cognition"; Thomas Frodl and Veronica O'Keane, "How Does the Brain Deal with Cumulative Stress? A Review with Focus on Developmental Stress, HPA Axis Function, and Hippocampal Structure in Humans," *Neurobiology of Disease* 52 (2013): 24– 37; Christiaan H. Vinkers et al., "Stress Exposure across the Life Span Cumulatively Increases Depression Risk and Is Moderated by Neuroticism," *Depression and Anxiety* 31, no. 9 (2014): 737– 45.

13 Michael Sheard, *Mental Toughness: The Mindset Behind Sporting Achievement* (New York: Routledge, 2012); Thomas W. Britt et al., "How Much Do We Really Know about Employee Resilience?," *Industrial and Organizational Psychology: Perspectives on Science and Practice* 9, no. 2 (2016): 378– 404; Elizabeth L. Shoenfelt, "How Much Do We Really Know about Employee Resilience? More, If We Include the Sport Psychology Resilience Research," *Industrial and Organizational Psychology* 9, no. 2 (2016): 442– 46; Andrew E. Skodol, "The Resilient Personality," in *Handbook of Adult Resilience,* ed. John W. Reich, Alex J. Zautra, and John Stuart Hall (New York: Guilford Press, 2010), 112– 25; Lee Crust and Peter J. Clough, "Developing Mental Toughness:

From Research to Practice," *Journal of Sport Psychology in Action* 2, no. 1 (2011): 21– 32; Sarah P. McGeown, Helen St. Clair- Thompson, and Peter Clough, "The Study of Non- cognitive Attributes in Education: Proposing the Mental Toughness Framework," *Educational Review* 68, no. 1 (2016): 96– 113; B. P. F. Rutten et al., "Resilience in Mental Health: Linking Psychological and Neurobiological Perspectives," *Acta Psychiatrica Scandinavica* 128, no. 1 (2013): 3– 20.

<u>14</u> Alison Wood Brooks et al., "Don't Stop Believing: Rituals Improve Performance by Decreasing Anxiety," *Organizational Behavior and Human Decision Processes* 137 (2016): 71– 85; Malte Friese and Michaela Wänke, "Personal Prayer Buffers Self- Control Depletion," *Journal of Experimental Social Psychology* 51 (2014): 56– 59; Michael E. McCullough and Brian L. B. Willoughby, "Religion, Self- Regulation, and Self- Control: Associations, Explanations, and Implications," *Psychological Bulletin* 135, no. 1 (2009): 69– 93; Kevin Rounding et al., "Religion Replenishes Self- Control," *Psychological Science* 23, no. 6 (2012): 635– 42.

<u>15</u> Charity Anderson et al., "On the Meaning of Grit . . . and Hope . . . and Fate Control . . . and Alienation . . . and Locus of Control . . . and . . . Self- Efficacy . . . and . . . Effort Optimism . . . and . . . ," *Urban Review* 48, no. 2 (2016): 198– 219; Peter R. Darke and Jonathan L. Freedman, "The Belief in Good Luck Scale," *Journal of Research in Personality* 31, no. 4 (1997): 486– 511; Liza Day and John Maltby, "Belief in Good Luck and Psychological Well- Being: The Mediating Role of Optimism and Irrational Beliefs," *Journal of Psychology* 137, no. 1 (2003): 99– 110; Liza Day and John Maltby, 'With Good Luck': Belief in Good Luck and Cognitive Planning," *Personality and Individual Differences* 39, no. 7 (2005): 1,217– 26; Briony D. Pulford, "Is Luck on My Side? Optimism, Pessimism, and Ambiguity Aversion," *Quarterly Journal of Experimental Psychology* 62, no. 6 (2009): 1,079– 87; Lysann Damisch, Barbara Stoberock, and Thomas Mussweiler, "Keep Your Fingers Crossed! How Superstition Improves Performance," *Psychological Science* 21, no. 7 (2010): 1,014– 20; Carol K. Sigelman, "Age Differences in Perceptions of Rich and Poor People: Is It Skill or Luck?," *Social Development* 22, no. 1 (2013): 1– 18; Peter R. Darke and Jonathan L. Freedman, "Lucky Events and Beliefs in Luck: Paradoxical Effects on Confidence and Risk- Taking," *Personality and Social Psychology Bulletin* 23, no. 4 (1997): 378– 88.

<u>16</u> Russell E. Johnson, Christopher C. Rosen, and Szu- Han Joanna Lin, "Assessing the Status of Locus of Control as an Indicator of Core Self- Evaluations," *Personality and Individual Differences* 90 (2016): 155– 62; Carolyn H. Declerck, Christophe Boone, and Bert De Brabander, "On Feeling in Control: A Biological Theory for Individual Differences in Control Perception," *Brain and Cognition*

62, no. 2 (2006): 143– 76; Anderson et al., "Status- Enhancement Account of Overconfidence";
Diemo Urbig and Erik Monsen, "The Structure of Optimism: 'Controllability Affects the Extent
to Which Efficacy Beliefs Shape Outcome Expectancies,' " *Journal of Economic Psychology* 33, no.
4 (2012): 854– 67; Zhou Jiang et al., "Core Self- Evaluation: Linking Career Social Support to
Life Satisfaction," *Personality and Individual Differences* 112 (2017): 128– 35; Kennon M. Sheldon,
"Becoming Oneself: The Central Role of Self- Concordant Goal Selection," *Personality and Social
Psychology Review* 18, no. 4 (2014): 349– 65.

17   Tweet: twitter.com/ jack/ status/ 295280990836891648. Alexis C. Madrigal, "And Now Let
Us Praise, and Consider the Absurd Luck of, Famous Men: A Lesson about the Success of Great
Men from Intel Cofounder Bob Noyce's Life Story," *Atlantic*, Feb. 6, 2013, www.theatlantic.com/
technology/ archive/ 2013/ 02/ and- now- letuspraise- and- consider- the- absurd- luckoffamous-
men/ 272917/.

18   Jacob B. Hirsh and Sonia K. Kang, "Mechanisms of Identity Conflict: Uncertainty, Anxiety, and
the Behavioral Inhibition System," *Personality and Social Psychology Review* 20, no. 3 (2015): 1– 22.

19   Francesca Gino, Caroline Ashley Wilmuth, and Alison Wood Brooks, "Compared to Men,
Women View Professional Advancement as Equally Attainable, but Less Desirable," *Proceedings
of the National Academy of Sciences* 112, no. 40 (2015): 12,354– 59; Kaitlyn M. Werner et al., "Some
Goals Just Feel Easier: Self- Concordance Leads to Goal Progress through Subjective Ease, Not
Effort," *Personality and Individual Differences* 96 (2016): 237– 42.

20   John Maltby et al., "Beliefs in Being Unlucky and Deficits in Executive Functioning," *Conscious-
ness and Cognition* 22, no. 1 (2013): 137– 47.

21   Marco Caliendo, Frank Fossen, and Alexander S. Kritikos, "Personality Characteristics and
the Decisions to Become and Stay Self- Employed," Small Business Economics 42, no. 4 (2014):
787– 814; Alexander S. Browman, Mesmin Destin, and Daniel C. Molden, "Identity- Specific
Motivation: How Distinct Identities Direct Self- Regulation across Distinct Situations," Journal of
Personality and Social Psychology 113, no. 6 (2017): 835–57.

22   Andrew P. Hill and Thomas Curran, "Multidimensional Perfectionism and Burnout: A Meta-
analysis," *Personality and Social Psychology Review* 20, no. 3 (2016): 269– 88; Suh, Gnilka, and Rice,
"Perfectionism and Well- Being."

23   Joyce Ehrlinger and David Dunning, "How Chronic Self- Views Influence (and Potentially
Mislead) Estimates of Performance," *Journal of Personality and Social Psychology* 84, no. 1 (2003):

5– 17; Shelley J. Correll, "Gender and the Career Choice Process: The Role of Biased Self- Assessments," *American Journal of Sociology* 106, no. 6 (2001): 1,691– 730; Guimond et al., "Social Comparison, Self- Stereotyping, and Gender Differences in Self- Construals"; J. E. O. Blakemore, "Children's Beliefs about Violating Gender Norms: Boys Shouldn't Look Like Girls, and Girls Shouldn't Act Like Boys," *Sex Roles* 48, no. 9–10 (2003): 411– 19; Justin V. Cavallo and Gráinne M. Fitzsimons, "Goal Competition, Conflict, Coordination, and Completion: How Intergoal Dynamics Affect Self- Regulation," in Aarts and Elliot, *Goal- Directed Behavior,* 267– 99; Shane W. Bench et al., "Gender Gaps in Overestimation of Math Performance," *Sex Roles* 72, no. 11–12 (2015): 536– 46; Ernesto Reuben, Paola Sapienza, and Luigi Zingales, "How Stereotypes Impair Women's Careers in Science," *Proceedings of the National Academy of Sciences* 111, no. 12 (2014): 4,403– 8; Koban and Pourtois, "Brain Systems Underlying the Affective and Social Monitoring of Actions"; M. Hausmann, "Arts versus Science: Academic Background Implicitly Activates Gender Stereotypes on Cognitive Abilities with Threat Raising Men's (but Lowering Women's) Performance," *Intelligence* 46 (2014): 235– 45; Gert Jan Hofstede et al., "Gender Differences: The Role of Nature, Nurture, Social Identity, and Self- Organization," in *International Workshop on Multi- agent Systems and Agent- Based Simulation* (Berlin: Springer, 2014), 72– 87.

24 Cimpian and Salomon, "Inherence Heuristic." Easier for us to think of white men as leaders and startup founders: Michael A. Hogg, "Influence and Leadership," in Fiske, Gilbert, and Lindzey, *Handbook of Social Psychology,* 1,195; Aimee Groth, "Entrepreneurs Don't Have a Special Gene for Risk— They Come from Families with Money," *Quartz,* July 17, 2015, https://qz.com/ 455109/ entrepreneurs- dont- haveaspecial- gene- for- risk- they- come- from- families- with- money/; Jordan Weissmann, "Entrepreneurship: The Ultimate White Privilege?," *Atlantic,* Aug. 16, 2013, www.the atlantic.com/ business/ archive/ 2013/ 08/ entrepreneurship- the- ultimate- white- privilege/ 278727/.

25 Correll, "Gender and the Career Choice Process."

26 Ana Guinote, Megan Brown, and Susan T. Fiske, "Minority Status Decreases Sense of Control and Increases Interpretive Processing," *Social Cognition* 24, no. 2 (2006): 169– 86; Jacqueline M. Chen and David L. Hamilton, "Understanding Diversity: The Importance of Social Acceptance," *Personality and Social Psychology Bulletin* 41, no. 4 (2015): 586– 98.

27 Walton and Cohen, "Question of Belonging"; Biernat, "Stereotypes and Shifting Standards."

28 Biernat and Kobrynowicz, "Gender- and Race- Based Standards of Competence"; Crandall and Eshleman, "Justification- Suppression Model of the Expression and Experience of Prejudice"; Uhlmann and Cohen, "Constructed Criteria"; Castilla, "Gender, Race, and Meritocracy in Organizational Careers"; Biernat, *Standards and Expectancies*; Macrae and Bodenhausen, "Social Cognition"; Ridgeway and Nakagawa, "Status"; Foy et al., "Emotions and Affect as Source, Outcome, and Resistance to Inequality"; Magee and Galinsky, "Social Hierarchy"; Pager, Western, and Bonikowski, "Discrimination in a Low- Wage Labor Market"; Foschi, "Double Standards for Competence"; Biernat and Fuegen, "Shifting Standards and the Evaluation of Competence"; Castilla and Benard, "Paradox of Meritocracy in Organizations."

29 Zakary L. Tormala, Jayson S. Jia, and Michael I. Norton, "The Preference for Potential," *Journal of Personality and Social Psychology* 103, no. 4 (2012): 567– 83.

30 Chia- Jung Tsay and Mahzarin R. Banaji, "Naturals and Strivers: Preferences and Beliefs about Sources of Achievement," *Journal of Experimental Social Psychology* 47, no. 2 (2011): 460– 65.

31 저자의 인터뷰. March 24, 2015.

32 Nathan C. Pettit et al., "Rising Stars and Sinking Ships: Consequences of Status Momentum," *Psychological Science* 24, no. 8 (2013): 1,579– 84.

33 Groth, "Entrepreneurs Don't Have a Special Gene for Risk."

34 Davidai and Gilovich, "Headwinds/ Tailwinds Asymmetry"; Sendhil Mullainathan, "To Help Tackle Inequality, Remember the Advantages You've Had," *New York Times,* April 28, 2017, www. nytimes.com/ 2017/ 04/ 28/ upshot/ income- equality- isnt- just- about- headwinds- tailwinds- count- too.html; Ridgeway, "Social Construction of Status Value"; Fiske, "Interpersonal Stratification"; Laurie A. Rudman et al., "Reactions to Vanguards: Advances in Backlash Theory," in *Advances in Experimental Social Psychology* (San Diego: Elsevier, 2012), 45:167– 227; Daniel Sullivan et al., "Competitive Victimhood as a Response to Accusations of Ingroup Harm Doing," *Journal of Personality and Social Psychology* 102, no. 4 (2012): 778– 95.

35 Robert A. Baron and Gideon D. Markman, "Beyond Social Capital: How Social Skills Can Enhance Entrepreneurs' Success," *Academy of Management Executive* 14, no. 1 (2000): 106– 16; Robert A. Baron and Gideon D. Markman, "Beyond Social Capital: The Role of Entrepreneurs' Social Competence in Their Financial Success," *Journal of Business Venturing* 18, no. 1 (2003): 41– 60; Peter Witt, "Entrepreneurs' Networks and the Success of Start- Ups," *Entrepreneurship and Regional Development* 16, no. 5 (2004): 391– 412; Robert A. Baron, "Psychological Perspectives on Entrepreneurship: Cognitive and Social Factors in Entrepreneurs' Success," *Current Directions in*

Psychological Science 9, no. 1 (2000): 15– 18.

36 (이것은 실제 논의되고 있는, 긍정적 정서의 확장구축 이론이라고 알려진 생리학 이론을 좀 수준을 낮춰서 표현한 것이다.) Barbara L. Fredrickson, "What Good Are Positive Emotions?," Review of General Psychology 2, no. 3 (1998): 300– 319; Barbara L. Fredrickson, "Cultivating Positive Emotions to Optimize Health and Well- Being," Prevention and Treatment 3, no. 1 (2000): 1a; Barbara L. Fredrickson, "The Role of Positive Emotions in Positive Psychology: The Broaden- and- Build Theory of Positive Emotions," *American Psychologist* 56, no. 3 (2001): 218– 26; Barbara L. Fredrickson and T. Joiner, "Positive Emotions Trigger Upward Spirals Toward Emotional Well- Being," *Psychological Science* 13, no. 2 (2002): 172– 75; Shelley E. Taylor and Joelle I. Broffman, "Psychosocial Resources: Functions, Origins, and Links to Mental and Physical Health," *Advances in Experimental Social Psychology* 44 (2011): 1– 57; Michael A. Cohn et al., "Happiness Unpacked: Positive Emotions Increase Life Satisfaction by Building Resilience," *Emotion* 9, no. 3 (2009): 361– 68.

37 Rotter, "Generalized Expectancies for Internal versus External Control of Reinforcement"; Robert Merton, *Mass Persuasion* (New York: Harpers, 1946).

38 Xiao- Ping Chen, Xin Yao, and Suresh Kotha, "Entrepreneur Passion and Preparedness in Business Plan Presentations: A Persuasion Analysis of Venture Capitalists' Funding Decisions," *Academy of Management Journal* 52, no. 1 (2009): 199– 214; Melissa S. Cardon et al., "The Nature and Experience of Entrepreneurial Passion," *Academy of Management Review* 34, no. 3 (2009): 511– 32.

39 저자의 인터뷰, Nov. 10, 2015.

40 Monica Soliman and Roger Buehler, "Why Improvement Can Trump Consistent Strong Performance: The Role of Effort Perceptions." *Journal of Behavioral Decision Making* 31, no. 1 (2018): 52–64.

41 John M. Malouff and Nicola S. Schutte, "Can Psychological Interventions Increase Optimism? A Meta- analysis," *Journal of Positive Psychology* 12, no. 6 (2016): 1– 11; Kennon M. Sheldon and Sonja Lyubomirsky, "How to Increase and Sustain Positive Emotion: The Effects of Expressing Gratitude and Visualizing Best Possible Selves," *Journal of Positive Psychology* 1, no. 2 (2006): 73– 82; Joachim T. Geaney, Michael T. Treadway, and Luke D. Smillie, "Trait Anticipatory Pleasure Predicts Effort Expenditure for Reward," *PLoS ONE* 10, no. 6 (2015): e0131357, doi:10.1371/ journal. pone.0131357.

42 Juan- Carlos Ayala and Guadalupe Manzano, "The Resilience of the Entrepreneur: Influence on the Success of the Business: A Longitudinal Analysis," *Journal of Economic Psychology* 42 (2014): 126– 35.

43 저자의 인터뷰, July 31, 2009.

44 Moto Shimizu, Yu Niiya, and Eri Shigemasu, "Achievement Goals and Improvement Following Failure: Moderating Roles of Self- Compassion and Contingency of Self- Worth," Self and Identity 15, no. 1 (2016): 107– 15; Kelley J. Robinson et al., "Resisting Self- Compassion: Why Are Some People Opposed to Being Kind to Themselves?," Self and Identity 15, no. 5 (2016): 505– 24; Lisa E. Kim et al., "Evidence for Three Factors of Perfectionism: Perfectionistic Strivings, Order, and Perfectionistic Concerns," Personality and Individual Differences 84 (2015): 16– 22.

10장

1 '행운의 표면적'이라는 아이디어는 제이슨 로버츠의 것이다. www.codusoperandi.com/ posts/ increasing- your- luck- surface- area.

2 Tony Hsieh, *Delivering Happiness* (New York: Grand Central Publishing, 2013), loc. 147– 49, Kindle.

3 Ibid., loc. 305– 6.

4 Adam Lashinsky, "Why Amazon Tolerates Zappos' Extreme Management Experiment," *Fortune*, March 4, 2016. 다음에서 확인할 수 있다. http:// fortune.com/ 2016/ 03/ 04/ amazon- zappos- holacracy/.

5 Ibid., loc. 181– 83, 335– 36.

6 Austin, *Chase, Chance, and Creativity*, 75– 76.

7 Donald O. Hebb, *The Organization of Behavior* (New York: Wiley, 1949); Joe Z. Tsien, "Learning and Memory," in Brady et al., *Basic Neurochemistry*, 956– 65; Donald O. Hebb, "The Effects of Early Experience on Problem Solving at Maturity," *American Psychologist* 2 (1947): 306– 7.

8 Mark R. Rosenzweig, "Historical Perspective," in *Neurobiology of Learning and Memory*, ed. Joe L. Martinez Jr. and Raymond P. Kesner, 2nd ed. (New York: Elsevier, 2007), 18– 19; Hebb, *Organization of Behavior*, 298– 99.

9 저자와 주고받은 메일, Jan. 3, 2017.

10 Colin G. DeYoung et al., "Openness to Experience, Intellect, and Cognitive Ability," *Journal of Personality Assessment* 96, no. 1 (2014): 46– 52; Philip J. Corr, Colin G. DeYoung, and Neil

McNaughton, "Motivation and Personality: A Neuropsychological Perspective," *Social and Personality Psychology Compass* 7, no. 3 (2013): 158– 175; Colin G. DeYoung, "Openness/ Intellect: A Dimension of Personality Reflecting Cognitive Exploration," in *APA Handbook of Personality and Social Psychology, vol. 3: Personality Processes and Individual Differences* 4 (2014): 369– 99; Robert K. McCrae and Angelina R. Sutin, "Openness to Experience," in Leary and Hoyle, *Handbook of Individual Differences in Social Behavior,* 257– 73; Benjamin D. Hill et al., "The Interaction of Ability and Motivation: Average Working Memory Is Required for Need for Cognition to Positively Benefit Intelligence and the Effect Increases with Ability," *Personality and Individual Differences* 98 (2016): 225– 28; Colin G. DeYoung et al., "Intellect as Distinct from Openness: Differences Revealed by fMRI of Working Memory," *Journal of Personality and Social Psychology* 97, no. 5 (2009): 883– 92; Adrian Furnham and Jeremy D. Thorne, "Need for Cognition: Its Dimensionality and Personality and Intelligence Correlates," *Journal of Individual Differences* 34 (2015): 230– 40.

11   Elliot M. Tucker- Drob and K. Paige Harden, "Intellectual Interest Mediates Gene-by-Socioeconomic Status Interaction on Adolescent Academic Achievement," *Child Development* 83, no. 2 (2012): 743– 57; Elliot M. Tucker- Drob and K. Paige Harden, "Learning Motivation Mediates GenebySocioeconomic Status Interaction on Mathematics Achievement in Early Childhood," *Learning and Individual Differences* 22, no. 1 (2012): 37– 45; Artur Pokropek, Francesca Borgonovi, and Maciej Jakubowski, "Socio- economic Disparities in Academic Achievement: A Comparative Analysis of Mechanisms and Pathways," *Learning and Individual Differences* 42 (2015): 10– 18.

12   Todd B. Kashdan and Paul J. Silvia, "Curiosity and Interest: The Benefits of Thriving on Novelty and Challenge," in Snyder and Lopez, *Oxford Handbook of Positive Psychology,* 368. 간단히 말하자면, 여기서 호기심은 여러 다른 형태의 '인지적 탐구'나 경험에 대한 개방성과 인지 욕구와 같은 아이디어를 포괄하는 것이다. " or ideas such as openness to experience and need for cognition. Sophie von Stumm and Philip L. Ackerman, "Investment and Intellect: A Review and Meta- analysis," *Psychological Bulletin* 139, no. 4 (2013): 841– 69; Sophie von Stumm, "Investment Traits and Intelligence in Adulthood: Assessment and Associations," *Journal of Individual Differences* 34, no. 2 (2013): 82– 89; Monika Fleischhauer et al., "Same or Different? Clarifying the Relationship of Need for Cognition to Personality and Intelligence," *Personality and Social Psychology Bulletin* 36, no. 1 (2010): 82– 96.

13   Amitai Shenhav, Lisa Feldman Barrett, and Moshe Bar, "Affective Value and Associative Processing Share a Cortical Substrate," *Cognitive and Affective Behavioral Neuroscience* 13, no. 1 (2013): 46– 59.

14 Brunyé et al., "Happiness by Association"; Trapp et al., "Human Preferences Are Biased Towards Associative Information"; Bar, "Cognitive Neuroscience Hypothesis of Mood and Depression"; John Kounios and Mark Beeman, "The Cognitive Neuroscience of Insight," *Annual Review of Psychology* 65 (2014): 71– 93.

15 저자와 주고받은 메일, Aug. 1, 2014.

16 Kevin B. Meehan et al., "Rejection Sensitivity and Interpersonal Behavior in Daily Life," *Personality and Individual Differences* 126 (2018): 109– 15.

17 R. Nicholas Carleton, "Fear of the Unknown: One Fear to Rule Them All?," *Journal of Anxiety Disorders* 41 (2016): 5– 21; Hirsh, Mar, and Peterson, "Psychological Entropy"; Jonas et al., "Threat and Defense"; Tullett, Kay, and Inzlicht, "Randomness Increases Self- Reported Anxiety and Neurophysiological Correlates of Performance Monitoring."

18 Jos F. Brosschot, Bart Verkuil, and Julian F. Thayer, "The Default Response to Uncertainty and the Importance of Perceived Safety in Anxiety and Stress: An Evolution- Theoretical Perspective," *Journal of Anxiety Disorders* 41 (2016): 22– 34.

19 저자의 인터뷰, April 13, 2015.

20 Anna Rabinovich and Thomas A. Morton, "Coping with Identity Conflict: Perceptions of Self as Flexible versus Fixed Moderate the Effect of Identity Conflict on Well- Being," *Self and Identity* 15, no. 2 (2016): 224– 44; Stephen Joseph and Kate Hefferon, "Post- traumatic Growth: Eudaimonic Happiness in the Aftermath of Adversity," in *The Oxford Handbook of Happiness,* ed. Susan A. David, Ilona Boniwell, and Amanda Conley Ayers (New York: Oxford University Press, 2013), 926– 40.

21 Mark L. Savickas and Erik J. Porfeli, "Career Adapt- Abilities Scale: Construction, Reliability, and Measurement Equivalence across 13 Countries," *Journal of Vocational Behavior* 80, no. 3 (2012): 661– 73; Yuhui Li et al., "Big- Five Personality and BIS/ BAS Traits as Predictors of Career Exploration: The Mediation Role of Career Adaptability," *Journal of Vocational Behavior* 89 (2015): 39– 45; Hannes Zacher, "Career Adaptability Predicts Subjective Career Success above and beyond Personality Traits and Core Self- Evaluations," *Journal of Vocational Behavior* 84, no. 1 (2014): 21– 30.

22 Bandura, "Psychology of Chance Encounters and Life Paths."

23 Andreas Hirschi, "The Role of Chance Events in the SchooltoWork Transition: The Influence of Demographic, Personality, and Career Development Variables," *Journal of Vocational Behavior* 77, no. 1 (2010): 39– 49; Robert G. L. Pryor and Jim E. H. Bright, "The Chaos Theory of Careers (CTC): Ten Years on and Only Just Begun," *Australian Journal of Career Development* 23, no. 1 (2014): 4– 12;

Jerome G. Manis and Bernard N. Meltzer, "Chance in Human Affairs," *Sociological Theory* 12, no. 1 (1994): 45– 56.

24 저자의 인터뷰, Sept. 15, 2016.

25 Frank E. Walter, Stefano Battiston, and Frank Schweitzer, "Coping with Information Overload through Trust- Based Networks," in *Managing Complexity: Insights, Concepts, Applications*, ed. D. Helbing (Berlin: Springer, 2008), 273– 300; Frédéric C. Godart and Ashley Mears, "How Do Cultural Producers Make Creative Decisions? Lessons from the Catwalk," *Social Forces* 88, no. 2 (2009): 671– 92.

26 Ada FerreriCarbonell, "Income and Well- Being: An Empirical Analysis of the Comparison Income Effect," *Journal of Public Economics* 89, no. 5 (2005): 997– 1,019; Anderson et al., "Local- Ladder Effect"; Hedonic treadmill: cf. Ian McGregor and Brian R. Little, "Personal Projects, Happiness, and Meaning: On Doing Well and Being Yourself," *Journal of Personality and Social Psychology* 74, no. 2 (1998): 494– 512; P. Brickman and D. T. Campbell, "Hedonic Relativism and Planning the Good Society," in *Adaptation Level Theory: A Symposium*, ed. M. H. Appley (London: Academic Press, 1971), 287– 302; P. Brickman, D. Coates, and R. Janoff- Bulman, "Lottery Winners and Accident Victims: Is Happiness Relative?," *Journal of Personality and Social Psychology* 36, no. 8 (1978): 917– 27.

27 Halttunen, *Confidence Men and Painted Women*, 2.

28 저자의 인터뷰, June 24, 2014.

29 저자의 인터뷰, May 28, 2015.

30 Bandura, "Psychology of Chance Encounters and Life Paths"; Gifford- Smith and Brownell, "Childhood Peer Relationships."

31 David Scott Yeager et al., "The Far- Reaching Effects of Believing People Can Change: Implicit Theories of Personality Shape Stress, Health, and Achievement during Adolescence," Journal of Personality and Social Psychology 106, no. 6 (2014): 867– 84; Todd B. Kashdan and Jonathan Rottenberg, "Psychological Flexibility as a Fundamental Aspect of Health," Clinical Psychology Review 30, no. 7 (2010): 865– 78; Patricia W. Linville, "Self- Complexity as a Cognitive Buffer against Stress- Related Illness and Depression," Journal of Personality and Social Psychology 52, no. 4 (1987): 663– 76; Sonia Roccas and Marilynn B. Brewer, "Social Identity Complexity," Personality and Social Psychology Review 6, no. 2 (2002): 88– 106.

32 William Hart et al., "Feeling Validated versus Being Correct: A Meta- analysis of Selective

Exposure to Information," *Psychological Bulletin* 135, no. 4 (2009): 555– 88; Kashdan and Rottenberg, "Psychological Flexibility as a Fundamental Aspect of Health."

33 Gloria Steinem, *Revolution from Within: A Book of Self- Esteem* (Boston: Little, Brown, 1992), 38.

34 Avshalom Caspi, Daryl J. Bem, and Glen H. Elder, "Continuities and Consequences of Interactional Styles across the Life Course," *Journal of Personality* 57, no. 2 (1989): 375– 406; Jens B. Asendorpf and Susanne Wilpers, "Personality Effects on Social Relationships," *Journal of Personality and Social Psychology* 74, no. 6 (1998): 1,531– 44; Avshalom Caspi, "The Child Is Father of the Man: Personality Continuities from Childhood to Adulthood," *Journal of Personality and Social Psychology* 78, no. 1 (2000): 158– 72; Avshalom Caspi and Brent W. Roberts, "Personality Development across the Life Course: The Argument for Change and Continuity," *Psychological Inquiry* 12, no. 2 (2001): 49– 66; Donnellan and Robins, "Development of Personality across the Lifespan"; Sandra Scarr and Kathleen McCartney, "How People Make Their Own Environments: A Theory of Genotype → Environment Effects," *Child Development* 54, no. 2 (1983): 424– 35; Avshalom Caspi, Brent W. Roberts, and Rebecca L. Shiner, "Personality Development: Stability and Change," *Annual Review of Psychology* 56 (2005): 453– 84.

35 저자와 주고받은 메일, July 17, 2015.

36 Peter Bossaerts and Carsten Murawski, "Decision Neuroscience: Why We Become More Cautious with Age," *Current Biology* 26, no. 12 (2016): R495– R497; Robb B. Rutledge et al., "Risk Taking for Potential Reward Decreases across the Lifespan," *Current Biology* 26, no. 12 (2016): 1,634– 39.

37 Laura L. Carstensen, Derek M. Isaacowitz, and Susan T. Charles, "Taking Time Seriously: A Theory of Socioemotional Selectivity," *American Psychologist* 54, no. 3 (1999): 165– 81; Ezekiel J. Emanuel, "Why I Hope to Die at 75," *Atlantic*, Oct. 2014, www.theatlantic.com/ magazine/ archive/ 2014/ 10/ whyihopetodieat75/ 379329/.

38 Amitai Shenhav et al., "Anterior Cingulate Engagement in a Foraging Context Reflects Choice Difficulty, Not Foraging Value," *Nature Neuroscience* 17, no. 9 (2014): 1,249– 54; Joshua W. Brown, "Models of Anterior Cingulate Cortex Function in Cognitive Control," in *The Wiley Handbook of Cognitive Control*, ed. Tobias Egner, 1st ed. (Malden, MA: John Wiley & Sons, 2017), 259– 73; Nils Kolling et al., "Neural Mechanisms of Foraging," *Science* 336, no. 6077 (2012): 95– 98.

39 June Price Tangney, "Humility," in Snyder and Lopez, *Oxford Handbook of Positive Psychology*, 411– 19; Christopher Peterson and Martin E. P. Seligman, "Humility and Modesty," in *Character*

Strengths and Virtues: A Handbook and Classification (New York: Oxford University Press, 2004), 1:461–75.

<u>40</u> Hsieh, *Delivering Happiness,* loc. 305– 6.

<u>41</u> Kashdan and Rottenberg, "Psychological Flexibility as a Fundamental Aspect of Health."

<u>42</u> McKay and Dennett, "Evolution of Misbelief"; Martie G. Haselton, Daniel Nettle, and Damian R. Murray, "The Evolution of Cognitive Bias," in The Handbook of Evolutionary Psychology vol. 2, Integrations, ed. D.M. Buss, 2nd ed. (Hoboken, NJ: John Wiley & Sons, 2016), 968– 87.

<u>43</u> Stellar et al., "Self- Transcendent Emotions and Their Social Functions"; Pargament and Mahoney, "Spirituality: Discovering and Conserving the Sacred," 646– 59.

<u>44</u> McKay and Dennett, "Evolution of Misbelief"; Elliott Kruse et al., "An Upward Spiral between Gratitude and Humility," Social Psychological and Personality Science 5, no. 7 (2014): 805– 14; Cohn et al., "Happiness Unpacked"; Barbara L. Fredrickson et al., "Open Hearts Build Lives: Positive Emotions, Induced through Loving- Kindness Meditation, Build Consequential Personal Resources," Journal of Personality and Social Psychology 95, no. 5 (2008): 1,045– 62; Skodol, "Resilient Personality"; Mark R. Leary et al., "Cognitive and Interpersonal Features of Intellectual Humility," Personality and Social Psychology Bulletin 43, no. 6 (2017): 793– 813.

운의 탄생

1판 1쇄 발행 2019년 12월 4일
1판 2쇄 발행 2020년 1월 21일

지은이 칼라 스타
옮긴이 장석훈
펴낸이 고병욱

기획편집실장 김성수 **책임편집** 박혜정 **기획편집** 윤현주 장지연
마케팅 이일권 송만석 현나래 김재욱 김은지 이애주 오정민
디자인 공희 진미나 백은주 **외서기획** 이슬
제작 김기창 **관리** 주동은 조재언 **총무** 문준기 노재경 송민진

펴낸곳 청림출판(주)
등록 제1989-000026호

본사 06048 서울시 강남구 도산대로 38길 11 청림출판(주) (논현동 63)
제2사옥 10881 경기도 파주시 회동길 173 청림아트스페이스 (문발동 518-6)
전화 02-546-4341 **팩스** 02-546-8053
홈페이지 www.chungrim.com
이메일 cr1@chungrim.com
블로그 blog.naver.com/chungrimpub
페이스북 www.facebook.com/chungrimpub

ISBN 978-89-352-1295-8 03320